Yearbook

The Authorized Offical Annual Report

2012

中国茶业年鉴

China Tea Yearbook

The World Largest Tea Producing Country
The Authorized Official Annual Report

中国茶业年鉴编辑委员会 编

中国农业出版社

《中国茶业年鉴》编辑委员会

编辑说明

一、《中国茶业年鉴》是一部全面、系统反映我国茶业建设成就、经验及其发展动态的大型资料工具书。每年一卷，限收上年度信息资料。

二、《中国茶业年鉴》的基本任务是，面向市场、面向基层、面向未来，为茶业行政机关、茶业广大生产经营单位、国内外茶业投资者、茶业研究人员和茶文化爱好者提供茶叶主要县产销信息、国家和地方有关政策法规、各省（自治区、直辖市）茶叶进出口贸易等资料。

三、《中国茶业年鉴（2012卷）》，主要收录2011年资料，全卷约100万字。

四、《中国茶业年鉴（2012卷）》统计数据来源于国家统计局、海关总署。所录资料，除特别说明外均不含台湾省及香港、澳门特别行政区。各省（自治区、直辖市）按行政区划排列。国际统计资料数据来源于联合国粮农组织（FAO）、国际茶叶委员会（ITC）。

五、年鉴文字部分，按条目编辑。全卷编排按内容分类。

六、年鉴文稿编撰，由农业部种植业管理司、中国茶叶学会、中国国际茶文化研究会以及各地茶叶行政管理部门、茶叶学会、茶文化学会承担。

七、年鉴计量单位、文字撰稿、资料选用均执行国家现行法规。

八、条目、文章，一律署名，文责自负。

中国茶业年鉴编辑部

2011中国茶叶学会年会

2011国际茶业大会

中华茶人联谊会第四届三次理事会

2011巾帼茶人（北京）群英会

2011年北京茶博会

社科院成立茶叶专家委员会

中茶杯茶叶样品

茶席展览

中国名茶之乡

有机茶全国农业标准化示范区

——乐业

乐业县位于广西西北部，地处云贵高原边缘，县城海拔970米，是广西海拔最高的县城。全县总面积为2 617平方千米，耕地面积113万公顷，土质肥沃。辖4镇4乡，88个行政村1 084个自然屯，石山面积占30%，土山面积占70%。总人口16.9万，居住着壮、汉、瑶、苗、布依、彝、仫佬、仡佬、京、水、侗等11个民族，其中壮族占50%，汉族占48%，其他少数民族占2%。

乐业属亚热带湿润气候区，年降水量1100~1700mm，森林覆盖率为75.6%，相对湿度83%，极端高温34℃，极端低温-5.3℃。无霜期较长，年平均气温为16.3℃，只能种植中玉米和中季水稻，冬无严寒，夏无酷暑，被誉为天然空调圣地，是旅游、休闲、度假的好地方。

自然资源十分丰富，且各具特色，如茶叶、猕猴桃、刺梨、核桃、板栗、八角、甜笋、蕨菜、淮山、木耳、香菇、金银花、七叶一枝花、山豆根、油桐、杉木、松树、竹子等。茶叶是乐业县农业第一大产业，新化镇的那社村、林立村、乐翁村、连篆村、那伟村、皈里村、仁里村，甘田镇的夏福村、板洪村、四合村、达道村、九洞村，逻沙乡的全达村，塘英村和仁龙村，花坪镇的烟棚村，雅长乡的百康村，同乐镇的达存村和常仁村等经济收入的92%来源于茶叶产业，野生刺梨在广西唯有乐业盛产，是名优特产，名副其实维生素C大王，薄壳核桃堪称一绝，获广西首选优质薄壳核桃称号。

单位：广西乐业县茶叶生产管理办公室　　传真：0776-7925631　　座机：0776-7924166

地址：广西乐业县同乐镇三乐街173号　　邮编：533200

御临园
四川省著名商标
四川省著名商标
小平故里文化名茶
御临龙须茶
诚征全国经销商，企业及超市合作热线
4000-826-118　13980322315
四川省御临龙须茶业有限公司
地址：广安邻水县万兴广场四合院旁
电话：0826-3220149　5092118
传真：0826-3223609　5092168
网址：www.scyllx.com.cn
www.scyllx.com
Q Q：441447554

福建安溪

安溪县位于福建省东南部，晋江西溪上游，居山而近海。唐咸通五年（864 年）析南安县西北部 2 乡置小溪场，后周显德二年（955 年）升场为县，设清溪县，取溪小清澈意。宋宣和三年（1121 年）改名安溪县：其意为“溪水安流”。全县土地面积 3 057.28 平方公里，人口 113 万，是全国著名的乌龙茶主产区，铁观音、黄金桂的发源地。安溪产茶历史已有 1 000 多年，自古就有“闽南茶都”和“茶师摇篮”之称。

湖畔居
上有天堂，下有苏杭。天堂有美景，美景透茶香。龙井茶，虎跑水，世人誉为『西湖双绝』。连岗三面，在水一方。登上三面临湖的湖畔居茶楼，西湖的湖光秀色尽收眼底。
湖畔居有闻名中外的特级西湖狮峰龙井茶和全国各地各类100余种名茶、功夫茶，且用纯天然虎跑泉水冲泡；有中外各式花茶，韵味独特的西湖茶宴；有各具特色、精湛的茶艺表演和江南丝竹；还有独具古今特色的各类茶壶、茶具。
湖畔居有举办200人以上的会议及婚宴场地，有2~30人设施一流的各式包厢；有沐浴阳光下，亲近西湖水的乐园露天茶座，有精心制作上百品种茶点、茶食的自助茶吧。
全国『百城万店无假货』活动示范店——湖畔居，欢迎您！

目录

茶叶生产与加工

中国茶叶生产概况 …… 1
中国安化黑茶产业发展概况 …… 2
中国乌龙茶产业发展概况 …… 5
大别山地区名优茶优质高产协作活动 3 年情况总结 …… 7

茶叶贸易与消费

茶叶出口实现突破　创新合作共创未来
——2011 年茶叶出口现状及趋势分析 …… 11
2011 中国茶叶区域公用品牌价值评估报告 …… 16
2011 年我国茶叶消费与贸易概况 …… 22
入世 10 年中国茶叶进出口贸易情况简析 …… 24

茶叶科研与教育

国家茶叶产业技术体系工作进展 …… 30
全国茶叶主要科研机构 …… 31
中国农业科学院茶叶研究所 …… 31
中华全国供销合作总社杭州茶叶研究院 …… 32
江苏省茶叶研究所 …… 32
安徽省农业科学院茶叶研究所 …… 32
福建省农业科学院茶叶研究所 …… 33
江西省蚕桑茶叶研究所 …… 33
湖北省农业科学院果树茶叶研究所 …… 33
湖南省农业科学院茶叶研究所 …… 33
广东省农业科学院茶叶研究所 …… 34
广西壮族自治区桂林茶叶科学研究所 …… 34
重庆市农业科学院茶叶研究所 …… 34
四川省农业科学院茶叶研究所 …… 34
云南省农业科学院茶叶研究所 …… 35
贵州省茶叶研究所 …… 35
全国茶学主要高等院校 …… 35
南京农业大学茶叶科学研究所 …… 35
扬州大学园艺与植物保护学院 …… 35
江苏省农林职业技术学院风景园林系 …… 36
浙江大学农业与生物技术学院茶学系 …… 36
浙江农林大学茶文化学院 …… 36
浙江树人大学人文学院茶文化系 …… 36
安徽农业大学茶与食品科技学院茶学系 …… 37
福建农林大学园艺学院茶学系 …… 37
武夷学院茶学与生物系 …… 37
宁德职业技术学院农业科学系 …… 37
天福茶职业技术学院 …… 38
江西上饶职业技术学院 …… 38
山东农业大学园艺科学与工程学院茶学系 …… 38
青岛农业大学茶叶研究所 …… 38
信阳农业高等专科学校茶学系 …… 38
华中农业大学园艺林学学院茶学专业 …… 39
宜宾职业技术学院生物与化工工程系 …… 39
湖南农业大学园艺园林学院茶学系 …… 39
华南农业大学园艺学院茶业科学系 …… 39
广西职业技术学院农业技术工程系茶叶教研室 …… 40
西南大学食品科学学院茶学系 …… 40
四川农业大学园艺学院茶学系 …… 40
云南农业大学龙润普洱茶学院 …… 40
西北农林科技大学园艺学院茶学系 …… 41
全国茶叶主要科研成果 …… 41

2011 年茶叶科技成果 …… 41
2011 年国家发明专利 …… 42

茶叶质量与标准

中国茶叶产品质量安全状况 …… 43
全国茶叶国家（行业）标准制
（修）订情况 …… 44
2011 年中国有机茶发展概况 …… 45
茶饮料产品质量国家监督抽查结果 …… 47
有机食品认证机构
（2011 年 12 月 31 日止） …… 76
绿色食品认证机构
（2011 年 12 月 31 日止） …… 77
无公害食品认证机构
（2011 年 12 月 31 日止） …… 77

茶叶法规文献

浙江省农业厅关于做好浙江绿茶标识推广
使用的通知 …… 78
福建省人民政府关于推进现代茶产业
发展的若干意见 …… 79
河南省茶产业发展规划
（2011—2020 年） …… 80

茶　文　化

霍山黄芽古今谈 …… 82
“红色茶乡”
——蒙顶圣山与红军纪念馆 …… 83
陕西茶文化的闪光点 …… 84
饮茶与健康 …… 86

各 地 茶 业

北京市 …… 89
天津市 …… 92
河北省 …… 98
山西省 …… 101
上海市 …… 105
江苏省 …… 110
浙江省 …… 115
绍兴市 …… 122
安徽省 …… 126
黄山市 …… 131
福建省 …… 136
江西省 …… 139
九江市 …… 142
上饶市 …… 146
山东省 …… 149
河南省
信阳市 …… 152
湖北省 …… 156
恩施土家族苗族自治州 …… 162
湖南省 …… 166
广东省 …… 174
广西壮族自治区 …… 177
重庆市 …… 180
四川省 …… 184
雅安市 …… 190
贵州省 …… 194
云南省 …… 198
保山市 …… 201
临沧市 …… 204

茶业大事记

2011—2012 年茶业要闻 …… 209

茶 业 企 业

第五批农业产业化国家重点龙头企业
茶叶企业名单 …… 212
2011 年通过中国驰名商标认定的
茶叶企业 …… 213

中国已注册和初步审定地理标志商标
名录（截至 2011.12.31） ······ 213
部分茶业企业介绍 ······ 218
泉笙道茶业之“企业之道” ······ 218
广西金花茶业有限公司 ······ 219

茶 叶 之 乡

全国重点产茶地区（地级市） ······ 220
全国重点产茶县（县级市） ······ 222
部分茶叶之乡介绍 ······ 226
有机茶全国农业标准化示范区
——乐业 ······ 226
中国富硒茶乡——陕西紫阳 ······ 227

茶业统计资料

Ⅰ. 全国茶业基本情况 ······ 229
1-1 中国茶叶产量在世界茶叶产量中的地位（2000—2011） ······ 229
1-2 中国茶叶出口量在世界茶叶出口量中的地位（2000—2011） ······ 229
1-3 中国茶业基本情况（2000—2011） ······ 229
Ⅱ. 茶叶产量与茶园面积 ······ 230
2-1 全国茶园面积（1978—2011） ······ 230
2-2 全国各地区茶园面积（1995—2011） ······ 231
2-3 全国各地区茶叶采摘面积（1995—2011） ······ 232
2-4 全国茶叶产量（1978—2011） ······ 232
2-5 各地区茶叶产量（1995—2011） ······ 233
2-6 全国红毛茶产量（1989—2011） ······ 233
2-7 全国各地区红毛茶产量（1995—2011） ······ 234
2-8 全国绿毛茶产量（1989—2011） ······ 234
2-9 全国各地区绿毛茶产量（1995—2011） ······ 235
2-10 全国乌龙毛茶产量（1989—2011） ······ 235
2-11 全国各地区乌龙毛茶产量（1995—2011） ······ 236
2-12 全国紧压茶原料产量（1989—2011） ······ 236
2-13 各地区紧压茶原料产量（1995—2011） ······ 237
2-14 全国其他茶原料产量（1989—2011） ······ 237
2-15 全国各地区其他茶产量（1995—2011） ······ 237
Ⅲ. 茶业生产水平指标 ······ 238
3-1 全国产茶地区茶叶总产量及位次（2000—2011） ······ 238
3-2 全国产茶地区绿毛茶产量及位次（2000—2011） ······ 239
3-3 全国产茶地区红毛茶产量及位次（2000—2011） ······ 239
3-4 全国产茶地区乌龙毛茶产量及位次（2000—2011） ······ 240
3-5 全国产茶地区紧压茶产量及位次（2000—2011） ······ 240
3-6 全国产茶地区其他茶原料产量及位次（2000—2011） ······ 241
3-7 全国产茶地区茶叶单产及位次（1995—2011） ······ 241
Ⅳ. 精制茶加工业经济指标 ······ 242
4-1 全国精制茶加工业基本情况（2000—2011） ······ 242
4-2 全国精制茶加工企业基本情况（2000—2011） ······ 242
4-3 全国各地区精制茶产量

(2005—2011) …………………………… 243
4-4 全国不同规模精制茶加工企业基本情况 (2000—2011) …………………………… 244
4-5 全国不同经济类型精制茶加工企业基本情况（2000—2011） …………… 245
4-6 全国各地区茶叶加工企业数 (2000—2011) …………………………… 246
4-7 全国各地区茶叶加工企业产值 (2000—2011) …………………………… 247
4-8 全国各地区茶叶加工企业负债总计 (2000—2011) …………………………… 248
4-9 全国各地区茶叶加工企业资产额 (2000—2011) …………………………… 249
4-10 全国各地区茶叶加工企业产品销售收入（2000—2011） ………………… 250
4-11 全国各地区茶叶加工企业利润额 (2000—2011) …………………………… 251
4-12 全国各地区茶叶加工企业从业人员 (2000—2011) …………………………… 252
4-13 全国精制茶加工企业从业人员 (2000—2011) …………………………… 253
V. 茶业贸易 …………………………… 253
5-1 全国茶叶出口 (1995—2011) …………………………… 253
5-2 全国茶叶出口货源地 (2005—2011) …………………………… 254
5-3 全国茶叶出口目的地国家或地区 (2005—2011) …………………………… 255
5-4 全国绿茶出口 (1995—2011) …………………………… 258
5-5 全国绿茶出口货源地 (2005—2011) …………………………… 259
5-6 全国绿茶出口目的地国家或地区 (2005—2011) …………………………… 260
5-7 全国红茶出口 (1995—2011) …………………………… 263
5-8 全国红茶出口货源地 (2005—2011) …………………………… 264
5-9 全国红茶出口目的地国家或地区 (2005—2011) …………………………… 265
5-10 全国乌龙茶出口 (1995—2011) …………………………… 267
5-11 全国乌龙茶出口货源地 (2005—2011) …………………………… 267
5-12 全国乌龙茶出口目的地国家或地区 (2005—2011) …………………………… 268
5-13 全国花茶出口 (1995—2011) …………………………… 270
5-14 全国花茶出口货源地 (2005—2011) …………………………… 270
5-15 全国花茶出口目的地国家或地区 (2005—2011) …………………………… 271
5-16 全国普洱茶出口 (1997—2011) …………………………… 274
5-17 全国普洱茶出口货源地 (2005—2011) …………………………… 274
5-18 全国普洱茶出口目的地国家或地区 (2005—2011) …………………………… 275
5-19 全国茶叶进口 (1995—2011) …………………………… 276
5-20 全国茶叶进口来源地 (2005—2011) …………………………… 277
5-21 全国茶叶进口收货地 (2005—2011) …………………………… 279

茶业社会团体、商会和基金会专栏

全国性茶业社会团体 …………………………… 280
中国茶叶学会 …………………………… 280
中国国际茶文化研究会 …………………… 280
中国茶叶流通协会 …………………………… 280
中华茶人联谊会 …………………………… 281
中国茶禅学会 …………………………… 281
中国食品土畜进出口商会茶叶分会 ………… 281
华侨茶业发展研究基金会 ………………… 281
地方性茶业社会团体 …………………………… 282

北京市茶业协会 …… 282
天津市茶业协会 …… 282
天津国际茶文化研究会 …… 282
河北省茶文化学会 …… 282
山西茶叶展评组委会 …… 282
上海市茶叶学会 …… 282
上海市茶叶行业协会 …… 282
江苏省茶叶学会 …… 282
江苏省茶业协会 …… 282
浙江省茶叶学会 …… 282
浙江省茶叶产业协会 …… 283
安徽省茶业学会 …… 283
安徽省茶业行业协会 …… 283
海峡茶业交流协会 …… 283
江西茶业联合会 …… 283
江西省茶叶协会 …… 283
山东省茶文化协会 …… 283
河南省茶文化研究会 …… 283
河南省茶叶商会 …… 283
河南省茶叶协会 …… 283
湖北省茶叶学会 …… 284
湖北省茶业协会 …… 284
湖北省陆羽茶文化研究会 …… 284
湖南省茶叶学会 …… 284
湖南省茶业协会 …… 284
广东省茶叶学会 …… 284
广东省茶业行业协会 …… 284
广西壮族自治区茶叶学会 …… 284
广西壮族自治区茶业协会 …… 284
重庆国际茶文化研究会 …… 284
重庆茶叶商会 …… 285
四川省茶文化协会 …… 285
四川省茶叶学会 …… 285
贵州省茶叶学会 …… 285
贵州省茶业协会 …… 285
贵州省茶文化研究会 …… 285
云南省茶业协会 …… 285
云南省普洱茶协会 …… 285
云南省茶叶商会 …… 285
陕西省茶业协会 …… 285
中华（陕西）茶人联谊会 …… 285
广州茶文化促进会 …… 286
吴觉农茶学思想研究会 …… 286

茶人介绍

专家学者 …… 287
黄友谊 …… 287
蔡建明 …… 287
陈　亮 …… 288
吴　洵 …… 289
段家祥 …… 289
徐　泽 …… 289
伍崇岳 …… 290
唐永宁 …… 290
吴浩人 …… 291
傅尚文 …… 292
李稳石 …… 292
朱永兴 …… 293
刘　新 …… 293
农艳芳 …… 293
许允文 …… 294
虞富莲 …… 294

附录　国际统计资料

茶业生产 …… 296
世界茶叶产量八强国家生产情况（2000—2011） …… 296
世界茶叶种植八强国家种植情况（2000—2011） …… 296
世界茶叶产量（2000—2011） …… 297
世界主要国家或地区茶叶产量（2000—2011） …… 297
世界茶叶采摘面积

(2000—2010) ………………………………… 298
主要国家或地区茶叶采摘面积
(2000—2010) ………………………………… 298
世界主要国家或地区茶叶单位面积产量
(2000—2010) ………………………………… 299
茶业贸易 ………………………………………………… 299
世界茶叶出口十大国家或地区
(2000—2011) ………………………………… 299
世界茶叶进口十大国家或地区
(2000—2011) ………………………………… 300
主要国家或地区茶叶进口量
(2000—2011) ………………………………… 300
主要国家或地区茶叶进口额
(2000—2011) ………………………………… 301
主要国家或地区茶叶出口量
(2000—2011) ………………………………… 302
主要国家或地区茶叶出口额
(2000—2011) ………………………………… 303
世界茶叶出口五强——肯尼亚出口目的地
国家或地区（2003—2011） ……………… 304
世界茶叶出口五强——斯里兰卡出口目的地
国家或地区（2004—2011） ……………… 305
世界茶叶出口五强——中国出口目的地
国家或地区（2005—2011） ……………… 306
世界茶叶出口五强——印度出口目的地
国家或地区（2004—2011） ……………… 307
世界茶叶出口五强——越南出口目的地
国家或地区（2004—2011） ……………… 308
世界茶叶五大进口国——俄罗斯进口来源
国家或地区（2004—2011） ……………… 309
世界茶叶五大进口国——英国进口来源
国家或地区（2004—2011） ……………… 309
世界茶叶五大进口国——美国进口来源
国家或地区（2005—2011） ……………… 310
世界茶叶五大进口国——埃及进口来源
国家或地区（2004—2011） ……………… 310
世界茶叶五大进口国——巴基斯坦进口来源
国家或地区（2004—2011） ……………… 310
茶叶市场与消费 …………………………………… 311
主要产茶国茶叶年度平均拍卖价
(2000—2011) ………………………………… 311
茶叶消费总量五强国家
(2005—2011) ………………………………… 311
茶叶人均消费五强国家
(2002—2011) ………………………………… 311
主要国家或地区茶叶消费总量
(2002—2011) ………………………………… 312
主要国家或地区茶叶人均消费量
(2002—2011) ………………………………… 313
中国与世界主要指标比较（2011） …………… 314

中国茶叶生产概况

农业部种植业管理司经济作物处　封槐松

2011年，全国茶叶生产在战胜冬春持续低温雨雪天气和干旱影响、春茶开采时间推迟15天左右的条件下，经过各方努力，又获得了持续增产增收，各项生产经济指标均呈不同程度增长，茶叶主产区普遍增产增收。

（一）茶叶产量和产值增加

据全国各个产茶省（自治区、直辖市）农业厅（局、委）茶叶生产主管处（站）统计汇总，2011年全国干毛茶总产量162.3万吨，同比增加14.8万吨，增长10.04%。分地区看，除山东因早春冻害减产1 220吨外，其他省（自治区、直辖市）均是增产。其中云南增产3.1万吨，增长14.9%；福建增产2.3万吨，增长8.6%；湖北增产1.8万吨，增长11.1%；广西、河南、湖南等省、自治区各增产5 000吨左右。干毛茶总产值728.9亿元，同比增加121.7亿元，增长20.0%。增加10亿元以上的有浙江、福建、河南、四川、贵州、云南。其中河南增加24.1亿元，增长69%；云南和浙江分别增加15.7亿元和15.5亿元。2011年茶叶出口量和出口额分别达到32.26万吨和9.63亿美元，同比出口量增加1.38万吨、增长4.5%，出口额增加1.38亿美元，增长16.7%。

（二）主要茶类普遍增产

从六大茶类情况看，除黄茶减产外，其他五大茶类均增产。绿茶总产量114万吨，同比增产9.1万吨，增长8.7%；红茶11.4万吨，同比增产4.6万吨，增长66.8%；乌龙茶20.0万吨，同比增产2.0万吨，增长11.0%；黑茶6.3万吨，同比增产2.2万吨，增长53.2%；白茶2.1万吨，同比增产2 055吨，增长16.8%；黄茶391吨，同比减产3吨，下降0.7%。绿茶占茶叶总产量的比重由2010年的70.9%下降为70.1%；红茶由4.6%上升为7.0%；乌龙茶由12.2%上升为12.3%；黑茶由2.8%上升为3.9%；白茶基本稳定在0.9%；黄茶由0.03%下降为0.02%。从各地情况看，绝大部分省份茶叶结构比较稳定，只有个别省份突出重点大力发展某一茶类，如绿茶中云南由14.9万吨增加到17.2万吨，增加2.3万吨，增长15.4%；红茶中河南由3 940吨增加到5 095吨，增加1 155吨，增长29.3%；乌龙茶中福建由14.7万吨增加到15.7万吨，增加1.0万吨，增长6.8%；黑茶中湖南由2.5万吨增加到3.8万吨，增加1.3万吨，增长51.2%。

（三）茶叶质量及其安全水平进一步提高

由于近年来全社会高度关注食品质量安全问题，茶叶产区各地更加重视提高茶叶商品质量和质量安全水平。一是大力推广茶树无性系良种，提高茶叶商品质量和单产水平。2011年全国茶树无性系良种面积106.07万公顷，同比增加12.67万公顷，增长13.6%，无性系面积占茶园比例由2010年的46.3%提高到48.1%。二是稳定发展名优茶，提高茶叶质量档次和效益。2011年全国名优茶产量67.6万吨，同比增加6.9万吨，增长11.4%，占茶叶总产量的比重由2010年的41.4%上升为43.4%；名优茶总产值560.3亿元，同比增加104.8亿元，增长23%，占茶叶总产值的比重由2010年的75%上升为76.8%。三是积极推广茶叶无公害生产和有机生产，提高茶叶质量安全水平。2011年全国无公害茶园面积134.87万公顷，同比增加9.25万公顷，增长7.4%，占茶园总面积的比重稳定在61%；2011年全国有机茶园面积11.21万公顷，同比增加1.23万公顷，增长12.3%，占茶园总面积的比重由2010年的4.8%上升到5.1%。

（四）茶园继续扩大

由于一些商家的炒作，加上各级政府对茶产业管理职能不明确，一些地方只重视扩大茶园面积，忽视加强茶园管理，使茶叶单产水平继续下降，潜在茶叶产量过剩、价格下跌的危险。2011年全国茶园面积211.25万公顷，同比增加14.23万公顷，增长7.2%。增加1.33万公顷以上的有贵州、河南、湖北、四川等4省，其中贵州在2010年增加3.06万公顷的基础上，又增加2.92万公顷，增长17.5%。茶园面积最大的云南省，在已有36.77万公顷的基础上又增加12.3万公顷。而全国茶树采摘面积2011年只有162.32万公顷，占茶园总面积的76.8%，仍有48.9万公顷茶园尚未开采。

中国安化黑茶产业发展概况

肖力争[1] 陈辉球[2] 陈 庆[2]
[1]湖南农业大学园艺园林学院 [2]湖南省安化县茶叶办

（一）安化黑茶的分类、地位及产销沿革

黑茶（Dark tea）是六大茶类中比较特殊的一类，《中国茶叶大辞典》给出的定义是：原料粗老，制造过程中堆积发酵时间较长，成品茶色呈油黑或者黑褐色的茶种。现在看来，这一概念是不准确的。历史上黑茶主要供应西北少数民族饮用，所以又称“边销茶”，其加工中的渥堆（发酵）过程有微生物的实际参与，因此黑茶称得上是真正意义上的“发酵茶”。以往按照产地和品质特点等，将我国黑茶分为湖南黑茶（包括安化黑茶和临湘黑茶）、滇桂黑茶（包括云南普洱茶和广西六堡茶）、四川边茶（包括南路边茶和西路边茶）、湖北老青茶等四类，这种分类过于强调了地理上的一致性而忽略了产品加工工艺和品质上的差异，很不合理。肖力争等在研究各类黑茶产品的工艺和品质特征的基础上，提出中国黑茶新分类体系（表1）。

表 1　中国黑茶分类新体系

大　类	亚　类	代表产品
安化黑茶	黑毛茶	
	湘尖茶	天尖、贡尖、生尖
	千两茶	千两茶、五百两、百两茶、千两茶饼
	茯砖茶	
	花砖茶	
	黑砖茶	
四川黑茶	南路边茶（藏茶）	康砖、金尖、金玉、金仓、毛尖、芽细
	西路边茶	茯砖、方包、圆包
云南普洱茶	生普	紧茶（有砖形和心形）、饼茶、沱茶
	熟普	普洱散茶、普洱紧茶、普洱七子饼、普洱方茶、普洱沱茶
广西六堡茶		篓装六堡茶、紧茶
两湖青砖茶	湖北青砖茶	
	临湘青砖茶	
其他黑茶		陕西泾阳茯砖茶、浙江茯砖茶、贵州茯砖茶等

史籍所载16世纪以前的黑茶，多指由四川绿毛茶经做色生产的“乌茶”。“黑茶”一词最早出现在明嘉靖三年（1524），指的是安化黑茶。明代中期，湖南安化采用炒青、揉捻、渥堆、七星灶松柴明火干燥等工艺生产黑毛茶。明朝万历年间，朝廷准许湖南黑茶运销西北，此后湖南黑茶逐步发展成为西北少数民族地区消费的主要茶产品，畅销西北各地达数百年之久。安化黑茶是指湖南省益阳地区所产的地理标志产品，是以该区域内生长的安化云台山大叶种、槠叶齐等适制安化黑茶的茶树品种鲜叶为原料，经杀青、揉捻、渥堆、干燥等特定工艺加工而成黑毛茶，以及用此黑毛茶为原料，按照特定的加工工艺生产的具有独特品质特征的各类黑茶成品的统称。安化黑茶成品外形色泽黑润或黑褐，汤色橙黄或橙红明亮，香气纯正或带独特松烟香，滋味醇厚或醇和，耐冲泡。历史上，安化黑茶出现的品种多达数十种，目前仍在生产的花色品种包括茯砖、黑砖、花砖、千两茶和湘尖等七类。安化黑茶地理标志产品保护范围包括湖南省益阳市辖区内的安化、桃江、赫山、资阳等4个县（区）内的32个乡镇。其中集中产区是安化县域内的22个乡镇。

（二）安化黑茶产业发展现状

1. 安化黑茶产业规模的发展　2006年以来，益阳全

市茶园面积、安化黑茶加工产量和综合产值分别由2005年的1.2万公顷、1万吨、1亿元增加到2011年的1.95万公顷（其中安化县1.2万公顷）、4.2万吨（其中安化县2.86万吨）和40.5亿元（其中生产加工业产值18亿元）。近几年来，安化县立足资源禀赋和产业基础，举全县之力，把黑茶产业作为富民强县的特色产业来打造，逐步成为区域内品牌最响、从业人员最多、综合效益最高、带动能力最强、成长性最好的支柱产业，安化县已连续三年跻身全国重点产茶县十强，茶叶产量位列全国第六，其中黑茶产量位列全国第一（表2）。

表2　2005—2011年安化县茶园面积及黑茶产量

单位：万公顷、万吨

年　份	2005	2006	2007	2008	2009	2010	2011
面　积	0.57	0.57	0.73	0.77	0.84	1.01	1.2
产　量	0.36	0.40	0.81	0.83	1.05	2.04	2.86

2. 茶业旅游经济的发展　2011年，安化县实施茶业旅游经济一体化建设重点项目12个，完成投资5亿元，其中：以S308线为轴的“百里茶廊”和以雪峰湖地质公园为中心的“百里茶湖”的建设取得重要进展，2011年茶马古道高城风景区全面建成并成功申报为国家AAAA级景区，成为湖南省重要的旅游景区；安化黄沙坪古茶市建设顺利推进，全面启动了中国黑茶博物馆、资江滨江风光带等一批核心项目的建设；湖南省白沙溪茶厂股份有限公司所属原白沙溪茶厂老厂房已被列入国家文物保护单位，该公司正以此为基础，建设一个集生产、营销、观光休闲与实景体验于一体的全国唯一的以“安化黑茶”为主题的AAAA级旅游景区。此外，安化县加强了对安化黑茶文化古迹、历史文物、非物质文化遗产及其传承人的保护，30座风雨廊桥和上百处古茶亭修复保护工程正有序推进。2011年以来，安化县接待游茶马古道、品安化黑茶的国内外游客78万人次，茶文化旅游收入达5亿元，初步实现茶业经济与茶文化旅游的互动双赢。

（三）安化黑茶科技发展现状

1. 安化黑茶科学研究现状　近年省内科研院所和安化黑茶龙头企业加大了对安化黑茶的研究力度，通过联合科技攻关，在安化黑茶适制品种筛选、安化黑茶初精制加工技术、安化黑茶新产品开发、安化黑茶保健功能等方面开展了系统深入的研究，为安化黑茶产业的快速发展提供了有力的科技支撑。如湖南农业大学、湖南省茶业有限公司、湖南益阳茶厂承担了财政部低氟茯砖茶生产关键技术研究与示范项目，湖南省茶业有限公司、湖南农业大学等单位承担了2008年湖南省重大科技专项茯茶产业化关键技术研究与示范项目等。这些重大科技项目，促进了安化黑茶清洁化、机械化、连续化、标准化的现代生产体系的形成。湖南农业大学等单位的科技人员通过几年的潜心研究，揭示了黑茶功能物质组成的化学实质，探明了安化黑茶降脂减肥功效及其作用机理，发现黑茶具有显著的辅助降血糖功效，对酒精和非酒精性脂肪肝均具有显著的防护作用，探明了黑茶调理肠胃功效及其作用机理，发现黑茶可有效抑制消化道肿瘤细胞增殖，确证了黑茶具有显著的抗辐射功效。创立了散茶发花技术，茯砖茶诱导调控发花技术，黑茶快速醇化技术等，这些新技术的运用，显著提高了茯砖茶的品质，降低了加工成本，提高黑茶生产的经济效益。通过制定和推贯安化黑茶系列湖南省地方标准，有力地推进了安化黑茶标准生产体系的建设。一系列方便化、高档化、功能化的现代黑茶新产品的开发，推动了安化黑茶从单一的边销市场向内销和外销市场的拓展，从低端市场向高端市场的跨越。

2. 安化黑茶产品的创新与发展现状　为适应市场多样化的需求，安化黑茶企业近年开发生产了一系列新的安化黑茶产品。在湘尖茶方面，已经开发多种规格的纸盒、铁罐包装的天尖、贡尖茶，小篾篓装“三尖”茶（1千克或2千克一篓）。恢复生产传统的“安化千两茶”的同时，又开发了五百两、三百两、百两、十六两、千两茶饼等的安化千两茶系列产品。茯砖茶方面，湖南省白沙溪茶厂有限公司开发生产的天茯茶、将军茯茶、东方华茯等产品获得了巨大的成功，成为市场热销产品。湖南省益阳茶厂有限公司开发生产了各类小型化规格的高级茯茶系列产品，极品茯茶、一品茯茶和高级茯茶等已经成为市场畅销产品。2011年湖南省白沙溪茶厂股份有限公司、湖南省益阳茶厂有限公司、湖南华莱生物科技有限公司、湖南中茶茶业有限公司安化茶厂、湖南久扬茶业有限公司、湖南阿香茶果食品有限公司、湖南安化国津茶业有限公司等安化黑茶龙头企业纷纷加大了产品研发投入力度，成功研发了一批安全、便捷、功能化、高雅的新产品，如硬币状茯茶币、巧克力型高级方便茯茶、直泡系列方便型千两茶等，运用散茶发花技术创制了金花天尖、琥珀金茶、金花千两茶等。湖南省茶业有限公司开发出具有降脂减肥作用的功能型速溶黑茶——活力饮，该产品2011年通过国家食品药品监督局的保健食品评审，成为中国第一款获得保健食品批文的纯茶保健食品。该公司在2011年还成功研发出系列茯茶休闲功能食品——具有抗疲劳醒脑功能的茯茶糖和具有清新口气、舒缓心情作用的茯茶含片，使黑茶深加工产品融入到人们日常休闲生活中。新产品的不断开发和投放市场，拓展了安化黑茶的消费领域，促进了安化黑茶产业的发展。

3. **安化黑茶标准体系构建** 从 2008 年开始，在湖南省农业厅的支持下，湖南农业大学、安化县农业局等单位的科技人员联合组成安化黑茶标准制定小组，按照标准化、系列化的要求，规划并完成了《安化黑茶通用技术要求》（DB43/T 568—2010）、《安化黑茶栽培技术规范》（DB43/T 657—2011）、《安化黑茶加工通用技术要求》（DB43/T 655—2011）、《安化黑毛茶加工技术规程》（DB43/T 660—2011）、《安化黑茶成品加工技术规程》（DB43/T 658—2011）、《安化黑茶包装标识运输贮藏技术规范》（DB43/T 654—2011）、《安化黑茶　黑毛茶》（DB43/T 659—2011）、《安化黑茶　千两茶》（DB43/T 389—2010）、《安化黑茶　湘尖茶》（DB43/T 571—2010）、《安化黑茶　花砖茶》（DB43/T 570—2010）、《安化黑茶　黑砖茶》（DB43/T 572—2010）、《安化黑茶　茯砖茶》（DB43/T 569—2010）、《安化黑茶冲泡及饮用方法》（DB43/T 656—2011）等 13 个安化黑茶湖南省地方标准的制定工作，形成较完整的安化黑茶的技术标准体系。与此同时，益阳市和安化县政府加强了推进标准化生产的工作力度，狠抓标准的贯彻执行，着力推进安化黑茶的清洁化、机械化、连续化、标准化生产，使安化黑茶的产品质量有了大幅度的提高。

（四）安化黑茶龙头企业和品牌发展现状

至 2011 年，益阳市内有茶叶精制加工企业 83 家，其中已取得 QS 认证的安化黑茶加工企业近 68 家，省级龙头企业 3 家，市级龙头企业 16 家。湖南省白沙溪茶厂股份有限公司等安化黑茶龙头企业，在最近几年均高速成长，企业实力不断增强，品牌影响力加大，市场竞争力提高，发展前景看好。安化黑茶产业的经济社会效益明显提升，黑茶关联产业发展迅速，财税收入增长迅速。

表 3　2011 年安化黑茶主要加工企业生产概况

单位：吨、万元

企业名称	黑茶产量	黑茶产值
湖南省白沙溪茶厂股份有限公司	3 480	18 600
湖南华莱生物科技有限公司	2 350	14 620
安化怡清源茶业有限公司	2 130	11 720
湖南久扬茶业有限公司	2 020	11 110
湖南省益阳茶厂有限公司	1 980	9 900
湖南中茶茶业有限公司安化茶厂	1 510	8 310
湖南安化国津茶业有限公司	1 360	5 980
湖南黑美人茶业有限公司	460	3 180
湖南省高马二溪茶业有限公司	560	3 080
安化县金峰茶叶有限公司	620	2 730
湖南阿香茶果食品有限公司	450	2 180
安化县濂溪茶业有限公司	430	1 890
湖南安化利源隆茶厂	350	1 820
湖南益阳香炉山茶业有限公司	380	1 790
湖南浩茗茶业食品有限公司	340	1 770
湖南省求喜茶业有限公司	330	1 760
湖南梅山黑茶有限公司	320	1 760
安化县马路茶厂	300	1 320
安化云台八角茶业有限公司	260	1 180
湖南省安化县晋丰厚茶行有限公司	220	1 160

近几年益阳市和安化县在安化黑茶的品牌宣传和安化黑茶文化建设上下了很大功夫，政府组织黑茶企业，以安化黑茶品牌整体形象多次组团参加在上海、北京、中国香港、福建、河南、山西、陕西、广州、深圳等地举行的茶博会和茶文化活动，在各地举办安化黑茶品牌推介会30多场次，与中央电视台2套、4套、7套节目合作拍摄了多个推介安化黑茶的专题片，在中国香港《文汇报》、《湖南日报》等重要纸质媒体刊发安化黑茶专版，协助拍摄反映安化黑茶文化历史的电视剧《菊花醉》，出版了《湖南黑茶》、《安化黑茶知识手册》、《安化黑茶》、《安化黑茶砖》等安化黑茶专著。2008年，益阳茯砖茶制作工艺和安化千两茶制作工艺成功进入国家非物质文化遗产名录；2009年，安化黑茶成为国家地理标志保护产品，同年安化黑茶被认定为湖南省著名商标；2010年安化黑茶入选上海世博会十大名茶；2011年4月安化黑茶被评为中国最具带动力的茶叶区域公用品牌；2011年11月安化黑茶获中国驰名商标。短短几年，安化黑茶的品牌知名度和美誉度迅速提高，安化黑茶已成为湖南益阳市和安化县的人文地标和崭新名片。

中国乌龙茶产业发展概况

郑乃辉

乌龙茶为中国特有茶，起源于福建。我国乌龙茶有福建、广东、台湾等三大主产区。除此之外，近年来安徽、浙江、广西、湖北、四川、江西也有少量生产。目前，我国大陆的乌龙茶主要产于福建省和广东省。福建省乌龙茶产区主要为闽北乌龙和闽南乌龙，闽北乌龙茶主要是大红袍、水仙、肉桂，闽南乌龙茶主要是铁观音、黄金桂、奇兰、佛手、金萱、翠玉、软枝乌龙等。而广东乌龙茶以岭头单丛茶和凤凰单丛茶最为著名。

（一）乌龙茶发展现状

1. 乌龙茶产业发展现状 截止到2011年，乌龙茶初、精制加工企业全国有3万～4万家，其中精制加工企业近千家，从业人数达50多万人。精制乌龙茶产量为13多万吨，产值为40多亿元。国内乌龙茶精制加工企业以民营企业为主，部分为三资企业，国有企业有福建外贸茶叶进出口公司、厦门外贸茶叶进出口公司和广东外贸茶叶进出口公司等。安溪为乌龙茶生产大县，精制企业有600多家，年产值20多亿元。根据2011年中国茶叶流通协会的统计数据，百强中经营乌龙茶的企业主要集中在福建、广东两省，福建省居多（表1）。

表1 中国乌龙茶主要企业

序号	企业名称	法人代表
1	武夷星茶业有限公司	何一心
2	广东茶叶进出口有限公司	穆有为
3	勇泉（厦门）茶业有限公司	林肇阳
4	福建茶叶进出口有限责任公司	贾　鹏
5	福建三好茶博汇茶业有限公司	丁洪彪
6	福建三和茶业有限公司	吴荣山
7	安溪县龙馨茶业有限公司	杨松伟
8	广东省大埔县西岩茶叶集团有限公司	魏顶国
9	大埔县康达茶业有限公司	赖法卫

2. 福建乌龙茶生产现状 2011年全国乌龙茶栽种面积约为10.67万公顷（不含台湾省），产量19万吨，产值155亿元。其中福建省栽种面积达8.67万公顷，产量15.7万吨，产值126亿元。福建省乌龙茶产区主要分布在闽南的泉州市、漳州市与闽北的武夷山市、建瓯市。

（1）闽南乌龙茶茶区。安溪县为全国第一产茶大县，乌龙茶种植面积4万公顷，产量6.3万吨，产值92亿元，涉茶人口达80多万人，种植品种有铁观音、黄旦、毛蟹、梅占等，其中铁观音种植面积占安溪茶园总面积55%～60%。安溪县政府主张建设生态茶园，不提倡茶园面积继续扩张，重视高效生态茶园建设，提倡走精致茶业的发展道路，提高单位面积产量与产值，为全国茶产业的发展起了引领与表率作用。闽南漳州市，乌龙茶品种种植面积26 667公顷，主要分布在华安县、平和县、南靖县等地。华安县乌龙茶品种种植面积为10 667公顷，以铁观音品种为主，产量1.7万吨，是近年来增长速度较快的一个产茶县。平和县乌龙茶品种种植面积7 067公顷，以白芽奇兰品种为主，年产1万吨以上；南靖县乌龙茶品种种植面积8 000公顷，产量1万吨以上。

（2）福建其他乌龙茶产区。闽北的建瓯市、武夷山市，乌龙茶品种种植面积16 667公顷，产量2.5万吨；三明市，乌龙茶品种种植面积8 667公顷，产量1万吨以上；闽西的龙岩市，乌龙茶品种种植面积5 333公顷，产量6 000吨，主要产地在漳平市，品种以水仙为主；漳平市还建有国家级台湾农民创业园，以茶叶为主，引进台湾金萱、翠玉等品种，为丰富乌龙茶品种与海峡两岸茶叶交流起到了积极作用。闽东各茶区乌龙茶产量约为4 000吨。

（二）乌龙茶产业消费状况分析

1. 国内消费现状 中国是茶叶消费历史最悠久的国家，而且饮茶已成为其文化的一部分。中国乌龙茶消费基本遍及全国各地，从安溪铁观音直营店、加盟店分布区位来看，在全国一线、二线城市比较集中，尤以南方市场为最，广东、福建一带分布量较大。据调查，广东茶叶年人均消费达2千克。在福建的调查资料显示，选择茶叶时有62%的消费者选择安溪铁观音与武夷大红袍。根据对北京市场的调查情况看，乌龙茶市场占有率为20%。北京市民选购茶叶时主要还是以散茶为主，占54%；其次是包装礼品茶，占28%；饮用袋泡茶占10%，茶饮料占8%。在茶叶销售中，茶叶的价格定位十分重要，从北京的调查情况看，消费者购买每500克在50～100元价位的茶叶占28.3%；100～300元价位的茶叶占41.6%；300～800元价位的茶叶占22.2%；50元以内、800元以上的消费人群为少数。因此，北京市民消费的茶叶大部分在中档以上，每500克价格在100～800元，占63.8%。据了解，目前国内茶叶销量与消费均呈上升的态势，但铁观音茶叶的价格并没有因为市场需求的增加而增长，市场价格比较稳定，这与安溪县茶产业的理性发展有极大的关系。

2. 国际贸易现状 茶已经成为世界三大饮料之一，全球有60多个国家种植茶叶，160多个国家和地区有茶叶消费习惯。20世纪90年代以来，世界茶叶的消费量一直稳定在250万吨左右，人均年消费茶叶0.5千克。世界茶叶消费格局随着社会的进步和人们生活水平的提高而发生变化，加之茶叶芳香、解渴、保健的特点，其受到人们越来越广泛的青睐。

据福建泉州地区相关乌龙茶出口报道，2011年出口茶叶重量呈现上升趋势。从泉州检验检疫局获悉，2011年该局共检验监管出口茶叶215批、2 388.1吨、955.0万美元，较2010年同期分别增长28%、19.2%和19.8%，主要出口品种为安溪乌龙茶。从乌龙茶出口贸易情况看，主要出口到日本、东南亚、韩国、印度、南非以及中国香港等地。其中日本占80%，共为156批、1 967.6吨、563.8万美元，重量与货值分别占82.4%、59%。第二市场为中国香港，共检验17批、67.2吨、147万美元，重量与货值分别占2.8%、15.4%。欧盟市场潜力很大，有待开拓。其原因主要有四方面：一是由于2011年日本核泄漏事故造成当地部分茶产区受污染，增加了从安溪乌龙茶产区购买中高档乌龙茶的贸易量；二是黑乌龙茶袋泡茶2011年在日本市场备受青睐；三是安溪茶厂有限公司2011年市场营销策略改变，主打中国香港及东南亚的相关铁观音市场，并在中国香港、菲律宾、马来西亚设立了公司专营店，出口这些市场的小包装乌龙茶销量呈上升趋势；四是安溪积极采取推进出口乌龙茶质量安全示范区建设、创建国家有机产品认证示范创建县等一系列措施，有效保障安溪乌龙茶的质量安全，提升了国际竞争力。

（三）乌龙茶产业市场状况分析

乌龙茶产品销售渠道可分为国内销售与国外销售，国内销售主要通过各地的茶叶批发市场或零售商场（店）、超市专柜等进行。国外销售主要通过外贸出口，出口国家和地区可达50多个。在国外最畅销的是中低档乌龙茶，出口茶叶多属于原料性的初级产品。多数产品充当国外品牌的原料，技术含量、附加值低，缺乏自有出口品牌。

1. 交易方式 改革开放以来，随着农业市场化的不断深入，中国形成了以传统城乡集贸市场为基础，以批发市场为中心，以收购市场和零售市场为补充的茶叶市场体系。

2. 批发市场 茶叶集贸批发市场：集贸市场是我国数量最大，分布范围最广的交易市场形式。产区批发市场：为了适应我国茶叶市场变化需要，国内已经形成比较完善的茶叶批发市场网络。乌龙茶产区批发市场规模较大的有福建安溪的中国茶都、武夷山茶叶市场、华安仙都茶叶批发市场等。销区批发市场：销区批发市场大多是在历史茶叶贸易中心基础上建立起来，大多是自发形成的，如北京马连道茶叶市场、广州芳村茶叶批发市场、济南茶叶市场。网络交易批发市场：近年来，随着我国互联网建设的不断加快，茶叶网络交易市场得到快速发展，与传统的市场相比较，网络交易市场具有独特的优势。2010年11月14日开通的由中国国际电子商务中心、中国茶叶流通协会和安溪中国茶都集团共同建设的茶多网，开创了将实体店铺与网店实名制相结合的新型电子商务模式，以中国茶都拥有1 860家实体店为基础，采用“网店＋实体店”的经营模式。将线下原产地认证和查询、质量检测、价格咨询等资源有机整合、融入平台，以实体店作为支撑，代表未来电子商务发展趋势，开创全新电子商务模式。

3. 零售企业 乌龙茶在国内各个销区市场均设有销售门市商店。茶叶零售商业组织，除茶庄外，还有农贸市场、综合性购物场所、百货公司等。此外，超市、便利店等新型零售形式的迅速发展也增加了茶叶的销售渠道，方便了消费的购买，促进了茶叶的销售。

4. 品牌建设 乌龙茶已注册的地理标志产品有安溪铁观音、武夷岩茶、永春佛手、漳平水仙茶饼等。现代市场营销中，产品是基础，品牌是保证，分销是关键，决胜在终端。茶叶市场营销是一项集成资本、智能、品牌、产品资源等因子的系统工程，需要企业有良好的品牌形象、雄厚的经济实力及批量化的经营规模，并且彼此之间互为保障、协同促进。茶叶市场的纵深拓展有赖于我国茶业经营的集约化、规模化以及管理的规范化。

（四）乌龙茶产业发展前景预测

乌龙茶是中国特有茶，产量、产品花色逐年增长速度较快，乌龙茶企业竞争力不断增强。据统计，中国百强茶企中，以经营乌龙茶为主的企业就有9家。

就生产而言，由于乌龙茶生产的特殊性，产区的扩张十分有限。所以，乌龙茶生产仍将集中于福建、广东、台湾等地区。就消费而言，由于乌龙茶冲泡、品饮方式文化色彩十分浓厚，是非常适合于茶店、茶楼人们谈商论道的一种取饮方式。在销售推广方面，乌龙茶具有独特的优势，不仅传统的福建、广东有消费，而且在全国各大城市不断延伸。近年来，我国茶叶在外销出口逐年巩固和增加的同时，内销市场的需求也进一步扩大。国内人均茶叶消费只有840克/年，与世界人均年消费茶叶相比仍有一定差距。国内各地区之间差别也比较大，如上海、广州等人均年消费茶叶已达到1千克左右，可见国内消费市场潜力很大。

随着我国社会经济的发展，人民生活水平的提高，茶叶保健功能的开发和茶文化的发展，茶叶消费增加已是不争的事实。

大别山地区名优茶优质高产协作活动3年情况总结

农业部种植业管理司调研员　封槐松

鄂、豫、皖大别山地区是革命老区，也是经济欠发达地区，而茶叶生产资源优势、区位优势、品质优势和文化优势等十分突出，但由于种种原因，过去长期以来该地区茶叶生产面积不稳、单产不高、加工落后、品牌不响、效益不好。针对这种状况，农业部种植业管理司于2009年2月发文组织鄂豫皖3省、6市、26县（市、区）农业部门，以及全国农业技术推广服务中心和中国农业科学院茶叶研究所等6个技术支撑单位，成立协作组，制定协作方案,开展大别山地区名优茶优质高产协作活动。3年来，各协作单位和技术支撑单位在缺乏活动经费的困难条件下，千方百计积极开展协作活动，做了大量卓有成效的工作，使大别山地区的茶产业，特别是名优绿茶发生了很大的变化。大别山地区名优茶优质高产协作活动3年情况如下。

一、成效十分显著

三年来，通过协作组的努力工作，取得的成效比较显著，《大别山地区名优茶优质高产协作示范方案》（以下简称《方案》）确定的大部分指标基本都已完成，使大别山地区名优茶逐步走出了山区，走进了大城市居民家中，影响力也越来越大。

（一）茶叶生产快速发展

3年来，在协作活动的引领和标准茶园创建活动推动下，各地茶产业迈向布局区域化、基地良种化、生产标准化、分工专业化发展之路，一批茶叶大县（市、区）、大乡（镇）和大基地逐步建成．浉河、光山、英山、大悟、金寨、岳西、霍山、舒城等11个县市的茶园面积均超过10万亩（1亩＝667平方米），其中浉河面积超过40万亩，成为全国茶叶生产第二大县、绿茶生产第一大县。浉河、英山、大悟、金寨等被中国茶叶学会命名为中国名茶之乡。据3省农业部门统计，2011年大别山协作区茶园总面积达到302.9万亩，比2008年增加91.7万亩，增长43.4%，其中采摘面积达到228万亩，比2008年146.6万亩增加81.4万亩，增长55.5%；无性系良种面积达到83.8万亩，比2008年增加53.3万亩，增长174.8%，占整个茶园面积比例由2008年的14.4%上升到27.7%，3年提高了13.3个百分点。协作区茶叶总产量达到10.75万吨，比2008年6.77万吨增加3.97万吨，增长58.7%，按已投产茶园计算，2011年茶叶单产达到47.2千克/亩，比2008年45.7千克/亩提高1.5千克/亩，增长3.2%。总体看，通过开展3年大别山协作活动，茶园总面积、总产量和无性系良种等主要生产指标均创历史最好成绩。

（二）经济效益不断提高

据统计，2011年大别山地区茶叶综合产值近300亿元，比2008年120亿元增加1.5倍。其中干毛茶总产值达到101.2亿元，比2008年41.7亿元增加59.4亿元，增长142%，按采摘面积计算，亩平均收入4 436元，比2008年2 812元/亩增加1 624元/亩，增长57.7%。其中高产茶园每亩8 000元以上，经济效益明显优于其他农作物。如浉河、英山等区（县）农民人均纯收入中茶叶分别占57.9%、40%。其中浉河区浉河港镇6万亩茶园农民人均茶叶收入达到7 000元以上，成为大别山茶区茶叶规模、效益第一大镇。茶产业已成为大别山地区农民脱贫致富奔小康的支柱产业、希望产业和朝阳产业。

（三）名优茶生产大幅增长

2011年名优茶产量达到61 551吨，比2008年34 172

吨增加27 379吨，增长 80.1%。占干毛茶总产量的比重达到 57.2%，比 2008 年的 50.4%提高了 6.8 个百分点。名优茶产值达到 77.76 亿元，比 2008 年 34.76 亿元增加 43 亿元，增长 123.7%，占干毛茶总产值比重达到了 76.8%。

（四）质量安全水平显著增强

为确保茶叶质量安全，大别山茶区大力推进茶叶标准化生产，开展无公害茶、绿色食品茶和有机茶“三品”认证，构建茶叶全程质量安全控制体系。2011 年无公害茶园面积达到 218.3 万亩，与 3 年前相比，增加 88.6 万亩，增长 68.3%；有机茶面积 41.9 万亩，增加 27 万亩，增长 180.6%。3 年来，农业部茶叶质量监督检测中心、农业部农产品质量监督检测中心（郑州、河北、杭州）等质检机构先后抽取 500 多个茶样，检验结果表明农药残留均未超标，全部达到国家无公害茶叶质量安全标准。

（五）加工包装提档升级

按照现代农业生产发展要求，在大别山茶区结合改造老茶厂，兴建了一大批设计先进、布局合理的清洁化、连续化、自动化的现代化茶叶加工厂，淘汰了一大批卫生条件不合格的作坊式小厂。据统计，到 2011 年大别山茶区建有清洁化、连续化、自动化的现代化茶叶加工厂 80 多家、加工茶叶 2.38 万吨，比 2008 年增长 80%。同时，龙头企业的加工带动作用也不断增强。现有国家级农业产业化龙头企业（以下简称龙头企业）1 家，省级龙头企业 20 家，市级龙头企业 91 家。

（六）品牌建设卓有成效

大别山区各级政府对茶叶品牌打造高度重视，通过政府引导，企业市场运作的方式，加大了大别山茶区信阳毛尖、六安瓜片、岳西翠兰、霍山黄芽、英山云雾和悟道茶等品牌宣传推介的力度，信阳市、英山县在坚持每年举办茶叶节的基础上，近 3 年一年比一年办得更加扎实、富有成效。通过开展茶叶评审、品牌文化论坛和“茶乡放歌”旅游节等活动及在全国主流媒体上推介宣传，积极组织茶叶企业参加全国各地茶叶节会活动，扩大影响力。英山云雾茶荣获湖北十大名茶、湖北名牌产品等称号，2009 年荣获中国地理标志保护产品，2010 年荣获全国茶叶区域品牌百强。2011 年 4 月在人民网举办的寻找全国采茶芬芳地网民投票中，英山县位居全国第 3 位。经省内外知名茶叶专家论证，英山云雾茶 2011 年被省农业厅认定为大别山生态名茶，并荣获农业部 2011 消费者最喜爱的中国农产品区域公用品牌。

（七）产业基础巩固夯实

通过三年协作活动，大别山茶区发生了 3 大可喜变化 0 一是茶园基础设施明显加强。通过整合实施各类项目，茶园道路、沟渠、林木、水电和加工厂等配套设施逐步完善，重点建设了像河南浉河港、董家河，湖北英山河南畈、大悟三里等一批千亩、万亩核心示范区。二是生态环境明显改善。通过项目实施和先进适用科技推广应用，茶区山更绿、水更清，茶乡面貌和生态环境得到明显改善，水土流失减少，生态种养模式和病虫害绿色防控技术不断应用推广，减少了化肥和农药的使用，确保了生态环境无污染和产品质量安全。三是社会效益进一步提升。通过推广应用新品种、新技术、新模式，提高了农民科技意识、产业意识和市场意识，促进了采茶队伍、鲜叶市场、机械化修剪、病虫害防治和清洁化加工等专业化分工的发展壮大，带动了茶机、包装、冷藏、运输物流等相关产业的发展，扩大了就业，增加了农民和城镇居民收入，促进了大别山区茶产业的持续健康发展，对建设社会主义新农村和县域经济发展意义十分重大。

二、经验比较丰富

3 年来，协作组各成员单位按照协作方案中的要求，努力开展工作，不仅取得了显著的成效，而且积累了不少经验。

（一）加强组织领导，健全协作网络

协作组成立以后，各单位加强组织领导，构建紧密型协作网络作为活动领导机构，成立了以农业部种植业管理司为组长单位，安徽省农业委员会、河南省农业厅、湖北省农业厅为执行组长单位，黄冈市、孝感市、信阳市、南阳市、六安市、安庆市等 6 市农业局为副组长单位，各协作县农业局为成员单位，全国农业技术推广服务中心、中国农业科学院茶叶研究所、湖北省农业科学院果茶研究所、安徽省农业科学院茶叶研究所、河南省信阳市农业科学研究所、浙江上洋茶叶机械公司等单位为技术支撑单位。为促进协作措施在基层协作单位的贯彻落实，各省市根据实际情况成立了专门组织，河南省成立了以省农业厅分管领导为组长的工作领导小组，下设办公室，办公室设在河南省农业厅经济作物推广站，并明确了 1 名领导、1 名专业技术人员具体负责该协作示范活动，安徽省、湖北省也都成立了协作工作领导小组，参与协作活动的市、县均成立分管副市长、副县长为组长的领导小组和办事机构。从上到下、健全严密的协作网络，提高了协作活动的组织效率，统一了协作单位的思想认识，明确了目标任务，促进了协作工作的落实。

（二）开展交流培训，推广先进技术

协作活动搭建起一个交流学习的平台，各协作单位怀着发展革命老区茶叶产业的一片热情，积极开展交流、考察、培训活动。一是广泛开展工作交流。协作组连续 3 年分别在安徽潜山、湖北大悟和河南信阳组织开展协作组工作交流活动，协作茶区管理技术骨干交流发展经验，开展技术学习，理清产业脉络，明确发展思路，为茶产业发展奠定了坚实的基础。另外，据不完全统计，安徽、河南、湖北 3 省协作县（市、区）相互间考察数十次，互相学习，取长补短，促进了技术水平的共同提升。二是全面开展技术培训。全国农业技术推广服务中心分别在河南光山和湖北大悟举办了全国无公害茶叶生产技术培训和园艺作物标准园创建（茶叶）生产技术培训等2次大型茶叶技术培训活动，国家茶叶产业技术体系及信阳、安庆、黄冈试验站、中国农业科学院茶叶研究所、安徽省农业科学院茶叶研究所、河南省信阳市农业科学研究所、湖北省农业科学院果茶研究所等单位也举办了各种形式的技术培训，重点培训大别山地区的县级茶叶生产技术骨干，各县级协作单位根据技术需求大力开展基层培训，培训基层茶叶生产人员10多万人次，仅安徽省金寨县2011年就组织茶农技术培训150多场次，培训茶农16 000多人次，发放技术资料30 000余份，提高了茶农技术水平。三是深入开展专家指导。国家茶产业技术体系、中国农科院茶叶研究所及其他技术支撑单位专家，每年10多次亲临大别山协作茶区，为产茶县政府提供产业规划咨询，为政府和企业提供品牌建设咨询，为茶叶基地进行实地指导，切实发挥了科技支撑作用。通过一系列的交流培训活动及开展技术项目等工作，协作茶区重点推广了测土配方施肥技术、低产茶园改造技术、无性系茶苗扦插繁育及栽培技术、茶树病虫害绿色防控技术、生态茶园栽培管理技术、六安瓜片等名优茶采摘制作技术，以及茶叶清洁化、连续化、自动化加工技术和茶叶品牌营销战略等，取得了显著的推广成绩，促进了协作区茶叶生产、加工、销售的全面发展。

（三）改造升级加工企业，培植一批龙头企业

协作区各县（市、区）针对加工设施陈旧落后，依托技术支撑单位上洋机械公司进行规划改造。3年来，上洋机械公司经过售前细心宣传、售后优质服务，在大别山茶区销售单机32 22台套，总价值1 800万元；清洁化、连续化、自动化生产线56条，总价值4 200万元。协作区还千方百计扶持龙头企业发展，在土地流转、金融信贷、项目支持、技术培训、品牌营销等方面给予大力支持，使龙头企业在资金实力、基地规模、加工设施、品牌创建、管理理念等方面都取得了全面突破，形成龙头企业带动辐射区茶叶生产全面发展的模式。信阳市结合农村综合改革试验区建设，加大土地流转力度，充分利用荒山、坡地资源，以租赁、承包、互换、转让、入股等形式集中土地使用权和经营权发展高标准新茶园。南阳市采取贴息、补贴等优惠政策，推进茶叶标准化基地建设。这些措施促进协作茶区涌现出一批茶叶龙头企业，其中包括1家国家级龙头企业、11家省级龙头企业和25家市级龙头企业。协作区初步形成的龙头企业集群积累了雄厚的资金和技术基础、丰富的管理和营销经验，采取“公司＋基地＋农户”、“公司＋合作社＋农户”的模式，组织茶农开展良种化种植、标准化生产、清洁化加工和品牌化营销，极大地提升了茶叶生产的组织化程度，为茶产业提档升级奠定了组织基础。

（四）整合资金渠道、增加产业投入

大别山协作茶区各级政府及协作单位都把茶产业作为山区农民脱贫致富的支柱产业来抓，千方百计争取国家和各级财政的投入支持，加大资金整合力度，增大茶叶产业扶持力度。湖北协作区将协作活动与农业板块基地建设、现代农业标准茶园建设、国土整理、巩固退耕还林成果后续产业发展、扶贫、良种繁育等项目有机结合起来，3年来多渠道、多途径筹措整合各类项目资金6 000多万元，其中包括现代农业生产发展资金3 400万元，茶叶板块基地建设及乌龙茶开发400多万元，农业部标准茶园创建50万元，农业部英山县茶树良种繁育基地建设450万元等，为名优茶产业发展提供了资金支持。河南协作区整合农业结构调整、无公害农产品基地建设、农业综合开发、土地治理、小流域治理、现代农业、农业产业化、农民专业合作组织等项目资金2亿多元投入高起点、高标准生态茶园建设；安徽协作区3年来整合无公害农产品基地建设、良种繁育基地建设、标准茶园创建、农业综合开发、土地治理、现代农业、农业产业化、农民专业合作组织等项目资金3 000多万元，其中现代农业生产发展资金已投入1 500万元，有力地推动了安徽大别山茶区六安瓜片、岳西翠兰、霍山黄芽等名优茶生产茶园的基础建设。各协作县都将茶叶作为支柱产业来扶持，从紧张的县财政中挤出资金，安徽省舒城县政府出台了《关于实施茶叶发展以奖代补通知》，安排了70万元专项资金，用于茶树良种推广、茶叶清洁化加工流水线建设的以奖代补；湖北大悟县财政每年投入200多万元用于标准茶园建设；蕲春县政府整合各项资金100多万元用于扶持驹龙园茶业有限公司的老茶园改造、标准园建设和机械设备的更新换代。

（五）加强品牌管理，打造知名品牌

大别山协作活动开展以来，协作单位以品牌管理为抓手，以较强的力度整合品牌，以政府资源的大量投入夯实品牌基础，以挖掘整合优势品牌资源、丰富茶事活动、开展文化攻关、塑造品牌价值为主要途径，尽全市、县政府及当地茶叶行业之力，开展大别山茶叶品牌塑造工程，成为全国茶叶品牌建设中十分活跃的一个板块。具体表现为4个方面。一是做强传统品牌。信阳毛尖是我国20世纪50年代国家评选出来的十大茶叶品牌之一，由于管理不善，信阳毛尖这个品牌曾经低落了20多年，从本世纪开始，特别是开展大别山地区名优茶优质高产协作活动以来，信阳毛尖这个品牌又重振雄风、名扬全国，引领了信阳名优绿茶的迅猛发展。二是打造高端品牌。安徽协作茶区以国宾礼茶为契机，提升品牌价值，继六安瓜片之后，2010年岳西县的岳西翠兰又被选为国宾礼品赠送给来访的俄罗斯总统梅德韦杰夫一行，2011年又成功将岳西翠兰推荐列入全国“两会”用茶，品牌认知度大幅提升。三是打造富含历史韵味的茶叶品牌。英山县连续20多年举办的英山茶叶文化节，六安市连续10年举办的六安瓜片茶文化节，已使品牌价值日积月累，逐渐显现。四是开展丰富多彩、文化韵味浓厚的品牌活动。协作单位每年组织或参与各种形式的名优茶评比、推介、炒茶、茶艺比赛等宣传活动数百次，形成浓厚的茶叶品牌文化氛围。

（六）创新发展方式，大力开拓市场

协作组以品牌为依托、以市场为导向转变产业发展方式，调整产品结构，创新营销方式，组团实施“走出去”战略，多措并举，大力开拓市场。一是组团实施“走出去”战略。以大中城市的广阔市场为目标，湖北、安徽、河南协作茶区均组团实施走出去战略，大别山名优茶已经成为中国国际农产品交易会，上海国际茶文化旅游节，中国绿茶大会，北京、中国香港、广州、贵州、郑州、成都等地茶博会的常客。二是根据市场需求丰富产品结构，协作区根据市场需求拓展名优绿茶生产，在当地传统名优绿茶的基础上，还发展其他种类的名优绿茶、精制出口绿茶、大宗绿茶、边销茶等茶叶的生产，利用丰富的优质茶叶迎合市场需求，增加茶叶销售效益。三是不断探索营销方式，拓宽销售渠道。河南浉河协作茶区建立中国十大名茶网，大力开展网上销售；蓝天茶业公司开展品牌营销，以品牌专卖店建设为突破口，不断拓展市场，提升营销业绩；湖北英山、河南信阳等协作茶区引进江苏、福建等地知名茶企投资建厂，等同于引进了品牌茶企的茶叶销售网络，极大地拓宽了本地茶叶销售渠道。四是提升茶叶交易市场的销售能力。英山县在县城建成全省县级最大规模的中国大别山茶叶广场，被农业部确定为农产品定点交易市场，与武汉、北京、济南、上海等茶叶批发市场实现了有效对接，不断提高茶叶市场销售规模。

三、存在的主要问题

（一）协作活动开展不平衡

开展协作3年来，虽然大部分地区积极响应，做了很多工作，取得了明显的成效，但从统计的数据看，协作活动开展还不平衡，具体表现在3个方面．一是地区协作不平衡。协作活动组织省、市、县三级交流、培训较多，组织乡、村两级交流培训较少，以致很多地方乡、村干部连大别山茶叶协作活动都不知道，因此这些地区的茶农还没有得到协作活动所带来的实惠。二是产业协作不平衡，生产环节的协作比较活跃，加工和营销环节的协作力度不够。三是生产协作偏重扩大生产规模，轻视提高生产水平，所以主要还是靠扩大面积实现增产增收，而距《方案》规定的目标单产水平相差很远。

（二）茶园管理水平偏低

3年来，大别山地区茶园平均单产由45.7千克/亩提高到47.2千克/亩，只提高了1.5千克/亩，其中河南提高了13.4千克/亩，安徽逐年下降，3年下降了9千克/亩，湖北不稳定，先升后降，2011年比2008年下降了5.1千克/亩。究其原因，除了每年早春发生冻害影响外，主要是茶园管理水平偏低，老茶园改造缓慢，茶树修剪不及时、不合理，培肥地力严重不够，抗旱条件较差，夏秋茶采摘少等。

（三）产业化水平不高

部分县市还存在加工厂房陈旧、设备老化、机具不配套等问题，直接影响产品的质量提升。品牌多、乱、杂，企业多、小、弱，管理机制不顺，多数企业形不成强大而富有活力的企业运行机制，品牌影响力不够，市场竞争力不强。现有知名品牌急需重点培植，加强宣传，扩大影响，提高社会知名度。

（四）缺乏必要的活动经费和项目支撑

协作活动目标高、任务重、工作难度大，缺乏必要的活动经费和项目支撑，使协作单位内在动力不足，从而导致协作活动上面热下面冷、交流多培训少、活动多办实事少，影响协作活动纵深开展。

茶叶出口实现突破　创新合作共创未来
——2011年茶叶出口现状及趋势分析

中国食品土畜进出口商会茶叶分会　蔡　军

近年来，我国茶产业发展突飞猛进，茶叶出口数量、金额屡创历史新高，2011年再次实现历史性突破。但茶产业持续快速发展的掣肘因素凸显，科技创新、加强合作，推动行业全面转型升级是茶产业面临的共同课题。

（一）出口概况

2011年，我国茶叶出口32.26万吨，同比上升6.66%，金额9.65亿美元，同比上升23.08%，出口数量和金额再创历史新高。近年来，我国茶叶出口面临人民币持续增值、生产成本不断上涨等不利因素，仍呈现量价齐增的良好态势，充分展示了我国茶产业蓬勃发展的积极成果。

1. 绿茶出口量价齐增，其他茶类量减价增　2011年，我国绿茶出口大幅增加，出口25.74万吨，金额7.06亿美元，同比分别上升9.93%和24.62%，实现连续10年量价齐增，有力地保证了我国茶叶出口持续增长。在国际市场，我国绿茶长期保持绝对优势，产量占全球绿茶总产量的81.46%，出口量占全球绿茶总贸易量的79.12%（2010年）。绿茶是我国主要出口茶类，占茶叶出口总量的近80%，保持绿茶出口稳定增长是我国茶叶民生经济健康发展的动力。

其他茶类出口数量同比持平或下降，由于单价上升金额增幅较大。其中红茶出口3.56万吨，同比下降2.76%，金额1.08亿美元，同比上升36.22%；乌龙茶出口1.79万吨，同比下降9.04%，金额7 412万美元，同比上升3.81%；花茶出口7 341吨，同比下降0.20%，金额4 632万美元，同比上升16.07%；普洱茶出口4 274吨，同比下降6.66%，金额2 955万美元，同比上升12.70%。

我国是全球产茶大国中唯一能够量产各种茶类的国家。但目前国际茶叶消费市场以红茶为主，我国红茶出口面临肯尼亚、印度、斯里兰卡等红茶主产国强力竞争，出口数量长期徘徊不前；乌龙茶等其他茶类的资源优势难以转化为市场优势，特种茶尚未成为茶叶消费主流产品，绿茶出口“一枝独秀”的格局仍然存在。充分发挥我国多种茶类资源优势，积极拓展特种茶市场，将其打造为引领世界茶叶消费潮流的时尚饮品，是我国茶叶出口行业发展方向。

2. 出口市场基本稳定，非洲地区大幅增长，美国等主要市场有所下降　2011年，我国茶叶出口遍及120多个国家和地区，但市场分布较为集中。摩洛哥为我国茶叶出口第一大市场，其次是美国、乌兹别克斯坦、日本、俄罗斯、阿尔及利亚、毛里塔尼亚、中国香港、伊朗和多哥等国家和地区，上述国家和地区占我国茶叶出口总量的62.85%。

非洲是我国茶叶出口传统市场，占出口量的50%，保持非洲市场稳定增长是我国茶叶出口持续发展的重要基础。2011年，我国对非洲茶叶出口继续保持快速增长，出口16.32万吨，金额4.74亿美元，同比上升16.57%和27.64%。摩洛哥市场是我国茶叶出口行业的风向标，2011年我国向摩洛哥出口茶叶6.36万吨，金额1.90亿美元，同比上升3.83%和20.97%，分别占我国茶叶出口总量、总额的19.71%和19.64%；向阿尔及利亚、毛里塔尼亚出口量超过万吨，喀麦隆、几内亚、尼日尔等国增幅超过50%。

由于受到各种因素影响，我国对美国等重要市场茶叶出口不同程度减少。其中，美国因欧债危机阴影未散，国民消费能力下降，2011年从我国进口2.39万吨，同比下降3.86%，金额6 604万美元，同比上升18.71%；乌兹别克斯坦进口1.86万吨，与2010年基本持平，金额3 182万美元，同比上升35.46%，超过日本和俄罗斯恢复第三市场地位；日本因受地震及后续事件持续影响，虽然后期茶叶需求有所回升，但茶叶进口总体减少，全年进口1.81万吨，金额5 451万美元，同比分别下降6.98%和3.10%；俄罗斯大量减少从我国进口茶叶，全年进口1.79万吨，同比下降15.89%，金额5 387万美元，同比上升15.39%，已降至第五市场。

3. 不同市场需求增长集中突显，各茶类现新亮点　近年来，我国政府、茶叶行业组织和出口企业不断加大对传统和新兴市场产品宣传和文化交流，国际消费者逐渐认知我国多茶类产品，各市场对不同茶类需求增长集中。

绿茶：伊朗、喀麦隆、尼日尔、几内亚、加纳等中东和非洲国家，2011年进口绿茶取得大幅增加，其中伊朗、喀麦隆分别高达227%和144%，阿尔及利亚已超过俄罗斯成为我国绿茶出口第三市场，毛里塔尼亚跻身第五名；西班牙、比利时、波兰等欧洲国家，进口量分别增长45%、43%和20%。

红茶：澳大利亚、日本、突尼斯等国红茶进口增幅超过或接近200%，其中澳大利亚进口量增至810吨，同比增长近300%；德国继续保持快速增长态势，从2007年不足1 000吨增至2 300吨，跻身我国红茶出口市场前五名。

乌龙茶：近几年俄罗斯乌龙茶需求持续高涨，进口量创历史最高水平，增幅超过 60%；乌龙茶已成为德国消费者的新宠，进口量从 2007 年 38 吨增加至 136 吨；泰国、加拿大等国进口增幅明显。

花茶：传统绿茶市场摩洛哥的花茶需求量骤增，进口量从 2007 年的 17 吨增至 624 吨，已位居第五名，成为我国花茶出口市场的后起之秀。

普洱茶：在国际市场普洱茶需求普遍低迷的形势下，俄罗斯、中国台湾、德国、西班牙等国家和地区进口大幅提升，其中俄罗斯进口量超过 2007 年最高水平。

4. 浙湘皖等茶叶生产大省出口增长，3 家企业出口超过 2 万吨 2011 年，浙江、湖南、安徽等茶叶生产大省出口形势喜人。其中茶叶出口第一大省浙江茶叶出口 17 万吨，金额 4.86 亿美元，同比分别上升 9.58% 和 23.41%；湖南省茶产业继续保持快速发展势头，出口茶叶 3.69 万吨，金额8 720万美元，同比分别上升 4.91%和 29.78%，位居全国第二；安徽省茶叶出口大幅增加，出口数量 2.91 万吨，金额7 958万美元，同比分别上升 38.97%和 9.62%。

2011 年，全国茶叶出口企业共 400 余家，出口量在万吨以上企业 6 家，其中浙江省茶叶集团股份有限公司、湖南省茶业有限公司、浙江华发茶业有限公司出口增幅较大，出口量均超过 2 万吨，金额逾4 000万美元。66 家企业出口量在1 000吨以上，比 2011 年略有增加；260 余家企业出口量不足 100 吨。

（二）面临的瓶颈和对策建议

1. 面临的瓶颈 2011 年，我国茶叶出口再创佳绩，但由于茶产业发展存在的痼疾，加之出口环境快速变化，我国茶叶面临其他产茶大国的激烈竞争，突破出口瓶颈尚需时日。

（1）出口产品利润低，质量和品种要求不断提高。我国茶叶出口多为原料性产品，更多利润被国外品牌商赚取，价格竞争突出。国际市场对产品质量更加重视，绿色环保和食品安全问题成为美欧等茶叶进口国关注重点，欧盟自 2011 年 10 月 1 日起对我国出口茶叶采取新进境口岸检验措施，企业生产、加工标准提高，增加了茶叶出口难度。消费理念从单一的茶产品向多元化发展，突出个体对茶叶的喜好，对新品种研发提出更高要求。如何适应国际市场新要求、增加出口是茶叶出口行业面临的严峻挑战。

（2）出口市场以欠发达国家为主，主流市场占有率低。我国茶叶出口以非洲等传统市场为主，在俄罗斯、美国、英国、巴基斯坦和埃及等茶叶进口大国所占份额不高，特别是对英国等欧洲国家出口长期以来徘徊不前。这种出口格局依赖性明显，严重制约了我国茶叶出口持续增长。近年来，随着我国茶叶行业加大对美国、俄罗斯等新兴市场拓展力度，出口数量不断增加，但仍有广阔发展空间。

（3）出口企业规模不大，难以在激烈的国际竞争中占据优势。为在市场竞争中立于不败之地，我国茶叶企业逐步加大转型升级步伐，将打造核心竞争力作为重要战略，品牌化开始提速，各大茶类中都有品牌茶叶企业脱颖而出。2011 年，有 3 家企业茶叶出口超过 2 万吨，但中国茶叶企业的实力和规模与全球知名品牌茶叶企业相距甚远，在茶叶生产链和国外市场分销渠道等方面缺乏竞争力，无法占领茶叶主销市场。

（4）出口环境日趋复杂，茶叶出口制约因素增加。近几年，我国茶叶生产成本快速提高、人民币预期升值长期存在，进一步挤压出口利润空间，企业经营风险不断加大。同时由于茶叶出口缺乏统一标准和技术指标，出口企业缺乏资质管理，部分企业有违反经营秩序的行为，不利于营造茶叶出口的健康环境。

2. 对策建议 我国成为世界茶叶出口强国任重道远，行业全面转型升级已成为茶产业持续健康发展的必由之路。

（1）依靠科技创新推动出口产品结构转型，从目前以绿茶、散装原料为主转为多茶类、多品牌共同发展。通过科技创新提高茶品质，保证质量要求；不断开发新产品，满足多种消费需求；充分利用研究领域证实的茶叶保健功效，推动更多民众因健康而饮茶。

（2）通过有效合作推动出口市场转型，从目前以欠发达国家为主转为占领世界主要茶叶消费市场。为使优质茶叶进军更多市场，必须为企业搭建更为广阔、务实的合作平台，加强与进口国茶叶商、行业组织交流与合作，加大宣传推广力度，充分展现我国具有区域优势的茶产品，形成新的市场战略格局。

（3）利用多方力量推动出口企业转型，从目前在国际市场影响有限向跨国集团迈进。政府、企业和行业组织应形成合力，共同推动大型茶叶企业加快转型升级步伐，延长产业链，最终成为具有影响力的跨国集团。

（4）采取多种措施改善出口环境。全面建立茶叶质量可追溯体系，研发替代农药，建立出口茶生产基地；制定茶叶出口统一标准，规范企业经营活动，保证行业健康发展；建立国际茶叶市场，升级贸易流通方式，构建国际固定展示平台，增强我国茶产业国际主导地位。

（三）我国茶叶出口未来发展趋势

1. 绿茶、特种茶市场前景广阔 目前世界茶叶贸易市场仍以红茶为最大宗产品且产量逐年递增，但在国际茶叶市场所占份额逐年下降，由 2001 年 72.39%降至 2010 年 60.35%。绿茶和以乌龙茶为代表的特种茶因保健功效、特有香气及浓厚的东方文化特质渐受青睐，逐渐抢占红茶消费市场，绿茶市场份额由 22.93%升至 30.85%，特种茶由 4.67%升至 8.79%。相信随着我国茶产业快速发展和多茶类宣传力度不断增强，绿茶、特种茶消费将会越来越普及，为我国茶叶增加出口创造机遇。

2. 有机茶和品牌茶将是必然选择 面对茶叶消费市场越来越高的茶叶进口门槛，茶叶出口企业将目光转向有机茶。有机茶作为一种无污染、高品质的茶产品，目前已在世界上逐渐形成消费时尚，国际市场供不应求，由欧美、日本等发达国家扩展到部分发展中国家，成为我国大力发展有机茶的助推器。为提升产品质量，茶叶企业注重打造品牌。消费者对迈过门槛的品牌将会更加青睐，达标企业将会通过提升产品附加值吸引更多高端客户，从而获得更大利润。

3. **茶叶产业化经营向广度和深度发展** 茶叶生产加工贸易一体化趋势将不断加强。茶叶贸易企业建有稳定的原料生产基地和加工拼配厂；茶叶加工企业向两端延伸，既直接开拓市场，提高自身营销能力，又通过与茶场、茶农结合建立原料生产基地。随着现代食品加工技术的发展及在茶产业上的应用，茶叶企业将通过茶叶的深加工开发高附加值产品，满足不同的市场需求，促进整个茶叶产业转型升级。

4. **茶叶行业在国际社会将拥有更大话语权** 鉴于我国茶产业快速发展和茶叶行业组织不断加强与国际茶叶领域交流，我国茶叶行业国际影响力和话语权不断增强。在2011年召开的国际茶叶委员会第24届年度全体大会上，与会代表一致推举我国担任下届会议副主席。随着我国茶产业全面发展、国际市场对我国茶叶需求进一步增加，我国茶叶行业将在国际社会发挥领军作用。

经过20余年快速发展，我国茶产业面临转折期，产业结构调整是实现全面腾飞的必由之路。我国政府主管部门、行业组织和出口企业将进一步联手互推，在资本投入、设备更新、质量监控、科学现代化管理、产品科研及国际市场宣传拓展等方面加大工作力度，促进升级转型，确保茶产业和茶叶出口持续健康发展。

2011年中国茶叶出口情况详见表1至表6。

表1 2011年中国茶叶出口海关统计分国别和地区前20位

单位：千克、美元、美元/千克、%

序号	国别（地区）	出口量	出口额	平均单价	数量同比	金额同比	均价同比
1	摩洛哥	63 587 809	189 537 343	2.98	3.72	20.97	16.64
2	美国	23 861 786	66 044 254	2.77	−3.86	18.66	23.43
3	乌兹别克斯坦	18 552 078	31 824 432	1.72	−0.14	35.46	35.65
4	日本	18 098 794	54 510 629	3.01	−6.98	−3.19	4.07
5	俄罗斯	17 874 396	53 865 178	3.01	−15.97	15.39	37.31
6	阿尔及利亚	15 913 702	46 576 332	2.93	33.94	51.76	13.30
7	毛里塔尼亚	12 325 810	44 778 183	3.63	4.90	12.52	7.27
8	中国香港	11 474 617	67 041 919	5.84	0.07	27.55	27.46
9	伊朗	11 057 963	20 495 533	1.85	220.57	356.30	42.34
10	多哥	9 985 880	33 362 512	3.34	13.94	35.24	18.69
11	德国	9 802 520	32 038 367	3.27	8.23	21.70	12.45
12	喀麦隆	9 281 247	1 189 099	1.28	143.76	236.13	37.89
13	贝宁	8 659 206	19 400 101	2.24	−86.29	26.18	820.27
14	几内亚	7 154 875	21 685 107	3.03	70.91	97.52	15.57
15	马里	7 025 600	26 019 711	3.70	0.07	10.91	10.84
16	尼日尔	6 149 138	13 735 538	2.23	97.64	74.73	−11.59
17	塞内加尔	5 652 550	21 881 261	3.87	−9.96	5.04	16.66
18	冈比亚	5 384 867	19 438 754	3.61	58.50	62.69	2.65
19	巴基斯坦	3 802 130	4 664 615	1.23	−55.08	−62.82	−17.23
20	突尼斯	3 680 073	4 359 741	1.19	40.30	71.08	21.94
	合计	322 579 781	965 096 648	2.99	6.63	23.08	15.43

表 2　2011 年中国绿茶出口海关统计分国别和地区前 20 位

单位：千克、美元、美元/千克、%

序号	国别（地区）	出口量	出口额	平均单价	数量同比	金额同比	均价同比
1	摩洛哥	62 958 332	187 813 474	2.98	3.62	20.82	16.60
2	乌兹别克斯坦	18 463 388	31 654 034	1.71	−0.57	35	35.77
3	阿尔及利亚	15 861 848	46 471 804	2.93	34.56	52.05	13.00
4	俄罗斯	12 554 484	33 457 940	2.67	−12.24	8.85	24.04
5	毛里塔尼亚	12 325 410	44 775 199	3.63	4.90	12.51	7.26
6	美国	11 444 061	25 831 106	2.26	−6.76	4.89	12.49
7	伊朗	11 048 463	20 450 818	1.85	227.09	374.77	45.15
8	多哥	9 985 880	33 362 512	3.34	13.97	35.31	18.72
9	喀麦隆	9 281 247	11 898 099	1.28	143.81	236.68	38.09
10	贝宁	8 659 206	19 400 101	2.24	37.12	26.18	−7.97
11	几内亚	7 154 875	21 685 107	3.03	70.91	97.52	15.57
12	马里	7 025 600	26 019 711	3.70	0.07	10.91	10.84
13	德国	6 971 812	20 851 554	2.99	1.49	17.85	16.13
14	尼日尔	6 149 080	13 735 444	2.23	97.64	74.73	−11.59
15	塞内加尔	5 563 718	21 367 862	3.84	−11.24	2.87	15.90
16	冈比亚	5 384 867	19 438 754	3.61	58.50	62.69	2.65
17	突尼斯	3 222 378	3 450 226	1.07	31.22	57.27	19.85
18	日本	3 157 770	6 596 022	2.09	−14.52	−14.45	0.08
19	土库曼斯坦	2 854 241	3 991 359	1.40	−14.61	26.82	48.51
20	乌克兰	2 649 992	7 570 752	2.86	−12.15	−0.13	13.68
	合计	257 441 957	706 384 322	2.74	9.89	24.63	13.41

表 3　2011 年中国红茶出口海关统计分国别和地区前 20 位

单位：千克、美元、美元/千克、%

序号	国别（地区）	出口量	出口额	平均单价	数量同比	金额同比	均价同比
1	美国	11 203 000	27 992 233	2.50	9.17	50.04	37.45
2	中国香港	4 313 782	18 446 721	4.28	3.34	36.04	31.65
3	俄罗斯	3 894 344	12 527 174	3.22	−28.41	21.35	69.52
4	德国	2 289 892	6 945 200	3.03	34.58	51.68	12.71
5	缅甸	2 275 345	6 184 306	2.72	3.35	13.43	9.76
6	巴基斯坦	1 805 608	1 426 827	0.79	−37.71	−41.79	−6.55
7	蒙古	1 686 429	1 481 717	0.88	0.68	15.30	14.52
8	澳大利亚	811 144	7 862 671	9.69	285.89	184.09	−26.38
9	波兰	590 903	2 293 235	3.88	44.16	161.56	81.45
10	马来西亚	528 282	1 426 932	2.70	15.50	18.57	2.66
11	英国	524 863	2 032 630	3.87	−67.78	−59.13	26.84
12	日本	470 680	1 958 020	4.16	183.92	233.74	17.55
13	突尼斯	442 055	734 737	1.66	201.24	234.75	11.13
14	印度尼西亚	429 641	1 336 082	3.11	−33.10	97.14	194.66
15	新加坡	396 978	1 356 097	3.42	−23.01	5.32	36.79
16	荷兰	383 950	1 433 973	3.74	26.69	242.04	169.99
17	泰国	329 136	1 111 447	3.38	5.61	147.81	134.63
18	法国	328 217	1 343 450	4.09	8.14	543.57	495.11
19	加拿大	305 771	2 187 409	7.15	−21.91	81.04	131.83
20	肯尼亚	275 806	252 042	0.91	923.40	896.21	−2.66
	合计	35 576 617	108 723 785	3.06	−2.77	36.17	40.05

表 4　2011 年中国乌龙茶出口海关统计分国别和地区前 20 位

单位：千克、美元、美元/千克、%

序号	国别（地区）	出口量	出口额	平均单价	数量同比	金额同比	均价同比
1	日本	12 221 512	35 236 224	2.88	−7.61	−6.57	1.12
2	中国香港	3 663 701	23 002 631	6.28	−2.36	21.87	24.82
3	美国	347 073	2 368 163	6.82	−74	−30.16	168.64
4	俄罗斯	313 903	2 748 450	8.76	160.54	225.43	24.90
5	马来西亚	298 609	1 636 691	5.48	−11.57	−23.77	−13.79
6	印度	199 005	345 199	1.74	−6.16	−10.21	−4.32
7	新加坡	198 373	1 420 561	7.16	−7.07	−3.40	3.95
8	德国	135 934	950 101	6.99	52.09	26.20	−17.03
9	泰国	127 773	626 368	4.90	69.83	86.07	9.56
10	加拿大	68 440	924 754	13.51	77.11	199.56	69.14
11	韩国	61 344	198 050	3.23	−5.68	16.03	23.02
12	斯里兰卡	56 219	315 887	5.62	87.85	138.88	27.17
13	中国澳门	53 753	212 514	3.95	10.79	−86.94	−88.21
14	菲律宾	48 533	2 444 876	50.38	136.77	108.90	−11.77
15	越南	28 000	294 000	10.50	−20.47	−73.87	−67.14
16	澳大利亚	19 778	135 879	6.87	−21.73	−22.08	−0.44
17	印度尼西亚	17 887	177 250	9.91	44.74	53.53	6.07
18	法国	11 046	115 145	10.42	84.32	108.10	12.91
19	白俄罗斯	9 374	54 652	5.83	269.93	297.87	7.55
20	英国	9 069	65 345	7.21	−39.58	−39.66	−0.14
	合计	17 946 779	74 122 517	4.13	−9.04	3.82	14.14

表 5　2011 年中国花茶出口海关统计分国别和地区前 20 位

单位：千克、美元、美元/千克、%

序号	国别（地区）	出口量	出口额	平均单价	数量同比	金额同比	均价同比
1	日本	1 549 170	8 387 918	5.41	2.32	16.49	13.85
2	俄罗斯	1 027 473	4 424 798	4.31	−25.30	−3.45	29.25
3	中国香港	908 013	7 222 070	7.95	−3.81	40.10	45.65
4	美国	818 584	9 317 251	11.38	2.75	15.99	12.89
5	摩洛哥	623 514	1 655 760	2.66	138.06	137.03	−0.43
6	新加坡	328 744	1 413 454	4.30	13.74	7.40	−5.58
7	德国	239 707	2 571 875	10.73	−6.46	−7.36	−0.97
8	斯里兰卡	171 966	631 465	3.67	−36.47	−10.48	40.90
9	白俄罗斯	171 490	537 336	3.13	−16.13	−0.62	18.49
10	马来西亚	158 131	952 694	6.03	4.66	23.67	18.16
11	乌克兰	131 930	563 887	4.27	−28.39	−26.73	2.32
12	澳大利亚	130 488	973 094	7.46	−14.91	15.26	35.45
13	英国	127 807	1 151 955	9.01	−28.73	−28.41	0.45
14	加拿大	127 365	1 106 880	8.69	0.74	−7.11	−7.79
15	法国	105 922	783 818	7.40	44.25	41.67	−1.79
16	塞内加尔	88 832	513 399	5.78	816.55	743.26	−8.00
17	巴基斯坦	69 070	136 510	1.98	513.57	53.67	−74.96
18	荷兰	64 222	529 617	8.25	47.33	81.74	23.35
19	韩国	51 196	304 554	5.95	11.19	9.77	−1.28
20	印度尼西亚	43 585	147 502	3.38	−36.83	−34.84	3.16
	合计	7 340 838	46 318 915	6.31	−0.20	16.14	16.38

表 6　2011 年中国普洱茶出口海关统计分国别和地区前 20 位

单位：千克、美元、美元/千克、%

序号	国别（地区）	出口量	出口额	平均单价	数量同比	金额同比	均价同比
1	中国香港	1 584 884	13 624 522	8.60	5.50	27.92	21.25
2	日本	699 662	2 332 445	3.33	−18.09	−24.68	−8.04
3	马来西亚	460 314	4 716 644	10.25	−11.45	19.48	34.94
4	中国台湾	240 074	1 754 210	7.31	55.21	95.31	25.84
5	新加坡	236 164	1 408 526	5.96	−42.87	−17.01	45.28
6	波兰	196 279	667 480	3.40	−0.44	2.48	2.93
7	德国	165 175	719 637	4.36	17.97	37.27	16.36
8	西班牙	94 916	243 088	2.56	36.08	71.79	26.24
9	智利	85 609	511 590	5.98	34.32	20.23	−10.49
10	俄罗斯	84 192	706 816	8.40	183.06	262.03	27.90
11	韩国	83 848	751 813	8.97	−5.58	49.01	57.82
12	中国澳门	54 948	265 092	4.82	2 796.57	1 738.36	−36.53
13	法国	52 162	537 094	10.30	76.99	−3.23	−45.32
14	美国	49 068	535 501	10.91	−68	−43.62	76.18
15	阿根廷	25 000	56 380	2.26	−16.67	−21.13	−5.35
16	英国	20 814	191 562	9.20	−63.38	−61.14	6.11
17	加拿大	14 946	89 640	6	−48	−34.07	26.80
18	乌克兰	13 180	80 834	6.13	1 838.24	793.10	−53.92
19	澳大利亚	9 770	60 106	6.15	−57.79	−51.58	14.71
20	斯里兰卡	9 745	23 208	2.38	47.65	58.63	7.44
	合计	4 273 590	29 547 109	6.91	−6.62	12.74	20.73

2011 中国茶叶区域公用品牌价值评估报告

浙江大学 CARD 农业品牌研究中心 2011 中国茶叶区域公用品牌价值评估课题组

一、前言

2010 年 12 月，在 2010 年中国茶叶区域公用品牌价值评估研究的基础上，浙江大学 CARD 农业品牌研究中心和《中国茶叶》杂志、中国农业科学院茶叶研究所中国茶叶网联合组建课题组，正式开展“2011 中国茶叶区域公用品牌价值评估”研究和评估工作。

本次评估继续采用 CARD 农产品品牌价值评估模型，沿用“茶叶区域公用品牌价值＝茶叶品牌收益×茶叶品牌强度乘数×茶叶品牌忠诚度因子”的模型。本次评估采用茶叶区域公用品牌主体调查、茶叶消费者消费综合评价调研、专家调查、媒介调查等多种调查方式，对 164 个茶叶区域公用品牌中的 94 个有效研究样本作了品牌价值专项评估。

茶叶区域品牌及其品牌价值研究，并非只是一个限于当前的总结性的数据处理与解析过程，更是一个有关茶叶品牌的未来发展成长的前瞻性的引导过程。任何品牌的成长过程，都需要经历品牌孕育、诞生、成长、成熟等不同

注：本报告由浙江大学 CARD 农业品牌研究中心胡晓云、程定军、李闯、刘进、魏春丽执笔；课题组成员：胡晓云、程定军、贾枭、李闯、刘进、魏春丽、王雪莹；课题组顾问：黄祖辉、鲁成银、蒋文龙、梁国彪、黄飞。

阶段。茶叶区域公用品牌的发展也如是。因此，本次评估一方面着眼于反映整个茶叶品牌生存环境的变迁、消费市场的扩大和分化、品牌优势的持续性凸显等，另一方面也着眼于探究茶叶区域公用品牌自我更新成长的能力及规律性，以期发现品牌逐步发展的阶段性特征，并为增强茶叶区域公用品牌发展能力，制订完善的品牌战略提供建设性意见。

二、数据之形：品牌价值的定量解析

（一）品牌价值各项指标稳中有升

本次有效评估的94个茶叶区域公用品牌的总价值超过810.8亿元，其中，品牌价值最高者达50.33亿元，最低者为0.17亿元。与2010年有效评估的84个茶叶区域公用品牌的679.6亿元总价值相比，本次评估的品牌数目和价值总量都有所增加。从全部有效评估品牌的平均价值来看，2011年为8.63亿元，比2010年的平均值8.17亿元增长了0.46亿元。

本次评估结果显示，品牌价值在亿元以上的茶叶区域公用品牌占有效评估品牌总数的96.8%，比2010年提高了2.8%；品牌收益平均值为7 578.26万元，比2010年增长635万元。品牌收益指的是消费者为该品牌产品所支付的高于同类一般产品的以货币形式表现的超额利润。品牌收益平均值的提高，表明消费者群体的规模、消费量及为品牌产品支付溢价的意愿有了进一步的发展和成长。

在品牌强度乘数方面，各有效评估样本的数据变化引人注目。2011年的品牌强度乘数平均值为15，远高于2010年的11.61。这表明，在过去的一年里，包括2011年新增的有效评估样本在内的绝大多数茶叶区域公用品牌在经营管理、营销传播、区域经济地位、历史文化资源开发以及未来发展潜力等方面获得了显著提升。

但数据也表明，茶叶区域公用品牌忠诚度因子的平均得分0.83比2010年0.89略有下降，造成这一结果的原因是：个别品牌的产品零售价在2010年突然暴涨，超出了原有消费者的心理预期和支付能力，从而影响到消费者对该品牌的忠诚度和持续消费意愿，并最终表现在忠诚度因子的得分上。不仅如此，从长远看，品牌的产品零售价暴涨暴跌也会影响到品牌收益的稳定性、未来预期收益能力、茶农生产积极性等，使品牌价值大幅缩水。

C/Z值是指在各茶叶区域公用品牌的区域内茶产业从业人口占区域内总人口的百分比。它是品牌建设在区域经济中的地位和贡献的表征之一。数据显示，根据近三年（2008—2010年，下同）来各茶叶区域公用品牌的C/Z值得出的评估数据与2010年的数据反映基本相似。即不同的茶叶区域公用品牌的茶产业从业人口数量的绝对值和C/Z值相差悬殊。从整体上看，本次有效评估的所有品牌的C/Z值的平均值比2010年上升了6.2%，达到31.6%。这说明，茶叶区域公用品牌建设所产生的联动和辐射作用还在持续释放。

为了更精确地展示各品牌C/Z值的变动，将两次价值评估中共有品牌的C/Z数据进行了比较。2010年C/Z和2011年C/Z值分别对应的是2007至2009年和2008至2010年的C、Z数据平均值的比率。如图1所示，在两次价值评估的共有品牌中，绝大多数品牌的C/Z值呈现出历时性增长趋势，区域公用品牌对农户和产业相关从业人员的带动作用日益彰显。

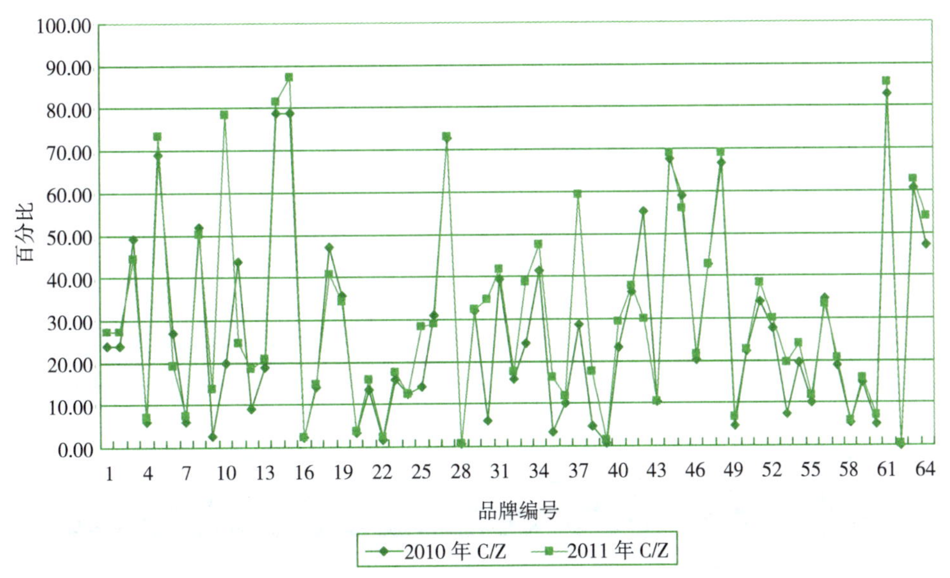

图1 两次价值评估中共有品牌的C/Z值变动曲线

（二）依赖规模扩张实现品牌增值已现疲态

品牌价值的增值路径分为量的扩张和质的提升两种。前者主要指种植面积的扩大、产量的提高等规模经济效应带来的价值增量，后者则依赖品牌知名度、美誉度和忠诚度的提高等消费者指数所带来的品牌附加值增量，也就是说它更依赖单位产品获取的溢价能力，而不是规模总量。

本次价值评估的数据显示，近三年来，茶叶区域公用品牌的种植面积的变化仍然以增长为主，但增长幅度已显著放缓。对比两次价值评估中共有品牌的数据可见，近三年种植面积下降的品牌占 3.1%，不变的占 9.4%（不同程度），上升的占 87.5%；上次评估（2007—2009 年）的对应数值为 6.3%、10.9%、82.8%。所有品牌近三年种植面积增长率的平均值为 10.8%，低于上次评估的 14.9%。这意味着茶叶区域公用品牌的建设在历年的发展和运作之后，品牌依赖扩大种植面积、提高产量等规模扩张实现价值增值的方式将会转向以盘活存量、提高单位产品的品牌附加值为增长点的方式上来。这一增长方式的转变，将使单纯的产品价值让位给品牌价值、功能价值让位给符号价值、实体的物质价值让位给虚拟的精神价值。

上述种植面积变化的原因主要来自两方面：其一，受限于区域内有限的自然资源。对于茶叶区域公用品牌而言，由于土地面积、气候、地形等条件的制约，并不是区域内的所有土地都适合种植和生产高品质的茶叶；即便适合，也有种植传统、农产品产业结构、农业物种多样性等诸多限制条件。因此，区域内适宜种植并能够产出高品质茶叶的土地面积是有上限的，特别是经过一些获得原产地保护产品的品牌。其二，一些新创的、处于产业发展上升期的茶叶区域公用品牌，表面上看似乎还处在规模扩张阶段，在种植面积、提高产量方面有很大的提升空间，实际上，这些品牌更多地受制于国内和国际茶叶市场的需求量这一限制条件。一个基本的事实是，市场的需求量并不取决于生产量，更不会跟随生产量的提高而无限增长。在过去的 10 年间（2000—2010 年），中国茶叶的种植面积增加了近 80%，从 109 万公顷增加到 190 多万公顷；产量翻了一番，从近 70 万吨增加到 140 万吨。但从世界茶叶市场来看，来自联合国粮农组织的数据表明，传统的茶叶消费市场已近饱和；从国内市场来看，相对于需求量和消费量，我国茶叶生产量将逐渐进入过剩时代。

在上述两种因素的共同作用下，无品牌或品牌运作不良的茶叶将面临低价、滞销或沦为其他品牌茶叶的原料供应者的困境。因此，未来茶叶区域公用品牌价值的增值将会更多地来自质的提升。

（三）普遍重视品牌推广，投入效益差异悬殊

统计数据显示，在本次有效评估的茶叶区域公用品牌中，有 88.2%的品牌近三年的营销推广费用有不同程度的上升，平均增长幅度高达 110%，接近两年翻一番。然而，营销推广费用的增长幅度在各品牌之间的差异非常大，其比值广泛分布在－36.14%至1 975%的区间内。这一方面反映出品牌建设主体普遍的品牌建设意识、重视营销推广，另一方面也反映出各主体对品牌营销的重视程度的差异。

显然，营销推广投入的增长并不会带来品牌销售额的同比增长，本次有效评估的茶叶区域公用品牌近三年统计数据显示，销售额平均增长幅度达 62.7%，低于营销推广费用的平均增长率。营销推广投入的效果是一系列复杂的致效因素综合作用的结果，但卓有成效的营销推广技巧与方法能够对品牌的销售额产生巨大的推动作用。将品牌近三年的营销推广投入增长率与其销售额增长率做一对比，能够揭示各品牌建设主体在营销推广运作方面的水平高低。

（四）日益借重网络传播渠道，缺乏负面信息应对机制

对品牌的大众媒介及其网络新闻宣传方面的专项统计显示，大众媒介以及网络媒体逐渐成为品牌传播的重要阵地。每个有效评估样本的平均相关新闻网页数量约为 485 个。图 2 是各品牌在网络上的相关新闻网页数量的散点分布图，表明：尽管平均值很高，但各品牌之间的相关新闻网页数量差异很大。部分茶叶区域公用品牌，主要是一些历史名茶特别善于发掘、捕捉、创造新闻热点并及时地利用大众媒介和网络媒体广为传播。数据同时显示，作为一种集传播与销售功能于一体的媒介，网络将会在茶叶区域公用品牌建设中发挥越来越重要的作用。

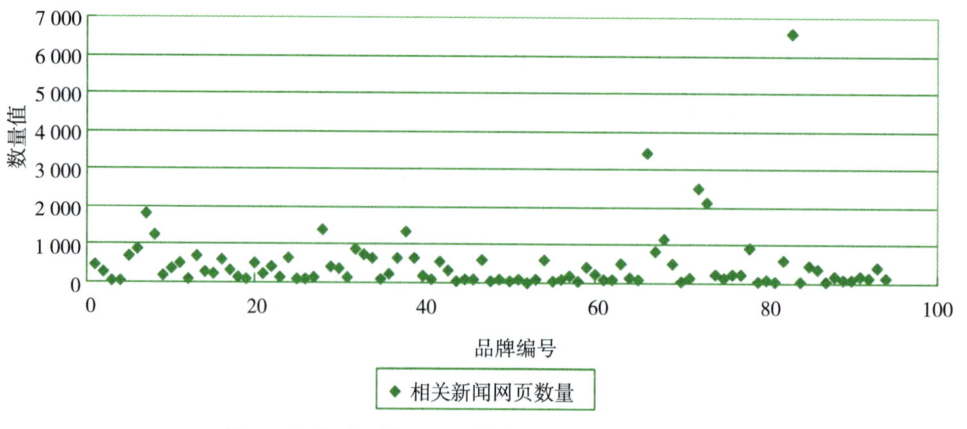

图 2　各茶叶区域公用品牌相关新闻网页数量分布

大众传播特别是网络传播是一把双刃剑。对有效评估样本品牌的负面新闻报道统计数据显示，71.3%的品牌在媒体有数量不等的负面新闻报道，部分品牌甚至有50篇以上的负面信息。而消费者网誉调查同时发现，大众及网络媒体的负面新闻报道量与消费者的负面评价呈现一定程度的正相关。大众媒体负面新闻报道量居于前20位的品牌中，有60%也出现在消费者的负面评价前20位之中。

消费评价作为一种悠久的传播方式——口碑传播——以其较高的可信度和亲和力在网络媒体时代焕发出前所未有的聚合力和引爆力。但是，从数据现状看，少有被评估品牌具有对网络负面信息传播的预警、监测、处理和善后机制，不能有效利用消费评价和消费者网誉说服、培养年轻一代或下一代消费者。

三、现实之象：品牌建设7种现象洞察

现象之一：品牌建设意愿强烈，品牌理解各有偏颇

数据显示，各地区对于品牌建设工作都很重视，品牌建设的意愿强烈。政府、协会和企业都希望把区域公用品牌做起来、做好。政府在政策上也给予多方支持，并利用媒体等多种方式进行推广传播。但调查发现，许多地区对品牌的理解存在很多误区，造成其塑造品牌的行为模糊、随意，从而产生一系列问题。主要认识误区有：认证和获奖多的就是好品牌；历史长的就是名品牌；种植或市场规模大的品牌价值就高。

现象之二：品牌建设多头管理，一体化管理亟待形成

调查发现，茶叶区域资源及其公用品牌涉及的管理主体不仅仅包括政府涉农部门，还包括相关协会等行业组织、区域内龙头企业等多个主体。由于区域资源或公用品牌在一定区域内为多个市场主体所管理和使用，形成了内部管理分散化现象。这种多头管理往往会造成一定的问题。

现象之三：产业规划基本成熟，品牌战略管理需提升

对一个品牌而言，战略管理是促使品牌平稳发展和长远发展的重要保障。调查数据显示，在本次参评的茶叶区域公用品牌中，几乎所有品牌均已有较为完整的产业发展规划，且往往反映在政府的整体产业规划中。可以说，各茶叶区域公用品牌的产业规划基本成熟。产业规划对一个品牌的成长具有重要的作用，品牌化必须以产业规划作为前提。但是，产业规划和品牌战略发展愿景、战略管理路径等应当有充分的协调，整合布局、统筹规划才能使一个品牌具有更充分的品牌价值。

现象之四：品牌识别系统初现，规划管理大有可为

本次参评品牌都有了基本的品牌识别，商标及其包装体系基本完善。但是，整体的品牌识别体系的系统化规划管理还需要进一步加强。本次调查显示，各个品牌在形象管理方面存在以下误区：部分茶叶区域公用品牌缺乏统一的、系统化的识别系统及其形象传播；部分茶叶区域公用品牌的符号化识别体系标准不一，难免造成消费者认知混乱；品牌识别体系及其形象传播与区域形象的整合程度不高，还需进一步挖掘，体现该区域的文化、历史内涵。

作为品牌，需要通过识别系统的建构和传播在消费者心中建立"消费者心像"。因此，统一识别系统、通过传播建立期待的消费者心像是品牌建设的重要内容和目标。

现象之五：注重"走出去"，更须着眼传播路径创新

在品牌"走出去"和如何"走出去"的问题上，各品牌都非常热衷参加各种名目的茶叶博览会、茶叶展销会等茶事、茶营销活动，有的品牌甚至将类似活动当做品牌传播推广的唯一途径，"不放过任何一个宣传的机会去参加全国各地的茶博会"。茶博会的确是一个很好的向外推介品牌的专业窗口，很多茶叶新品牌新产品也正是通过茶博会向消费者推介引起消费关注的。但各种茶博会也有一些共同的问题，即对普通大众消费者的吸引力、到达率和双向沟通等均有所欠缺。品牌传播在本质上是一种双向行为，传播者给受众或消费者提供品牌信息，而受众也向传播者反馈其反应信息。受众的反馈是传播活动是否有效的重要衡量标准。而受众接受某种信息要经过选择性注意、选择性理解、选择性记忆等过程，他们往往只会记住那些感兴趣的或喜欢的或对其有利的信息，而剔除与其认知不相吻合的信息。

现象之六：注重茶品类特征，更须强调传播诉求差异化

差异化有有形、无形之分，是指自身在同类中有独树一帜的某些特质。本次研究中的94个样本的传播诉求，大多注重茶品类特征，但各品牌的差异化传播、差异化特质建设明显不足。从各品牌的简介来看，多数品牌的简介表现为模式化的阶段论：品牌历史回顾、且多数从《茶经》等经典典籍说起；品牌利益点表达，多数陷入"汤亮、香高、味醇、耐泡"等相似描述；品牌发展前景，多数是从种植规模、价格表现等来表征。体现了模式化的品牌介绍内容。作为感性产品，茶的共性特征相对明显，因此，单纯从茶的品类特征、口味特征诉求，差异化的可能性相对较难。但是，各个茶叶区域公用品牌的区域特征、资源特征、环境因素、文脉体系、品牌故事、品牌理念、品牌文化的差异化建设可以提供品牌差异化无限可能。品牌得以产生和存在的理由，就是在同类产品中寻找、体现、创造其差异化，使其从同类中跳脱出来，从这一意义上，差异化诉求是品牌得以存在和发展的根本价值所在。

现象之七：评价系统相对单一，须实现双轨并行

调查发现，各级地方政府和协会的领导都相当重视茶叶区域公用品牌建设，愿意为品牌建设工作提供支持、贡献力量，这值得欣喜和振奋。但同时，我们也看到，在品牌建设过程中，有的建设者过于看重领导认可、专家认可而相对忽视多数消费者的认同。这种现象从品牌经营的战略目标、传播口径、传播重点等方面都得到验证。有的品牌在参加各种展会、举办各种节庆活动时，更多地从产品的自我角度出发，较少站在消费者立场来考虑"他"需要

怎样的品牌，“他”对品牌的印象是什么、消费期待是什么等等问题。

四、未来之景：品牌价值创新之路

中国是世界上最早发现茶树并生产茶叶的国家，当前的茶叶种植面积和茶叶产量均居世界第一（据 2010 年《茶叶蓝皮书》），但中国还称不上茶叶品牌做得最好的国家。作为适合当前中国茶产业发展历史、现状和管理模式的品牌建设方法，茶叶区域公用品牌的建设给中国的茶叶品牌崛起带来了希望，而当务之急，是要创造性地运用品牌运作经验和知识，提升品牌价值。

（一）精准定位，合理延伸

1. **定位** 通俗地说，定位就是使品牌在消费者心目中占领一个与品牌相匹配的独特位置，使消费者在做消费决策时，能够轻而易举地选择出与某个心理位置相联系的品牌。因此，定位使消费决策具有相对明确的指向性，有利于保持品牌的忠诚度。

2. **延伸** 成功的品牌运作总有品牌延伸的内驱力，以获取更大的品牌收益。茶叶区域公用品牌也不例外。拓展和开发品牌的全产业链价值，合理有效地进行品牌延伸，是快速实现品牌价值增值的重要方式。对于一些增量建设已临近极限的成功品牌来说，合理而科学的品牌延伸尤其重要。

（二）激活文化因子

茶叶品牌具有丰富的文脉资源，如何有效激活文化因子是关键。

1. **用现代方式演绎传统文化** 中国是一个拥有悠久茶文化历史的国度，许多茶叶区域公用品牌都拥有深厚的传统文化积淀，正是它们奠定了品牌今日之文脉。一方面，茶叶区域公用品牌的建设主体应进一步深入挖掘并充分利用这些传统文化资源来丰富品牌文化的内涵；另一方面，又不能囿于传统的言语和思维方式，而必须以现代人熟悉的沟通与传播方式传达出来。

2. **融入创意文化元素** 茶叶区域公用品牌的文化内涵还可以用充满创意的方式来演绎。一个茶饼，可能仅仅只是一个茶饼，除非碰巧这个茶饼上拥有龙凤呈祥的图腾符号；一个茶楼，可能也只是一个喝茶的三维空间，除非碰巧这个茶楼是复古的宋代建筑风格，里面还坐着几个身穿汉服的茶艺表演者。

（三）资源整合创新

1. **跨区域** 茶叶区域公用品牌建设并不专指在某个特定的行政区域内的建设活动，突破品牌所在区域，在更广阔的地域范围内整合优势资源，有利于形成规模经济，扩大品牌影响力。跨行政区域的品牌运作需要突破原有区域视野，在本区域与其他区域的相互联系和比较优势中审视品牌的地位和特色。蒲江通过将自己定位为成都的后花园，成功地把蒲江雀舌品牌与成都经济圈的旅游观光业捆绑在一起，既为成都的休闲定位添彩，也从中获益。

2. **跨行业** 茶叶区域公用品牌建设也可以通过与区域内或相邻区域内的优势产业联姻或资源置换来获得品牌价值提升。浮梁茶通过茶与茶具的天然纽带将品牌与景德镇瓷器联系起来，这种跨行业比附和推广能够产生双赢的效果。浙江安吉有“中国第一竹乡”之称，产于此地的安吉白茶与竹产业在农事节庆、观光旅游、品牌传播等方面有许多相得益彰之处。

（四）以经验为鉴，创独特品牌

1. **借鉴工业与服务业品牌建设经验** 不可否认，与工业和服务业品牌相比，农业和农产品品牌建设的经验相对落后，茶叶区域公用品牌自然也在此列。因此，学习和借鉴工业和服务业品牌的运作经验和模式就成为茶叶区域公用品牌建设者们的必修课。

当前，工业和服务业品牌已形成了一套比较成熟的品牌运作体系，在品牌的符号化设计、定位、消费者研究、诉求方式、营销渠道、危机处理、国际化等方面对茶叶区域公用品牌的建设有诸多启示。举例来说，许多茶叶区域公用品牌缺少鲜明的、标准化的对外传播符号体系。世界茶叶市场上，70%的消费量是红茶，但中国出口的大多数红茶是以初级农产品形式输出，而不是以品牌形式输出，成为外国工业和服务业品牌的原材料，处在价值链的最底端，这不能不让人深思。

2. **借鉴其他农产品品牌** 因为共有的农产品属性，茶叶区域公用品牌在产品的质量监控与检测、认证体系、商标保护、基地建设等方面向其他农产品品牌的成功做法借鉴的空间也很大。

借鉴不是简单的重复与模仿，还要看是否与品牌“水土相符”。塘栖枇杷节与选美大赛的组合方式已为一些茶叶区域公用品牌化所用；福建安溪有关部门正着手借鉴法国葡萄酒的庄园生产模式和流通管制办法，提升茶农的组织化程度，打造安溪茶叶品牌梯队。

五、结语

我们看到，中国茶叶区域公用品牌的成长离不开中国茶叶企业及其产品品牌的同步发展。164 个茶叶区域品牌与成千上万的茶叶企业产品品牌将互为策应，在多样化、多层次的品牌格局中最终优化成中国茶叶的品牌方阵。而如何配置茶产业有限的资源、协调各方面的利益关系，将是茶叶区域品牌发展中长期面临的挑战。

中国茶叶区域公用品牌的成长将来自于更全面的品牌体验，而品牌体验将通过以茶叶区域品牌为核心资源的跨产业联动与创新最终得以实现。未来，茶叶区域公用品牌将不仅仅体现为一包茶叶、一杯茶，它最终将化身为消费者的综合体验、区域的形象表征、具有独特品牌价值的自主品牌方阵。在这条路上，消费者的体验将给区域品牌带来强大的声誉、更多的收益、更高的价值。

附：

2011 中国茶叶区域公用品牌价值排行榜

排名	品牌名称	品牌价值（亿元）	排名	品牌名称	品牌价值（亿元）	排名	品牌名称	品牌价值（亿元）
1	西湖龙井	50.33	33	长兴紫笋茶	7.76	64	恩施玉露	4.06
2	安溪铁观音	50.28	34	金坛雀舌	7.66	65	安化茶	4.03
3	信阳毛尖	45.71	35	宁红工夫茶	7.14	66	荣成绿茶	4.00
4	普洱茶	44.19	36	桃源大叶茶	7.12	67	茅岩莓茶	3.90
5	福鼎白茶	24.45	37	霍山黄芽	6.99	68	浮梁茶	3.89
6	大佛龙井	21.03	38	永春佛手茶	6.84	69	凤凰单丛茶	3.46
7	安吉白茶	20.67	39	修水双井绿	6.72	70	石阡苔茶	3.40
8	武夷山大红袍	20.31	40	金山翠芽	6.62	71	宜都天然富锌茶	3.39
9	祁门红茶	19.14	41	婺源绿茶	6.37	72	莒南绿茶	3.38
10	福州茉莉花茶	18.27	42	犍为茉莉花茶	5.89	73	舒城小兰花	3.25
11	坦洋工夫	17.69	43	茅山青峰	5.87	74	桂平西山茶	3.16
12	白芽奇兰	16.28	44	凌云白毫茶	5.71	75	余庆小叶苦丁茶	3.16
13	横县茉莉花茶	15.09	45	余姚瀑布仙茗	5.59	76	仙都笋峰	3.08
14	越乡龙井	14.32	45	七佛贡茶	5.59	77	安化千两茶	3.03
15	正山小种红茶	14.19	46	岳西翠兰	5.58	78	磐安云峰	2.87
16	松阳银猴	12.78	47	千岛银珍	5.33	79	平武绿茶	2.75
17	蒙顶山茶	10.84	48	石门银峰	5.32	80	江山绿牡丹	2.74
18	都匀毛尖	10.51	49	磐安生态龙井	5.22	81	福鼎白琳工夫	2.73
19	径山茶	10.42	50	英山云雾茶	5.20	82	沿溪山白毛茶	2.42
20	汉中仙毫	10.35	51	天台山云雾茶	5.19	83	平阳早香茶	2.24
21	紫阳富硒茶	10.25	52	阳羡雪芽茶	5.11	84	筠连红茶	2.21
22	庐山云雾茶	10.23	53	景宁金奖惠明茶	5.08	85	临湘黑茶	1.76
23	千岛玉叶	10.01	54	安溪黄金桂	5.06	86	贵定云雾贡茶	1.64
24	开化龙顶	9.57	55	岳阳银针	4.98	87	筠连苦丁茶	1.54
25	蒲江雀舌	9.12	56	梵净山翠峰茶	4.68	88	南山白毛茶	1.35
26	武阳春雨	9.06	57	雅安藏茶	4.55	89	恩施富硒茶	1.22
27	湄潭翠芽	9.03	58	屏山炒青	4.38	90	正安白茶	1.03
28	六堡茶	8.30	59	凤冈锌硒茶	4.32	91	国胜茶	0.89
29	英德红茶	8.28	60	南江大叶茶	4.30	92	保靖黄金茶	0.51
30	安化黑茶	8.27	61	泰顺三杯香	4.17	93	霄坑绿茶	0.17
31	龙谷丽人茶	8.16	62	天山绿茶	4.10			
32	马边绿茶	7.91	63	漳平市水仙茶	4.09			

声明：本研究中所估算之品牌价值，均基于品牌建设单位提供相关数据及其他公开可得信息，且运用浙江大学CARD农业品牌研究中心茶叶区域公用品牌专用评估方法对采集的数据处理的结果。

2011 年我国茶叶消费与贸易概况

中国农业科学院茶叶研究所/国家茶叶产业技术体系产业经济研究室
陈富桥　姜爱芹

(一) 茶叶消费

1. 国内需求　近 10 年我国茶叶消费量呈持续增长态势，2011 年总消费量达到 115 万吨左右（图 1），占世界茶叶总消费量的 45%左右，是世界最大的茶叶消费国。从人均消费量上看，近些年我国人均消费量呈稳步增长态势。国际茶叶委员会（ITC）数据显示 2010 年我国人均茶叶消费量达 0.83 千克，估计 2011 年人均茶叶消费量为 0.85 千克，同比增长 2.41%。虽然我国茶叶人均消费量增长迅速，但与科威特、英国、爱尔兰等国的人均消费量相比还有较大差距。

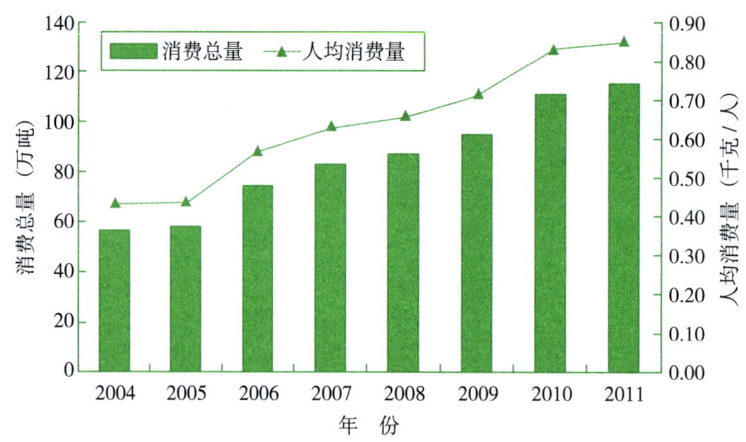

图 1　2004—2011 年我国茶叶总消费量及人均消费量变化趋势

数据来源：国际茶叶委员会，2011 年数据为估计数据。

2. 消费结构　绿茶依然居于国内市场主导地位，但是在相关企业及组织机构的营销策略影响下，我国茶叶消费观念有所变化，除绿茶外的其他茶类市场需求出现不同程度的增长，茶叶市场消费结构逐步走向多元化。从茶类消费上看，估计 2011 年国内绿茶消费量在 79 万吨左右，占总消费量的 68%左右，另外，在国内广受欢迎的茉莉花茶消费呈现出高端消费特征，高档花茶的销售比重呈上升趋势；近两年红茶尤其是高档红茶消费表现出强劲增长态势，2011 年红茶消费量估计在 7 万吨左右，约占总消费量的 6%；乌龙茶因其独特的品质特征和香气特征吸引了不少消费人群，消费量呈现较快增长态势，估计 2011 年消费量在 16 万吨左右，约占总消费量的 13.77%；由于黑茶产区政府及企业的市场营销力度加大，传统上以边销为主的黑茶近几年也开始受到市场关注，2011 年的国内消费量在 4 万吨左右，占总消费量的 3%左右；其他茶类凭借独特的口感，满足了部分消费者的个性需求，已经拥有较为稳定的消费群体，国内消费量总体上比较稳定，2011 年消费量在 9 万吨左右，占总消费量的 8%左右。从深加工产品看，近年来新的茶叶深加工产品不断被推向市场，对茶叶深加工产品的消费量也不断提高，带动了对原料茶的间接消费，提高了夏秋茶的利用率。

表 1　我国主要年份各茶类消费量及比重（一）

茶　类	计　　量	2000 年	2010 年	2011 年
绿　茶	消费量（万吨）	34.28	78.06	78.67
	比例（%）	75.22	70.01	68.41
红　茶	消费量（万吨）	1.79	3.03	6.98
	比例（%）	3.92	2.72	6.07

表 1　我国主要年份各茶类消费量及比重（二）

茶　类	计　　量	2000 年	2010 年	2011 年
乌龙茶	消费量（万吨）	4.64	15.40	15.84
	比例（%）	10.19	13.81	13.77
黑　茶	消费量（万吨）	1.82	3.55	4.00
	比例（%）	4.00	3.18	3.48
其他茶	消费量（万吨）	3.04	11.46	9.51
	比例（%）	6.67	10.28	8.27
消费总量合计（万吨）		45.57	111.5	115

（二）国际贸易

1. 出口"量额齐增"　近些年中国茶叶出口发展速度较快，出口量保持稳定的增长态势，而出口额出现大幅度的增长，是仅次于肯尼亚的全球第二大茶叶出口国(图2)。2011 年出口量增加至 32.26 万吨，达到近年来的历史最高水平，比 2010 年增长 6.82%，占世界总出口量的 18.01%；出口额增加至 9.65 亿美元，比 2010 年增长 23.72%，占世界总出口额的 15.26%。

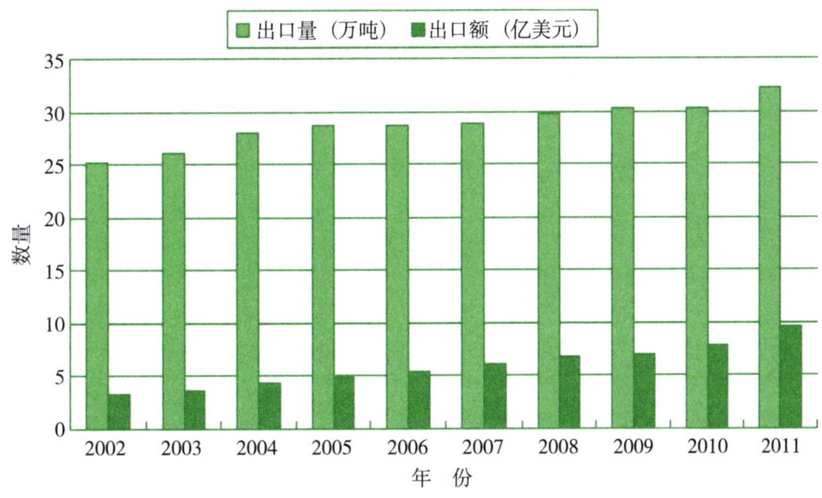

图 2　2002—2011 年我国茶叶出口情况

数据来源：国际贸易中心（International Trade Centre）。

2. 出口茶类结构　从茶类出口结构来看，绿茶出口继续保持强劲的增长势头，而红茶、乌龙茶、普洱茶和花茶的出口量出现不同程度的下降。2011 年绿茶出口 25.74 万吨，占 79.81%，出口额 7.06 亿美元；红茶出口 3.56 万吨，占 11.03%，出口额 1.08 亿美元；乌龙茶出口 1.79 万吨，占 5.56%，出口额 0.74 亿美元；花茶出口 0.73 万吨，占 2.28%，出口额 0.46 亿美元；普洱茶出口 0.43 万吨，占 1.32%，出口额 0.30 亿美元。

3. 出口市场结构　近年来我国茶叶出口市场相对集中，其中摩洛哥是我国最主要的出口市场。2011 年对摩洛哥茶叶出口金额达 1.90 亿美元，占中国茶叶总出口额的 19.64%，出口量达 6.36 万吨，占总出口量的 19.71%。出口到其他市场的份额相对较少，其中出口到中国香港、美国、日本和俄罗斯的金额所占比例分别为 6.95%、6.84%、5.65%和 5.58%。具体出口市场分布见表 2。

（三）消费及贸易趋势展望

随着社会经济的发展和人们物质文化生活的改善，消费者关于健康消费的意识逐步增强，以保健、品位为主要诉求的茶叶消费新趋势正逐步升温，传统区域性消费习惯逐步改变，茶叶消费结构多元化趋势仍将持续。总体来看，绿茶总消费量将保持平稳增长，但是在整个消费量中的比重将有所下降；红茶、乌龙茶的消费人群有望进一步扩大，总消费量也将随之增长；其他茶类的消费人群将小幅增长并趋于稳定；深加工产品（软饮料、速溶茶等）和保健茶消费将会是未来重要的增长点，特别是茶饮料、袋泡茶和速溶茶消费量预计会有所提高。值得注意的是，近年来生产成本的提高直接推高了国内茶叶价格，对终端消费者的影响开始显现，进一步降低生产成本进而降低销售价格，提高品牌知名度和产品质量，扩大消费人群，为消费者提供高性价比的茶叶产品将是未来开拓国内市场的重要手段。

表2　2011年我国茶叶主要出口流向

国家或地区	出口额（亿美元）	所占比重（%）	出口量（万吨）	所占比重（%）
摩洛哥	1.89	19.64	6.36	19.71
中国香港	0.67	6.95	1.15	3.56
美　国	0.66	6.84	2.39	7.41
日　本	0.55	5.65	1.81	5.61
俄罗斯	0.54	5.58	1.79	5.55
世　界	9.65	100.00	32.26	100.00

数据来源：国际贸易中心（International Trade Centre）。

由于全球经济复苏进展缓慢，欧美等发达国家经济仍处在相对低迷状态，全球经济下行风险依然存在，同时贸易保护主义的影响日益突出，我国茶叶出口面临的技术贸易壁垒也愈发严峻。加上我国主产茶类与国际消费结构性矛盾的影响，预计我国茶叶出口在未来一段时间难以有较大突破，出口量仍将处于稳定状态。因此，加大中国绿茶的国际营销力度，进一步提高国内茶叶生产的质量安全水平，对未来我国茶叶出口有重要意义。

入世10年中国茶叶进出口贸易情况简析

全国农业技术推广服务中心　冷　杨

2001年12月中国正式加入世界贸易组织，在为中国茶叶出口带来机遇的同时，也为外国茶叶进入中国市场提供了便利。入世10年中国茶叶出口量、出口额、进口量、进口额和净出口额全面增长，推动了茶产业又好又快发展。现以茶叶进出口数据为基础，对进出口贸易情况进行分析，对于从宏观上科学把握茶叶进出口贸易发展趋势、分析贸易发展方向具有一定指导意义。

（一）中国茶叶出口稳定增长

1. 出口量、出口额全面增长　入世以来，中国茶叶出口量呈增长趋势，但增速不快。2001年茶叶出口量为25.5万吨，入世后连续5年增长，2006年达到30.4万吨，增长19.2%。从2007年起增速变缓，2011年出口33.0万吨，入世10年增长29.4%，年均增长率为2.6%。茶叶出口额在2002年负增长之后，从2003年开始连续增长，屡创新高。2011年茶叶出口额达到10.2亿美元，比2001年增长191%，入世10年年均增长率为11.3%，高于出口量增速（图1）；净出口额大幅增长，从2001年的3.5亿美元增长至2011年的9.5亿美元，增长1.7倍，年均增长10.5%。

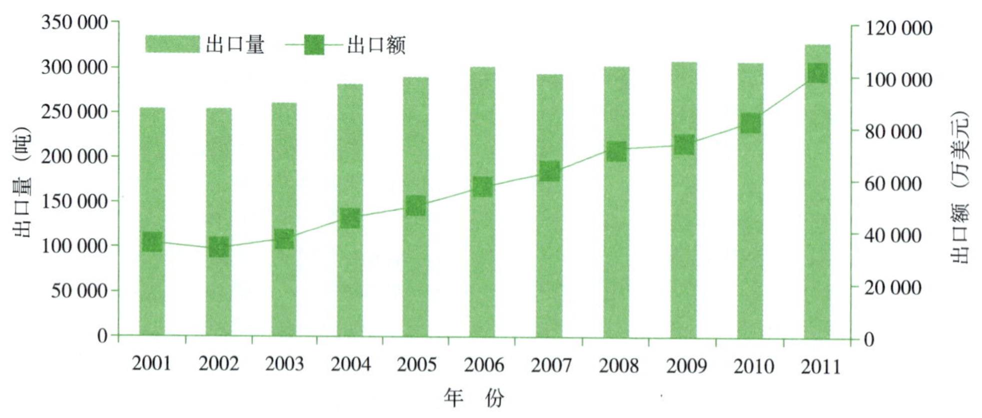

图1　2001—2011年中国茶叶出口量和出口额

注：本文所有进出口数据来源于中国海关。

2. 对非洲出口强劲增长，对亚洲出口量略减 入世10年，对亚洲茶叶出口量减少13.3%；对非洲、欧洲、北美洲、南美洲和大洋洲出口量增长，其中增量最大的是非洲，2011年出口量比2001年增长6.8万吨，增幅最大的是南美洲，出口量增长20倍。对各洲出口额均实现增长，增额最多的是非洲，年出口额增加3.5亿美元，增幅最大的是南美洲，增长31倍（表1）。

表1 入世10年中国茶叶对各洲出口比较

单位：吨、万美元、%

地区	出口量			出口额		
	2001年	2011年	增长率	2001年	2011年	增长率
非洲	94 848.9	163 237.7	72.1	12 703.9	47 387.6	273.0
亚洲	106 531.2	92 398.7	−13.3	15 413.9	28 783.0	86.7
欧洲	37 369.5	44 270.1	18.5	5 269.6	15 373.3	191.7
北美洲	16 017.1	26 710.2	66.8	1 773.3	8 316.2	369.0
南美洲	62.5	1 316.6	2 006.6	22.1	715.1	3 139.1
大洋洲	228.8	1 585.3	593.0	60.1	1 181.7	1 867.6

3. 非洲成为第一大出口市场 对各洲茶叶出口额占出口总额的比重结构总体稳定，非洲和亚洲是中国茶叶最重要的出口市场，合计占出口额的70%以上，其中，对非洲出口额比重上升，从2001年的36.0%逐步上升至2011年的46.6%，2003年取代亚洲成为中国茶叶第一大出口市场后一直占据首位，亚洲比重有所下降，从43.7%下降到28.3%；欧洲比重在15%左右徘徊，北美洲比重缓慢上升，从2001年的5.0%上升到2011年的8.2%，大洋洲和南美洲所占比重合计不足2%，但呈增长趋势（图2）。

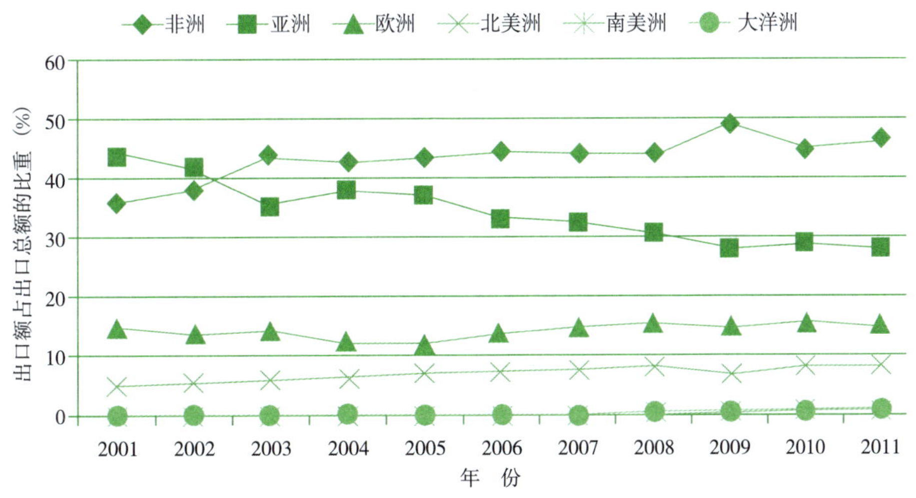

图2 2001—2011年中国对各大洲茶叶出口额占出口总额的比重

4. 主要市场国群体巩固壮大 入世10年，中国茶叶年出口量超过1万吨的支柱市场国和出口量在1 000～10 000吨之间的骨干市场国巩固壮大，是茶叶出口增长的主要力量；出口量1 000吨以下的辅助市场国数量增加，但出口量下降。支柱市场国数量由6个扩大到10个，增长66.7%，出口量增长6.73万吨，出口额增长2.28亿美元；骨干市场国数量增加10个，增长41.7%，出口量增长1.21万吨，出口额增长2.08亿美元（表2）。

5. 主要市场国出口情况 入世10年，中国茶叶对西北非国家、欧盟国家、独联体国家、美国和中国香港等主要市场出口以增长为主，对日本和巴基斯坦出口大幅下降。其中，对日本出口大幅萎缩，年出口量减少2.18万吨，年出口额减少3 296.8万美元；摩洛哥超过日本成为中国第一大茶叶出口市场国，年出口量增加2.49万吨，年出口额增长1.32亿美元；出口量增速最快的是伊朗，10年年均增长16.8%，出口额年均增长33.1%（表3）。

表 2 入世 10 年中国茶叶出口市场国结构比较

单位：吨、万美元、%

年份	市场类型	数量	出口量	占出口总量的比重	出口额	占出口总额的比重
2001	支柱市场国	6	139 989.6	54.9	20 691.3	58.7
	骨干市场国	24	99 864.9	39.2	12 599.1	35.7
	辅助市场国	73	15 203.5	6.0	1 952.5	5.5
2011	支柱市场国	10	207 301.7	62.9	64 182.3	63.1
	骨干市场国	34	111 961.0	34.0	33 393.3	32.8
	辅助市场国	81	10 255.8	3.1	4 181.2	4.1

表 3 入世 10 年中国茶叶主要出口市场国比较

单位：吨、万美元、%

国家或地区	出口量			出口额		
	2001 年	2011 年	增长率	2001 年	2011 年	增长率
日本	40 591.7	18 781.5	−53.7	9 586.3	6 289.5	−34.4
摩洛哥	38 659.2	63 587.8	64.5	5 713.3	18 953.7	231.8
乌兹别克斯坦	20 073.1	18 553.1	−7.6	862.6	3 183.4	269.0
美国	15 609.4	25 192.7	61.4	1 662.8	7 475.5	349.6
中国香港	13 789.6	13 261.7	−3.8	2 354.4	7 702.1	227.1
巴基斯坦	11 266.5	3 802.1	−66.3	511.8	466.5	−8.9
俄罗斯	9 684.1	17 893.7	84.8	846.4	5 393.5	537.2
阿尔及利亚	7 933.6	15 913.7	100.6	1 262.9	4 657.6	268.8
德国	5 689.9	10 729.0	88.6	1 024.3	3 993.8	289.9
毛里塔尼亚	4 957.2	12 325.8	148.6	647.5	4 477.8	591.6
伊朗	2 339.9	11 062.6	372.8	118.1	2 055.3	1 639.8

6. **绿茶出口优势明显，其他茶类出口受阻** 入世 10 年，绿茶出口实现大幅增长，出口量比 2001 年增长 57.8%，出口额增长 2.5 倍；红茶、乌龙茶、花茶和普洱茶虽然出口额实现增长，但出口量不同程度萎缩，花茶、红茶、乌龙茶、普洱茶出口量分别减少了 10 998 吨、5 350.2吨、3 724.5吨和1 281.2吨；其他茶（包括未单独列项的其他茶类及茶叶加工品）出口量和出口额均实现增长（表 4）。

表 4 入世 10 年中国出口茶类比较

单位：吨、万美元、%

茶 类	出口量			出口额		
	2001 年	2011 年	增长率	2001 年	2011 年	增长率
绿 茶	163 163.0	257 442.0	57.8	19 952.5	70 638.4	254.0
红 茶	40 926.8	35 576.6	−13.1	4 127.5	10 872.4	163.4
乌龙茶	21 671.1	17 946.8	−17.2	5 041.1	7 412.3	47.0
花 茶	18 338.8	7 340.8	−60.0	3 978.7	4 631.9	16.4
普洱茶	5 554.8	4 273.6	−23.1	1 103.9	2 954.7	167.7
其他茶	5 403.5	6 938.7	28.4	1 039.2	5 247.2	404.9

从结构上看，绿茶作为中国最重要出口茶类的优势更加明显，出口额始终占茶叶出口总额的 50%以上，且比重从 2001 年的 56.6%上升到 2011 年的 69.4%，其他茶的出口额比重上升，从 2.9%上升到 5.2%，而红茶、乌龙茶、花茶和普洱茶等种类出口额所占比重皆有不同程度下降，红茶出口额所占比重从 11.7%下降到 10.7%；乌龙茶从 14.3%下降到 7.3%；花茶从 11.3%下降到 4.6%；普洱茶从 3.1%下降到 2.9%。

（二）中国茶叶进口大幅增加

1. 进口量、进口额大幅增长 入世10年来，中国茶叶进口大幅增长，进口量年均增长率达到23.5%，变化过程可分为两个时期，一是2001—2009年的稳定增长期，进口量从0.18万吨增长到0.47万吨，增长161%，年均增长12.7%；二是2010—2011年的高速增长期，从2009年0.47万吨增加到2011年的1.49万吨，年均增长率高达78.0%；进口额变化与进口量变化完全吻合，2011年进口额达到6 648.1万美元，比2001年增长17.5倍，入世10年年均增长率达到33.9%（图3）。

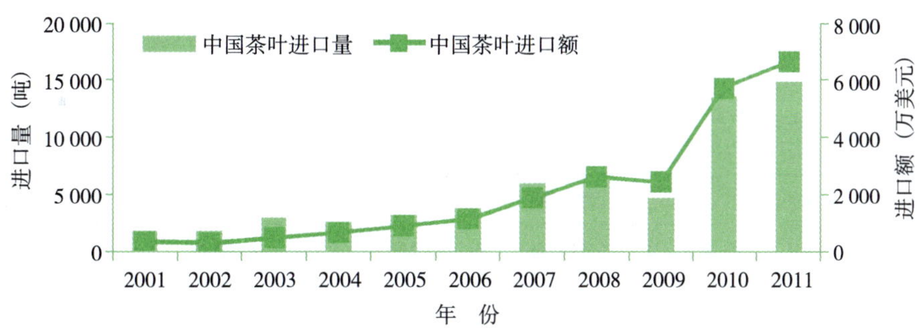

图3 2001—2011年中国茶叶进口量和进口额

2. 从亚非南美进口量大增 入世10年来，中国从各大洲进口茶叶的量和金额均大幅增长，其中，来自亚洲、非洲、南美洲的茶叶进口量增长较多，年进口量分别增加9 395.2吨、2 152.9吨和1 166.6吨；来自亚洲、非洲和欧洲的茶叶进口额增长较多，年进口额分别增加4 825.3万美元、814.5万美元和299万美元；由于基数小，从大洋洲和南美洲进口茶叶的金额增长了上百倍（表5）。

表5 入世10年中国茶叶进口来源分洲比较

单位：吨、万美元、%

地 区	进口量			进口额		
	2001年	2011年	增长率	2001年	2011年	增长率
亚 洲	1 252.3	10 647.5	750.2	199.2	5 024.4	2 422.3
非 洲	402.6	2 555.5	534.7	78.6	893.1	1 036.0
南美洲	2.1	1 168.7	55 578.9	1.0	138.4	14 469.6
欧 洲	150.9	377.9	150.5	63.1	362.0	473.9
北美洲	41.2	119.4	189.8	17.4	219.7	1 160.8
大洋洲	0.04	3.0	7 410.0	0.05	10.4	20 774.8

从占进口总额的比重结构上看，亚洲是中国茶叶最重要的进口来源地，占进口总额的比重从2001年的55.4%上升至2011年的75.6%；其他大洲所占比重频繁变化，总体上非洲、欧洲、北美洲所占比重呈下降趋势，大洋洲和南美洲比重上升（图4）。

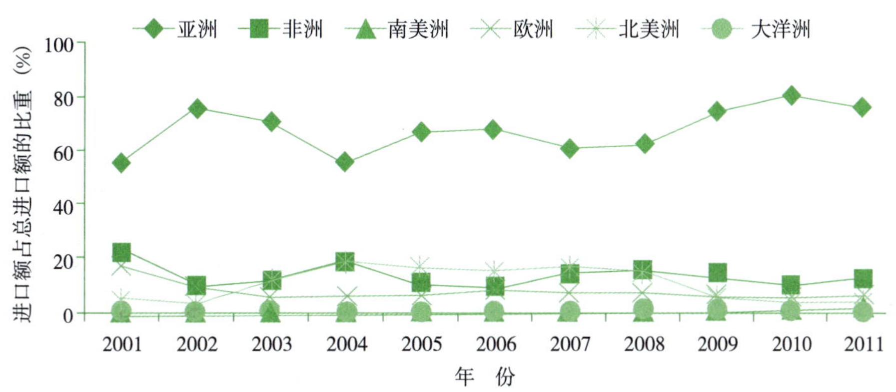

图4 2001—2011年中国从各大洲进口茶叶金额占进口总额的比重

3. **进口来源地区稳中有变** 入世 10 年，中国进口茶叶的来源地区稳中有变。传统进口来源地区越南、肯尼亚、斯里兰卡和中国台湾输入中国茶叶的量大幅增长，其中，来自越南、肯尼亚、斯里兰卡的茶叶进口量均达到上千吨；新兴进口来源地区异军突起，从阿根廷、印度尼西亚和印度进口茶叶的量都从不足 2 吨增长至上千吨，增长速度十分惊人；从美国和英国进口茶叶的量稳中有升，但绝对增量不大，进口额增幅较大；从缅甸和新加坡进口茶叶的量下降，2011 年两国合计输入中国茶叶已不足 50 吨（表 6）。从种类上看，阿根廷、印度尼西亚和印度等 3 个国家向中国输入的茶叶主要是红茶，肯尼亚、斯里兰卡和英国一直以输入红茶为主，从越南进口茶叶的增量也主要是红茶。

表 6 入世 10 年中国茶叶主要进口来源地区比较

单位：吨、万美元、%

国家或地区	进口量			进口额		
	2001 年	2011 年	增长率	2001 年	2011 年	增长率
越南	399.5	1 519.3	280.3	33.8	182.1	438.3
肯尼亚	294.8	2 067.0	601.2	61.5	762.6	1 139.0
斯里兰卡	234.8	3 040.5	1 195.1	63.1	1 605.5	2 445.1
中国台湾	183.6	760.9	314.4	41.3	1 030.3	2 394.5
缅甸	166.4	10.0	−94.0	4.0	20.5	410.3
新加坡	118.6	39.3	−66.8	30.5	23.9	−21.6
美国	41.0	118.6	189.3	17.3	217.0	1 155.9
英国	38.3	213.3	456.9	16.9	177.5	952.5
阿根廷	1.9	1 167.7	62 681.5	0.9	137.0	14 835.6
印度尼西亚	1.3	1 712.0	134 600.9	0.1	326.2	233 236.5
印度	0.03	2 953.6	9 845 160.0	0.04	1 407.1	3 813 132.0

4. **红茶进口强劲增长，其他茶类进口普遍增长** 入世 10 年间，各种茶类进口量和进口额全面增长，其中，红茶进口强劲增长，进口量和进口额 10 年年均增长率分别达到 29.5%和 36.7%；其他茶类进口量普遍增长，绿茶年进口量比 2001 年增加1 000吨以上；各种茶类进口额增速快于进口量增速，红茶、绿茶、乌龙茶、花茶、普洱茶和其他茶的 2011 年进口额分别比 2001 年增长 21.8、7.3、30.9、6.1、38.8 和 6.8 倍（表 7）。

表 7 入世 10 年中国进口茶类比较

单位：吨、万美元、%

茶 类	进口量			进口额		
	2001 年	2011 年	增长率	2001 年	2011 年	增长率
绿 茶	636.8	1 646.6	158.6	46.8	390.4	733.5
红 茶	902.1	11 940.1	1 223.6	205.8	4 690.9	2 179.6
乌龙茶	109.1	211.7	94.0	21.7	692.9	3 092.0
花 茶	35.8	148.2	314.1	18.9	133.8	607.5
普洱茶	4.5	14.5	220.8	0.4	15.9	3 875.2
其他茶	40.3	162.8	303.6	19.3	149.7	675.6

从进口额结构上看，红茶是最主要的进口茶类，进口额占进口总额的比重呈增加趋势，从 2001 年的 57.3%上升到 2011 年的 70.6%；乌龙茶和普洱茶所占比重小幅增加，乌龙茶从 2001 年的 6.0%上升到 2011 年的 10.0%，普洱茶从 2001 年的 0.1%上升到 2011 年的 0.2%；绿茶、花茶和其他茶所占比重不同程度下降，其中，绿茶从 2001 年的 13.0%下降到 2011 年的 5.9%。

（三）中国茶叶进出口价格的变动

入世以来，中国茶叶出口价格直线上升，出口均价、变动趋势和增速都与国际市场茶叶拍卖价格接近。2001 年，中国茶叶出口均价为 1.38 美元/千克，2011 年上涨到 3.09 美元/千克，上涨 123.9%，年均增长 8.4%。中国茶叶进口价格也呈增长趋势，2001年进口均价为1.94美元/千克，2011年上涨到4.47美元/千克，上涨130.4%，年均增长8.7%，快于出口均价的增速。中国茶叶进口均价一直高于出口均价，尤其是经历2004年的大幅上涨之后，保持在出口均价的1.5倍左右，2011年的进口均价是出口均价的1.45倍（图5）。

图5　2001—2011年中国茶叶进出口均价

（四）结论与建议

主要分析结论如下：一是中国茶叶进出口贸易日趋繁荣，出口量、出口额、进口量、进口额和净出口额均全面增长，其中茶叶出口增长主要是由绿茶带动的，进口增长主要是由红茶带动的。二是非洲成为中国最重要茶叶出口市场，亚洲作为中国最主要茶叶进口来源地的地位更加稳固；主要出口市场国仍然集中在西非、北非、欧盟、独联体、美国和日本等传统市场；进口来源国稳中有变，从阿根廷、印度和印度尼西亚进口茶叶的量和金额强劲增加，从美国、英国、德国等非产茶国进口茶叶金额占进口总额的比重下降。三是在国际市场上具有独特品质的乌龙茶、普洱茶、花茶等特种茶叶的出口额增长缓慢，出口量不升反降，市场开拓乏力；茶叶加工品的进出口贸易发展较快，贸易前景看好。四是国际市场尤其是非洲和中亚市场对绿茶的需求仍以珠茶、眉茶等中低档茶为主，中国茶叶出口延续着以大宗绿茶出口为主的特点，出口均价较低，与国际茶叶拍卖均价接近；进口茶叶出现了以高品质红茶为主的趋势，带动茶叶进口价格走高。

以上结论反映中国茶叶出口结构不佳，产品结构上以低品质茶叶为主，中高档绿茶、特种茶市场开拓缓慢，市场结构上以茶叶市场饱和度较高、消费档次较低的亚非为主，欧盟、北美等高端市场开拓乏力。建议转变茶叶出口观念，着力提高茶叶产品质量和附加值，加快出口产品结构调整，研究开发适应西方国家市场消费需求的中高档绿茶和特种茶叶，加强茶叶加工品及其他延伸产品的研发和生产，加强中高档绿茶、特种茶叶的国际市场开拓，在稳固亚非市场的基础上，加大对欧盟、北美、南美、大洋洲中高端市场的营销力度，同时，应加强高品质红茶产品的研制和生产，适应国内消费需求，减少高档红茶的进口。

国家茶叶产业技术体系工作进展

国家茶叶产业技术体系　杨珍伟

一、"十二五"体系机构建设

国家茶叶产业技术体系由国家茶叶产业技术研发中心和国家茶叶产业技术综合试验站2个层级构成。在"十一五"的基础上，国家茶叶产业技术体系机构设置进一步完善，"十二五"研发中心增加东部病虫害防控和红茶加工2个岗位，岗位数达27个；研发中心建设依托单位为中国农业科学院茶叶研究所，由育种与种苗、病虫害防治、栽培与茶园机械、加工、深加工和产业经济等6个功能研究室组成。增设安庆、南平、丽水等9个综合试验站，试验站数达31个，分布在浙江、福建、安徽等16个产茶省、自治区，依托省、市级茶叶研究机构等建设，共有31位试验站站长。

二、"十二五"体系研发任务

在充分调研产业技术需求的基础上，针对目前制约茶叶产业升级发展存在的关键技术问题,研究确定了"十二五"3项体系重点任务和9项研究室重点任务以及实施方案。

1. 高品质砖茶生产技术研究与示范

（1）筛选出一芽五叶原料氟含量低于300毫克/千克的茶树品种（系）23个；初步认为槠叶齐、桃源大叶、尖波黄13号等品种适合加工高品质黑茶；以中茶302和中茶108为原料加工的康砖茶产品感官品质略优于传统康砖茶；繁育低氟茶树品种槠叶齐、茗丰、湘波绿2号、中茶108和中茶302无性系种苗380万株；建立低氟品种种植示范园24.8公顷。

（2）开发降氟剂A和降氟剂B配方，在砖茶产区5个综合试验站进行栽培降氟试验。结果显示，两种降氟剂在不同地区试验结果存在差异，其中在黄冈试验站降氟效果明显，而在成都、乐山、长沙和湘西4个综合试验站的降氟效果不明显，原因有待分析。研究发现在青砖毛茶加工过程原料氟含量变化较小，但在砖茶压制过程氟含量明显上升。

（3）初步提出低氟品种青砖茶加工工艺分为毛茶加工和砖茶压制两个关键节点，其中青砖毛茶工艺流程：杀青→揉捻→初晒→渥堆→干燥；青砖压制工艺流程：称量→汽蒸→压制→定型→退砖→修砖→干燥，以中茶108、中茶302、槠叶齐、鄂茶1号、丹桂、金观音等6个品种一芽五叶原料，按照上述工艺制成毛茶并压制成砖，成品砖茶各项指标符合GB/T 9833.9—2002《紧压茶　青砖茶》要求；提出了四川边茶加工工艺流程：鲜叶→摊放→杀青→渥堆→揉捻→日晒初干→蒸→揉捻→渥堆→复蒸→渥堆→烘干，按照该流程利用中茶108和中茶302两品种原料加工的康砖茶，其感官品质好于传统四川边茶做庄茶和金玉茶，产品氟含量低于300毫克/千克。

2. 茶产品水溶性农药的安全性评估和控制技术

（1）建立茶叶中20多种水溶性农药和新农药的残留分析方法，在0.001 0～1.00毫克/千克的4个添加浓度水平中，回收率介于67.80%～112.62%，平均回收率在85%以上；基本完成速溶茶和茶饮料中的分析方法，采用液液萃取方法回收率均能达到85%。（2）普查了6大茶类、速溶茶以及茶饮料中水溶性农药吡虫啉和啶虫脒的情况。（3）筛选出防治小绿叶蝉的高效低毒替代农药品种2种——凯恩、帕力特，药后14天，防治叶蝉的效果分别为97.29%、97.87%；筛选出防治茶尺蠖的高效低毒替代农药品种——艾绿士、帕力特、凯恩、雷通等，药后7天，防治茶尺蠖的效果在85%～100%；在重庆永川的大安和永荣建立2个核心示范茶区，共140公顷茶园进行了凯恩等6种药剂防治叶蝉大面积示范，凯恩、帕力特对叶蝉仍然表现出较高防治效果，药后14天的平均防治效果分别是94.26%、89.33%；上述药剂在我国4大茶区的13个省市示范1 095.4公顷。

3. 茶鲜叶机械化生产与配套加工技术研究与示范

研制出田间施肥、耕作、修剪、物理虫害防治、采茶共6种机具产品，主要技术指标：茶园侧边修剪生产率0.5～0.6公顷/小时，茶蓬修剪机具生产率0.5～0.6公顷/小时，大宗茶采摘机具生产率0.6公顷/小时，自走式吸虫机具生产率0.3公顷/小时、吸虫收集率>80%，小型背负式吸虫机具配套动力电动机不大于4千瓦、生产率0.25公顷/小时、吸虫收集率>80%。提出了实施机械耕作适宜的土壤湿度指标为土壤含水量<18%。初步确定了夏茶追肥以表面施肥+旋耕效果较好，茶树吸收效率比开沟施用效果好；表面撒施肥料损失率最高。初步筛选出适合机采品种2个（龙井43和平阳特早茶）、较适合机采品系2个（TRI08和TRI09）。不同品种（系）的芽叶节间长度、叶片着生角度、芽叶组成与其机采效率和机采破碎率均无明显相关性，生长势、耐剪性、生育是否整齐对品种的适采性有较大影响。初步提出绿茶机采鲜叶分级技术方

案，试制风选加滚筒筛选鲜叶分级机样机，具有一定的分级效果，为后续改进奠定了基础。研制连续化红茶发酵设备样机。

三、科技服务

（一）为政府决策和中心工作服务

1. **为农业部服务** 参与农业部和全国农技推广服务中心组织的农业部标准茶园创建有关活动，为四川、湖南、浙江、山东、安徽等地标准园建设提供技术指导，同时为当地技术人员、茶农等进行标准茶园创建技术培训，有效地促进标准茶园的创建工作。

为农业部提供有关技术资料，修订《全国现代农作物（茶叶）种业发展规划（2011—2020年）》，编写《2010年度产业技术发展报告》和《2011年产业发展趋势与政策建议》，推荐2012年茶叶产业主推技术以及农业轻简化实用技术等。

2. **为区域和地方政府服务** 参与农业部组织的大别山地区名优茶优质高产协作会，对大别山区无性系茶园面积比例低等具体问题提出了改进建议。受农业部委派参加中组部院士专家服务团，在湖北省英山县开展咨询服务，针对英山茶产业的现状提出了发展建议。针对湖北恩施、广西昭平、浙江遂昌和绍兴、四川沐川和名山等地的茶产业现状，为地方产业发展提供咨询建议；为江苏省委省政府，浙江湖州市长兴县、安吉县和德清县、丽水龙泉市等地，四川宜宾、乐山、成都、犍为、宣汉、泸州、纳溪区，广西兴安县、龙胜县等各地各级政府起草茶产业发展规划建议以及实施方案；协助四川省委省政府和省农业厅宣传打造峨眉山茶、蒙顶山茶、万源富硒茶、宜宾早茶等4大区域品牌；起草江苏省《碧螺春茶机械加工技术规程》等地方标准4个，制订完成广西《工夫红茶发酵适度时间的检测方法》、江苏《夹谷春茶栽培技术规程》等地方标准6个。

（二）为茶产业服务

1. **开展茶叶百日科技服务行动** 重点针对试验站辐射的155个示范县，开展茶叶百日科技服务行动，全年共办技术讲座、培训400多场次，培训主产区农技人员、合作社人员、专业户以及茶农17 000多人次，科普下乡咨询13 800多人次。将技术明白纸与挂历结合，编制了《2011年茶事挂历》，按照茶叶生产季节，逐月介绍茶园管理和加工技术，通过体系31个综合试验站向茶叶合作社、技术人员以及茶农等免费发送，全年合计赠送技术光盘、书籍、挂图及资料22 300余份，对提高适用和实用技术的入户率发挥了积极作用。

2. **为企业提供技术支持** 为企业设计名优茶厂房、设计茶叶连续化、清洁化生产线10余条，指导广西兴安县筹建年产50吨茶叶加工厂一座；对浙江、湖北、湖南、广西、云南等10多个省、自治区的上百家企业进行实地技术指导，有效地解决企业生产中遇到的技术问题；为茶叶生产企业、茶饮料企业、速溶茶企业等提供茶叶质量安全和生化成分检测服务，共检测样品5 000余份；协助企业打造培育中国驰名商标1个（万源巴山雀舌）、省级龙头企业3家。

3. **新技术成果示范** 分别在沐川县召开茶树新品种推介现场会，在重庆市举办茶园替代农药效果示范现场观摩会，在郎溪县举办茶园机械田间作业试验与示范现场会，及时向茶叶主管部门、茶叶企业、茶农等推介新品种、新农药、新机械等。

4. **应急性服务** 针对发生的自然灾害，如贵州省遭受大面积冰冻雨雪灾害，福建茶区发生的军配虫、茶尺蠖、茶黑毒蛾、茶饼病害等病虫灾害等，及时开展应急性技术指导和培训。

全国茶叶主要科研机构

中国农业科学院茶叶研究所

中国农业科学院茶叶研究所
Tea Research Institute, Chinese Academy of Agricultural Sciences

所长、党委副书记 杨亚军
党委书记、副所长 陈　直
副所长 江用文　鲁成银
联系人 李灵光
电　话 0571-86650444
传　真 0571－86650056
网　址 www.tricaas.com
地　址 浙江省杭州市梅灵南路9号
邮　编 310008
院　士 陈宗懋
正高级专家
陈　亮　陈宗懋　成　浩　韩文炎　江用文
姜爱芹　梁国彪　林　智　刘　新　鲁成银
阮建云　肖　强　杨亚军　叶　阳　尹军峰
朱永兴

中华全国供销合作总社杭州茶叶研究院

中华全国供销合作总社杭州茶叶研究院
All China Federation of Supply and Marketing Cooperatives Hangzhou Tea Research Institute

院　　长　张士康
党委书记　郑国建
院长助理　杨秀芳　汪一飞
联 系 人　童良斌
电　　话　0571-86040676
传　　真　0571-86092735
网　　址　www. co-tea. com
E-mail　teains@mail. hz. zj. cn
地　　址　杭州市采荷路 41 号
邮　　编　310016
正高级专家
骆少君　翁　昆

江苏省茶叶研究所

江苏省茶叶研究所
Jiangsu Tea Research Institute

所　　长　徐德良
党支部副书记　周静峰
副 所 长　曹伯春
联 系 人　汤茶琴
电　　话　0510-85528700
传　　真　0510-85510963
网　　址　www. jscys. com
E-mail　loveteasoup@126. com
地　　址　江苏省无锡市钱荣路 78 号
邮　　编　214063

安徽省农业科学院茶叶研究所

安徽省农业科学院茶叶研究所
Tea Research Institute of Anhui Academy of Agricultural Sciences

所长、党委书记　李　成
副所长　廖万有　陈长庚
联系人　廖万有　张必桦
电　话　0559-4512744　4516197　4513707
传　真　0559-4516197
网　址　www. ahcotton. cn/tea
E-mail　aaastea@163. com
地　址　安徽省黄山市祁门县文峰南路 1 号
邮　编　245600
正高级专家
李　成　廖万有　丁　勇　王文杰

福建省农业科学院茶叶研究所

福建省农业科学院茶叶研究所
Tea Research Institute of the Fujian Academy of Agricultural Sciences

所　长　尤志明
党委书记、副所长　刘寿国
副所长　吴光远
联系人　高香凤
电　话　0593-6618066（行政办公）
0593-6610388（科研办公）
传　真　0593-6610388
网　址　www. faas. cn/dept/cys/index. html
E-mail　keguan08@163. com
地　址　福建省福安市社口镇湖头洋 1 号
邮　编　355015
正高级专家
郭吉春　尤志明　吴光远　张文锦　郑乃辉　王庆森　杨如兴　陈常颂　王秀萍　陈　林　林郑如

江西省蚕桑茶叶研究所

江西省蚕桑茶叶研究所
Jiangxi Sericulture and Tea Research Institute

所长、党委书记　饶建如
联系人　胡昌华
电　话　0791-85023012
传　真　0791-85021391
网　址　www. agripark. cn
E-mail　eco@agripark. cn
地　址　江西省南昌县黄马梁家渡
邮　编　330202
正高级专家
杨普香　毛平生　彭晓虹　杨　帆

湖北省农业科学院果树茶叶研究所

湖北省农业科学院果树茶叶研究所
Institute of Fruit and Tea, Hubei Academy of Agricultural Sciences

所　　长　周金香
党委书记　程维新
副 所 长　甘宗义　秦仲麒　孙中海
联 系 人　彭文莉
电　　话　027-87987982
传　　真　027-87987820
网　　址　www. hbaas. com
E-mail　wenlipeng@163. com
地　　址　湖北省武汉市江夏区金水闸
邮　　编　430209
正高级专家
秦仲麒　孙中海　龚自明　贾尚智　蒋迎春　胡红菊　何华平

湖南省农业科学院茶叶研究所

湖南省农业科学院茶叶研究所
Tea Research Institute of Hunan Academy of Agricultural Sciences

所　　长　包小村
党委书记　张曙光
副 所 长　谭正初　王沅江
电　　话　0731-84690716
E-mail　tptea@hntptea. com
地　　址　湖南省长沙市芙蓉区远大二路 702 号
邮　　编　410125

广东省农业科学院茶叶研究所

广东省农业科学院茶叶研究所
Tea Research Institute of Guangdong Academy of Agricultural Sciences

所　长　赵超艺
党总支书记、副所长　吴家尧
联系人　凌彩金
电　话　020-87585379
传　真　020-87590503
网　址　www. gdtea. gov. cn
E-mail　lingcaijin@163. com
地　址　广东省广州市天河区金颖路 3 号
邮　编　510640

广西壮族自治区桂林茶叶科学研究所

广西壮族自治区桂林茶叶科学研究所
Guilin Tea Research Institute of Guangxi Zhuang Autonomous Region

所长、党委书记　林朝赐
党委副书记　于钟平
副所长　陈新强　苏孔武　韦静峰　廖勤明
联系人　覃秀菊
电　话　0773-5604975
传　真　0773-5603602
网　址　www. hcykxyjs1. b2b. hc360. com
E-mail　qinxiuj@163. com
地　址　广西桂林市金鸡路 17 号
邮　编　541004

重庆市农业科学院茶叶研究所

重庆市农业科学院茶叶研究所
Tea Research Institute of Chongqing Academy of Agricultural Sciences

所　长　李中林
副所长　周正科
联系人　杜丽先
电　话　023-49863962
传　真　023-49863962
网　址　http：//www. cqaas. cn/cy. asp
E-mail　scy108@sohu. com
地　址　重庆永川市桂山路 2 号
邮　编　402160

正高级专家
李中林　侯渝嘉　徐　泽　彭　萍　周正科
吴　全

四川省农业科学院茶叶研究所

四川省农业科学院茶叶研究所
Institute of Tea Research of Sichuan Academy of Agricultural Sciences

所　　长　王　云
党委书记　杨胜廷
副 所 长　杨胜廷　罗　凡
联 系 人　王　云
电　　话　028-84504175
传　　真　028-84504435
E-mail　sctea2004@yahoo. com. cn
地　　址　四川省成都市静居寺路 20 号
邮　　编　610066

正高级专家
王　云　李春华

云南省农业科学院茶叶研究所

云南省农业科学院茶叶研究所

所　　长　王家金
党委书记　陈啸云
纪委书记　浦绍柳
副 所 长　梁名志　何青云　罗向前
联 系 人　王立波
电　　话　0691-5170192
传　　真　0691-5170135
网　　址　www. yntri. com. cn
E-mail　ckskjgl@126. com
地　　址　云南省西双版纳傣族自治州勐海县
邮　　编　666201
正高级专家
梁名志　王平盛

贵州省茶叶研究所

贵州省茶叶研究所
Guizhou Tea Institute

所　长　周玉峰
党委书记　王兴乾
党委副书记　赵志清
副所长　梁远发　郑道芳
联系人　崔晓明、喻云春（所党政办公室）
电　话　0851-3761972
传　真　0851-3761972
网　址　www. gztea. cn
E-mail　lxy1d8@163. com
地　址　贵州省贵阳市小河区省农业科学院内
邮　编　550006

全国茶学主要高等院校

南京农业大学茶叶科学研究所

南京农业大学茶叶科学研究所

学位教育情况　茶学博士、硕士教育授权单位
所　长　黎星辉
电　话　025-84395182
传　真　025-84395182
网　址　www. njau. edu. cn
E-mail　lxh@njau. edu. cn
地　址　江苏省南京市卫岗 1 号
邮　编　210095

扬州大学园艺与植物保护学院

扬州大学园艺与植物保护学院

学位教育情况　茶学硕士教育授权单位
副院长　陈学好
电　话　0514-87971894
传　真　0514-87347537
网　址　www. yzu. edu. cn
E-mail　xhchen@yzu. edu. cn
地　址　江苏省扬州市文汇东路 48 号
邮　编　225009

江苏省农林职业技术学院风景园林系

江苏省农林职业技术学院风景园林系

学位教育情况 茶学专科教育单位
系主任 周兴元
系副主任 管斌
联系人 葛晋纲
电　话 0511-87290809
网　址 www.jsafc.edu.cn
E-mail gjg2728@163.com
地　址 江苏省句容市句蜀路3号
邮　编 212400

浙江大学农业与生物技术学院茶学系

浙江大学农业与生物技术学院茶学系

学位教育情况 茶学博士、硕士教育授权单位，本科教育单位
茶叶研究所所长 梁月荣
副所长 须海荣　王校常
茶学系副主任 王岳飞
电　话 0571-86971258
传　真 0571-86971498
网　址 cab.zju.edu.cn
E-mail cxx.cab@zju.edu.cn
地　址 浙江省杭州凯旋路268号
邮　编 310029

浙江农林大学茶文化学院

浙江农林大学茶文化学院

学位教育情况 茶学本科教育单位
院　长 王旭烽
联系人 温晓菊
电　话 0571-63743310
网　址 tea.zjfc.edu.cn
E-mail wxiaoju9@163.com
地　址 浙江省杭州临安环城北路88号浙江林学院东湖校区茶文化学院楼
邮　编 311300

浙江树人大学人文学院茶文化系

浙江树人大学人文学院茶文化系

系主任 关剑平
系副主任 张琳洁
电　话 0571-88297166
传　真 0571-88297166
网　址 www.zjsru.cn
E-mail sdrenwen@163.com
地　址 浙江省杭州市树人街8号浙江树人大学文学院茶文化系
邮　编 310015

安徽农业大学茶与食品科技学院茶学系

安徽农业大学茶与食品科技学院茶学系

学位教育情况 茶学博士、硕士教育授权单位，本科教育单位

校长、党委副书记 宛晓春

副校长 夏 涛

院 长 江昌俊

副院长 张正竹

茶学系主任 李立祥

电 话 0551-5786469

传 真 0551-5786765

网 址 cysp. ahau. edu. cn

E-mail chyshp@ahau. edu. cn

地 址 安徽省合肥市长江西路 130 号

邮 编 230036

正高级专家

丁之恩 王志耕 方世辉 韦朝领 江昌俊 杜先锋 李尚庆 李立祥 张正竹 陆 宁 宛晓春 夏 涛 高旭晖 黄龙全

福建农林大学园艺学院茶学系

福建农林大学园艺学院茶学系

学位教育情况 茶学博士、硕士教育授权单位，本科教育单位

院 长 吴少华

院党委书记 金心怡

系主任 叶乃兴

电 话 0591-83789281

传 真 0591-83735681

网 址 www. fafuyy. cn

E-mail swj8103@126. com

地 址 福建省福州市金山福建农林大学

邮 编 350002

正高级专家

金心怡 孙威江 林金科 叶乃兴 孙 云

武夷学院茶学与生物系

武夷学院茶学与生物系

学位教育情况 茶学本科、专科教育单位

校 长 杨江帆

系主任 李远华

电 话 0599-5137553

传 真 0599-5137553

网 址 http：//csw. wuyiu. edu. cn/

E-mail wyxycxyswx@163. com

地 址 福建省武夷山市武夷大道 16 号

邮 编 354300

宁德职业技术学院农业科学系

宁德职业技术学院农业科学系

学位教育情况 茶学专科教育单位

系主任 黄承彪

系副主任 郭剑雄

电 话 0593-6150603

传 真 0593-6558600

网 址 www. ndgzy. com

E-mail h6338805@163. com

地 址 福建省福安市福泰路 232 号

邮 编 355000

天福茶职业技术学院

天福茶职业技术学院

学位教育情况 茶学专科教育单位
电　话 0596-3184666
传　真 0596-3184051
网　址 www.tftc.edu.cn
E-mail tfttc@mail.tenfu.com
地　址 福建省漳州市漳浦县盘陀镇天鹅湖1号
邮　编 363202

江西上饶职业技术学院

江西上饶职业技术学院

学位教育情况 茶学专科教育单位
院　长 柳雪芳
电　话 0793-8472000
传　真 0793-8472413
网　址 www.srzy.cn
E-mail srzyzsb@163.com
地　址 江西省上饶市罗桥
邮　编 334109

山东农业大学园艺科学与工程学院茶学系

山东农业大学园艺科学与工程学院茶学系

学位教育情况 茶学博士、硕士教育授权单位，本科教育单位
系主任 张丽霞
电　话 0538-8249983
传　真 0538-8249983
网　址 www.sdau.edu.cn
E-mail lxzhang@sdau.edu.cn
地　址 山东省泰安市岱宗大街61号
邮　编 271018

青岛农业大学茶叶研究所

青岛农业大学茶叶研究所

学位教育情况 茶学硕士教育授权单位、本科教育单位
系主任 丁兆堂
系副主任 张新富
电　话 0532-88030231
传　真 0532-88030231
网　址 www.qau.edu.cn
E-mail zxftea@163.com
地　址 山东省青岛市城阳区长城路700号
邮　编 266109

信阳农业高等专科学校茶学系

信阳农业高等专科学校茶学系

学位教育情况 茶学本科，茶叶生产加工技术、茶文化专科教育单位
系主任 郭桂义
系副主任 孙慕芳
电　话 0376-6688076
网　址 www.xyac.edu.cn
E-mail ggy6363@yahoo.com.cn
地　址 河南省信阳市农专路1号
邮　编 464000

华中农业大学园艺林学学院茶学专业

华中农业大学园艺林学学院茶学专业

学位教育情况 茶学博士、硕士教育授权单位，本科教育单位

系主任 倪德江

网　址 www. hzau. edu. cn

E-mail chenyq@mail. hzau. edu. cn

电　话 027-87281741

传　真 027-87282010

地　址 湖北省武汉市洪山区狮子山街1号

邮　编 410070

宜宾职业技术学院生物与化工工程系

宜宾职业技术学院生物与化工工程系

学位教育情况 茶学高等职业教育单位

系 主 任 赵先明

系副主任 李德立

电　　话 0831-8273621

传　　真 0831-8270099

网　　址 www. ybzy. cn

E-mail zhaoxianming666@163. com

地　　址 四川省宜宾市西郊新村

邮　　编 644003

湖南农业大学园艺园林学院茶学系

湖南农业大学园艺园林学院茶学系

学位教育情况 茶学博士、硕士教育授权单位，本科教育单位

系主任 徐仲溪

电　话 0731-84673625

传　真 0731-84673625

网　址 www. hunau. net

E-mail hauyyxy@hunau. net

地　址 湖南省长沙市芙蓉区湖南农业大学

邮　编 410128

正高级专家

刘仲华　刘德华　朱　旗　肖文军

罗军武　徐仲溪　黄建安　谭济才

周跃斌　肖力争　傅冬和

华南农业大学园艺学院茶业科学系

华南农业大学园艺学院茶业科学系

学位教育情况 茶学博士、硕士教育授权单位，本科教育单位

系主任、茶业科学研究所所长 王登良

系副主任、茶业科学研究所副所长 曹潘荣

电　话 020-85282096　85280208

网　址 xy. scau. edu. cn

E-mail wdl8211@163. com

地　址 广东省广州市五山路华南农业大学

邮　编 510642

正高级专家

王登良　黄亚辉

广西职业技术学院农业技术工程系茶叶教研室

广西职业技术学院农业技术工程系茶叶教研室

学位教育情况 茶学专科教育单位
室主任 古能平
室副主任 潘龙波
电　话 0771-4213061
传　真 0771-4213061
网　址 www.gxzjy.com
E-mail npgu@163.com
地　址 广西南宁市江南区明阳工业园
邮　编 530226

西南大学食品科学学院茶学系

西南大学食品科学学院茶学系

学位教育情况 茶学硕士教育授权单位、本科教育单位
系主任 童华荣
电　话 023-68250357
传　真 023-68251947
网　址 www.swnu.edu.cn
E-mail thuarong@126.com
地　址 重庆市北碚区天生路 2 号
邮　编 400715

四川农业大学园艺学院茶学系

四川农业大学园艺学院茶学系

学位教育情况 茶学硕士教育授权单位，本科、专科、高等职业教育单位
院　长 汤浩茹
党总支书记 聂坤伦
系主任 陈昌辉
系副主任 李品武
电　话 0835-2882143　2882479（茶学系）
传　真 0835-2882515（园艺学院）
网　址 www.sicau.edu.cn
E-mail sctlab@163.com
地　址 四川省雅安市新康路 46 号
邮　编 625014
正高级专家
齐桂年　杜　晓

云南农业大学龙润普洱茶学院

云南农业大学龙润普洱茶学院

学位教育情况 茶学硕士教育授权单位，本科、专科教育单位
院　长 邵宛芳
党总支书记 吕才有
副院长 周红杰
电　话 0871-5226508
传　真 0871-5226508
网　址 www.ynau.edu.cn
地　址 云南省昆明市北市区云南农业大学
邮　编 650201
正高级专家
邵宛芳　周红杰　吕才有

西北农林科技大学园艺学院茶学系

西北农林科技大学园艺学院茶学系

学位教育情况 茶学博士、硕士教育授权单位
党委书记 肖　斌
电　话 029-87082613
传　真 029-87082867
网　址 www.nwsuaf.edu.cn
E-mail xiaobin2093@sohu.com
地　址 陕西杨凌国家农业高新技术产业示范区
邮　编 712100

全国茶叶主要科研成果

2011年茶叶科技成果（一）

序号	成果名称	所属单位	完成人	审定单位
1	名优绿茶高效栽培及加工关键技术研究	中国农业科学院茶叶研究所	阮建云等	中华人民共和国农业部
2	鄂茶12	湖北省农业科学院果树茶叶研究所	贾尚智等	湖北省农作物品种审定委员会
3	鄂茶11	湖北省农业科学院果树茶叶研究所	闵彩云等	湖北省农作物品种审定委员会
4	茶叶蛋白高效提制加工关键技术及其功能性研究	中华全国供销合作总社杭州茶叶研究院	王　彬等	中华全国供销合作总社
5	超高压技术在茶饮料灭菌中的研究	中华全国供销合作总社杭州茶叶研究院	陈小强等	中华全国供销合作总社
6	茶氨酸复合剂对实验动物酒精性肝损伤的抗性效果研究	中华全国供销合作总社杭州茶叶研究院	李大伟等	中华全国供销合作总社
7	适温压榨制取茶叶籽油关键技术研究	中华全国供销合作总社杭州茶叶研究院	张士康等	中华全国供销合作总社
8	米茶工艺技术研究与产品开发	中华全国供销合作总社杭州茶叶研究院	李　强等	中华全国供销合作总社
9	典型茶类高稀土成因及茶叶稀土冲泡安全性研究	中华全国供销合作总社杭州茶叶研究院	杨秀芳等	中华全国供销合作总社
10	荷叶茶加工技术与产品开发研究	华中农业大学、湖北邢绣娘食品有限公司	黄友谊等	湖北省科学技术厅
11	名优杜仲绿茶加工及产品开发技术	华中农业大学、湖北悟道茶业有限公司	黄友谊等	湖北省科学技术厅
12	酸茶发酵技术与产品开发研究	华中农业大学	黄友谊等	湖北省科学技术厅
13	茶树种质资源评价及新品种选育	重庆市农科院茶叶研究所	李中林等	重庆市科学技术委员会

2011年茶叶科技成果（二）

序号	成果名称	所属单位	完成人	审定单位
14	云岭永川秀芽现代科技产业体系构建与示范	重庆市农科院茶叶研究所	李中林等	重庆市科学技术委员会
15	多工位茶叶揉捻装置	重庆市农科院茶叶研究所	李中林等	重庆市科学技术委员会
16	岳西高山茶集成技术	岳西翡冷翠茶业有限公司	钱子华等	安徽省科技厅
17	紫阳富硒红茶研制与开发	紫阳县闽秦茶业有限公司	韩星海	陕西省安康市科学技术局
18	微波消解-电感耦合等离子体发射光谱法测定茶叶中的镉	中华全国供销合作总社杭州茶叶研究院、国家茶叶质量监督检验中心	杨秀芳等	浙江省科学技术厅
19	茶树接种VA菌根的生理特性研究	武夷学院茶学与生物系茶学专业福建省高校茶叶工程研究中心、华中农业大学园艺林学学院	李远华等	福建省科学技术厅
20	超高压在茶叶加工中的应用研究	中国农业科学院茶叶研究所	谭俊峰等	浙江省科学技术厅
21	潇湘红21-3	湖南省农业科学院茶叶研究所	李赛君等	湖南省种子管理局

2011年国家发明专利

专利号	专　　利	专利类别	授权日	发明人
201110225339	合成茶氨酸的方法	发明	2011.12.28	伍万兵等
201110283717	一种乌龙茶的腌茶制作方法	发明	2011.12.28	李远华等
201010211009	一种食用油茶卤汁及其制作方法	发明	2011.12.28	毛本业
201120082499	便携式功夫茶茶具	实用新型	2011.12.28	魏伟泽
201120119917	微型电动揉茶机	实用新型	2011.12.28	周庭等
201120174138	动态监测式黑茶发酵装置	实用新型	2011.12.28	龚　烨
201110236995	利用茶液给豆腐干着色的方法	发明	2011.12.28	邓真戊等
201110268627	一种冻茶的制作工艺	发明	2011.12.28	吕良英
201110138169	一种润肠排毒茶及其制备方法	发明	2011.12.28	郭宏东等
201110156313	可调节血压、血糖、血脂并预防血栓、中风的养生茶	发明	2011.12.28	柯贤琦
201110232652	茉莉花藏茶的制备方法	发明	2011.12.28	张　强
201110212860	一种老鹰茶茶饮料及其制备方法	发明	2011.12.28	舒阿庆等
201110006228	一种荷花茶的制备方法	发明	2011.12.28	叶春妹
201110119435	一种通便、减肥中药养生槐茶	发明	2011.12.28	崔战军等
201110135155	一种养生护肝茶及其制备方法	发明	2011.12.28	郑　彦
201110154153	铁皮石斛养生茶	发明	2011.12.28	江仁辉
201110157928	对电磁辐射过量引起的身体不适有改善作用的茶饮料	发明	2011.12.28	贾向前等
201110166175	用于气滞血瘀型体质调理的保健茶及其制作方法	发明	2011.12.28	丁小林等
201110166197	一种安神助眠的保健茶及其制作方法	发明	2011.12.28	丁小林等
201110171147	一种消食润肠茶及其制备方法	发明	2011.12.28	牛兴民
201110173980	一种葡萄根茶及其制备工艺	发明	2011.12.28	单传伦
201110190121	一种荷脉茶及其制备方法	发明	2011.12.28	黄友谊等
201110194394	一种黄秋葵茶及其生产工艺	发明	2011.12.28	赖正锋等

中国茶叶产品质量安全状况

国家茶叶质量监督检验中心　郑国建

根据国家茶叶质量监督检验中心对检验结果的分析显示，近几年茶叶产品综合合格率、感官品质合格率、理化指标合格率、卫生指标合格率等质量指标均处于历史最高水平；这标志着国家茶叶产品质量已处于稳定阶段。但近几年来，国家茶叶产品质量仍然存在不少问题，既损害了消费者的合法权益，又在较大程度上影响了茶叶行业的健康发展。可见，茶叶产品质量安全状况，直接关系到国家茶业的可持续发展、关系到国家广大茶叶企业和茶农的切身利益。

（一）茶叶产品质量安全总体状况

在各方面的努力下，国家茶叶产品总体质量水平比较稳定，产品拉抬等级、以次充好、冒用产地等假冒伪劣问题得到了有力遏制，农药残留问题正在得到有效控制。国家监督抽查结果表明，国家茶叶产品合格率在迂回中攀升，已从1990年的50%左右提高到2010年的90%以上。

1. 国家监督抽查结果　2011年，国家质检总局、国家认监委先后委托国家茶叶质量监督检验中心牵头开展了两次国家监督抽查和两次农产品认证专项监督抽检工作，结果如下：

（1）2011年红茶产品质量国家监督抽查结果。本次共抽查了北京、上海、江苏、浙江、安徽、福建、江西、湖南、广东、广西、四川、云南等12个省、自治区、直辖市90家企业生产的90种红茶产品。依据GB2762－2005《食品中污染物限量》、GB2763－2005《食品中农药最大残留限量》等相关标准和经备案现行有效的企业标准及产品明示质量要求，对红茶产品的感官品质、六氯环己烷（六六六）、双对氯苯基三氯乙烷（滴滴涕）、氯菊酯、溴氰菊酯、氯氰菊酯、铅、稀土等19个项目进行了检验。经检验，涉及人身健康安全的六六六、滴滴涕、铅等项目均符合标准要求，但发现有2家企业的2种红茶产品的感官品质不符合标准规定。

（2）2011年乌龙茶产品质量国家监督抽查结果。本次共抽查了北京、上海、江苏、浙江、安徽、福建、广东等7个省、直辖市58家企业生产的58种乌龙茶产品。依据GB2762—2005《食品中污染物限量》、GB2763—2005《食品中农药最大残留限量》等相关标准和经备案现行有效的企业标准及产品明示质量要求，对产品的感官品质、六六六、滴滴涕、溴氰菊酯、氯氰菊酯、铅、稀土等17个项目进行了检验。经检验，这58种产品中涉及人身健康安全的六六六、滴滴涕、铅等项目均符合标准要求，但抽查发现有17种产品的稀土含量、有4种产品的感官品质不符合标准规定。

（3）2011年有机茶专项监督抽检结果。国家茶叶质量监督检验中心在四川、安徽、浙江和重庆等省、直辖市抽检了40家企业生产的40批次有机茶叶产品。按照有机茶叶的相关标准要求，对产品的联苯菊酯、氰戊菊酯、三氯杀螨醇、氯氰菊酯、三唑磷、氯氟氰菊酯等项目进行了检验。经检验，这40批次产品中，合格产品39批次，不合格产品1批次，合格率为97.5%。不合格产品中被检出联苯菊酯含量高达0.19毫克/千克，严重超出了该指标的检出限。从检测整体情况来看，有机茶叶在农药使用控制方面，较以往有了一定的改善。

（4）2011年绿色茶叶专项监督抽检结果。国家茶叶质量监督检验中心在四川、安徽和浙江等省、直辖市抽检了50家企业生产的50批次绿色茶叶产品。按照绿色茶叶的相关标准要求，对产品的联苯菊酯、氰戊菊酯、三氯杀螨醇、氯氰菊酯、三唑磷、氯氟氰菊酯等项目进行了检验。经检验，这50批次产品全部合格，合格率为100.0%。但发现有不少绿色茶叶产品中含有一定的农药残留，这些农残以联苯菊酯、氯氰菊酯和氯氟氰菊酯为主。

2. 国家茶叶质量监督检验中心检测结果　近几年，国家茶叶质量监督检验中心进行了10 000余批次的茶叶质量检测，根据年份、茶类、项目、地区等进行了数据分析统计。通过对各年度各大茶类总体检测情况和总体合格率比较表明，2005年以来所检测样品的总体合格率都有不同程度的提高，即从2005年的79.7%提高到了2010年的90.1%。2011年，由于检验项目增加，以及检验指标加严，茶叶产品合格率回落到了86.9%，具体检测结果如下：

（1）按茶类统计。2011年绿茶、白茶、黄茶、代用茶、含茶制品等产品合格率均在90%以上，红茶、花茶等产品合格率为85%以上，乌龙茶、黑茶等产品合格率相对较低一些。

（2）按产地统计。2011年安徽、浙江、上海、广西、四川、陕西、山东、江西、河南、山西等省、自治区、直辖市生产和经销的茶叶产品合格率在90%以上，福建、贵州、湖南等省生产和经销的茶叶产品合格率在85%以上，其他省、自治区、直辖市的合格率相对较低一些。

（3）按检验项目统计。2011年所检茶叶中六六六、优得乐、乐果、硫丹、哒螨灵、毒死蜱等大多数农药残留量符合标准规定；滴滴涕、三氯杀螨醇、联苯菊酯、杀螟

硫磷、氯菊酯等少数几种农药残留量有一定程度的超标；铅、铜、稀土、氟、大肠菌群、二氧化硫等其他卫生指标也有不同程度的超标现象。另外，水分、总灰分、水浸出物、茶多酚、儿茶素、游离氨基酸、茶氨酸等大部分理化指标合格率达到 99%以上；茶叶感官品质合格率相对较低。

（二）茶叶产品存在的主要质量问题

1. 部分农药在茶叶中的残留量较高，合格率较低 国家茶叶质量监督检验中心近几年对市场上数百批次茶叶产品的监督抽查发现，有4.6%的产品滴滴涕总量超标，有的滴滴涕总量高达0.96 毫克/千克，是国家标准规定的4.8倍；有10%以上的茉莉花茶产品三氯杀螨醇含量超过明示标准或质量承诺规定，含量最高的达2.78 毫克/千克；有一些产品的氰戊菊酯等农药残留量超标。抽查还发现，少数无公害茶叶、绿色茶叶、有机茶叶产品也存在农药残留量超标现象，有的农残含量还比较高。

国家茶叶质量监督检验中心对近几年10 000余批次茶叶产品进行分析发现：联苯菊酯残留合格率为 95.0%，属于合格率较低的项目；三氯杀螨醇残留合格率为87.5%，在所有检测项目中合格率最低。另外，有为数不少的茶叶产品中含有多种农药残留，如联苯菊酯、氯氟氰菊酯、毒死蜱、吡虫啉等，其中有的是非常规使用农药，甚至是禁用农药。

2. 部分茶类稀土总量超标率高 GB2762—2005《食品中污染物限量》国家标准对茶叶产品稀土总量的限量要求为≤2.0 毫克/千克。国家茶叶质量监督检验中心近几年对3 300余批次的茶叶产品进行了稀土总量检验，结果表明：稀土总量合格率仅为 90.7%，属于合格率较低范畴；进一步分析发现，其中乌龙茶产品合格率最低，仅为80.1%。稀土总量超标，是继农药残留、铅含量超标之后，茶叶质量与安全面临的又一个严峻的问题。

3. 部分产品感官品质不符合要求 国家茶叶质量监督检验中心近几年对市场上（大型商场、超市、专卖店）销售的数百批次茶叶产品进行国家监督抽查发现，市场上的茶叶产品感官品质合格率仅为 84.2%。不合格原因主要是等级不符、以次充好、以假充真。同时，通过对近几年3 100余批次委托感官审评样品的分析发现，送检样品的感官品质合格率为 94.7%。其主要原因是，一些知名度较高的茶叶和部分低档次的出口茶叶存在以次充好、品质特征不符等现象。

4. 个别产品铅含量超标 除边销茶之外，国家大部分茶叶产品的铅含量符合 GB2762—2005《食品中污染物限量》标准要求，但个别茶叶产品仍存在铅含量超标现象。近几年对市场抽查的茶叶产品进行铅含量分析发现，有的产品铅含量达18.0毫克/千克、有的达 25.9 毫克/千克、有的达 26.6 毫克/千克，最高的达 53.7 毫克/千克。国家茶叶质量监督检验中心对近几年委托检验的4 900余批次茶叶产品进行铅含量分析发现，铅含量合格率为96.7%。

5. 添加非茶类物质的现象仍有发生 近几年，国家有关部门接到过多起在茶叶中添加着色剂、白糖、香精、糯米粉等非茶类物质的投诉；部分地方的商检部门还在茶叶质量检查中发现了一些混有“固形茶”和“回笼茶”的出口茶叶。国家茶叶质量监督检验中心在日常检验中也多次发现企业违规添加各种非茶类物质的现象。这给消费者身体健康造成了一定的隐患，也严重影响了国家茶叶产品的声誉。这些问题要进一步引起重视，必须采取严厉的措施。

综上所述，近年来国家茶叶产品质量安全水平不断提升，至目前已处于基本稳定状态。根据国家茶叶质量监督检验中心对全国主要大中城市随机抽取的各类茶叶产品和各地企业送检的各类茶叶产品检验结果的分析，并结合各地工商、质检、农业等部门的抽检结果，综合分析认为，2011 年国家茶叶产品综合合格率为 93%左右，与上年基本持平。

全国茶叶国家（行业）标准制（修）订情况

中国农业科学院茶叶研究所　鲁成银

茶叶是人们日常生活中重要的饮料。茶叶产品分为绿茶、黄茶、黑茶、白茶、青茶和红茶六大基本茶类，经过再加工后形成的有各种花茶、袋泡茶、紧压茶和速溶茶等。各类茶叶之间，彼此的外形与内质有明显差异。为了稳定和提高茶叶产品质量，保护企业自身和消费者的利益的需要，规范茶叶市场秩序。2011 年新制（修）订了茶叶国家、行业标准。标准目录见表 1。

表1　2011年新制（修）订的茶叶国家、行业标准目录

序号	标准代号	标准名称	发布日期（年-月-日）	实施日期（年-月-日）	被代替标准号
1	GH/T 1070—2011	茶叶包装通则	2011-4-1	2011-7-1	
2	GH/T 1071—2011	茶叶贮存通则	2011-4-1	2011-7-1	
3	GB 7718—2011	预包装食品标签通则	2011-4-20	2012-4-20	GB 7718—2004
4	GB/T 26530—2011	地理标志产品 崂山绿茶	2011-5-12	2011-11-1	
5	GB/Z 6576—2011	茶叶生产技术规范	2011-6-16	2011-11-15	
6	GB/T 19630.1—2011	有机产品 第1部分：生产	2011-12-5	2012-3-1	GB/T 19630.1—2005
7	GB/T 19630.2—2011	有机产品 第2部分：加工	2011-12-5	2012-3-1	GB/T 19630.2—2005
8	GB/T 19630.3—2011	有机产品 第3部分：标识与销售	2011-12-5	2012-3-1	GB/T 19630.3—2005
9	GB/T 19630.4—2011	有机产品 第4部分：管理体系	2011/12/5	2012/3/1	GB/T 19630.4—2005
10	GB/T 26911—2011	植物新品种特异性、一致性、稳定性测试指南 山茶属	2011-9-29	2011-12-1	
11	GH/T 1076—2011	茶叶生产技术规程	2011-12-16	2012-3-1	
12	GH/T 1077—2011	茶叶加工技术规程	2011-12-16	2012-3-1	
13	GB/T 28121—2011	非热封型茶叶滤纸	2011-12-30	2012-8-1	
14	GB/T 26907—2011	油茶苗木质量分级	2011-9-29	2011-12-1	
15	NY/T 1999—2011	茶叶包装、运输和贮存通则	2011-9-1	2011-12-1	
16	NY/T 2019—2011	茶树短穗扦插技术规程	2011-9-1	2011-12-1	
17	NY/T 2031—2011	农作物优异种质资源评价规范 茶树	2011-9-1	2011-12-1	
18	NY/T 2102—2011	茶叶抽样技术规范	2011-9-1	2011-12-1	
19	NY/T 2172-2012	标准茶园建设规范	2012-6-6	2012-9-1	

2011年中国有机茶发展概况

中国农业科学院茶叶研究所茶叶质量认证发展研究中心　傅尚文

截止到2011年12月31日，中国有机茶（含转换）面积4.5万公顷，产量3.2万吨，其中出口1.4万吨，内销1.8万吨。

（一）有机茶认证与管理更严格

为进一步完善有机产品认证制度，规范有机产品认证活动，保证有机活动的一致性和有效性，根据《有机产品认证管理办法》等有关规定，2011年12月2日国家认证认可监督管理委员会（简称国家认监委）发布了修订后的《有机产品认证实施规则》（CNCA-N-009：2011）（以下简称认证实施规则），国家质量监督检验检疫总局和国家标准化管理委员会2011年12月5日发布了修订后的国家标准《有机产品》（GB/T 19630—2011）（以下简称国家标准）。同时，进一步规范有机产品（有机茶）认证和生产与加工销售活动。为进一步规范有机产品标志使用，确保销售的有机产品符合相应法律法规和认证依据标准要求，便捷社会公众和监管部门对有机产品及其标志的辨识，2011年10月14日，国家认监委发布《关于进一步加强国家有机产品认证标志管理的通知》（国认注［2011］68号）。为了进一步规范有机认证等食品农产品认证活动，2011年10月21日，国家认监委发布《关于进一步规范有机产品等食品农产品认证活动的紧急通知》（国认注［2011］70号）要求：各认证机构立即根据《关于启用食品农产品认证信息系统（2.0版）的通知》（认办法函［2011］212号）要求，在2011年10月31日前完成对“食品农产品认证信息系统（food.cnca.cn）”中本机构所有食品农产品认证信息的更新、完善工作，切实保障数据项目的完整、真实和准确。为此，各认证机构立即组织开展对所有有机产品认证获证企业的突击检查，重点检查获证企业环境、生产过程、投入品和销量、标志控制是否符合GB/T 19630—2005《有机产品》国家标准要求。国家认可中心立即组织开展对所有有机产品认证机构的认可突击检查，重点检查认证机构检查组配备、标志发放及认证检查等活动是否符合《有机产品管理办法》、《有机产品认证实施规则》和 GB/T 19630—2005《有机产品》国家标准的情况。认可中心在 2011 年 12 月 31 日前，向国家认监委提交相关突击检查报告。认证认可协会立即对食品农产品认证人员注册制度进行风险评估，进一步严格人员注册技能和职业道德要求，提高准入门槛，适时统一组织开展相关食品农产品认证人员的持续教育，整肃认证人员队伍，并将相关情况在 2011 年 12 月 31 日前报国家认监委。

（二）有机茶国际合作取得进展

1. 商品共同基金（CFC）项目有机茶生产、发展和贸易圆满结题 商品共同基金（CFC）项目有机茶生产、发展和贸易经过 4 年的实施，2011 年进行了全面总结，于 2011 年 6 月 1～9 日顺利通过了 CFC 国际组织专家的最后评估。项目在有机茶示范基地建设、研究与开发、示范区建设等取得了良好经济效益和社会效益，获得了项目评估专家组的高度评价，并在第 17 届世界有机农业大会和四川广元茶·有机·低碳国际学术研讨会的介绍中，得到与会代表的赞扬。

2. 茶·有机·低碳国际学术研讨会在四川省广元市成功举行 2011 年 6 月 6～8 日，由中国农业科学院茶叶研究所和四川省广元市人民政府共同主办的茶·有机·低碳国际学术研讨会在四川省广元市胜利召开。会议得到了世界各国代表的热烈支持和响应，来自联合国粮农组织、商品共同基金、国际有机农业运动联盟等 3 个国际组织的代表，以及来自印度、斯里兰卡、肯尼亚、中国等 14 个国家和地区的 230 余名代表参加会议。会议的主题为“更美的环境、更好的茶”。联合国粮农组织政府间茶叶工作组秘书长 Kaison Chang 先生介绍国际茶叶产销形势及发展趋势；印度茶叶研究基金会 Chaudhuri AT. 先生介绍印度有机茶生产和认证的策略；中国农业科学院茶叶研究所有机茶认证中心主任傅尚文研究员作中国有机茶发展现状与展望的主题报告；中国农业科学院茶叶研究所种植中心副主任韩文炎研究员介绍 CFC 项目有机茶发展、生产与贸易的主要成果和经验；来自斯里兰卡佩莱戴尼亚大学、国际土壤（碳扣押与评价）咨询公司、肯尼亚茶叶研究基金会等全世界低碳、有机领域的专家、学者交流有机、低碳茶业的最新研究进展、科技成果和技术经验。会议的举办，进一步宣扬了有机、低碳理念，促进了低碳、有机茶科技和产业的发展，加强了中国与国际组织、世界各国在茶叶领域的科技合作与交流，会议形成的学术成果将有利于促进世界茶产业的可持续发展。

（三）主产茶叶的安溪、建德、旺苍等三县（市）被国家认监委命名为首批有机产品认证示范区

为充分利用认证认可手段，认真贯彻落实《中华人民共和国国民经济和社会发展第十二个五年规划纲要》中关于“绿色发展，建设资源节约型、环境友好型社会”的要求，国家认监委决定在“十二五”期间组织开展有机产品认证示范区（县、市）创建活动，以树立有机产品认证典型，推广有机产业发展经验，促进我国有机产业健康、稳步发展。经各地申报、省级质量技术监督局（出入境检验检疫局）推荐，国家认监委组织专家进行了文件评审和现场实地检查，2011 年 11 月，国家认监委公布了首批 11 家有机产品认证示范区。其中安溪、建德、旺苍三县（市）是以有机茶产品为主的有机产品认证示范区，占首批有机产品认证示范区的 27%，这是有机茶生产发展的业绩，也是国家对有机茶生产和认证的信任与认可。

1. “长三角”（包括江苏省东南部、上海市、浙江省东北部）地区开展区域性认证机构专项监督 “长三角”是中国经济发展增长快速、经济总量名列前茅的区域，也是有机产品主要生产与销售地区。为全力服务长三角地区合作与发展战略决策，促进认证认可市场统一、开放和有序竞争，实现“服务经济、加强合作、深化互认、信息共享、协同发展”这一共同目标，稳步推进该地区认证认可市场持续健康发展，2011 年 8 月，由浙江省、江苏省、上海市质量技术监督局联合组织开展了长三角认证机构专项监督检查活动。

2. 浙江出入境检验检疫局销毁一批进口不合格有机茶 2011 年 2 月发现一批进口不合格有机茶，按监管要求对它进行了监督销毁处理，共计销毁不合格有机茶叶 150.48 千克。该批有机茶从美国进口，浙江出入境检验检疫局在检验中发现该批茶叶在包装上标注了“Organic”、“有机”字样，但并未获得中国有机产品认证，仅通过美国 NOP 认证。同时，经抽样检测，发现该批所谓“Organic Tea”含有有机产品中禁止使用的化学物质（毒死蜱农药）残留，不符合我国《有机产品认证管理办法》（国家质检总局令［2004］第 67 号）和我国《有机产品》（GB/T 19630—2005）国家标准相关规定和要求。浙江出入境检验检疫局依法对该批茶叶做出销毁处理，有效阻止了不合格进口有机茶进入国内市场，此举规范了有机茶的市场管理。

（四）各地继续重视有机茶生产、加工和市场流通

2011 年 6 月四川省委副书记、省人大常委会党组书记、副主任李崇禧实地察看了有机茶叶示范园区。目前已建成茶叶示范基地 667 公顷，园区高标准配套建设了道路、水系等基础设施。园区内的米仓山茶叶主题公园环境优雅，茶文化氛围浓厚，它的建成对四川有机茶发展将起到较好的示范和推广作用。

2011 年 8 月 9 日武汉市林业局透露，2011 年大旱引来了武汉市茶叶基地大兴水利的热情，武汉市首个有机茶喷灌系统已在新洲投入运行。位于新洲区旧街的大雾山茶业有限公司拥有 80 公顷茶园，以种植高档白茶为主，安装喷灌设备后，1 个人操作就可解决过去 24 人 7 天才能完成的抗旱任务，基地新栽茶苗的成活率可达 90%以上。

大雾山茶业有限公司王进喜说，尽管有机茶的生长速度相对较慢，产量也比常规茶有所减少，但有机茶园10年后仍然可以产出好茶，而普通茶园则会由于施化肥、喷化学农药等因素导致土壤板结增加，茶叶品质也会因此直线下降。据淅川县农业局有关负责人介绍，高品质有机茶的售价高达每千克5 000元以上，即便是入门级的有机茶，每千克价格也在400元以上。“从无公害管理到有机管理，现在我们种植的是真正意义上的‘生态茶叶’。”王进喜算了一笔账：6.7公顷茶园能产有机茶1 000多千克，按每千克售价500元计算，这片茶叶基地的产值将超过50万元，而6.7公顷无公害茶园的产值不过18万元。

农业部批准宣恩县为第一批全国有机农业（伍家台贡茶、贡水白柚）示范基地进入为期1年的创建期。创建以来，成果丰硕，受到国内外关注。通过实施国家农业综合开发科技措施，安装诱虫黄板6.5万张、性信息素2.5万支，安装杀虫灯4 200盏，其中太阳能杀虫灯1 462盏，有机茶生产技术示范效果明显。全县春茶总产值2.18亿元，同比增长40%。2011年全县来自欧盟、北美、德国、英国等有机茶订单达505吨，比上年增长243.5%。

2011年3月以来，鹤峰县茶叶局牵头，联合水利、交通、林业、农业及能源等部门，为该基地安装了50盏太阳能杀虫灯及2万张色诱杀虫板，建成20口100立方米规模的沼气池，采取茶叶—桂花（银杏、油茶）立体化种植，推广猪—沼—茶高效生态生产模式，拟安装全自动喷灌设施，实现了茶区道路沟渠相通，使该基地卫生、生态环境得到有效改善，达到了有机茶基地转换要求。

2011年9月30日，广西全区深入推进质量兴桂战略暨柳州市实施质量强市工作会议在柳州市隆重举行。此次会议上，广西凌云浪伏茶业有限公司生产的有机茶被评为广西名牌产品，是百色市唯一获得此殊荣的农业龙头企业。

2011第三届湖南茶业博览会于2011年12月1～4日在湖南省长沙市展览馆举行。近几年，在县委、县政府的大力扶持下，三峰茶业公司在百叠岭开辟167公顷有机茶园。经湖南省茶叶研究所鉴定，这片有机茶园成为湖南最大的高山有机茶基地。公司严格按《有机茶种植管理技术》要求管理茶园，实现有机化、标准化生产，年产有机茶5万千克。

2011年11月26日，凤冈县永安镇田坝村老茶农、浪竹有机茶业公司董事长陈仕友带领大家参观他的有机茶园。在茶园里，看到了新颖别致的太阳能自动灯光诱杀虫灯，白天吸收太阳能，晚上用所蓄电能点亮LED节能灯诱杀害虫；还有与贵州省茶科所共同实施了13.3公顷茶假眼小绿叶蝉黄色诱虫板防控示范田，满茶园里布满黄色黏虫纸，可有效地提高有机茶园的质量安全。

茶饮料产品质量国家监督抽查结果

茶饮料产品质量国家监督抽查产品及其企业名单（一）

序号	企业名称	所在地	产品名称	商标	规格型号	生产日期（批号）	抽查结果	主要不合格项目	承检机构
1	北京燕京饮料有限公司	北京市	燕京绿茶（调味茶饮料）	燕京	490mL/瓶	2011-03-26	合格		国家农副加工产品及调味品质量监督检验中心
2	北京统一饮品有限公司	北京市	统一绿茶（茉莉花味绿茶饮料）	统一	500mL/瓶	2011-03-21	合格		国家农副加工产品及调味品质量监督检验中心
3	北京统一饮品有限公司	北京市	统一冰红茶（柠檬味红茶饮料）	统一	500mL/瓶	2011-03-26	合格		国家农副加工产品及调味品质量监督检验中心
4	今麦郎饮品股份有限公司	北京市	冰红茶（柠檬味红茶饮料）	今麦郎	500mL/瓶	2011-04-06	合格		国家农副加工产品及调味品质量监督检验中心
5	今麦郎饮品股份有限公司	北京市	乌龙蜜茶（调味茶饮料）	今麦郎	500mL/瓶	2011-04-04	合格		国家农副加工产品及调味品质量监督检验中心
6	北京燕京饮料有限公司	北京市	燕京冰红茶（柠檬口味茶饮料）	燕京	490mL/瓶	2011-03-08	合格		国家农副加工产品及调味品质量监督检验中心

茶饮料产品质量国家监督抽查产品及其企业名单（二）

序号	企业名称	所在地	产品名称	商标	规格型号	生产日期（批号）	抽查结果	主要不合格项目	承检机构
7	北京绿康源食品科技发展有限公司	北京市	桑椹冰红茶（果汁茶饮料）	古桑园	500mL/瓶	2011-04-06	合格		国家农副加工产品及调味品质量监督检验中心
8	今麦郎饮品（隆尧）有限公司	河北省	绿茶（茉莉花味绿茶饮料）	今麦郎	500mL/瓶	2011-03-23	合格		国家农副加工产品及调味品质量监督检验中心
9	高碑店娃哈哈启力饮料有限公司	河北省	冰红茶（柠檬味茶饮料）	娃哈哈	500mL/瓶	2011-04-08	合格		国家农副加工产品及调味品质量监督检验中心
10	高碑店娃哈哈启力饮料有限公司	河北省	蓝莓冰红茶（果汁茶饮料）	娃哈哈	500mL/瓶	2011-04-08	合格		国家农副加工产品及调味品质量监督检验中心
11	今麦郎饮品（隆尧）有限公司	河北省	冰红茶（柠檬味红茶饮料）	今麦郎	500mL/瓶	2011-03-28	合格		国家农副加工产品及调味品质量监督检验中心
12	维他奶（上海）有限公司	上海市	柠檬茶饮料（果味茶饮料）	维他	310mL/瓶	2011-04-08	合格		国家农副产品质量监督检验中心（南京）
13	上海天喔茶庄饮料有限公司	上海市	天喔茶庄蜂蜜柚子茶饮料	天喔茶庄	500mL/瓶	2011-04-12	合格		国家农副产品质量监督检验中心（南京）
14	上海泰德利食品饮料有限公司	上海市	春丰源调味绿茶饮料	春丰源	500mL/瓶	2010-10-17	合格		国家农副产品质量监督检验中心（南京）
15	可口可乐装瓶商生产(东莞)有限公司上海分公司	上海市	原叶冰红茶柠檬味调味茶饮料	雀巢原叶茶	480mL/瓶	2011-04-11	合格		国家农副产品质量监督检验中心（南京）
16	南京娃哈哈饮料有限公司	江苏省	冰红茶柠檬味茶饮料	娃哈哈	500mL/瓶	2011-04-01	合格		国家农副产品质量监督检验中心（南京）
17	南京紫泉饮料工业有限公司	江苏省	雀巢冰爽茶（柠檬味绿茶饮料）	NESTEA	480mL/瓶	2011-03-20	合格		国家农副产品质量监督检验中心（南京）
18	宿迁娃哈哈饮料有限公司	江苏省	冰红茶（柠檬味茶饮料）	娃哈哈	500mL/瓶	2011-04-11	合格		国家农副产品质量监督检验中心（南京）
19	泰州统一企业有限公司	江苏省	统一冰红茶（柠檬味红茶饮料）	统一	500mL/瓶	2011-04-01	合格		国家农副产品质量监督检验中心（南京）

茶饮料产品质量国家监督抽查产品及其企业名单（三）

序号	企业名称	所在地	产品名称	商标	规格型号	生产日期（批号）	抽查结果	主要不合格项目	承检机构
20	泰州统一企业有限公司	江苏省	统一绿茶（茉莉花味绿茶饮料）	统一	500mL/瓶	2011-04-01	合格		国家农副产品质量监督检验中心（南京）
21	扬州顶津食品有限公司	江苏省	冰红茶（柠檬口味茶饮品）	康师傅	500mL/瓶	2011-02-18	合格		国家农副产品质量监督检验中心（南京）
22	黑松食品（苏州）有限公司	江苏省	黑松茉莉清茶（调味茶饮料）	黑松	500mL/瓶	2011-03-27	合格		国家农副产品质量监督检验中心（南京）
23	黑松食品（苏州）有限公司	江苏省	黑松玫瑰蜜茶	黑松	500mL/瓶	2011-03-27	合格		国家农副产品质量监督检验中心（南京）
24	苏州宏星食品包装有限公司	江苏省	立顿绝品醇-蜂蜜味绿茶饮料	立顿	450mL/瓶	2011-04-04	合格		国家农副产品质量监督检验中心（南京）
25	昆山统一企业食品有限公司	江苏省	统一绿茶（茉莉花味绿茶饮料）	统一	500mL/瓶	2011-04-01	合格		国家农副产品质量监督检验中心（南京）
26	可口可乐装瓶商生产(东莞)有限公司苏州分公司	江苏省	原叶冰红茶柠檬调味茶饮料	雀巢原叶茶	480mL/瓶	2011-03-12	合格		国家农副产品质量监督检验中心（南京）
27	可口可乐装瓶商生产(东莞)有限公司苏州分公司	江苏省	原叶绿茶低糖调味茶饮料	雀巢原叶茶	480mL/瓶	2011-03-29	合格		国家农副产品质量监督检验中心（南京）
28	康师傅（杭州）饮品有限公司	浙江省	康师傅冰红茶（柠檬口味茶饮品）	康师傅	340mL/瓶	2011-04-11	合格		国家水产品及加工食品质量监督检验中心
29	杭州顶津食品有限公司	浙江省	康师傅冰红茶（柠檬口味茶饮品）	康师傅	500mL/瓶	2011-04-17	合格		国家水产品及加工食品质量监督检验中心
30	杭州顶津食品有限公司	浙江省	康师傅冰绿茶（柠檬口味茶饮品）	康师傅	500mL/瓶	2011-04-14	合格		国家水产品及加工食品质量监督检验中心
31	杭州维力佳元升食品有限公司	浙江省	冰红茶（柠檬味茶饮料）	金义	500mL/瓶	2011-04-04	合格		国家水产品及加工食品质量监督检验中心
32	杭州维力佳元升食品有限公司	浙江省	绿茶低糖调味茶饮料	金义	500mL/瓶	2011-04-14	合格		国家水产品及加工食品质量监督检验中心

茶饮料产品质量国家监督抽查产品及其企业名单（四）

序号	企业名称	所在地	产品名称	商标	规格型号	生产日期（批号）	抽查结果	主要不合格项目	承检机构
33	今麦郎饮品（北京）有限公司桐庐分公司	浙江省	冰红茶（柠檬味茶饮料）	今麦郎	500mL/瓶	2011-04-02	合格		国家水产品及加工食品质量监督检验中心
34	浙江娃哈哈昌盛饮料集团有限公司	浙江省	呦呦奶茶（蜂蜜奶茶饮料，茉莉味）	娃哈哈	500mL/瓶	2011-04-04	合格		国家水产品及加工食品质量监督检验中心
35	浙江娃哈哈昌盛方便食品有限公司	浙江省	蓝莓冰红茶	娃哈哈	500mL/瓶	2011-04-11	合格		国家水产品及加工食品质量监督检验中心
36	浙江湖州澳德佳食品有限公司	浙江省	冰绿茶（柠檬味茶饮品）	澳德佳	500mL/瓶	2011-03-24	合格		国家水产品及加工食品质量监督检验中心
37	浙江乐源生物工程有限公司	浙江省	冰绿茶（柠檬味茶饮料）	乐源	500mL/瓶	2011-04-26	合格		国家水产品及加工食品质量监督检验中心
38	浙江乐源生物工程有限公司	浙江省	冰红茶（柠檬味茶饮料）	乐源	500mL/瓶	2011-04-24	合格		国家水产品及加工食品质量监督检验中心
39	德清莫干山统球饮料有限公司	浙江省	冰绿茶（柠檬口味茶饮品）	统球	500mL/瓶	2011-04-26	合格		国家水产品及加工食品质量监督检验中心
40	浙江鸿源食品有限公司	浙江省	调味茶饮料（其他型）	鸿香悦	500mL/瓶	2011-04-12	合格		国家水产品及加工食品质量监督检验中心
41	浙江华龙食品有限公司	浙江省	冰红茶（柠檬口味茶饮品）	依星	500mL/瓶	2011-04-25	合格		国家水产品及加工食品质量监督检验中心
42	德清丰乐食品有限公司	浙江省	冰红茶（柠檬味茶饮料）	枫乐	500mL/瓶	2011-04-26	合格		国家水产品及加工食品质量监督检验中心
43	安徽省天仕饮品有限公司	安徽省	七特冰红茶（柠檬味红茶饮料）	—	500mL/瓶	2011-03-26	合格		国家农副产品质量监督检验中心（南京）
44	安徽名人食品有限公司	安徽省	台北绿茶茉莉花口味绿茶饮料	台湾名人	500mL/瓶	2011-04-12	合格		国家农副产品质量监督检验中心（南京）
45	安徽名人食品有限公司	安徽省	台北冰红茶柠檬口味红茶饮料	—	500mL/瓶	2011-04-12	合格		国家农副产品质量监督检验中心（南京）

茶饮料产品质量国家监督抽查产品及其企业名单（五）

序号	企业名称	所在地	产品名称	商标	规格型号	生产日期（批号）	抽查结果	主要不合格项目	承检机构
46	合肥统一企业有限公司	安徽省	统一冰红茶（柠檬味红茶饮料）	统一	500mL/瓶	2011-04-02	合格		国家农副产品质量监督检验中心（南京）
47	合肥统一企业有限公司	安徽省	统一绿茶（茉莉花味绿茶饮料）	统一	500mL/瓶	2011-03-24	合格		国家农副产品质量监督检验中心（南京）
48	巢湖娃哈哈食品有限公司	安徽省	龙井绿茶（低糖调味茶饮料）	娃哈哈	500mL/瓶	2011-04-13	合格		国家农副产品质量监督检验中心（南京）
49	巢湖娃哈哈昌盛饮料有限公司	安徽省	冰红茶（柠檬味茶饮料）	娃哈哈	500mL/瓶	2011-04-12	合格		国家农副产品质量监督检验中心（南京）
50	马鞍山达利食品有限公司	安徽省	冰红茶（柠檬味红茶饮料）	达利园	500mL/瓶	2011-04-01	合格		国家农副产品质量监督检验中心（南京）
51	马鞍山达利食品有限公司	安徽省	青梅绿茶（青梅味绿茶饮料）	达利园	500mL/瓶	2011-04-03	合格		国家农副产品质量监督检验中心（南京）
52	厦门娃哈哈食品有限公司	福建省	蜂蜜水果绿茶	娃哈哈	500mL/瓶	2011-03-23	合格		国家水产品及加工食品质量监督检验中心
53	江西润田饮料股份有限公司	江西省	润田绿茶饮料	润田	490mL/瓶	2011-04-11	合格		国家水产品及加工食品质量监督检验中心
54	江西润田饮料股份有限公司	江西省	冰红茶（柠檬味红茶饮料）	润田	490mL/瓶	2011-04-11	合格		国家水产品及加工食品质量监督检验中心
55	南昌娃哈哈食品有限公司	江西省	冰红茶（柠檬味茶饮料）	娃哈哈	500mL/瓶	2011-04-08	合格		国家水产品及加工食品质量监督检验中心
56	南昌统一企业有限公司	江西省	统一冰红茶（柠檬味红茶饮料）	统一	500mL/瓶	2011-04-05	合格		国家水产品及加工食品质量监督检验中心
57	南昌统一企业有限公司	江西省	统一冰绿茶（茉莉花味绿茶饮料）	统一	500mL/瓶	2011-04-08	合格		国家水产品及加工食品质量监督检验中心
58	济南达利食品有限公司	山东省	青梅绿茶（青梅味绿茶饮料）	—	500mL/瓶	2011-04-02	合格		国家农副产品质量监督检验中心（南京）

茶饮料产品质量国家监督抽查产品及其企业名单（六）

序号	企业名称	所在地	产品名称	商标	规格型号	生产日期（批号）	抽查结果	主要不合格项目	承检机构
59	宏全食品包装（济南）有限公司	山东省	统一绿茶（茉莉花味绿茶饮料）	统一	500mL/瓶	2011-04-07	合格		国家农副产品质量监督检验中心（南京）
60	潍坊娃哈哈饮料有限公司	山东省	龙井绿茶（低糖调味茶饮料）	娃哈哈	500mL/瓶	2011-04-10	合格		国家农副产品质量监督检验中心（南京）
61	青岛顶津食品有限公司	山东省	康师傅冰红茶（柠檬口味茶饮品）	康师傅	500mL/瓶	2011-04-10	合格		国家农副产品质量监督检验中心（南京）
62	青岛顶津食品有限公司	山东省	茉莉蜜茶（调味茶饮品）	康师傅	500mL/瓶	2011-04-07	合格		国家农副产品质量监督检验中心（南京）
63	武汉统一企业食品有限公司	湖北省	统一冰醇茉莉绿茶（调味绿茶饮料）	统一企业	250mL/盒	2011-01-20	合格		国家农副加工产品及调味品质量监督检验中心
64	广州顶津食品有限公司	广东省	冰红茶（柠檬口味茶饮品）	康师傅	500mL/瓶	2011-04-11	合格		国家水产品及加工食品质量监督检验中心
65	康师傅（广州）饮品有限公司	广东省	康师傅绿茶（调味茶饮品）	康师傅	550mL/瓶	2011-04-13	合格		国家水产品及加工食品质量监督检验中心
66	康师傅（广州）饮品有限公司	广东省	冰红茶（柠檬味红茶饮品）	康师傅	500mL/瓶	2011-04-17	合格		国家水产品及加工食品质量监督检验中心
67	重庆顶津食品有限公司	重庆市	康师傅绿茶（调味茶饮品）	康师傅	550mL/瓶	2011-03-30	合格		国家农副加工产品及调味品质量监督检验中心
68	重庆娃哈哈昌盛饮料有限公司	重庆市	龙井绿茶（低糖调味茶饮料）	娃哈哈	500mL/瓶	2011-04-15	合格		国家农副加工产品及调味品质量监督检验中心
69	重庆顶津食品有限公司	重庆市	乌龙茗茶（调味茶饮品）	康师傅	500mL/瓶	2011-04-11	合格		国家农副加工产品及调味品质量监督检验中心
70	重庆娃哈哈昌盛饮料有限公司	重庆市	冰红茶（柠檬味茶饮料）	娃哈哈	500mL/瓶	2011-04-02	合格		国家农副加工产品及调味品质量监督检验中心
71	广元娃哈哈饮料有限公司	四川省	龙井绿茶（低糖调味茶饮料）	娃哈哈	500mL/瓶	2011-03-08	合格		国家农副加工产品及调味品质量监督检验中心

茶饮料产品质量国家监督抽查产品及其企业名单（七）

序号	企业名称	所在地	产品名称	商标	规格型号	生产日期（批号）	抽查结果	主要不合格项目	承检机构
72	成都统一企业食品有限公司	四川省	统一绿茶（茉莉花味绿茶饮料）	统一	500mL/瓶	2011-03-30	合格		国家农副加工产品及调味品质量监督检验中心
73	成都达利食品有限公司	四川省	青梅绿茶（青梅味绿茶饮料）	达利园	500mL/瓶	2011-04-09	合格		国家农副加工产品及调味品质量监督检验中心
74	成都紫泉饮料工业有限公司	四川省	原叶绿茶低糖调味茶饮料	雀巢原叶茶	480mL/瓶	2011-03-30	合格		国家农副加工产品及调味品质量监督检验中心
75	广元娃哈哈饮料有限公司	四川省	娃哈哈冰红茶（柠檬味茶饮料）	娃哈哈	500mL/瓶	2011-04-08	合格		国家农副加工产品及调味品质量监督检验中心
76	成都统一企业食品有限公司	四川省	统一冰红茶（柠檬味红茶饮料）	统一	500mL/瓶	2011-03-21	合格		国家农副加工产品及调味品质量监督检验中心
77	成都娃哈哈昌盛食品有限公司	四川省	蓝莓冰红茶（果汁茶饮料）	娃哈哈	500mL/瓶	2011-03-19	合格		国家农副加工产品及调味品质量监督检验中心
78	成都紫泉饮料工业有限公司	四川省	原叶冰红茶柠檬味调味茶饮料	雀巢原叶茶	480mL/瓶	2011-03-14	合格		国家农副加工产品及调味品质量监督检验中心
79	成都润田食品饮料有限公司	四川省	润田冰红茶（柠檬味红茶饮料）	润田	490mL/瓶	2011-04-03	合格		国家农副加工产品及调味品质量监督检验中心
80	德清县阿宝食品厂	浙江省	冰红茶（柠檬味茶饮料）	喻宝	500mL/瓶	2011-04-06	不合格	茶多酚（标准值：≥200mg/kg，检测值：58.7mg/kg）、咖啡因（标准值：≥35mg/kg，检测值17.1mg/kg）	国家水产品及加工食品质量监督检验中心

注：本表按行政区域排序。

绿茶产品质量国家监督抽查产品及其企业名单（一）

序号	企业名称	所在地	产品名称	商标	规格型号	生产日期（批号）	抽查结果	主要不合格项目	承检机构
1	上海佳峰茶叶有限公司	上海市	云雾绿茶	一农	200g/袋	2010-01-18	合格		国家茶叶质量监督检验中心
2	上海捷尚实业有限公司	上海市	黄山炒青茶	申馨	250g/袋	2009-12-28	合格		国家茶叶质量监督检验中心
3	南京明雨茶业有限公司	江苏省	明前毛峰	苏雨	200g/袋	2010-02-05	合格		国家茶叶质量监督检验中心
4	南京明雨茶业有限公司	江苏省	雨花茶	—	100g/罐	2010-02-20	合格		国家茶叶质量监督检验中心
5	杭州狮峰茶叶有限公司	浙江省	毛峰茶	狮	150g/袋	2010-03-01	合格		国家茶叶质量监督检验中心
6	杭州赵氏茶叶专业合作社	浙江省	高山云雾茶	青化山	100g/袋	2010-03-28	合格		国家茶叶质量监督检验中心
7	绍兴市金天马经贸有限公司	浙江省	毛尖	—	100g/袋	2010-02-03	合格		国家茶叶质量监督检验中心
8	杭州龙都茶业有限公司	浙江省	绿茶	龙坞	100g/袋	2009-08-28	合格		国家茶叶质量监督检验中心
9	杭州三和萃茶叶科技有限公司	浙江省	望海云雾茶	三和萃	250g/盒	2009-12-20	合格		国家茶叶质量监督检验中心
10	杭州三和萃茶叶科技有限公司	浙江省	大佛龙井茶	三和萃	125g/罐	2009-12-25	合格		国家茶叶质量监督检验中心
11	浙江武义郁清香茶业有限公司	浙江省	武阳春雨	郁清香	100g/袋	2010-02-20	合格		国家茶叶质量监督检验中心
12	武义县嘉木村农产品有限公司	浙江省	武阳春雨高山茶	嘉木村	100g/袋	2010-02-24	合格		国家茶叶质量监督检验中心
13	浙江恒峰农特产有限公司	浙江省	八杯香高山云雾绿茶	正香源	150g/袋	2009-09-10	合格		国家茶叶质量监督检验中心
14	天台县春天茶叶有限公司	浙江省	高级绿茶	春天	125g/袋	2009-11-06	合格		国家茶叶质量监督检验中心
15	杭州御牌茗茶总公司	浙江省	碧螺春	御	100g/袋	2009-12-01	合格		国家茶叶质量监督检验中心
16	杭州钱龙茶叶有限公司	浙江省	西湖龙井	名前	80g/罐	2010-04-08	合格		国家茶叶质量监督检验中心
17	杭州忆江南茶业有限公司	浙江省	云雾毛尖茶	忆江南	100g/袋	2010-04-15	合格		国家茶叶质量监督检验中心
18	杭州正浩茶叶有限公司	浙江省	梅家坞龙井茶	卢正浩	125g/罐	2010-04-10	合格		国家茶叶质量监督检验中心
19	杭州梅绿茶叶有限公司	浙江省	西湖龙井茶	梅绿	100g/袋	2010-04-22	合格		国家茶叶质量监督检验中心

绿茶产品质量国家监督抽查产品及其企业名单（二）

序号	企业名称	所在地	产品名称	商标	规格型号	生产日期（批号）	抽查结果	主要不合格项目	承检机构
20	杭州茶厂有限公司	浙江省	龙井茶（钱塘产区）	西湖	100g/袋	2010-04-04	合格		国家茶叶质量监督检验中心
21	黄山市汪满田茶业有限公司	安徽省	黄山云雾茶	汪满田	150g/袋	2010-03-01	合格		国家茶叶质量监督检验中心
22	芜湖金新茶业工贸有限责任公司	安徽省	明前毛尖	金新	250g/袋	2010-03-28	合格		国家茶叶质量监督检验中心
23	黄山市隆晟茶业有限公司	安徽省	黄山毛峰	花山迷窟	250g/袋	2010-04-18	合格		国家农副加工食品质量监督检验中心
24	黄山市丰瑶泉绿色食品有限公司	安徽省	黄山毛峰	洪通	250g/袋	2010-04-15	合格		国家农副加工食品质量监督检验中心
25	黄山市芳生茶业有限公司	安徽省	黄山毛峰	汪芳生	250g/袋	2010-04-23	合格		国家农副加工食品质量监督检验中心
26	黄山市屯溪冠茗园茶社	安徽省	太平猴魁	益友	250g/袋	2010-04-22	合格		国家农副加工食品质量监督检验中心
27	黄山市歙县立安茶业有限公司	安徽省	满天翠	洪立安	250g/袋	2010-04-26	合格		国家农副加工食品质量监督检验中心
28	黄山市老竹大方茶业有限公司	安徽省	顶谷大方茶	洪三元	250g/袋	2010-04-10	合格		国家农副加工食品质量监督检验中心
29	黄山市歙县茶香园茶制品厂	安徽省	香茶	—	250g/袋	2010-04-24	合格		国家农副加工食品质量监督检验中心
30	黄山市汪满田茶业有限公司	安徽省	黄山毛峰	汪满田	100g/袋	2010-04-20	合格		国家农副加工食品质量监督检验中心
31	黄山紫霞茶业有限公司	安徽省	黄山毛峰	紫霞	75g/盒	2010-03-28	合格		国家农副加工食品质量监督检验中心
32	黄山市徽州漕溪茶厂	安徽省	黄山毛峰	漕溪	100g/袋	2010-04-12	合格		国家农副加工食品质量监督检验中心
33	黄山市新安源有机茶开发有限公司	安徽省	黄山毛峰	新安源	250g/袋	2010-04-29	合格		国家农副加工食品质量监督检验中心

绿茶产品质量国家监督抽查产品及其企业名单（三）

序号	企业名称	所在地	产品名称	商标	规格型号	生产日期（批号）	抽查结果	主要不合格项目	承检机构
34	黄山市松萝有机茶叶开发有限公司	安徽省	松萝茶	松萝山	250g/盒	2010-04-26	合格		国家农副加工食品质量监督检验中心
35	黄山光明茶业有限公司	安徽省	黄山毛峰	老谢家茶	100g/盒	2010-04-27	合格		国家农副加工食品质量监督检验中心
36	黄山太平茶业有限公司	安徽省	太平猴魁	金魁	250g/盒	2010-04-29	合格		国家农副加工食品质量监督检验中心
37	黄山毛峰茶业集团有限公司	安徽省	黄山毛峰	奇松	110g/袋	2010-04-29	合格		国家农副加工食品质量监督检验中心
38	安徽省六安瓜片茶业股份有限公司	安徽省	绿茶	徽六	散装	2010-05-05	合格		国家农副加工食品质量监督检验中心
39	安徽一笑堂茶业有限公司	安徽省	一笑堂六安瓜片	一笑堂	散装	2010-04-25	合格		国家农副加工食品质量监督检验中心
40	六安市金安区华山生态有机茶专业合作社	安徽省	华山牌六安瓜片	华山	40g×12罐	2010-04-07	合格		国家农副加工食品质量监督检验中心
41	安徽霍山绿力生态产品有限公司	安徽省	绿茶	清茗	散装	2010-04-23	合格		国家农副加工食品质量监督检验中心
42	安徽省霍山县抱儿钟秀茶业有限公司	安徽省	绿茶	抱儿钟秀	70g	2010-04-22	合格		国家农副加工食品质量监督检验中心
43	安徽中徽茶业专业合作社	安徽省	爱民提魁	—	200g/盒	2010-04-20	合格		国家农副加工食品质量监督检验中心
44	安徽泾县爱民翠尖茶叶有限公司	安徽省	爱民翠尖	翠尖	250g/袋	2010-04-21	合格		国家农副加工食品质量监督检验中心
45	安徽翰林茶业有限公司	安徽省	绿环兰香	绿环	200g/盒	2010-04-16	合格		国家农副加工食品质量监督检验中心
46	泾县乌龙山茗茶开发有限公司	安徽省	宾康来兰香	—	250g/盒	2010-04-25	合格		国家农副加工食品质量监督检验中心

绿茶产品质量国家监督抽查产品及其企业名单（四）

序号	企业名称	所在地	产品名称	商标	规格型号	生产日期（批号）	抽查结果	主要不合格项目	承检机构
47	安徽徽王食品有限公司	安徽省	绿茶（黄山毛峰）	徽王	150g/袋	2010-05-12	合格		国家农副加工食品质量监督检验中心
48	安徽省徽府茶行有限公司	安徽省	大制黄芽	徽府茶行	135g/听	2010-05-06	合格		国家农副加工食品质量监督检验中心
49	安徽敬亭绿雪茶业有限公司	安徽省	敬亭绿雪	敬亭绿雪	250g/袋	2010-04-17	合格		国家农副加工食品质量监督检验中心
50	安徽天方茶业（集团）有限公司	安徽省	富硒有机绿茶	天方	280g/袋	2010-05-13	合格		国家农副加工食品质量监督检验中心
51	安徽省芜湖市绿地茶制品有限公司	安徽省	绿地缘绿茶	绿地缘	100g/盒	2010-04-30	合格		国家农副加工食品质量监督检验中心
52	安徽中峨茶业有限公司	安徽省	碧螺春	德圣龙	50g/袋	2010-05-01	合格		国家农副加工食品质量监督检验中心
53	福建日丰生态茶业有限公司	福建省	绿茶碧螺春	—	100g/袋	2010-01-05	合格		国家茶叶质量监督检验中心
54	福建省天湖茶业有限公司	福建省	高山毛峰	一农	125g/袋	2010-02-18	合格		国家茶叶质量监督检验中心
55	勇泉（厦门）茶业有限公司	福建省	绿茶	—	大包装	2010-04-09	合格		国家茶叶质量监督检验中心（福建）
56	福建金溪茶业有限公司	福建省	绿茶	—	30 000g/件	2009-09-10	合格		国家茶叶质量监督检验中心（福建）
57	福建省周宁县绿立茶业开发有限公司	福建省	绿茶	绿立	40 000g/件	2010-04-16	合格		国家茶叶质量监督检验中心（福建）
58	霞浦县金富祥茶叶加工厂	福建省	绿茶	—	25 000g/件	2010-04-10	合格		国家茶叶质量监督检验中心（福建）
59	福鼎市点头顺发茶厂	福建省	绿茶	—	12 500g/件	2010-03-20	合格		国家茶叶质量监督检验中心（福建）

绿茶产品质量国家监督抽查产品及其企业名单（五）

序号	企业名称	所在地	产品名称	商标	规格型号	生产日期（批号）	抽查结果	主要不合格项目	承检机构
60	霞浦县红山银毫香茶叶加工厂	福建省	绿茶	—	25 000g/件	2010-05-03	合格		国家茶叶质量监督检验中心（福建）
61	福建省武平县梁野山茶业有限公司	福建省	绿茶（梁野炒绿）	梁野山	248g/盒	2010-03-06	合格		国家茶叶质量监督检验中心（福建）
62	霞浦县水门乡振兴茶厂	福建省	绿茶	—	30 000g/件	2010-05-06	合格		国家茶叶质量监督检验中心（福建）
63	松溪县百佳茶厂	福建省	大叶种绿茶	湛卢	散装	2010-04-01	合格		国家茶叶质量监督检验中心（福建）
64	福建省宁德市赤溪茶叶有限公司	福建省	绿茶（特种茶）	屏峰	47 000g/件	2010-04-06	合格		国家茶叶质量监督检验中心（福建）
65	宁德市蕉城区赤溪雷云茶厂	福建省	绿茶	—	16 000g/件	2010-05-10	合格		国家茶叶质量监督检验中心（福建）
66	宁德市蕉城区向上茶厂	福建省	绿茶	—	20 000g/件	2010-04-18	合格		国家茶叶质量监督检验中心（福建）
67	福鼎市白琳茶业有限公司	福建省	绿茶	—	15 000g/件	2010-04-25	合格		国家茶叶质量监督检验中心（福建）
68	上饶县远泉茶业有限公司	江西省	绿茶（远泉牌仙姑龙芯）	远泉	100g/罐	2010-03-06	合格		国家茶叶质量监督检验中心（福建）
69	上饶市茗龙实业集团有限公司	江西省	绿茶（上饶白眉）	绿露	125g/罐	2010-03-29	合格		国家茶叶质量监督检验中心（福建）
70	上饶市信州区金源春茶行	江西省	绿茶（婺源剑峰）	—	300g/盒	2010-03-20	合格		国家茶叶质量监督检验中心（福建）
71	浮梁县浮瑶仙芝茶业有限公司	江西省	绿茶（浮瑶仙芝）	浮瑶仙芝	300g/盒	2010-04-11	合格		国家茶叶质量监督检验中心（福建）
72	江西得雨活茶股份有限公司	江西省	绿茶（得雨活茶）	得雨	120g/条	2010-04-22	合格		国家茶叶质量监督检验中心（福建）

绿茶产品质量国家监督抽查产品及其企业名单（六）

序号	企业名称	所在地	产品名称	商标	规格型号	生产日期（批号）	抽查结果	主要不合格项目	承检机构
73	浮梁县瑶里茶叶有限公司	江西省	绿茶（瑶里崖玉）	崖玉	360g/盒	2010-04-12	合格		国家茶叶质量监督检验中心（福建）
74	浮梁瑶河茶叶有限公司	江西省	绿茶（瑶河仙芝）	瑶河	300g/盒	2010-04-07	合格		国家茶叶质量监督检验中心（福建）
75	九江市庐山茶叶科学研究所茶场	江西省	绿茶（庐山云雾茶）	欢叶	125g/罐	2010-04-11	合格		国家茶叶质量监督检验中心（福建）
76	九江市庐山南山云雾茶场	江西省	绿茶（庐山云雾茶）	锦绣谷	125g/袋	2010-04-20	合格		国家茶叶质量监督检验中心（福建）
77	青岛丰利茶业有限公司	山东省	早春绿茶	茗香丰利达	100g/袋	2010-02-01	合格		国家茶叶质量监督检验中心
78	紫金县黄花茶业有限公司	广东省	绿茶（黄花牌绿茶）	黄花	250g/盒	2010-04-08	合格		国家茶叶质量监督检验中心（福建）
79	紫金县南金农业科技开发有限公司	广东省	绿茶（龙王绿茶）	承龙嶂	500g/盒	2010-04-03	合格		国家茶叶质量监督检验中心（福建）
80	河源市事成茶叶加工厂	广东省	绿茶（上莞仙湖茶）	事成轿子峰	400g/包	2010-04-20	合格		国家茶叶质量监督检验中心（福建）
81	广东省农业科学院茶叶研究所	广东省	绿茶（鸿雁绿茶）	鸿雁	200g/罐	2010-04-23	合格		国家茶叶质量监督检验中心（福建）
82	英德市上茗轩茶叶有限责任公司	广东省	绿茶（英德绿茶）	上茗轩	250g/袋	2010-03-18	合格		国家茶叶质量监督检验中心（福建）
83	英德市英红镇晶鑫茶厂	广东省	绿茶	仙桥牌	200g/罐	2010-04-03	合格		国家茶叶质量监督检验中心（福建）
84	重庆市南川区天绿园名优茶厂	重庆市	大观绿茶	大观	250g/袋	2010-04-05	合格		国家酒类及加工食品质量监督检验中心
85	重庆市乾丰茶业有限责任公司	重庆市	绿茶	乾丰	250g/袋	2010-04-08	合格		国家酒类及加工食品质量监督检验中心

绿茶产品质量国家监督抽查产品及其企业名单（七）

序号	企业名称	所在地	产品名称	商标	规格型号	生产日期（批号）	抽查结果	主要不合格项目	承检机构
86	重庆云岭茶业科技有限责任公司	重庆市	永川秀芽茶	云岭	100g/袋	2010-04-12	合格		国家酒类及加工食品质量监督检验中心
87	重庆新胜实业有限责任公司	重庆市	永川秀芽茶	金凤	250g/袋	2010-04-09	合格		国家酒类及加工食品质量监督检验中心
88	重庆品茗茶业有限公司	重庆市	巴山毛峰（茶）	—	250g/袋	2010-04-03	合格		国家酒类及加工食品质量监督检验中心
89	重庆一品堂茶业有限责任公司	重庆市	巴山毛峰绿茶	正清和	50g/袋	2010-04-20	合格		国家酒类及加工食品质量监督检验中心
90	重庆云雾茶叶有限公司	重庆市	云雾绿茶	渝竹	200g/袋	2010-04-10	合格		国家酒类及加工食品质量监督检验中心
91	重庆华霖茶业发展有限公司	重庆市	炒青绿茶	苗品记	100g/袋	2010-04-01	合格		国家酒类及加工食品质量监督检验中心
92	重庆长城茶叶贸易有限公司	重庆市	绿茶	渝云	250g/袋	2010-04-01	合格		国家酒类及加工食品质量监督检验中心
93	重庆市渝川茶业有限公司	重庆市	碧螺春特种绿茶	紫芸	100g/袋	2010-04-08	合格		国家酒类及加工食品质量监督检验中心
94	成都今采阳光茶业有限责任公司	四川省	峨眉山毛峰绿名茶	采阳	50g/袋	2010-04-26	合格		国家酒类及加工食品质量监督检验中心
95	成都清心茶业有限公司	四川省	明前绿茶	蜀韵	250g/袋	2010-04-20	合格		国家酒类及加工食品质量监督检验中心
96	雅安市山雅茶业有限公司	四川省	云雾毛尖茶	山雅	100g/袋	2010-04-20	合格		国家酒类及加工食品质量监督检验中心
97	雅安市新龙园茶厂	四川省	蒙顶甘露（茶）	—	200g/袋	2010-05-05	合格		国家酒类及加工食品质量监督检验中心
98	四川雅安雅泉茶业有限公司	四川省	毛峰茶	雅泉	250g/袋	2010-04-02	合格		国家酒类及加工食品质量监督检验中心

绿茶产品质量国家监督抽查产品及其企业名单（八）

序号	企业名称	所在地	产品名称	商标	规格型号	生产日期（批号）	抽查结果	主要不合格项目	承检机构
99	四川雅安全义茶树花科技有限公司	四川省	蒙山茶	山涧	250g/袋	2010-04-01	合格		国家酒类及加工食品质量监督检验中心
100	四川省文君茶业有限公司	四川省	一芽迎春名优绿茶	文君	250g/听	2010-04-23	合格		国家酒类及加工食品质量监督检验中心
101	成都市陈成茶业有限责任公司	四川省	明前毛峰绿茶	—	100g/袋	2010-05-01	合格		国家酒类及加工食品质量监督检验中心
102	四川省芝龙洪河茶业有限公司	四川省	芝龙鸟嘴绿茶	芝龙	50g/袋	2010-05-03	合格		国家酒类及加工食品质量监督检验中心
103	成都蜀茗坊茶业有限公司	四川省	绿毛峰绿名茶	龙门阵	100g/袋	2010-05-02	合格		国家酒类及加工食品质量监督检验中心
104	贵州聚福轩茶业食品有限公司	贵州省	都匀毛尖茶	聚福轩	250g/盒	2010-03-28	合格		国家酒类及加工食品质量监督检验中心
105	都匀供销茶叶有限责任公司	贵州省	都匀毛尖茶	螺丝壳	200g/袋	2010-03-09	合格		国家酒类及加工食品质量监督检验中心
106	贵阳乌当高寨茶场	贵州省	石花湖白茶	彩玉兰	50g/盒	2010-03-12	合格		国家酒类及加工食品质量监督检验中心
107	都匀市螺丝壳河头茶叶农民专业合作社	贵州省	都匀毛尖（茶）	明黔牌	200g/袋	2010-03-16	合格		国家酒类及加工食品质量监督检验中心
108	黔南苗岭工贸有限责任公司	贵州省	都匀毛尖茶	苗峰	200g/盒	2010-04-01	合格		国家酒类及加工食品质量监督检验中心
109	都匀市高寨水库茶场有限公司	贵州省	都匀毛尖茶	黔匀	250g/盒	2010-04-02	合格		国家酒类及加工食品质量监督检验中心
110	贵州小严黔壶春茶业有限公司	贵州省	绿茶	小严	250g/袋	2010-01-01	合格		国家酒类及加工食品质量监督检验中心
111	贵阳春秋实业有限公司小河分公司	贵州省	贵州毛峰绿茶	春秋	150g/袋	2010-04-05	合格		国家酒类及加工食品质量监督检验中心

绿茶产品质量国家监督抽查产品及其企业名单（九）

序号	企业名称	所在地	产品名称	商标	规格型号	生产日期（批号）	抽查结果	主要不合格项目	承检机构
112	贵州南方茶叶有限公司	贵州省	南方采仙翠芽茶	南方采仙	250g/听	2010-03-28	合格		国家酒类及加工食品质量监督检验中心
113	贵州黔粹行民族文化发展有限公司	贵州省	黔粹毛尖（茶）	黔粹行	250g/听	2009-10-07	合格		国家酒类及加工食品质量监督检验中心
114	上海茗丰茶叶有限公司	上海市	炒青	—	250g/袋	2010-03-21	不合格	感官品质	国家茶叶质量监督检验中心
115	嵊州市大鹏茶业有限公司	浙江省	龙井	祁山	180g/袋	2009-12-18	不合格	感官品质	国家茶叶质量监督检验中心
116	杭州名季包装厂	浙江省	龙井茶	名季茶语	100g/盒	2010-01-18	不合格	感官品质	国家茶叶质量监督检验中心
117	杭州西湖名茶有限公司	浙江省	龙井茶	乾龙	100g/袋	2009-09-25	不合格	感官品质	国家茶叶质量监督检验中心
118	杭州赵氏茶叶专业合作社	浙江省	杭州龙井茶	青化山	100g/袋	2010-02-08	不合格	铅	国家茶叶质量监督检验中心

注：本表按行政区域排序。

红茶产品质量国家监督抽查产品及其企业名单（一）

序号	企业名称	所在地	产品名称	商标	规格型号	产品等级	生产日期（批号）	抽查结果	主要不合格项目	承检机构
1	北京更香茶叶有限责任公司	北京市	武阳工夫（红茶）	更香	100g/盒	精品	2011-03-18	合格		国家茶叶质量监督检验中心
2	上海黄山茶叶有限公司	上海市	祁门红茶	叙友	200g/袋	特一	2011-06-15	合格		国家茶叶质量监督检验中心
3	宜兴市太华镇乾元茶场	江苏省	宜兴乾红	宜竹	125g/罐	特级	2011-04-03	合格		国家茶叶质量监督检验中心
4	江苏茗鼎生态茶业科技有限公司	江苏省	茗鼎竹海金茗	茗鼎	150g/袋	精品	2011-04-26	合格		国家茶叶质量监督检验中心
5	宜兴市茗岭项珍茶厂	江苏省	项珍红茶	项珍	62.5g/罐	特级	2011-04-20	合格		国家茶叶质量监督检验中心
6	宜兴市红岭茶业有限公司	江苏省	红岭金螺	HONG-LING	125g/罐	一级	2011-04-20	合格		国家茶叶质量监督检验中心

红茶产品质量国家监督抽查产品及其企业名单（二）

序号	企业名称	所在地	产品名称	商标	规格型号	产品等级	生产日期（批号）	抽查结果	主要不合格项目	承检机构
7	宜兴市张渚茅山茶场	江苏省	红茶（中小叶种）	明瑞	250g/盒	五级	2011-04-25	合格		国家茶叶质量监督检验中心
8	宜兴市黄岭茶场	江苏省	红茶	黄岭	200g/包	三级	2011-04-28	合格		国家茶叶质量监督检验中心
9	无锡太湖翠竹茶业有限责任公司	江苏省	红螺春（斗山红茶）	二泉映月	125g/罐	一级	2011-05-03	合格		国家茶叶质量监督检验中心
10	无锡市八士斗星茶场	江苏省	斗星红茶	斗星	125g/罐	一级	2011-06-03	合格		国家茶叶质量监督检验中心
11	浙江采云间茶业有限公司	浙江省	红条茶	采云间	100g/罐	四级	2011-03-16	合格		国家茶叶质量监督检验中心
12	浙江省武义茶业有限公司	浙江省	红茶	九龙山	100g/袋	特一级	2011-04-22	合格		国家茶叶质量监督检验中心
13	浙江龙游佳茗茶业有限公司	浙江省	红茶	天井岩	100g/袋	四级	2011-05-25	合格		国家茶叶质量监督检验中心
14	浙江千岛银珍农业开发有限公司	浙江省	红茶	千岛银珍	100g/袋	特级	2010-11-28	合格		国家茶叶质量监督检验中心
15	德清县莫干山东沈红茶业有限公司	浙江省	工夫红茶	东沈红	50g/袋	二级	2011-05-28	合格		国家茶叶质量监督检验中心
16	杭州忆江南茶业有限公司	浙江省	红茶	忆江南	100g/罐	一级	2011-06-14	合格		国家茶叶质量监督检验中心
17	安徽茶叶进出口有限公司	安徽省	祁门红茶	迎客松	75g/袋	二级	2011-03-16	合格		国家茶叶质量监督检验中心
18	黄山市祁门县百年红茶叶有限公司	安徽省	祁门红茶	伟诺	250g/袋	一级	2011-06-09	合格		国家茶叶质量监督检验中心
19	祁门县双辉源茶厂	安徽省	红茶	—	200g/袋	一级	2010-11-12	合格		国家茶叶质量监督检验中心

红茶产品质量国家监督抽查产品及其企业名单（三）

序号	企业名称	所在地	产品名称	商标	规格型号	产品等级	生产日期（批号）	抽查结果	主要不合格项目	承检机构
20	黄山市祁门华盛茶业有限公司	安徽省	祁门红茶	祁盛	200g/袋	特级	2010-10-15	合格		国家茶叶质量监督检验中心
21	安徽省祁门红茶发展有限公司	安徽省	祁红毫芽 B	天品国香	200g/袋	特级	2011-06-10	合格		国家茶叶质量监督检验中心
22	黄山市祁门香茶业有限公司	安徽省	祁门红茶	祁香	100g/袋	礼茶	2011-04-20	合格		国家茶叶质量监督检验中心
23	祁门县源生茶叶有限责任公司	安徽省	祁门工夫红茶	—	200g/袋	一级	2010-10-15	合格		国家茶叶质量监督检验中心
24	安徽省黄山市祁门县义旺茶厂	安徽省	祁门红茶	义旺	225g/袋	二级	2011-04	合格		国家茶叶质量监督检验中心
25	祁门县正阳茶厂	安徽省	陶子．祁门红茶	陶子	150g/袋	特级	2010-09	合格		国家茶叶质量监督检验中心
26	安徽省黄山市祁眉茶旅有限公司	安徽省	祁门红茶	祁眉	200g/袋	特级	2011-04-16	合格		国家茶叶质量监督检验中心
27	安徽省华茗园祁门红茶股份有限公司	安徽省	祁门红茶	华茗园	200g/袋	一级	2011-06-08	合格		国家茶叶质量监督检验中心
28	福建日丰生态茶业有限公司	福建省	红茶	茗汇	120g/袋	一级	2010-11-23	合格		国家茶叶质量监督检验中心
29	福建品品香茶业有限公司	福建省	红茶（鼎红）	品品香	150g/盒	特级	2011-05-02	合格		国家茶叶质量监督检验中心（福建）
30	福建绿叶茶业股份有限公司	福建省	红茶	太姥工夫	大包装（10kg/件）	一级	2011-04-17	合格		国家茶叶质量监督检验中心（福建）
31	福安市逸香茶厂	福建省	红茶（红韵）	朝拾凝露	300g/盒	一级	2011-02-06	合格		国家茶叶质量监督检验中心（福建）
32	福安市坦洋胜大来茶业有限公司	福建省	红茶（金牡丹）	胜大来	150g/盒	特级	2011-05-25	合格		国家茶叶质量监督检验中心（福建）

红茶产品质量国家监督抽查产品及其企业名单（四）

序号	企业名称	所在地	产品名称	商标	规格型号	产品等级	生产日期（批号）	抽查结果	主要不合格项目	承检机构
33	福建省天湖茶业有限公司	福建省	红茶（太姥金丝猴）	绿雪芽	100g/罐	特级	2011-05-23	合格		国家茶叶质量监督检验中心（福建）
34	福建省兴旺茶业有限公司	福建省	红茶（坦洋工夫）	大兴旺	250g/盒	二级	2011-05-26	合格		国家茶叶质量监督检验中心（福建）
35	福建新坦洋茶业（集团）股份有限公司	福建省	坦洋工夫红茶（桂韵）	新坦洋	250g/盒	一级	2011-05-11	合格		国家茶叶质量监督检验中心（福建）
36	福建隽永天香茶业有限公司	福建省	坦洋工夫红茶（锦绣天香）	隽永	268g/盒	特级	2011-05-08	合格		国家茶叶质量监督检验中心（福建）
37	福建省闽辉名茶有限公司	福建省	政和工夫	仙醉红	大包装16kg/箱	一级	2011-05-08	合格		国家茶叶质量监督检验中心（福建）
38	武夷星茶业有限公司	福建省	正山小种	武夷星	300g/盒	特级	2011-05-26	合格		国家茶叶质量监督检验中心（福建）
39	武夷山市红天下茶业有限公司	福建省	红茶（高山野茶）	煌额娘	250g/盒	一级	2011-05-06	合格		国家茶叶质量监督检验中心（福建）
40	武夷山青龙食品有限公司	福建省	武夷红茶	九曲山	60g/盒	特级	2010-11-25	合格		国家茶叶质量监督检验中心（福建）
41	武夷山福茗茶业有限公司	福建省	正山小种	圣辰	200g/盒	特级	2011-05-30	合格		国家茶叶质量监督检验中心（福建）
42	福建政和隆合茶业有限公司	福建省	政和工夫红茶	隆合	300g/盒	一级	2011-03-09	合格		国家茶叶质量监督检验中心（福建）
43	福建省政和县茗香轩茶厂	福建省	明前红（政和工夫红茶）	际浩	200g/盒	二级	2011-01-09	合格		国家茶叶质量监督检验中心（福建）
44	福建省政和县兰悦工贸有限公司	福建省	宝岩杜鹃（政和工夫）	村芳	250g/盒	特级	2011-03-18	合格		国家茶叶质量监督检验中心（福建）
45	武夷山慈心园茶博园旅游开发有限公司	福建省	红茶（正山红）	慈心园	300g/袋	特级	2011-01-15	合格		国家茶叶质量监督检验中心（福建）

红茶产品质量国家监督抽查产品及其企业名单（五）

序号	企业名称	所在地	产品名称	商标	规格型号	产品等级	生产日期（批号）	抽查结果	主要不合格项目	承检机构
46	福建政和瑞茗茶业有限公司	福建省	政和工夫	政名	250g/袋	特级	2011-05-10	合格		国家茶叶质量监督检验中心（福建）
47	浮梁新迪茶业有限公司	江西省	浮梁金眉（红茶）	知云	200g/盒	特级	2011-04-08	合格		国家茶叶质量监督检验中心（福建）
48	婺源县聚芳永茶业有限公司	江西省	锡兰红茶	—	大包装 25kg/袋	大叶种红碎茶碎茶5号	2011-05-22	合格		国家茶叶质量监督检验中心（福建）
49	浮梁县浮瑶仙芝茶业有限公司	江西省	浮红	浮红	300g/盒	特级（中小叶工夫）	2011-05-26	合格		国家茶叶质量监督检验中心（福建）
50	南昌市古今茶事实业有限公司	江西省	古今茶事金骏眉	古今	250g/盒	特级	2011-04-29	合格		国家茶叶质量监督检验中心（福建）
51	湖南湘丰茶业有限公司	湖南省	红茶（红碎茶）	—	散装	末茶下档	2010-10-02	合格		国家热带农副产品质量监督检验中心（云南）
52	长沙县金井茶厂	湖南省	红茶（碎茶一号）	—	散装	碎茶一号	2010-07-19	合格		国家热带农副产品质量监督检验中心（云南）
53	湖南鸿大茶叶有限公司	湖南省	红茶（红碎2号）	—	散装	碎茶2号	2010-10-05	合格		国家热带农副产品质量监督检验中心（云南）
54	湖南长春茶业有限公司	湖南省	红茶（银峰1号）	—	散装	碎茶1号	2010-09-27	合格		国家热带农副产品质量监督检验中心（云南）
55	湖南猴王茶业有限公司	湖南省	工夫红茶	猴王牌	100g/袋	一等品	2011-05-24	合格		国家热带农副产品质量监督检验中心（云南）
56	湖南潇湘茶业有限公司	湖南省	工夫红茶	潇湘牌	100g/袋	一级	2011-05-09	合格		国家热带农副产品质量监督检验中心（云南）
57	英德市英红镇晶鑫茶厂	广东省	红条茶	仙桥牌	200g/罐	一级	2011-05-16	合格		国家茶叶质量监督检验中心（福建）

红茶产品质量国家监督抽查产品及其企业名单（六）

序号	企业名称	所在地	产品名称	商标	规格型号	产品等级	生产日期（批号）	抽查结果	主要不合格项目	承检机构
58	英德市日月茶有限公司	广东省	英红九号红茶	—	400g/盒	二级红条茶	2011-03-28	合格		国家茶叶质量监督检验中心（福建）
59	广州市天信有限公司	广东省	云南滇红	茗艺之国	250g/袋	一级	2011-05-25	合格		国家茶叶质量监督检验中心（福建）
60	广东省农业科学院茶叶研究所	广东省	红条茶	鸿雁	150g/罐	一级	2011-06-05	合格		国家茶叶质量监督检验中心（福建）
61	佛山市顺德区北滘云峰土产茶叶有限公司	广东省	金毫滇红	云枫	大包装13kg/箱	特级	2011-06-04	合格		国家茶叶质量监督检验中心（福建）
62	佛山市高明区对川茶场	广东省	大叶种工夫红茶	对川牌	200g/袋	一级	2011-05-13	合格		国家茶叶质量监督检验中心（福建）
63	英德市上茗轩茶叶有限责任公司	广东省	红茶	上茗轩	200g/罐	一级	2011-05-11	合格		国家茶叶质量监督检验中心（福建）
64	英德市我和你食品有限公司	广东省	红茶	我和你	400g/盒	一级红条茶	2011-04-08	合格		国家茶叶质量监督检验中心（福建）
65	广西茶叶进出口公司南宁茶厂	广西壮族自治区	广西红茶 D424（红碎茶 5 号）	—	散装	红碎茶5号	2011-04-29	合格		国家热带农副产品质量监督检验中心（云南）
66	广西南宁尊茗茶叶有限公司茶厂	广西壮族自治区	红茶 BOP438（红碎 3 号）	—	散装	红碎3号	2011-05-17	合格		国家热带农副产品质量监督检验中心（云南）
67	广西万山茶业有限责任公司	广西壮族自治区	红碎茶	—	散装	红碎5号	2010-07-15	合格		国家热带农副产品质量监督检验中心（云南）
68	广西南宁绿野茶业有限责任公司仙葫分公司	广西壮族自治区	红茶（工夫红茶）	—	散装	二级	2011-05-05	合格		国家热带农副产品质量监督检验中心（云南）
69	广西南宁市桂馨茗茶业有限公司	广西壮族自治区	红茶（工夫红茶）	桂馨茗	100g/袋	特级	2011-05-25	合格		国家热带农副产品质量监督检验中心（云南）

红茶产品质量国家监督抽查产品及其企业名单（七）

序号	企业名称	所在地	产品名称	商标	规格型号	产品等级	生产日期（批号）	抽查结果	主要不合格项目	承检机构
70	雅安春雷茶业科技有限公司	四川省	川农红芽	—	50g/袋	特级	2011-03-20	合格		国家热带农副产品质量监督检验中心（云南）
71	名山县跃华茶厂	四川省	红鼎红茶	跃华	100g/袋	一级	2011-04-20	合格		国家热带农副产品质量监督检验中心（云南）
72	四川省南方叶嘉茶业有限公司	四川省	工夫红茶	—	100g/袋	五级	2011-05-11	合格		国家热带农副产品质量监督检验中心（云南）
73	四川省蒙顶山洪兴茶厂	四川省	工夫红茶	兴蒙	50g/袋	四级	2011-04-20	合格		国家热带农副产品质量监督检验中心（云南）
74	四川省茗山茶业有限公司	四川省	茗红	蒙山	100g/袋	特级	2011-05-25	合格		国家热带农副产品质量监督检验中心（云南）
75	凤庆县三宁茶业有限责任公司	云南省	红茶（工夫香红）	三宁茶业	330g/袋	特级	2011-05-02	合格		国家热带农副产品质量监督检验中心（云南）
76	凤庆县顺发茶业有限责任公司	云南省	红茶（滇红贡茶）	凤发	130g/罐	特级	2011-04-08	合格		国家热带农副产品质量监督检验中心（云南）
77	云南滇红集团股份有限公司	云南省	工夫红茶 凤牌毛尖	凤	400g/袋	一级	2011-04-18	合格		国家热带农副产品质量监督检验中心（云南）
78	临沧市健身茶叶有限公司	云南省	珍品滇红	健身	100g/罐	特级	2011-03-28	合格		国家热带农副产品质量监督检验中心（云南）
79	临沧普粹茶叶有限公司	云南省	榄仙红 滇红工夫茶	榄仙红	300g/袋	特级	2011-05-16	合格		国家热带农副产品质量监督检验中心（云南）

红茶产品质量国家监督抽查产品及其企业名单（八）

序号	企业名称	所在地	产品名称	商标	规格型号	产品等级	生产日期（批号）	抽查结果	主要不合格项目	承检机构
80	云南普洱茶（集团）有限公司	云南省	普秀金螺红茶（云南滇红茶）	普秀	100g/罐	特级	2010-10-24	合格		国家热带农副产品质量监督检验中心（云南）
81	普洱市名特优茶开发公司	云南省	梅兰红茶	梅兰	15kg/箱	二级	2011-05-25	合格		国家热带农副产品质量监督检验中心（云南）
82	云南西双版纳大渡岗茶叶实业总公司	云南省	工夫红茶	大渡岗	300g/袋	三级	2011-04-01	合格		国家热带农副产品质量监督检验中心（云南）
83	云南省普洱茶树良种场	云南省	云南红茶	帕卡	100g/袋	一级	2011-02-01	合格		国家热带农副产品质量监督检验中心（云南）
84	普洱市昌云茶业有限公司	云南省	金毫（红茶）	昌雲茶业	100g/罐	二级	2011-01-16	合格		国家热带农副产品质量监督检验中心（云南）
85	昆明七彩云南庆沣祥茶业股份有限公司	云南省	大叶滇红散茶	七彩云南	170g/盒	特级	2011-05-28	合格		国家热带农副产品质量监督检验中心（云南）
86	云南凤临高香茶业有限公司	云南省	金丝红茶	凤临	5g/袋	特级	2011-06-02	合格		国家热带农副产品质量监督检验中心（云南）
87	云南古普女儿绿茶叶有限公司	云南省	红茶	—	200g/袋	三级	2011-04-02	合格		国家热带农副产品质量监督检验中心（云南）
88	昆明天品茶叶有限责任公司	云南省	天育牌云南滇红茶	天育	100g/盒	三级	2011-06-02	合格		国家热带农副产品质量监督检验中心（云南）
89	上海华顶茶叶有限公司	上海市	祁门红茶	华顶茶叶	150g/袋	一级	2011-01-02	不合格	感官品质(低于中小叶工夫红茶一级)	国家茶叶质量监督检验中心

红茶产品质量国家监督抽查产品及其企业名单（九）

序号	企业名称	所在地	产品名称	商标	规格型号	产品等级	生产日期（批号）	抽查结果	主要不合格项目	承检机构
90	黄山市徽州茶业有限公司	安徽省	祁门红茶	徽州牌	100g/袋	特级	2011-03-02	不合格	感官品质(低于中小叶工夫红茶特级)	国家茶叶质量监督检验中心

注：本表按行政区域排序。

乌龙茶产品质量国家监督抽查产品及其企业名单（一）

序号	企业名称	所在地	产品名称	商标	规格型号	产品等级	生产日期（批号）	抽查结果	主要不合格项目	承检机构
1	北京更香茶叶有限责任公司	北京市	铁观音	更香	100g/盒	三级	2011-03-18	合格		国家茶叶质量监督检验中心
2	上海华顶茶叶有限公司	上海市	铁观音	华顶	150g/袋	二级	2011-04-25	合格		国家茶叶质量监督检验中心
3	上海黄山茶叶有限公司	上海市	水仙茶	叙友	200g/袋	特级	2011-06-15	合格		国家茶叶质量监督检验中心
4	扬州佳茗园茶业有限公司	江苏省	铁观音	佳茗园	72g/袋	一级	2011-03-18	合格		国家茶叶质量监督检验中心
5	杭州忆江南茶业有限公司	浙江省	珍品乌龙茶	忆江南	100g/袋	一级	2011-06-14	合格		国家茶叶质量监督检验中心
6	安徽省天旭茶业有限公司	安徽省	铁观音	天旭	250g/袋	一级	2011-05-01	合格		国家茶叶质量监督检验中心
7	六安市汇丰贸易公司	安徽省	铁观音	齐头山	100g/盒	一级	2011-05-20	合格		国家茶叶质量监督检验中心
8	福州越岭茶业有限公司	福建省	高山颂铁观音	—	200g/包	合格品	2010-09-14	合格		国家茶叶质量监督检验中心
9	厦门市大龙发工贸有限公司	福建省	铁观音	惠宜	250g/袋	一级	2011-04-18	合格		国家茶叶质量监督检验中心
10	福建省安溪县金谷碧源茶厂	福建省	安溪乌龙茶	馨茗谷	250g/袋	一级	2011-05-13	合格		国家茶叶质量监督检验中心

乌龙茶产品质量国家监督抽查产品及其企业名单（二）

序号	企业名称	所在地	产品名称	商标	规格型号	产品等级	生产日期（批号）	抽查结果	主要不合格项目	承检机构
11	柘荣县东艺茶叶加工厂	福建省	铁观音	彭山翠芽	100g/袋	一级	2011-05-03	合格		国家茶叶质量监督检验中心
12	福建省安溪县松大茶业有限公司	福建省	铁观音	—	125g/盒	特级	2011-03-22	合格		国家茶叶质量监督检验中心
13	福建省安溪县一农茶叶有限公司	福建省	铁观音	一农	125g/袋	一级	2010-12-18	合格		国家茶叶质量监督检验中心
14	福建省安溪县竹园玉泉茶厂	福建省	醇香乌龙茶	竹佳	80g/袋	一级	2011-05-16	合格		国家茶叶质量监督检验中心
15	武夷星茶业有限公司	福建省	老枞水仙	武夷星	100g/包	一级	2011-05-24	合格		国家加工食品质量监督检验中心（福建）
16	福建日春实业有限公司	福建省	铁观音	日春	250g/袋	特级	2011-05-22	合格		国家加工食品质量监督检验中心（福建）
17	福建日香茶业有限公司	福建省	铁观音	日春	250g/袋	特级	2011-05-23	合格		国家加工食品质量监督检验中心（福建）
18	福建省安溪茶厂有限公司	福建省	安溪铁观音	凤山	200g/袋	一级	2011-03-10	合格		国家加工食品质量监督检验中心（福建）
19	福建八马茶业有限公司	福建省	八马安溪铁观音韵香666	八马	200g/袋	三级	2011-05-18	合格		国家加工食品质量监督检验中心（福建）
20	福建省安溪县大坪绿色食品工程有限公司	福建省	铁观音	坪山	200g/袋	三级	2011-05-20	合格		国家加工食品质量监督检验中心（福建）

乌龙茶产品质量国家监督抽查产品及其企业名单（三）

序号	企业名称	所在地	产品名称	商标	规格型号	产品等级	生产日期（批号）	抽查结果	主要不合格项目	承检机构
21	福建省安溪县祥华冠和茶厂	福建省	安溪铁观音	冠和	散装	特级	2011-05-28	合格		国家加工食品质量监督检验中心（福建）
22	勇泉（厦门）茶业有限公司	福建省	乌龙茶 W09236	—	散装	四级	2011-04-21	合格		国家加工食品质量监督检验中心（福建）
23	厦门市两岸情生物科技有限公司	福建省	铁观音	两岸情	散装	一级	2011-05-25	合格		国家加工食品质量监督检验中心（福建）
24	厦门市雾中天茶业有限公司	福建省	顺品铁观音	雾中天	7.5g/包	特级	2011-01-24	合格		国家加工食品质量监督检验中心（福建）
25	厦门市明腾工贸有限公司	福建省	612-铁观音	明腾	250g/包	二级	2011-06-08	合格		国家加工食品质量监督检验中心（福建）
26	厦门山国饮艺茶业有限公司	福建省	山国情 S200	山国饮艺	8.35g/袋	特级	2011-06-01	合格		国家加工食品质量监督检验中心（福建）
27	厦门华祥苑实业有限公司	福建省	大红袍	华祥苑	50g/罐	特级	2011-05-29	合格		国家加工食品质量监督检验中心（福建）
28	厦门茶叶进出口有限公司	福建省	老枞水仙	海堤	125g/盒	一级	2011-04-12	合格		国家加工食品质量监督检验中心（福建）

乌龙茶产品质量国家监督抽查产品及其企业名单（四）

序号	企业名称	所在地	产品名称	商标	规格型号	产品等级	生产日期（批号）	抽查结果	主要不合格项目	承检机构
29	厦门金壶春茶业有限公司	福建省	金萱乌龙茶	金壶春	250g/罐	一级	2011-05-30	合格		国家加工食品质量监督检验中心（福建）
30	泉州盛世三和茶业有限公司	福建省	铁观音	三和	250g/盒	一级	2011-06-08	合格		国家加工食品质量监督检验中心（福建）
31	福建三好茶博汇茶业有限公司	福建省	安溪铁观音	三好	250g/袋	三级	2011-04-05	合格		国家加工食品质量监督检验中心（福建）
32	福建安溪岐山魏荫名茶有限公司	福建省	铁观音	魏荫	250g/袋	特级	2011-05-02	合格		国家加工食品质量监督检验中心（福建）
33	福建省安溪县华福茶厂有限公司	福建省	浓香型安溪铁观音	华福	250g/袋	一级	2011-05-08	合格		国家加工食品质量监督检验中心（福建）
34	汕头市澄海区源茗祥茶业有限公司	广东省	大红袍	源茗祥	250g/包	一级	2011-05-01	合格		国家加工食品质量监督检验中心（福建）
35	汕头市春华茶业有限公司	广东省	凤凰单丛	八绿	200g/盒	一级	2011-03-18	合格		国家加工食品质量监督检验中心（福建）
36	汕头市金平区长发百货有限公司千好茶厂	广东省	单枞茶（乌龙茶）	千好	100g/盒	二级	2011-05-29	合格		国家加工食品质量监督检验中心（福建）

乌龙茶产品质量国家监督抽查产品及其企业名单（五）

序号	企业名称	所在地	产品名称	商标	规格型号	产品等级	生产日期（批号）	抽查结果	主要不合格项目	承检机构
37	汕头市潮汕工夫茶有限公司	广东省	铁观音	潮汕工夫	250g/包	合格	2011-05-27	合格		国家加工食品质量监督检验中心（福建）
38	潮安县磷溪维嘉茶厂	广东省	黄枝香茶（凤凰单丛乌龙茶）	维嘉	100g/包	三级	2011-05-30	合格		国家加工食品质量监督检验中心（福建）
39	广东宏伟集团有限公司	广东省	极品白叶茶王	宏发	50g（12.5g×4包）/盒	一级	2011-05-05	合格		国家加工食品质量监督检验中心（福建）
40	上海茗丰茶叶有限公司	上海市	乌龙茶	—	150g/袋	二级	2011-03-21	不合格	稀土（标准值：≤2.0mg/kg，实测值：2.2mg/kg）	国家茶叶质量监督检验中心
41	上海天绿茶业有限公司	上海市	乌龙茶	嘉然绿	128g/袋	一级	2011-05-19	不合格	稀土（标准值：≤2.0mg/kg，实测值：3.3mg/kg）	国家茶叶质量监督检验中心
42	上海农工商黄山经销有限公司	上海市	安溪铁观音	正香源	250g/袋	一级	2011-03-05	不合格	稀土（标准值：≤2.0mg/kg，实测值：2.9mg/kg）、感官品质（低于浓香型安溪铁观音一级）	国家茶叶质量监督检验中心
43	上海翠茗茶业有限公司	上海市	乌龙茶	—	120g/袋	二级	2011-04-22	不合格	稀土（标准值：≤2.0mg/kg，实测值：2.8mg/kg）	国家茶叶质量监督检验中心
44	上海捷尚实业有限公司	上海市	乌龙茶	申馨	150g/袋	一级	2011-03-18	不合格	稀土（标准值：≤2.0mg/kg，实测值：2.3mg/kg）	国家茶叶质量监督检验中心
45	浙江天赐生态科技有限公司	浙江省	铁观音	怡可	100g/盒	—	2011-04-29	不合格	稀土（标准值：≤2.0mg/kg，实测值：4.8mg/kg）	国家茶叶质量监督检验中心
46	宁国市润之园食品有限公司	安徽省	铁观音	润之园	250g/盒	一级	2011-04-20	不合格	稀土（标准值：≤2.0mg/kg，实测值：3.2mg/kg）	国家茶叶质量监督检验中心

乌龙茶产品质量国家监督抽查产品及其企业名单（六）

序号	企业名称	所在地	产品名称	商标	规格型号	产品等级	生产日期（批号）	抽查结果	主要不合格项目	承检机构
47	联合利华（中国）有限公司	安徽省	铁观音	立顿	50g/盒	合格品	2011-01-14	不合格	稀土（标准值：≤2.0mg/kg，实测值：3.2mg/kg）	国家茶叶质量监督检验中心
48	安溪天福茶业有限公司	福建省	福建铁观音	丹峰茗茶	250g/袋	三级	2010-11-02	不合格	稀土（标准值：≤2.0mg/kg，实测值：2.3mg/kg）	国家茶叶质量监督检验中心
49	福建安溪福美茶叶专业合作社	福建省	铁观音	茗香丰利达	150g/袋	一级	2011-04-01	不合格	稀土（标准值：≤2.0mg/kg，实测值：3.4mg/kg）、感官品质（低于清香型安溪铁观音一级）	国家茶叶质量监督检验中心
50	福建省安溪茗友茶业有限公司	福建省	铁观音	安溪铁观音	250g/袋	一级	2011-04-15	不合格	感官品质（低于清香型安溪铁观音一级）	国家茶叶质量监督检验中心
51	福州庆芳茶业有限公司	福建省	3612 铁观音	庆芳名茶	250g/盒	特级	2011-02-21	不合格	稀土（标准值：≤2.0mg/kg，实测值：2.2mg/kg）	国家茶叶质量监督检验中心
52	福建省安溪县园润茶厂	福建省	安溪铁观音茶	—	200g/盒	一级	2011-03-19	不合格	感官品质（低于浓香型铁观音壹级）	国家茶叶质量监督检验中心
53	厦门云香茶业有限公司	福建省	铁观音	云香茶叶	160g/盒	特级	2011-05-01	不合格	稀土（标准值：≤2.0mg/kg，实测值：4.6mg/kg）	国家加工食品质量监督检验中心（福建）
54	厦门市有茗堂茶业有限公司浦南分公司	福建省	铁观音	恒品	散装	一级	2011-06-13	不合格	稀土（标准值：≤2.0mg/kg，实测值：3.6mg/kg）	国家加工食品质量监督检验中心（福建）
55	福建省安溪县年年香茶业有限公司	福建省	年年香乌龙茶	年年香	250g/袋	一级	2011-05-08	不合格	稀土（标准值：≤2.0mg/kg，实测值：5.0mg/kg）	国家加工食品质量监督检验中心（福建）
56	福建省安溪县长和茶业有限公司	福建省	安溪铁观音	长和茶业	250g/袋	三级	2011-05-05	不合格	稀土（标准值：≤2.0mg/kg，实测值：3.6mg/kg）	国家加工食品质量监督检验中心（福建）
57	深圳乐知福贸易有限公司	广东省	安溪铁观音茶	知福	200g/袋	一级	2011-05-01	不合格	稀土（标准值：≤2.0mg/kg，实测值：2.8mg/kg）	国家茶叶质量监督检验中心
58	汕头市香山茶叶有限公司	广东省	铁观音	清泽（R）	250g/包	合格	2011-03-15	不合格	稀土（标准值：≤2.0mg/kg，实测值：4.1mg/kg）	国家加工食品质量监督检验中心（福建）

注：本表按行政区域排序。

有机食品认证机构（2011年12月31日止）（一）

机构名称	批准号	证书有效期	负责人	电话	地址	邮编
中国质量认证中心	CNCA-R-2002-001	2014年12月10日	王克娇	010-83886666	北京市丰台区南四环西路188号9区	100070
方圆标志认证集团有限公司	CNCA-R-2002-002	2014年12月10日	张伟	010-88411888	北京市海淀区增光路33号	100048
广东中鉴认证有限责任公司	CNCA-R-2002-007	2014年12月10日	胡苏山	020-87369002	广东广州市越秀区广州大道中路227号4楼	510600
浙江公信认证有限公司	CNCA-R-2002-013	2014年12月10日	邓东旺	0571-85067941	浙江省杭州市密渡桥路15号新世纪大厦25楼（杭州市1250信箱）	310005
杭州万泰认证有限公司	CNCA-R-2002-015	2014年12月10日	汤凯珊	0571-87901598	浙江省杭州市滨江区江南大道588号恒鑫大厦主楼1702-1708室、18层	310052
北京中安质环认证中心	CNCA-R-2002-028	2014年12月10日	任庆才	010-58673399-1001	北京市朝阳区东三环南路58号富顿中心1号楼22层	100022
中食恒信（北京）质量认证中心有限公司	CNCA-R-2002-084	2014年12月10日	王贵际	010-52227546	北京市丰台区南四环西路188号七区7号楼3层	100070
黑龙江省农产品质量认证中心	CNCA-R-2002-089	2014年12月10日	赵晓光	0451-87979267	黑龙江省哈尔滨市香坊区香顺街49号	150036
杭州中农质量认证中心	CNCA-R-2003-096	2015年5月6日	杨亚军	0571-86650449	浙江省杭州市云栖路1号	310008
北京中绿华夏有机食品认证中心	CNCA-R-2002-100	2014年12月10日	韩沛新	010-62131329	北京市海淀区学院南路59号	100081
中环联合（北京）认证中心有限公司	CNCA-R-2002-105	2014年12月10日	唐丁丁	010-59205880	北京市朝阳区育慧南路1号A座10层	100029
北京五洲恒通认证有限公司	CNCA-R-2003-115	2015年6月24日	李国秋	010-63180681	北京市丰台区角门18号枫竹苑二区1号楼3层303室	100066
辽宁方园有机食品认证有限公司	CNCA-R-2004-122	2016年3月24日	井元山	024-86806565	辽宁沈阳市皇姑区黄河南大街106号丽阳商务大厦A座11层（辽宁大厦对面）	110031
黑龙江绿环有机食品认证有限公司	CNCA-R-2004-123	2014年12月10日	陈晓梅	0451-86484811	黑龙江省哈尔滨市南岗区教化街98号	150006
辽宁辽环有机食品认证中心	CNCA-R-2004-128	2016年3月24日	徐田伟	024-86806249	辽宁省沈阳市于洪区崇山东路32号	110031

有机食品认证机构（2011 年 12 月 31 日止）（二）

机构名称	批准号	证书有效期	负责人	电话	地址	邮编
北京五岳华夏管理技术中心	CNCA-R-2004-129	2016 年 3 月 24 日	赵晨	010-63310558	北京市宣武区南滨河路 23 号 1 座 5 层 02 号房	100055
新疆生产建设兵团环境保护科学研究所	CNCA-R-2004-131	2016 年 3 月 24 日	万勤	0991-2819402	新疆维吾尔自治区乌鲁木齐市水磨沟区红山路 159 号	830002
西北农林科技大学认证中心	CNCA-R-2004-133	2016 年 3 月 24 日	孙其信	029-87091495	陕西省杨凌西农路 28 号西北农林大学测试中心（植物所校区）	712100
南京国环有机产品认证中心	CNCA-R-2004-134	2016 年 3 月 24 日	肖兴基	025-5411206	江苏南京市玄武区蒋王庙 8 号	210042
北京中合金诺认证中心有限公司	CNCA-R-2007-151	2015 年 6 月 13 日	张祥茂	010-88851460	北京市朝阳区左家庄 15 号 1 号楼 3 层 311、307、304 房	100028
北京东方嘉禾认证有限责任公司	CNCA-R-2006-145	2014 年 9 月 29 日	严冰珍	010-69973476	北京市海淀区肖家河天秀路 10 号办公行政楼 5015 室	100193
北京爱科赛尔认证中心有限公司（法国 ECOCERT 设立认证机构）	CNCA-RF-2006-45	2016 年 4 月 10 日	威廉姆・维达	010-62827070	北京市海淀区天秀路 10 号中国农业大学(西校区)国际创业园 4015 室	100091
南京英目认证有限公司（瑞士生态基金公司设立认证机构）	CNCA-RF-2006-46	2015 年 9 月 13 日	丁维	025-83212780	江苏省南京市鼓楼区中央路 399 号天正国际广场 06 幢 404 室	210037
上海色瑞斯认证有限公司（德国 CERES 设立认证机构）	CNCA-RF-2007-50	2016 年 12 月 16 日	袁才勇	021-61483660	上海市杨浦区控江路 1023 号 5 楼 505 室	200093

注：资料来源：国家认监委网站。

绿色食品认证机构（2011 年 12 月 31 日止）

机构名称	批准号	证书有效期	负责人	电话	地址	邮编
中国绿色食品发展中心	CNCA-R-2002-106	2014 年 12 月 10 日	王运浩	010-62191404	北京市海淀区学院南路 59 号	100081

无公害食品认证机构（2011 年 12 月 31 日止）

机构名称	批准号	证书有效期	负责人	电话	地址	邮编
农业部农产品质量安全中心	CNCA-R-2003-055	2014 年 12 月 10 日	马爱国	010-62191443	北京市海淀区学院南路 59 号	100081

浙江省农业厅
关于做好浙江绿茶标识推广使用的通知

浙农专发〔2011〕33号

各市、县（市、区）农业（农林、林业、林特）局：

为进一步加强农业品牌建设，全力打造“浙江绿茶”品牌，规范浙江绿茶标识的推广使用，提升浙江绿茶品牌整体形象和信誉，根据《中华人民共和国商标法》、《浙江绿茶》省地方标准（DB33/T 733）的规定，就做好浙江绿茶标识推广使用工作通知如下：

一、浙江绿茶标识及其使用原则

浙江绿茶标识是指《浙江绿茶》省地方标准（DB33/T 733）规定的“浙江绿茶标识图案”，用以标识、证明浙江绿茶产品，由省农业厅经济作物管理局（以下简称“厅经作局”）授权使用并公布。

凡符合规定条件的浙江绿茶生产、经营单位或个人均可自愿申报使用浙江绿茶标识。使用浙江绿茶标识的单位或个人均应当遵守本通知的有关要求，并按照规定程序办理相应的手续。未经厅经作局授权，任何单位和个人无权使用浙江绿茶标识。

二、浙江绿茶标识使用的条件要求

申请使用浙江绿茶标识的茶叶产品应当符合下列条件：有茶叶生产或经营主体资格；生产加工和产品符合《浙江绿茶》省地方标准（DB33/T 733）要求；有产品质量管理制度；有产品注册商标。

申请使用浙江绿茶标识的单位或个人，应当向所在地的县级农（林）业行政主管部门申报，并提供以下材料：浙江绿茶标识使用申请书、承诺书、营业执照复印件、注册商标复印件、执行的标准文本原件或复印件、申报产品质量检测合格的有效证明、产品质量管理制度、其他需要补充说明的材料。

县级农（林）业行政主管部门应当及时对申报材料进行核实，并将核实情况报厅经作局。注册地在本省行政区域外的从事浙江绿茶分装、经销企业申报使用浙江绿茶标识，应当向省茶叶产业协会驻所在省（市、区）企业分会申报。省茶叶产业协会驻外企业分会应当及时对申报材料进行核实，并将核实情况报省茶叶产业协会，省茶叶产业协会核实后应当及时报厅经作局。申报者所在省（市、区）未设立省茶叶产业协会驻外企业分会的，可直接向厅经作局申报。

厅经作局接到申报材料后，应当在30日内作出是否同意使用浙江绿茶标识的决定。对同意使用的，由厅经作局颁发浙江绿茶标识使用证书及编号，并予以公告。

三、浙江绿茶标识使用的规范要求

浙江绿茶标识仅限于产品包装、标签、门面装潢、运输工具、广告、说明书上使用。浙江绿茶标识编号的使用权，以核准使用产品为限，不得擅自扩大使用范围。获准使用浙江绿茶标识的单位和个人，在有效使用期限内，应接受厅经作局对其使用标识的产品进行抽查。抽查不合格的，厅经作局有权责令其限期整改。获准使用浙江绿茶标识的单位和个人，如出现承诺书中有关违规情形之一的，厅经作局将有权收回其浙江绿茶标识使用权，注销证书及编号，并予以公告。任何单位和个人不得伪造、仿制浙江绿茶标识及其编号，不得擅自将浙江绿茶标识及编号转让给其他单位或个人使用。

浙江绿茶标识使用有效期限为三年。需继续使用的单位和个人，须在有效期满前六个月内，按本通知有关要求重新办理；未重新办理的，视为自动放弃其使用权。

浙江绿茶标识实行免费使用。获准使用浙江绿茶标识的单位和个人，可以凭浙江绿茶标识使用证书定制浙江绿茶标识铜牌。

四、其他事项

自本通知下发之日起，厅经作局受理浙江绿茶标识使用的申报。请各地做好宣传推广和组织申报工作，在执行过程中有何意见和建议，请及时反馈厅经作局。

二〇一一年四月一日

福建省人民政府关于推进现代茶产业发展的若干意见

闽政〔2011〕85号

各市、县（区）人民政府，平潭综合实验区管委会，省人民政府各部门、各直属机构，各大企业，各高等院校：

为提升现代茶产业发展水平，促进福建省由茶叶资源大省向茶叶产业强省转变，现提出以下意见：

一、总体要求

“十二五”期间，以稳面积、提质量、增效益为发展方针，以促进农民增收为目标，全面发展现代茶产业。计划到2015年，全省茶园面积21.33万公顷，比2010年增加1.21万公顷，增长6%；全省茶叶产量33万吨，比2010年增加5.7万吨，增长21.1%；毛茶产值165亿元，比2010年增加65.4亿元，增长65.7%。

二、推动重点企业上市

争取在“十二五”期间培育2家以上茶叶企业在国内上市，3家以上茶叶企业在境外上市。林业主管部门应为茶叶企业使用宜林荒山荒地种植茶树提供信息和政策咨询等优质服务，为建设茶园涉及搭建工棚、修建道路等需要征占用林地的提供审核审批优质服务；国土资源主管部门应优先安排茶叶企业新建厂房用地。

三、提升产品质量安全水平

各茶叶产区县（市、区）职能部门要推行茶园标准化种植，开展配方施肥，强化对农药、化肥等农业投入品的市场监管，禁止使用剧毒、高毒、高残留农药，推广使用生物有机肥，使用高效、低毒农药和生物农药，推广病虫害综合防治技术，开展茶农科学用药培训，从源头上提高茶叶产品的质量安全水平。扶持重点茶叶龙头企业开展茶叶质量安全可追溯制度试点工作，建立生产有记录、信息可查询、流向可跟踪、责任可追究、产品可召回、质量有保障的产品可追溯体系。

四、加强种质资源保护与开发

在保护的基础上，加大茶树优良品种的选育和推广工作，做到保护一批、储备一批、研究一批、推广一批。鼓励新品种选育，从2012年起省级财政对上一年度获得国家级、省级审定的茶树新品种，每个新品种分别给予选育单位一次性奖励50万元和30万元。扶持茶叶主产区建立茶树良种繁育基地，完善基础设施建设，提高福建省茶树良种繁育水平。

五、提高农民组织化程度

农民茶叶专业合作社是推进茶产业发展的重要载体，各茶叶主产县（市、区）要积极培育茶叶农民专业合作社，提高茶叶进入市场的组织化程度，促进茶叶增产、茶农增收。符合条件的农民茶叶专业合作社列入省、市两级示范社并予以扶持，享受相关优惠政策。

六、创建茶叶知名品牌

支持茶叶企业注册集体商标、证明商标，申请地理标志产品保护专用标志使用权、农产品地理标志以及无公害农产品、绿色食品、有机食品和良好农业规范（GAP）认证，创建知名品牌。要充分发挥福建省茶文化底蕴深厚的优势，推进茶文化产业建设，以文化带动茶叶品牌提升。

七、加大政策扶持力度

加大财政资金的投入，在中央财政支持现代农业（茶业）生产发展的基础上，“十二五”期间，省级财政每年安排不少于3 000万元专项资金，用于茶产业发展，各茶叶主产县（市、区）也要加大对茶产业的财政投入。财政资金重点用于茶树种质资源保护、新品种选育与推广、生态茶园基地和茶叶标准化示范区建设、茶叶检测机构建设、茶叶机械化生产与清洁化加工、品牌宣传创建、标准化生产、技术培训等方面。优化金融信贷服务，鼓励和引导金融机构充分利用茶园抵押贷款等各种创新金融服务，继续加大对茶叶企业的扶持力度。实施项目带动，以现代农业（茶业）生产发展资金项目等重大项目为抓手，提高福建省现代茶业发展水平。

八、强化组织领导

各茶叶主产县（市、区）要制定茶产业发展规划、年度计划和推进茶产业发展的具体政策措施，明确茶叶技术推广机构，加强茶叶技术推广力量，加快茶叶新品种、新技术、新机具、新农药、新肥料的推广。各级农业、林业、发展改革、经贸、财政、质监、水利、环保、金融、国土、工商、税务、旅游、供销等相关部门要依据相关职能，加强协作，做好推进福建省茶产业发展的各项工作。

福建省人民政府

二〇一一年十月十一日

河南省茶产业发展规划（2011—2020年）①

为全面提升河南省茶产业发展水平，促进茶农增收、茶产业结构调整和产品升级，振兴茶叶经济，结合河南省实际，特制定本规划。

一、发展现状

河南省种茶历史悠久，茶文化底蕴深厚，是我国茶叶主产区之一。近年来，区域格局初步形成，产业规模不断扩大，产品结构不断优化，标准化生产稳步推进，品牌效益日趋凸显，带动能力进一步增强，产业发展明显加快，总体上呈良好发展态势。

二、发展趋势及竞争力和市场前景分析

（一）发展趋势

（1）茶叶产销持续稳定增长。

（2）绿茶、红茶需求增长强劲。

（3）质量安全要求日益严格。

（4）茶叶综合利用明显增加。

（5）"南茶北移"趋势明显。

（二）市场前景分析

随着人们消费结构的改善，全球对茶叶认知度和人们对高品质生活追求程度的提高，茶叶正受到越来越多消费者的青睐。从国际市场看，近年来，我国茶叶出口保持稳定增长态势，特别是绿茶在国际市场上优势明显。2009年我国出口茶叶30.29万吨，金额达到7.05亿美元，数量、金额分别较上年增长2.02%和3.3%。从国内市场看，一方面，随着城乡居民收入水平的提高，茶叶消费向品牌化、安全化、多元化方向发展趋势明显，无公害茶、有机茶成为新的消费热点；另一方面，当前我国年人均茶叶消费量仅为0.7千克，潜在的国内市场规模使茶产业有巨大的发展潜力。从省内市场看，河南省作为全国第一人口大省，随着经济的崛起，茶叶消费将呈刚性增长。如果年人均茶叶消费量由现在的0.26千克提高到全国平均水平0.7千克，省内市场销茶量将增加到7万吨，产量与销量缺口达2.8万吨以上；如果提高到广州、上海等地年人均消费茶叶1千克的水平，省内市场销茶量将增加到10万吨，产量与销量缺口达5.8万吨以上。可以预见，今后10年河南省茶产业发展将具有广阔的市场前景。

三、发展思路、原则与目标

（一）发展思路

全面贯彻落实科学发展观，立足河南省茶叶生产和消费潜力优势，围绕做大、做强、做优茶产业，以市场需求为导向，以开发省内茶叶消费群体为基础，以"建设基地、调整结构、创建品牌、培育龙头、文化带动"为重点，不断完善科技支撑、良种繁育、标准生产、市场流通、质量安全体系，进一步扩大茶叶种植面积，提高茶叶综合利用率，提升茶叶精深加工能力，提高茶产品的消费水平，增强茶产业带动增收能力，推动河南省茶产业实现跨越式发展。

（二）发展原则

1. 统筹规划原则 把茶叶生产结构的调整、流通渠道的完善和消费群体的培育相结合，统筹考虑生产、销售和消费问题，把产业建立在有效消费基础上，形成茶产业科学发展的关联链条。

2. 市场导向原则 瞄准国内、国际两个市场，充分占领传统消费市场和努力发掘河南省潜在的茶产品消费市场，大力发展市场占有率高、前景广阔、有特色的茶叶产品，重点发展适合河南省乡村居民和中低收入居民的茶叶产品。

3. 比较优势原则 综合考虑各区域在资源禀赋、生产规模、市场区位、环境质量、资金、技术、人才以及产业政策等方面的优势，突出重点，相对集中，因地制宜，扬长避短，把潜在的资源优势转变为现实的经济优势。

4. 科技支撑原则 依靠科技进步不断推进茶产业发展，提高茶产业整体素质，完善茶产业科技和服务体系，全面提升茶产业科技创新能力，提高科技含量和科技贡献率。

5. 集聚发展原则 充分发挥区域优势，加快茶产业区域集聚发展，优化产业布局，引导产业规模化、专业化、集约化和标准化发展。

6. 可持续发展原则 坚持推动经济、社会、环境协调发展，实现速度与质量相统一，形成区域性、规模化生产基地，延伸产业链，进一步做大做强茶产业，实现可持续发展。

（三）发展目标

1. 总体目标 加快茶产业发展方式转变，推动全省茶产业逐渐由传统农业向现代农业转变，实现茶园种植的良种化、生态化、规模化和茶叶加工的机械化、标准化、清洁化；茶产业企业实力显著增强，品牌效益进一步凸显，市场份额大幅提高，中原茶文化影响力明显提升；把郑州、信阳建设成为全国重要的茶叶交易批发、信息发布

① 本文摘自河南省人民政府办公厅《关于印发河南省茶产业发展规划（2011—2020年）的通知》，节选部分内容。

中心；把河南省建设成为全国知名的优质无公害茶叶生产加工基地、茶叶流通集散地、茶树“南茶北移”驯化基地和重要的茶文化旅游休闲区，建设中国北方茶叶生产、加工、贸易和文化中心。

2. 具体目标

(1) 茶叶种植规模。到 2015 年，全省茶园面积发展到 13.33 万公顷，其中无性系良种茶园面积 5.33 万公顷；采摘面积达到 10.67 万公顷；茶叶总产量 9.6 万吨，其中春茶、夏秋茶产量比达到 7∶3。到 2020 年，全省茶园面积发展到 20 万公顷，其中无性系良种茶园面积 10 万公顷；采摘面积达到 17.33 万公顷；茶叶总产量 18.2 万吨，其中春茶、夏秋茶产量比达到 6∶4。

(2) 茶产业产值结构。到 2015 年，产值达到6 500元/亩（1 亩=667 平方米），茶叶总产值 104 亿元，流通业增加值 40 亿元，精深加工业增加值 10 亿元。到 2020 年，产值达到9 000元/亩，茶叶总产值 234 亿元，流通业增加值 90 亿元，精深加工业增加值 20 亿元。

(3) 茶产业龙头企业和品牌建设。到 2015 年，培育年销售额超亿元的龙头企业 3～5 个，销售额超 0.5 亿元的龙头企业 10～15 个，上市公司 1～2 个；新创建国内知名品牌 2～3 个，省内知名品牌 5～8 个。到 2020 年，培育年销售额超亿元的龙头企业 6～10 个、销售额超 0.5 亿元的龙头企业 20～25 个，上市公司 2～3 个；新创建国内知名品牌 4～6 个、省内知名品牌 10～15 个。

(4) 茶产品交易市场建设。到 2015 年，建成年交易额超 5 亿元的茶叶批发交易市场 1～2 个，建成年交易额超 3 亿元的茶叶批发交易市场 2～3 个。到 2020 年，建成年交易额超 10 亿元的茶叶批发交易市场 1～2 个，建成交易额超 5 亿元的茶叶批发交易市场 2～3 个，建成在全国具有重要影响的茶叶交易平台和网络交易系统 1 个。

(5) 茶产品消费市场培育。到 2015 年，全省年人均茶叶消费量由 0.26 千克提高到 0.5 千克，人均增加消费 0.24 千克，茶叶消费总量达到 5 万吨。到 2020 年，全省年人均茶叶消费量提高到 1 千克，比 2015 年增加 0.5 千克，茶叶消费总量达到 10 万吨。

(6) 茶产业带动增收能力。到 2015 年，涉茶农户达到 50 万户，茶农从事茶产业人均收入达到5 000元，占其纯收入的 60%以上。到 2020 年，涉茶农户达到 75 万户，茶农从事茶产业人均收入8 000元，占其纯收入的 65%以上。

四、产业规划布局

按照河南省气候、土壤条件、资源优势及茶产业现状，全省茶产业布局总体规划为“三带三区二网一线”。三带即茶叶生产加工核心带、茶叶生产加工开发带和茶叶生产加工辐射带。三区即根据我省人均茶叶消费现状及潜力，将我省的茶叶消费区规划为传统消费区、城镇消费区和农村消费区。二网即规划建设茶叶产地交易网络和茶叶销地交易网络。一线即规划建设一批茶文化生态旅游精品线路。

五、发展重点

按照统一规划、分步实施的原则，综合考虑河南省茶叶生产三大区域的现有基础、资源条件和市场需求情况，重点建设六大工程、五大体系。六大工程包括：生产基地建设、产业结构调整、龙头企业培育、知名品牌创建、茶文化与茶旅游开发、消费群体培育。五大体系包括：科技支撑体系、良种繁育体系、标准化体系、市场流通体系、质量监控与预警体系。

六、投资概算和效益分析

(一) 投资概算

六大工程、五大体系初步估算总投资 98.6 亿元，其中：2011—2015 年投资 50.35 亿元，2016—2020 年投资 48.25 亿元。

(二) 效益分析

1. 经济效益 通过规划的实施，将使河南省茶叶生产条件得到根本性改善，茶叶综合生产能力和科技支撑能力得到大幅提升，经济效益显著提高，茶文化更加浓厚，产业竞争力明显增强，河南省将实现由茶产业大省向茶产业强省的跨越。到 2020 年，全省茶叶种植面积将达到 20 万公顷，较 2010 年增加 2 倍多，按实际采摘面积 17.33 万公顷计算，全省茶产业总产值由 2010 年的 81 亿元增加到 234 亿元。扣除 50%的生产成本，全省年茶产业纯收入将由 2010 年的 40.5 亿元增加到 117 亿元。

2. 社会效益 通过规划的实施，可充分发挥茶产业在改善城乡居民生活质量、吸纳农村劳动力就业、带动相关产业发展等方面的作用，社会效益显著。到 2020 年，河南省茶农数量将由 2010 年的 25 万多户增加到 75 万户左右，按照每户种植 0.27 公顷茶园计算，户均每年增加收入 3.6 万元以上，对增加农民收入将发挥重要作用。同时，随着茶产业发展水平的不断提高，茶叶流通、精深加工、文化娱乐、观光旅游等领域也将逐渐发展壮大，按照茶叶生产环节可吸纳 150 万个农村劳动力、加工和流通环节可提供约 80 万个就业岗位计算，整个茶产业可提供约 230 万个就业岗位，促进农村剩余劳动力转移就业作用明显。因此，河南省茶产业发展具有十分显著的社会效益。

3. 生态效益 茶产业既是高效农业，又是环保产业。通过发展无公害、绿色有机茶园，采用先进栽培技术和病虫害防治技术，可大大降低茶产业对生态环境造成的不良影响。通过建设规模较大的茶园，有利于提高森林覆盖率，可有效减少水土流失。通过建设茶叶生态旅游观光茶园等，可达到美化区域生态环境的作用。

霍山黄芽古今谈

詹罗九

霍山黄芽为历史名茶，产于霍山县。霍山地处大别山脉北坡，主峰白马尖海拔1 774米，位于县境南沿。地势南高北低，佛子岭水库大坝以上的东淠河流域，是优质霍山黄芽的主产区。

秦汉以后，巴蜀茶叶传播到淮河流域。清·乾隆四十一年（1776年）《霍山县志》载："霍山黄芽之名，已肇于西汉，《史记》云：寿春之山，有黄芽焉，可煮而饮，久服得仙。即茶称瑞草魁，霍茶又为诸茗魁矣。"寿春，古邑名，亦寿州治所（今安徽寿县），公元前241年后曾为战国楚都。

明·李时珍《本草纲目》（1578年）云："楚之茶……寿州霍山之黄芽。"

唐宋年间，霍茶产甚丰，已是江淮茶叶榷禁、土贡之要地。唐·陆羽《茶经·八之出》（758年）有"盛唐生霍山者"的寿州茶叶产区记载。

唐·斐汶《茶述》（8世纪）云："茶起于东晋，盛于今朝……今宇内为土贡实众，而顾渚、蕲阳、蒙山为上，其次即寿阳、义兴、碧涧、邕湖、衡山，最下为鄱阳、浮梁。"乾隆四十一年《霍山县志》在转载宋·斐汶《茶述》后云："寿阳，即寿春也。明代天下产茶以百数，致贡者仅十余处，而上供专用六安。谓寿阳居次，恐亦非定论也。"

唐·杨华《膳夫经手录》（856年）载："寿州霍山小团，其绝好者，上于汉美，所阙者，馨花颖脱。"唐末毛文锡《茶谱》有寿州霍山黄芽的记载。

元·脱脱《宋史·食货志》（1345年）云："宋榷茶之制……在淮南则蕲、黄、庐、舒、光、寿六州。官自为场，置吏总之，谓之山场者十三。六州采茶之尼皆隶焉，谓之园户。岁课作茶输租，余则官悉市之。其售于官者，皆先受钱而后入茶，谓之本钱。又民岁输税，愿折茶者，谓之折税茶。总为岁课八百六十五万余斤，其出鬻皆就本场。"霍山场是十三场之一。

古代茶叶，唐人首称阳羡，宋人最重建州，元明贡茶，武夷雨前最胜，明末清初以降，贡者十余处，上供专用六安。

古代贡茶有土贡与宫廷御用之分。御用珍品贡茶生产，唐代在江苏的宜兴（阳羡茶）和浙江的长兴（顾渚茶）；宋代南移到福建的建瓯（建州茶）；元明在福建的崇安（武夷茶）。只是到了明末清初，才专用安徽的六安茶。

唐代六安州所产的霍山黄芽为土产贡茶，明嘉靖后逐渐取代武夷雨前茶，成为御用珍品贡茶。明代天下产茶州县以百数，贡者十余处，为什么上供专用六安？六安州贡茶为"后起之秀"。清嘉庆九年（1804年）《六安直隶州志》记载："茶贡天下产茶州县数十，惟六安茶为宫廷常进之品，欲其新采速进，故他地土贡尽自督抚，而六安知州则自拜表径贡新茶达礼部，为上供也。"

六安州茶产，以霍山品质最优，产量亦丰。明代史书中，六安茶成了霍山茶叶的品名，六安州贡茶当然也不例外。

1971年，开始挖掘、研制、恢复霍山黄芽。1972年县农业局派茶叶技干与茶农，在乌米尖炒制黄芽茶7千克。1973年，县土产公司又布点金鸡山、金竹坪、乌米尖三处制作霍山黄芽89千克。……1985年，霍山黄芽送中国进出口商品交易会（即广州交易会）试销，深得国内外客户好评。1986年，霍山黄芽被省商业局评为安徽省优质食品。1990年，霍山黄芽荣获中国商业部优质产品称号，一举成为中国名茶。这年，霍山黄芽经安徽省茶叶公司出口销往欧洲、中国香港、东南亚1 000余千克。

关于霍山黄芽的工艺技术条件，有的文献记述中还有轻微的闷黄过程（工序），把霍山黄芽列为黄茶类。笔者20世纪90年代初的论著中亦是这样记述。但近10年的茶学专著中，多将霍山黄芽列为绿茶类，工艺技术条件也无闷黄工序。

2000年霍山县茶叶产业协会编写《霍山黄芽韵》专集。霍山黄芽的手工制法分：杀青（做形）、初烘、摊凉、足烘、拣剔、复烘六工序。霍山黄芽的机制工艺为：杀青、理条、毛火、足火四工序。

按六大茶类划分，黄茶类是绿茶类与黑茶类之间的一个"过渡型"茶类，在现实的制茶生产中，绿茶也可能"无意识"地被闷黄了。而轻微的闷黄过程，制品的色香味变化也十分有限。所以，黄茶比绿茶的色泽还绿，绿茶比黄茶的色泽还黄，在现实中也确实存在。至于香味，如果闷黄程度很轻，就黄绿更难分辨了。

纵观历史，现存的文献中，唐末毛文锡《茶谱》，是历史上黄芽茶的最后记述。明代，黄一正《事物绀珠》和陈仁锡《潜确类书》都称霍山黄茶为古代的茶品名称。高濂《遵生八笺》（1580年）以后的文献，多称六安茶，且明确指出霍山为优质六安茶之主要产区。

自1990年霍山黄芽获商业部农副产品优质奖以来，所获荣誉不曾间断。1993年获安徽省科技进步四等奖、全国"七五"星火计划银奖；2000—2004年连续5年获国际茶博览交易会名茶评比金奖；2007年，被列入省级非物质文化遗产名录；2008年，在第七届国际名茶评比（韩国大会）上获得2金1银3项殊荣，同时被指定为国家政协机关用茶；2009年，在第十六届上海国际茶文化节名茶评比中获金奖。

截止到2011年底全县茶园总面积达到0.87万公顷，全年茶叶总产量5 050吨，茶叶农业总产值2.1亿元，其中名优茶（霍山黄芽等）产量1 100吨。产品主要销往北京、天津、上海、江苏、山东及安徽省合肥、淮南等地，同时出口德国、美国，逐步走向世界。

“红色茶乡”——蒙顶圣山与红军纪念馆

雅安市茶业协会　陈书谦

连天细雨，夏日的感觉姗姗来迟。恰逢周末，一大早，天上透出和煦的阳光，立即起身上山会友，寻访重建已久的红军纪念馆。

难得的阳光随着蒙山索道缓缓上行渐渐隐去，轻柔的薄雾在山腰游弋。游客们的兴致似乎没有受到丝毫影响，一路招呼、闲话、嬉戏。拾阶而上，在山门仰望蒙顶，到大殿祭拜理真；碑刻廊浏览古往今来文人墨客意犹未尽的茶诗茶联，古蒙泉聆听流传千古茶祖仙姑相濡以沫的种茶故事；皇茶园内七株仙茶不枯不灭，理真石屋沧桑依旧巍然而立。石屋前显眼的指示牌告诉我们，前行就是红军纪念馆。

沿着弯弯的山道走过去，在蒙顶满山的翠绿之中，点缀着一抹鲜艳的红色，这就是坐落在蒙顶山巅的“红军百丈关战役纪念馆”，也称“蒙山红军纪念馆”。

纪念馆位于蒙顶皇茶园右侧的后山上，据说当年徐向前元帅曾在这里召集红军和群众集会。该馆始建于1985年，2005年扩建，占地521平方米，馆内陈列有红军在名山期间的有关文字、图片，还有兵器、货币、分田证、公文包、石刻标语等实物。馆周围有红四方面军217团挖的战壕、交通壕、掩体工事等遗迹，以及邓小平、徐向前、刘伯承、张爱萍、杨成武、肖华等将领的题词碑刻，和当年红军政治部开展宣传的“红军碑林”，这是红军长征史诗的真实写照。纪念馆四周林木葱茏，茶园青翠，门前几棵挺拔的大树，其中一棵是徐向前元帅当年的拴马树。

走出纪念馆，进入瞭望亭，映入眼帘的是川西小城名山全景。名山县位于成都平原西部边缘，是古南方丝绸之路的咽喉，川藏茶马古道的起点。蒙山因茶而有盛名，名山县因山而得名，号称中国绿茶第一县。全县人口25.85万，已建茶园30多万亩，人均超过1亩，是全国三绿工程茶业示范县，全国茶叶重点县，全国无公害茶叶基地县，四川省现代农业基地重点县，还有国家级农业旅游示范点——中峰万亩观光茶园。

走到天盖寺天下大蒙山石碑前，我们聊起天来。蒙顶山，又名蒙山，是世界上有文字记载人工种茶较早的地方。公元前53—前50年，“邑人”也就是当地人吴理真，在蒙顶五峰之间栽下7棵茶树，“高不盈尺，不生不灭”。清·嘉庆《四川通志》卷之四《舆地》记载：蒙山种茶“祖师吴姓，名理真，乃严道即今雅之人也”。茶叶从野生到家种，从蛮荒到文明，吴理真用勤劳和智慧，开创了世界茶文明的先河，世世代代相传至今，造福人类，功不可没。为此，宋代的孝宗皇帝追封他为“普慧妙济菩萨”，后人尊称他为“植茶始祖”。

在天盖寺品茶，是游客感受蒙顶茶文化的好去处。蒙顶山茶造型美、品质优，从唐天宝元年（742年）就入贡皇室。《元和郡县志》：“蒙山每岁贡茶，为蜀之最。”毛文锡《茶谱》：“蒙山……每岁采仙茶七株为正贡”；唐诗“蒙茸香叶如轻罗，自唐建贡入天府”、“琴里知闻唯渌水，茶中故旧是蒙山”、“蜀土茶称圣，蒙山味独珍”，还有“扬子江心水，蒙山顶上茶”等脍炙人口，经久不衰。友人说：蒙顶品茶，不单品味，更要品韵。

观看龙行十八式茶技表演也是不可缺少的节目，长嘴壶茶技是蒙顶茶文化的奇葩，流传甚广。传说是宋代禅慧高僧在蒙山修行悟道，参透禅茶一味真谛，以艺示道，亲创蒙山派茶技，融茶道、武术、禅学、易理于一炉，每式均仿龙的动作，龙行云舞，极具观赏性。2004年一会一节开幕式、2010年上海世博会都赢得普遍赞誉。

蒙顶山还是川藏茶马古道的源头，名山县新店镇有我国唯一的茶马司遗址。宋代皇帝数次颁诏：以名山茶易马，并“定为永法”。历代以茶抚边的政策，为民族团结、国家统一做出了不可磨灭的贡献。

畅游蒙山，饮茶思源，追悼英烈，忆苦思甜。珍爱新的生活，建设美好家园，各位茶人朋友，大家一起共勉。

陕西茶文化的闪光点

中国国际茶文化研究会　程启坤

陕西茶文化有不少闪光点，陕南茶区是中国古老的茶区之一，产茶历史悠久，茶文化底蕴深厚，陕茶的历史文化是中国茶文化的重要组成部分。

（一）陕西种茶历史悠久

据历史记载，早在西周初陕南巴族人已开始种茶，东晋常璩《华阳国志·巴志》称："武王既克殷，以其宗姬封于巴，爵之以子。古者远国虽大，爵不过子，故吴、楚及巴皆曰子。其地东至鱼复（今四川奉节），西至僰道（今四川宜宾），北接汉中，南极黔涪（四川黔江及贵州道真、务川等）。土植五谷，牲具六畜。桑、蚕、麻苎、鱼、盐、铜、铁、丹漆、茶、蜜……皆纳贡之。其果实之珍者，树有荔枝，蔓有辛蒟，园有芳蒻、香茗。"

常璩《华阳国志·巴志》说得很清楚，商末周初建立的巴国，其领地北接陕南的汉中。当时的巴族人已生产制作茶叶，并将茶作为土贡产品上贡，这也是中国有史以来贡茶之始。而且人工种植的茶园中，出产"香茗"。这一历史事实说明陕南是中国人工种茶较早的地方，也是产茶和用茶较早的地方。

（二）陕南是中国古代重要茶区

公元前59年，西汉时四川成都人王褒写的《僮约》中已有"武阳买茶"和"烹茶尽具"的记载。说明与陕西接壤的四川当时已有饮茶习俗和初级茶市。南北朝时期，由于战乱，四川大批流民涌入当时比较安定的陕南大巴山区汉水流域，促进了大巴山区的开发，使汉水流域的金州（今安康）、梁州（今汉中）一带成为当时有名的富庶之地，茶叶生产和饮茶风俗也获得较大发展。

唐代陆羽《茶经》关于茶产地记载："金州生西城、安康二县山谷。"（今安康、紫阳、石泉、岚皋沿汉江两岸山谷）"梁州生褒城、金牛二县山谷。"（今宁强、南郑、汉中、留坝、勉县一带）当时陆羽把金州、梁州划归全国八大茶区之一的山南茶区范围。

唐代苏恭《唐本草》载："今呼早采者为茶，晚采者为茗，一名荈，蜀人名之苦茶，生山南汉中山谷。"现从安康等地出土的唐代青瓷茶水注、宋代油滴盏等都证明当时陕南一带饮茶的风行。

（三）唐代长安的宫廷茶道辉煌夺目

唐代是中国历史上经济、文化都比较兴盛的时期，大唐王朝举办的清明宴就是一个例证，国家强盛，每年清明节在皇宫内要召集文武大臣、外国使节共同祭祖欢宴。清明宴上必尝当年新茶，唐大历五年始建于浙江长兴顾渚山的贡茶院，每年清明节前动员工匠千余、役工3万，采制顾渚紫笋贡茶，限清明节前送达长安，谓之急程茶。唐代诗人李郢作《茶山贡焙歌》诗云："十日王程路四千，到时须及清明宴。"当时的帝王将相大都喜爱饮茶，皇帝更加偏爱。唐代湖州刺史张文规曾作诗描写贡茶到长安皇宫，皇帝欣喜若狂的情景："凤辇寻春半醉回，仙娥进水御帘开。牡丹花笑金钿动，传奏吴兴紫笋来。"清明宴上有向皇上献茶、皇上向有功之臣赐茶和向外国使节赠送礼品茶等仪规。平时皇宫内大臣、宫女饮茶休闲已成普遍现象，唐代茶画《宫乐图》描写宫中妇人饮茶消遣就是例证。

唐代宫廷茶道的兴起，上行下效，必然推动了社会各阶层饮茶风俗的发展。唐代封演在其《封氏闻见记》中记述："古人亦饮茶耳，但不如今人溺之甚；穷日尽夜，殆成风俗，始自中地，流于塞外。"《旧唐书》卷一六九《王涯传》云："长安外郭城有茶肆。"《膳夫经手录》也说："今关西、山东、闾阎村落皆吃之，累日不食犹得，不得一日无茶。"因此，在长安宫廷茶道的引领下，茶为国饮在唐代就已逐步形成。

（四）以茶敬佛，禅茶文化鼎盛发展

唐代帝王崇佛、敬佛的思想和行为，对全国佛门僧侣和百姓影响极大。法门寺是唐代帝王崇佛、敬佛的一个突出典型，无论是初唐的唐高祖、太宗、高宗、武则天，还是中唐的肃宗、代宗、德宗、宪宗，晚唐的懿宗等无不崇佛、敬佛。据史料记载，咸通十二年（871年），在法门寺塔下旧隧道的西北角发现了佛骨，当时朝野震惊，欣喜若狂。咸通十四年（873年）四月初八日（佛诞日），按皇帝敕令迎佛骨，从京城长安到法门寺，三百里间道路昼夜不绝。佛骨送归法门寺时，皇帝及皇宫成员特精选千余件珍宝，随真身供养，为此在法门寺塔下修建了地宫密室，埋藏了数以千计的唐代珍宝。其中就有懿宗、僖宗供奉的13件系列金银茶具。据地宫出土的咸通十五年（874年）《物帐碑》碑文中记载包括：懿宗供奉"火筯一对"，僖宗供奉"笼子一枚，重十六两半。龟一枚，重二十两。盐台一副，重二两。结条笼子一枚，重八两三分。茶槽子、碾子、茶罗、匙子一副，七事共重八十两。"朝廷以茶供佛敬佛，由此可见一斑。

由于皇帝崇佛的思想、以茶敬佛的行动，大大促进了全国禅茶文化的发展。全国佛教寺院普遍设茶堂、茶寮供茶，僧侣生活中离不开饮茶，且普遍用茶来供养佛祖和菩萨。因而也出现了唐代高僧赵州和尚"吃茶去"的禅林法语。唐代具有"禅茶一味"思想的中外僧人不少，陆羽、皎然、圆仁、空海、最澄等，他们既是佛教文化的弘扬者，也是茶文化的传播者。

（五）法门寺地宫出土的系列宫廷茶具是世界茶文化顶级文物

法门寺始建于东汉，先有塔，后有寺。真身舍利塔内藏有佛祖的手指骨。唐王朝200多年间，除武宗李炎外，其他历代帝王皆信佛崇佛，每30年开塔一次，举行最高礼佛仪式，将佛骨迎往皇宫内供养，以祈岁丰民和，国运昌盛。唐末咸通十五年（874年），僖宗李儇最后一次将佛骨及历代帝王供奉的千余件古器珍宝一同封入法门寺地宫。直到1 000多年后的1987年4月，因要重修宝塔，通过挖掘发现了地宫，这批稀世珍宝才重见天日。地宫中记载这1 000多件珍宝的《物帐碑》中有懿宗供奉的火筋一对，僖宗供奉的有茶笼子、龟盒、盐台、茶槽子、碾子、茶罗、茶匙子等。通过考古工作者整理认定，这套系列茶具包括有：鎏金飞鸿球路纹银笼子、壶门高圈足座银风炉、鎏金壶门座茶碾子、鎏金飞鸿纹银匙、鎏金仙人驾鹤纹壶门座茶罗子、鎏金人物画银坛子、摩羯纹蕾纽三足架银盐台、鎏金伎乐纹调达子、鎏金银龟盒，另有系链银火筋、琉璃茶盏、茶托等13件。这套唐代宫廷茶具的发现意义十分重大，20多年来，通过我国史学界、宗教界、茶文化界等深入研究和召开多次的专题研讨会，获得了共识：这套宫廷茶具是迄今为止世界上最高档次、最有历史价值的茶文化历史文物；是唐代宫廷茶道真实存在的历史见证，精美绝伦的系列茶道器物，充分反映了唐代宫廷茶道是最奢华、最精美、最高艺术化的中国茶道。我们中国国际茶文化研究会曾经根据这些出土的茶具实物和有关史料进行过综合性研究，最终完成了“唐代饼茶的复原”和“唐代煮茶法复原”的研究。陕西省歌舞团据此也编排演出了《大唐清明茶宴》歌舞，再现了长安宫廷茶道历史的辉煌。

（六）陕西是中国古代茶马交易的策源地和西销茶的集散地

历代封建王朝实施的以茶易马、茶马互市，是朝廷需要战马，西北边区民众需要茶叶而进行的国家商贸活动，是政府行为。当然禁止茶叶私卖私贩，也伤害了部分百姓的利益。唐德宗贞元年间（公元785—804年）茶马互市，即以茶换马的茶马交易开始实施。到宋代茶马交易已十分活跃，宋《续文献通考》记述：“祖宗时，一驮茶易一上驷，陕西诸州，岁市马二万匹，故岁运茶二万驮。”《明史·茶法》称：“用陕西汉中茶三百万斤，可得马三万匹。”可见交易量之大。边区牧民十分需要茶叶，茶马互市极受牧民的欢迎。因此历史上出现过茶叶运抵边疆交换马匹之时，边民跪于道旁，焚香膜拜，迎之于途的盛况。当时陕西是茶马交易的策源地。

陕西汉中是古西销茶的集散地。明代弘治中朝廷改革陕西茶叶贸易法，允许通商后，茶叶贸易极为兴盛，汉中就成为当时的重要茶叶市场和运转加工集散地。清代顺治初，因为清王朝统一全国的战争正在进行，所需马匹量大，仍需通过茶马法来获取马匹。《大清会典》载：“陕西茶法，给番易马。初差御史巡视，后为巡抚兼理，他省发引招商。”后来全国统一后，允许私贩，通过作为集散中心的汉中转运加工，运销大西北的茶叶数量就更多了。

（七）泾阳茯砖茶曾经有过辉煌的一页

泾阳位于岭北，处关中腹地，泾河下游，自古是南茶北运的必经之地。因而，从汉代始泾阳就成了官引茶到中原的集散地。官茶到泾，另行检做，泾阳遂形成加工制作输运中心枢纽。泾阳茯砖茶产生于北宋神宗熙宁元年（1068年），泾阳茯砖茶成名于明洪武元年（1368年），兴盛于明清至民国时期。泾阳茯砖茶当初主要原料来源是湖南的黑毛茶，用篾篓包装的90千克一包的黑毛茶运至泾阳，为便于马帮运输，解包后蒸压成2千克/块重的砖茶，当时压砖多在夏季伏天，因此名“伏茶”、又因其功效类似土茯苓，因此又名茯砖茶，因是在泾阳加工的砖茶，又名泾阳砖。制成茯砖茶后，才沿丝绸之路销往西北各地乃至中西亚各国。卢坤《秦疆治略》记载：“泾阳县官茶进关，运至茶店，另行检做，转运西行，检茶之人，亦有万余。”“当时泾阳县城及周边，茶行、茶庄、作坊、茶商号，店铺林立，热闹非凡。”因此泾阳及泾阳茯砖茶曾经在中国茶叶发展史上有过辉煌的一页。

近年来，泾阳县茶叶协会，为了更好地保护、传承、发扬光大这一历史文化遗产，研究、挖掘历史文化，积极申报非物质文化遗产，在传统工艺的基础上组织技术攻关，研制出具有独特品质、茶砖内金花密布的泾阳茯砖茶，并投入了规模生产，社会效益与经济效益都十分显著。

（八）陕西饮茶历史文化源远流长

陆羽《茶经·六之饮》称：“茶之为饮，发乎神农氏，闻于鲁周公。齐有晏婴，汉有扬雄、司马相如，吴有韦曜，晋有刘琨、张载、远祖纳、谢安、左思之徒，皆饮焉。滂时浸俗，盛时国朝，两都并荆、渝间，以为比屋之饮。”说明唐代之前巴流行饮茶，甚至已成风俗，最盛行于唐朝。在西安和洛阳两都城及荆州、巴渝等地，几乎家家户户都饮茶。

《封氏闻见记·卷六 饮茶》中提及：“起自邹、齐、沧、棣，渐至京邑。城市多开店铺，煎茶卖之，不问道俗，投钱取饮。其茶自江、淮而来，舟车相继，所在山积，色类甚多。”说明唐代各地及京都长安开店卖茶水已相当普及。

2009年中国考古六大新发现之一的西安蓝田县五里头村北宋吕氏家族墓地，共出土了数十件主要用途为茶具的渣斗，分为陶、瓷、石、铜等材质。其中一件铜质渣斗内发现了距今近1 000年的珍贵芽茶（有专家认为类似现今的福鼎白茶），大约有30多根，能够保存至今的茶叶实物在中国考古史上极为罕见。

陕西茶的历史文化内容丰富，既有物质的，也有精神、制度方面的。陕南古代巴族人是有历史记载以来种茶最早的民族；法门寺地宫出土的唐代系列宫廷茶具是唐代

存在宫廷茶道的见证，也是以茶敬佛、茶禅一味的真实体现；在长安唐代朝廷实施的贡茶制度与清明宴的重大祭祀欢宴活动，推动了中国优质名茶的发展；朝廷实施的以汉中为中心的茶马交易活动，是茶政与茶贸易结合的制度体系。这些都是中国茶文化的重要组成部分，也是构成中国茶文化的重要支柱。

饮茶与健康

王岳飞　陈红波　徐　平　杨贤强

茶是人们的传统饮料。几千年来，中国人喝茶的习惯经历着不少变化。我们对饮茶人调查显示，55%的被调查者表示为了健康；30%的人是为了提神；其余15%则是为了减肥。调查也显示，人们对于如何健康饮茶了解得不多。健康饮茶，最好不要拘于某一种茶类，要根据年龄、性别、体质、工作性质、生活环境以及季节有所选择，多类别、多品种、多地域地领略各种茶。

（一）六大茶类的茶性

我国种茶制条都有悠久的历史，据不完全统计，现在我国已新培育出茶树三百多类，生产茶叶有千余种。茶叶的分类方法不甚一致，按发酵程度不同，可分为发酵茶、半发酵茶、未发酵茶三类；按茶叶加工工艺的不同，又分为绿茶、黄茶、白茶、黑茶、青茶、红茶六大类，并且六大茶类茶性不同，对人体的影响也不同。从本质上看，李时珍《本草纲目》中记载：茶，味苦，甘，微寒，无毒，归经，入心、肝、脾、肺、肾脏。阴中之阳，可升可降。从中医角度看，不同类型的茶本身就有凉性、中性和温性之分，如表1。

表1　六大茶类的茶性

极　凉	凉　　性					中　性	温　　性		
苦丁茶	绿茶	黄茶	白茶	新普洱生茶	轻发酵乌龙茶	中发酵乌龙茶	重发酵乌龙茶	黑茶	红茶

（二）辨体质选茶饮

中国人饮茶有着悠久的传统，总结出了一套饮茶养生的方法，就是辨体质选茶饮。茶尽管主产地都在我国的南方，但是因地区、气候等自然环境变化也会有所不同，加之制作工艺及加工过程的不同，茶性也会有所区别。要按体质区别对待。

1. **中医划分的9种体质**（表2）。

表2　中医划分的9种体质

体质类型	体质特征和常见表现
1. 平和质	面色红润、精力充沛，正常体质
2. 气虚质	易感气不够用，声音低，易累，易感冒。爬楼，气喘吁吁的
3. 阳虚质	阳气不足，畏冷，手脚发凉，易大便稀溏
4. 阴虚质	内热，不耐暑热，易口燥咽干，手脚心发热，眼睛干涩，大便干结
5. 血瘀质	面色偏暗，牙龈出血，易现瘀斑，眼睛红丝
6. 痰湿质	体形肥胖，腹部肥满松软，易出汗，面油，嗓子有痰，舌苔较厚
7. 湿热质	湿热内蕴，面部和鼻尖总是油光发亮，脸上易生粉刺，皮肤易瘙痒。常感到口苦、口臭
8. 气郁质	体形偏瘦，多愁善感，感情脆弱，常感到乳房及两胁部胀痛
9. 特禀质	特异性体质，过敏体质常鼻塞、打喷嚏，易患哮喘，易对药物、食物、花粉、气味、季节过敏

2. **看体质择茶饮**　一些人有抽烟、喝酒、熬夜等不良生活习惯，从而导致体质的多样、多变，体质往往难以用燥热、虚寒简单划分。有的人从表现看两种体质兼而有之：体形较胖容易上火，但是吃点生冷的东西就拉肚子；还有的人体形偏瘦明显脾胃虚弱，但又十分热气。每个人的体质都会表现出主要症状，饮茶时应以主症状作为依据。判断茶叶是否适合自己，不妨看尝试后身体是否出现不适症状，这主要表现在两方面：其一是肠胃不耐受，饮茶后容易出现腹（胃）痛、大便稀烂等；其二是出现过度兴奋、失眠或者头晕，手脚乏力，口淡等。如果尝试某种

茶叶后感觉对身体有益，则可继续饮用，反之则应停止。但无论怎样，饮茶不仅仅是一种时尚，更是一种养生之道，宜常饮而不宜过量，浓淡宜适中，可随饮随泡。

表3　9种体质与饮茶种类的搭配建议

体质类型	喝茶建议
平和质	各种茶类均可
气虚质	普洱熟茶、乌龙茶、富含氨基酸如安吉白茶、低咖啡碱
阳虚质	红茶、黑茶、重发酵乌龙茶（岩茶） 少饮绿茶、黄茶，不饮苦丁茶
阴虚质	绿茶、黄茶、白茶、苦丁茶，轻发酵乌龙茶可，配枸杞子、菊花、决明子，慎喝红茶、黑茶、重发酵乌龙茶
血瘀质	各类茶、可浓些；山楂茶、玫瑰花茶、红糖茶等；推荐茶多酚片
痰湿质	各类茶，推荐茶多酚片，橘皮茶
湿热质	绿茶、黄茶、白茶、苦丁茶，轻发酵乌龙茶可，配枸杞子、菊花、决明子，慎喝红茶、黑茶、重发酵乌龙茶，推荐茶爽
气郁质	富含氨基酸如安吉白茶、低咖啡碱，山楂茶、玫瑰花茶、菊花茶、佛手茶、金银花茶、山楂茶、葛根茶
特禀质	低咖啡碱、淡茶

每种茶类，无论你是什么体质，小尝一下，偶尔喝喝都是没关系的。但在饮茶方面，有的人偏嗜于某种茶，这样在长期的饮茶习惯影响下，体质也会发生变化。

（三）饮茶贴士

茶是中国的传统饮料，但饮茶不当往往对身体有害无益，因此，饮茶应注意以下几点。

1. 特殊人群慎饮茶

（1）神经衰弱慎饮茶。咖啡碱兴奋神经，神经衰弱饮浓茶，尤其下午和晚上，会引起失眠，可以在上午及午后各饮一次茶，建议上午饮花茶，午后饮绿茶，晚上不饮茶。

（2）孕妇应少饮或不饮茶。茶含大量茶多酚、咖啡碱等，对胎儿不利，为使胎儿智力正常发展，避免咖啡碱对胎儿过分刺激，孕妇可饮茶，但不宜喝浓茶。

（3）妇女哺乳期不宜饮浓茶。哺乳期饮浓茶，过多咖啡碱会进入乳汁，婴儿吸乳后会间接产生兴奋，易引起少眠和多啼哭。

（4）溃疡病患者慎饮茶。茶是胃酸分泌刺激剂，增加对溃疡面刺激，常饮浓茶会促使病情恶化。但轻微患者，可在服药2小时后饮些淡茶。饮茶也可阻断亚硝基化合物合成，防止癌前突变。

（5）醉酒慎饮浓茶。茶兴奋神经中枢，醉酒后喝浓茶会加重心脏负担。饮茶加速利尿作用，使酒精中有毒的醛尚未分解就从肾脏排出，对肾脏有较大的刺激性。因此，心肾功能较差者，不要饮茶，尤其不能饮大量浓茶。

2. 适宜多饮茶的人群

（1）糖尿病患者宜多饮茶。糖尿病患者的病征是血糖过高，口干口渴，身体乏力。饮茶可有效降低血糖，有止渴、增强体力功效。患者一般宜饮绿茶，饮茶量可以稍增加些，一日内可数次泡饮，饮茶的同时，也可以吃些番瓜子或番瓜食品，具有增效的作用。

（2）腹泻时宜多饮茶。腹泻很容易使人脱水，多饮些较浓茶，茶多酚可刺激胃黏膜，对水分的吸收比单纯的喝开水要快得多，很快能给人体补充水分，同时茶多酚具有杀菌止痢的作用。

（3）吃油腻食物后宜饮茶。油腻食物多含丰富脂类或蛋白质，故食用后不易感到饥饿。胃排空为4小时左右，胃内滞留太久，会产生饱闷感，也会感到口渴。喝茶有利于加快排出，使胃部舒畅。少数民族以食牛羊肉和奶制品为主，“宁可一日无食，不可一日无茶”。为消脂而喝茶，茶可适当泡浓点，但应喝温热茶，量不宜多，否则冲淡胃液影响消化。

（4）出大汗后宜饮茶。进行过量体力劳动、高温高热环境工作，会排出大量汗液，这时饮茶能很快补充人体所需水分，降低血液浓度，加速排泄体内废物。

（5）采矿工人、作X射线透视的医生、电脑工作者、长时间看电视者和打印复印店工作者宜饮茶。因这类人会或多或少受到辐射作用，而茶含茶多酚有一定抗辐射作用，多饮茶有利健康。

（6）脑力劳动者和夜晚工作者宜饮茶。茶含咖啡碱等，提神醒脑，所以作家、学者和夜晚脑力工作者多饮茶，有利于提高思维活动，增强记忆，提高工作效率。

（7）吸烟者和常被动吸烟者宜多饮茶。吸烟时烟草燃烧产生的气相和焦油存在大量的自由基，直接或间接攻击损伤肺细胞，茶中的茶多酚能有效清除自由基，起到保护肺的作用。

3. 不宜饮茶的六种情况

（1）忌空腹饮茶。空腹饮茶会冲淡胃酸，还会抑制胃液分泌，妨碍消化，甚至会引起心悸、头痛、胃部不适、眼花、心烦等“茶醉”现象，并影响对蛋白质吸收，还会引起胃黏膜炎。若发生“茶醉”，可口含糖果或喝些糖水以缓解。

（2）忌饭前后大量饮茶。饭前后 20 分钟左右不宜饮茶，饮茶冲淡胃液，影响食物消化，且因为茶含有草酸，草酸会与食物铁质和蛋白质反应，影响铁和蛋白质吸收。

（3）隔夜茶不可以喝。饮茶以现泡现饮为好，茶水放久不仅会失去维生素等营养成分，而且茶汤会因氧化和微生物繁殖，而易发馊变质，饮易生病。

（4）忌饮劣质茶或变质茶。茶如不妥善保管，易吸湿霉变，有些人舍不得丢弃霉变茶。变质茶含有害物质和病菌，绝对不能饮用。

（5）不宜饮过浓的新茶。新茶中所含鞣酸、咖啡因、生物碱、芳香油等较多，过浓会使神经系统高度兴奋，出现心率加快、心慌气促等醉茶现象。

4. 不良的饮茶方式

（1）用保温杯泡茶。沏茶宜用陶瓷壶、杯，不宜用保温杯。因用保温杯泡茶叶，茶水较长时间保持高温，茶叶中一部分芳香油逸出，使香味减少；浸出的鞣酸和茶碱过多，有苦涩味，因而也损失部分营养成分。

（2）泡茶时间过长。茶叶浸泡 4～6 分钟后饮用最佳。此时，已有 80％的咖啡因和 60％的其他可溶性物质浸泡出来。时间太长，茶水就会有苦涩味。放在暖水瓶或炉灶上长时间煮的茶水，易发生化学变化，不宜再饮用。

（3）泡后的名优绿茶把茶叶丢掉。大多数人泡过茶后，把用过的茶叶扔掉。实际上不经济，泡后的名优绿茶应当把茶叶吃掉，名优绿茶的茶叶都很嫩，含有较多的胡萝卜素、粗纤维和其他营养物质。

（4）习惯于泡浓茶。泡一杯浓度适中的茶水，一般需要 5 克左右的茶叶。有的人喜欢泡浓茶，茶水太浓，浸出过多的咖啡因和鞣酸，对胃肠刺激性太大。

此外，“新茶不洗、剩茶不扔、茶垢不清”也是人们喝茶中容易犯的错误。不论幼嫩的新茶还是珍贵的陈茶，表面上都可能有农残、尘螨污染，乌龙茶和黑茶最好“洗”一下，头遍茶倒掉不喝。有些人不愿洗掉茶杯上的茶垢，茶垢不但对健康不利，还会影响茶的味道。

5. 慎用茶水服药 药物的种类繁多性质各异，能否用茶水服药，不能一概而论。茶叶中的鞣质、茶碱，可以和某些药物发生化学变化，因而，在服用金属制剂药时，因茶多酚易与金属制剂发生作用而产生沉淀，不宜用茶水送药，以防影响药效。有些中草药如麻黄、钩藤、黄连等也不宜与茶水混饮。一般认为，服药 1～2 小时内不宜饮茶。而服用某些维生素类的药物时，茶水对药效毫无影响，因为茶叶中的茶多酚可以促进维生素 C 在人体内的积累和吸收，同时，茶叶本身含有多种维生素，茶叶本身也有兴奋、利尿、降血脂、降血糖等功效，对人体增进药效，恢复健康也是有利的。

北 京 市

延庆县
怀柔区
密云县
昌平县
顺义区
平谷区
海淀区
门头沟区
北京市
朝阳区
石景山区
通州区
丰台区
房山区
大兴区

北京市茶业协会
中国茶叶股份有限公司
北京张一元茶叶有限责任公司
北京吴裕泰茶业股份有限公司
北京市更香茶叶有限责任公司
北京茶叶总公司
马连道茶叶一条街
老舍茶馆

北京是我国首都，全国的政治、经济、交通和文化中心。北京地区饮茶历史悠久，茶文化绚丽多彩、凝聚厚实。改革开放以来，茶叶消费量逐年上升，成为全国最大的茶叶销售区域之一，呈现出多种经济成分、多种流通渠道、多种经营方式并存的市场新格局。

茶叶批发市场

北京市主要茶叶批发市场

单位：平方米

公司名称	开业时间（年）	市场面积
北京市京闽茶城	1998	13 000
北京马连道茶城	2000	68 000
马甸福丽特中国茶城	2000	8 000
北京茶叶总公司茶叶市场	2004	30 000
北京茶缘茶叶批发市场	2005	12 000
北京天福缘茶叶批发市场	2006	—
北京国际茶城	2007	16 000
绿山九茶城	2010	5 000
东都缘茶叶市场	2011	3 000
北京日坛雅宝国际茶城	2011	3 000

注：本表以开业时间排序。

北京市作为中国最重要的茶叶销售区之一，茶叶市场云集，马连道是成立茶叶批发市场较早的茶叶街，之后在全市各地成立新的茶叶市场。2011 年在东郊建材市场又新成立了大方茶城，至此全市大大小小的茶城已经有 20 多个，足以证明北京市茶叶消费贸易繁荣景象。

茶事活动

4 月 20 日，北京展览馆举行 2011 中国（北京）国际茶业及茶艺博览会。

9 月 24 日下午，北京市“百万青工 岗位建功”行动——2011 年度青年茶艺大赛在国家话剧院隆重举行。北京市“百万青工 岗位建功”行动，是北京团市委联合市人力社保局、市国资委、市总工会在全市范围开展的一项青年活动。

10 月 28 日，第八届中国国际茶业博览会在中国国际贸易中心展览大厅举行，由商务部外贸事务发展局、中粮集团中国土产畜产进出口总公司、中华茶人联谊会和三利广告展览有限公司联合主办。本届博览会茶界精英齐聚京城，共同为建党 90 周年大庆献礼。在茶叶展览的同时，还将举办系列活动，其中包括：第八届北京·世界茶业论坛暨中国重点产茶县茶乡发展论坛、第八届中国国际名优茶评比、名茶拍卖、第八届中国茶叶包装设计大赛、2011 年度国际茶艺表演大赛等活动。

12 月 26 日，2011 年北京市茶叶协会年会在西城区马连道国际茶城召开。会议由北京市茶叶协会会长、北京二商集团有限责任公司副总经理白文祥主持，北京市茶叶协会常务副会长付光丽作协会年度工作报告。白会长对几家企业品牌方面的案例做了精彩的点评，他指出在来年经济情况不确定的情况下，北京市茶叶协会愿与会员同舟共济，携手并进，再创佳绩。

知名茶馆

北京市知名茶馆（一）

单位：个、平方米

名称	连锁店数量	营业面积	茶馆区域分布
更香茶楼	2	2 500	北京市宣武区马连道甲 10 号
老舍茶馆	1	2 000	宣武区前门西大街 3 号楼三层
碧波轩茶楼	1	700	沙河车站路 59-9 号
唐茗轩茶艺馆	1	600	北京市顺义区顺义

北京市知名茶馆（二）

单位：个、平方米

名称	连锁店数量	营业面积	茶馆区域分布
瓷茗缘茶楼	5	600	北京市门头沟区剧场东街甲10号
龙团茶苑	3	500	三里河东路23号楼
贵士茶道	2	340	宣武区广安门内大街138号1楼

注：本表以营业面积为序。

大事记

1月，首届全国茶业投融资年会在北京举行。

4月，吴裕泰组织“游皇城　品春茶”活动。

9月，中央电视台经济频道报道谁为紫砂狂。

北京二商京华茶业有限公司重组。

12月，中国社会科学院茶产业发展研究中心专家委员会成立。

北京市茶叶协会年会在西城区马连道国际茶城召开。

（北京市茶业协会　白文祥　付光丽）

天 津 市

蓟县
宝坻区
武清区
宁河县
天津市茶业协会
天津国际茶文化研究会
正兴德茶叶有限公司
海雅实业有限公司
珠江道茶城
一商茶叶交易中心
闽龙茶叶城
海峡茶叶城
珠江道茶叶批发市场
北辰区
红桥区
河北区
和平区
河东区
西青区
南开区
天津市
河西区
东丽区
滨海新区
津南区
静海县

天津作为中国北方的经济中心、环渤海商贸中心城市，拥有良好的物流港口资源和产业优势。天津又是一个老工业城市，也是国家重要的工业基地。

天津地处九河下梢，市区面积4 300平方千米，水陆交通便利，四通八达，曾经是我国北方的茶叶集散地。天津常住人口有1 300余万，流动人口 200 多万，茶叶消费呈逐年上升趋势。据不完全统计，近年天津茶叶的销量在8 000～10 000吨，销售额在 10 亿元左右。随着人民生活水平的提高和消费观念与消费水平的变化，消费者饮茶习惯也在悄然改变。目前，茉莉花茶仍占总销量的 50%以上，绿茶和乌龙茶销量增幅较大，大品牌普洱茶销售势头好，各种名优茶品牌茶走俏；湖南安化黑茶和福建红茶也受到关注，销量稳步上升。

随着电子商务的快速发展，方便快捷的网上购物也将加快茶叶销售的进程。通过网络销售茶叶已让很多商家尝到了甜头，也会有更多的商家加入到网上商城中。同时，今后的茶叶市场将会向品牌化和规模化及连锁经营的方向发展，一些新的茶企品牌也将接受市场的考验。

茶叶市场

天津在历史上就是我国北方的茶叶集散地。改革开放前，曾为天津地区和我国华北、东北及西北地区的茶业发展作出了积极的贡献。随着改革开放的深化和国家加大食品安全的监管力度，天津的茶叶市场逐渐走向规范。

截止到2011年底，天津已有大小规模的茶叶批发市场22个，入驻市场的商户有千余家，另有数千家各种类型的茶叶网点分布在市内各区和郊区、县。

随着电子商务的快速发展，方便快捷的网上售茶也将加快茶叶销售的进程。通过网络销售茶叶已让很多商家尝到了甜头，也会有更多的商家加入到网上商城中。同时，茶叶市场将会向品牌化和规模化及连锁经营的方向发展，一些坚持创新意识的茶企品牌也将脱颖而出。

天津经营茶叶的主要企业有：具有274年历史的中华老字号正兴德，包括：天津市正兴德茶叶有限公司（和平区）、天津市清真正兴德茶叶批发公司（南开区）、天津市正鑫商贸有限公司红桥正兴德（红桥区）；天津市茶业公司、天津市海雅实业有限公司海雅茶园、天津御品轩茶超市、峰芽大佛龙井天津经销部、安徽天方茶叶（集团）有限公司天津经销部、天津市九州茶叶有限公司、天津联合馨意德茶叶经销部、天津市神古茶园、天津市启元号（茶叶）商贸有限公司、天津塘沽区金鹿茶庄、天津中雄御品商贸有限公司、天津天利福茶业有限公司、福建梦龙寿宁茶叶有限公司、天津尚古茶业文化传播有限公司、北京张一元、天福茗茶等，其他大部分经营商户都是来自福建、浙江、安徽及各产茶区。

茶叶市场

天津市主要茶叶批发市场

单位：万平方米、个

公司名称	市场面积	规划铺位
天津一商茶叶交易中心（河东店、南开店）	3	240
天津珠江道茗都茶城（河西区）	1.8	160
天津芥园道茶城（红桥区）	0.9	70
天津海峡茶叶城（河东区）	0.8	95
天津珠江道茶叶批发市场（河西区）	0.8	60
天津新文化茶城（和平区）	0.4	40
天津康茗园茶叶交易市场（河西区）	0.4	35
天津香泉茶叶市场（红桥区、西青道茶城）	0.3	40
天津珠江茶城（河西区）	0.32	60

注：本表以市场面积为序。

天津市知名茶馆

单位：平方米、万元、个

名称	营业面积	营业额	连锁店数量
天津海雅茶园	2 000	2 000	9
天津妙云轩休闲茶艺馆	1 680	600	5
天津清茗雅轩茶艺馆	600	100	1

注：本表以营业面积为序。

茶叶消费

随着天津经济建设的飞速发展，百姓对茶叶的需求和饮茶习惯也悄然发生变化。传统的茉莉花茶仍然受中老年消费者的喜爱，年轻族偏爱绿茶、铁观音和普洱茶等。茉莉花茶销量仍占全市茶叶总销量的50%以上，绿茶和乌龙茶的销量增幅较大，大品牌普洱茶走俏，湖南安化黑茶和福建红茶也受到消费者的关注。

茶文化

4月15～18日，由中国国际茶文化研究会、天津市茶业协会、天津国际茶文化研究会、天津市紫砂专业委员会和市根雕奇石专业委员会等联合主办的中国天津茶艺博览会暨茶叶与紫砂艺术（天津）展览会在天津国际展览中心举行。

5 月 21 日，由天津市茶业协会、一商茶叶交易中心和天津御品轩茶超市举办的御品轩茶文化节揭幕，天津市老领导高德占、李长兴等出席开幕式并剪彩。今晚报、每日新报等多家媒体刊登消息，新华网将消息和视频在网上发布。本次活动历时 1 星期。

5月29日，由天津市茶业协会策划并支持，天津尚古茶业文化传播有限公司承办的首届天津尚古・四川蒙顶茶文化节开幕。本次茶文化节将四川蒙顶山的多种名优茶及藏茶呈献给津门百姓，并举办多场茶与健康及茶文化讲座，现场进行茶艺表演和名茶品鉴活动。本届茶文化节历时10天。

大事记

3 月 15 日，天津市茶业协会与市消费者协会，组织部分茶商和茶叶专家在天津食品街举办“3・15”消费者权益日茶叶咨询活动，现场解答消费者提出的有关茶叶的各种问题，同时向消费者讲授如何辨别茶叶的优劣、新茶与陈茶的鉴别等知识，受到消费者欢迎。

3 月 25 日，天津市茶业协会组织 30 余人的代表团赴浙江松阳参加第四届中国茶商大会暨松阳茶叶节。天津代表团参加人数之多、成交数额之大引起很大反响，当地媒体多次进行报道。

4 月 2 日，由天津市茶业协会、天津国际茶文化研究会和一商茶叶交易中心联合举办的 2011 绿茶节开幕。

4 月 30 日至 5 月 3 日，天津市茶业协会与天津市正兴德茶叶有限公司举办的天津市第九届绿茶节暨正兴德第九届绿茶节在和平路金街举行。在活动现场进行西湖龙井、洞庭碧螺春、黄山毛峰、信阳毛尖等四大名茶的炒制，让市民观赏到茶叶从鲜叶转变为干茶的全过程，吸引了众多消费者及游客驻足，活动现场异常火爆。

8 月 27 日，由天津市茶业协会和一商茶叶交易中心共同举办了茶文化节。

9 月 26 日至 10 月 7 日，由天津市茶业协会、天津国际茶文化研究会和一商茶叶交易中心联合举办的 2011 天津茶博会在一商茶叶交易中心开幕，同时一商茶叶交易中心举办开业 3 周年庆典活动。

10 月 28 日，天津市茶业协会、天津国际茶文化研究会和一商茶叶交易中心联合举办 2011 天津铁观音节暨第三届择茶比赛。

8 月至 12 月，天津市茶业协会与天津人民广播电台生活台合作，每星期六走进电台“生活大讲堂”直播间，讲解中国茶叶的有关知识，宣传茶文化，同时通过电台热线解答听众咨询的有关茶叶方面的问题。此档节目很受欢迎，收听率在电台生活类节目中名列榜首。

（天津市茶业协会　谭肇荣）

天津市部分茶企名录

天津市茶业协会

会　长　贾　凯
秘书长　谭肇荣
电　话　022-27116319
传　真　022-27116319　27118670
E-mail　zhaorong_tan@sina.com
地　址　天津和平区长春道 1 号
邮　编　300041

天津国际茶文化研究

会　长　李锦坤
秘书长　田　兰
电　话　022-83710332
传　真　022－83710766
地　址　天津华苑产业园区桂苑路科馨别墅 17 号
邮　编　300384

天津市茶业公司

经　理　南书强
电　话　022-27118559
传　真　022-27118670
地　址　天津和平区长春道 1 号
邮　编　300041

天津市正兴德茶叶有限公司

董事长　贾　凯
总经理　贾　凯
电　话　022-27112699　27112701
传　真　022-27112700
网　址　www.zxd－tea.com
E-mail　tjzxdcy@163.com
地　址　天津和平区和平路 253 号
邮　编　300040

天津市清正兴德茶叶批发公司

董事长 王恩华
经　理 纪根起
电　话 022-27372650
传　真 022-27372650
地　址 天津南开区西关大街 105-107 号
邮　编 300101

天津正鑫商贸公司红桥正兴德茶庄

董事长 王月琴
经　理 李志强
电　话 022-27353968
传　真 022-27594710
地　址 天津红桥区大胡同 6 号
邮　编 300091

天津市正兴德茶庄

经　理 杨学民
电　话 022-27270023
传　真 022-27372650
地　址 天津市南开区古文化街海河楼商贸区 15-1-1
邮　编 300090

天津市启元号（茶叶）商贸有限公司

经　理 孙　利
电　话 022-24561559
传　真 022-24551000
地　址 天津市河东区程林庄路 85 号
邮　编 300160

天津市海雅实业有限公司

总经理 韩国庆
电　话 022-83690070
传　真 022-83690070
网　址 www. hiyar. cn
E-mail hyhgq888@126. com
地　址 天津南开区保山道 72 号
邮　编 300190

天津市海雅职业技术培训学校（茶艺师培训）

负责人 杜晓青
电　话 022-27215083
传　真 022-27307888
网　址 www. hiyar. cn
邮　箱 duxiaoqing99@126. com
地　址 天津市和平区滨江道 120 号楼上
邮　编 300042

天津市御品轩茶超市

经　理 张津生
电　话 022-24152926
传　真 022-24152916
地　址 天津河东区津塘路 23 号一商茶叶交易中心二楼
邮　编 300171

峰芽大佛龙井茶天津直销部

经　理 梁文英
电　话 022-24150887　24317652
地　址 天津河东区津塘路 23 号
一商茶叶交易中心 120 号
邮　编 300171

天津市神古园茶庄

经　理 柯清福
电　话 022-88233919
传　真 022-88243698
地　址 天津河西区解放南路 475 号珠江茶城 1 号
邮　编 300171

天津市九州茶叶有限公司

经　理 郑祥榕
电　话 022-27325856
传　真 022-27332576
地　址 天津红桥区香泉茶叶市场内
邮　编 300122

天津市联合馨意德茶叶经销部

经　理　缪　锦
电　话　022-24153899
传　真　022-24153899
地　址　天津市河东区津塘路23号—商茶叶交易中心65号、83号
邮　编　300171

天津市华茗茶业有限公司

经　理　孙　飙
电　话　022-27223098
传　真　022-27223098
地　址　天津市和平区新文化茶叶城23-25号
邮　编　300020

金鹿茶庄

经　理　朱为民
电　话　022-25878814
传　真　022-25878814
地　址　天津市塘沽区解放路930号
邮　编　300450

安徽天方茶业(集团)有限公司　驻津办事处

经　理　吴叶军
电　话　022-24120852
传　真　022-24120852
网　址　www.teatf.com
邮　箱　zxh@teatf.com
地　址　天津市河东区津塘路23号—商茶叶交易中心47号
邮　编　300171

福建梦龙寿宁茶叶有限公司（天津）

经　理　刘旭森
电　话　022-27325088
传　真　022-27325088
地　址　天津市红桥区香泉茶叶市场5区6号
邮　编　300122

福建安溪兴利茶厂天津经销处（天第茶庄）

经　理　周译文
电　话　022-24153301
传　真　022-24153301
地　址　天津市河东区津塘路23号—商茶叶交易中心58号
邮　编　300171

中雄御品商贸有限公司

经　理　刘忠雄
电　话　022-24120576
传　真　022-24120576
地　址　天津市河东区津塘路23号—商茶叶交易中心33号、117—118号
邮　编　300171

主要茶叶市场

天津一商茶叶交易中心（河东店）

经　理　运悦然
电　话　022-24319995
传　真　022-24381333
地　址　天津河东区津塘路 23 号
邮　编　300171

天津一商茶叶交易中心（南开店）

经　理　运悦然
电　话　022-87360558
传　真　022-87360558
地　址　天津南开区南泥湾路 6 号
邮　编　300112

天津海峡茶叶城

经　理：王　彤
电　话：022-24145111
传　真：022-24145222
地　址：天津河东区十一经路 58 号
邮　编：300171

天津珠江道茗都茶城

总经理　庞长春
电　话　022-88240669
传　真　022-88240669
地　址　天津河西区珠江道 72 号
邮　编　300221

天津闽龙茶叶城

经　理　林跃文
电　话　022-88112088
传　真　022-88112088
地　址　天津河西区珠江道 47 号
邮　编　300221

天津珠江道茶叶批发市场

经　理　王显朋
电　话　022-28041128
传　真　022-28041128
地　址　天津河西区珠江道 58 号
邮　编　300221

天津康茗园茶叶交易市场

经　理　张　红
电　话　022-88263800
传　真　022-88263800
地　址　天津河西区太湖路 12 号
邮　编　300130

天津珠江茶城

经　理　龙力军
电　话　022-88243430
传　真　022-88232059
地　址　天津河西区解放南路 475 号
邮　编　300221

天津香泉茶叶市场（西青道茶城）

经　理　孙志华
电　话　022-27738877
传　真　022-27738877
地　址　天津红桥区西青道 94 号
邮　编　300122

河 北 省

河北省属温带大陆性季风气候，冬季寒冷少雪，夏季炎热多雨；春多风沙，秋高气爽。全省年平均气温在 4～13℃，1 月 －4～2℃，7 月 20～27℃，四季分明。全省年平均降水量分布很不均匀，年变率也很大。一般年平均降水量在 400～800 毫米。燕山南麓和太行山东侧迎风坡，形成两个多雨区，张北高原偏处内陆，降水一般不足 400 毫米。春季降水少，夏季降水常以暴雨形式出现。

河北省茶叶生产虽尚未形成规模，但河北是茶叶的消费大省，在全省 11 个地市中，拥有茶叶批发市场 20 余家，茶叶销售单位近8 000家，其中茶馆2 000多家，也是中国拥有清茶馆最多的一个省份。近年来，在以河北省茶文化学会秘书长舒曼为代表的一批茶文化专家与茶文化爱好者的共同努力下，通过对河北省茶文化历史资源的深度挖掘和对茶叶市场的有效引导，河北茶人紧密团结，使得河北茶业出现了健康、繁荣的大好景象。

茶叶生产

2011年底，河北省茶园面积共25.3公顷，其中灵寿县23.3公顷，阜平县1公顷，临城县1公顷。2009年10月23日，河北灵寿县五岳寨茶叶科技示范园区被全国高科技农业循环产业发展中心、中国循环经济产业发展中心农业开发委员会认定为中国优质茶叶示范基地。

茶叶加工

河北除灵寿20余公顷的试验性茶园，没有其他的茶叶生产与加工单位，试验茶园每年也仅有少量绿茶和红茶，并没有形成成熟的茶叶生产体系。

茶叶市场

河北是茶叶消费大省，茶叶零售和批发相对活跃，各地市均有不同规模的茶叶市场，但以省会石家庄所占数目最多，2008—2011年维持以佳农茶叶批发市场、正定北方茶城、南三条茶叶市场、现代商场茶叶市场、乐模茶礼茶城、中储茶城为主的茶叶市场格局。2011年底，除暂未受拆迁影响的旧有茶叶市场依然经营，又新加华夏茶城和华夏一号茶城，怀特茶城也进行了二期扩建，增加营业面积；另有福建茶城进入试营业，新建的新华茶城开始招商。

茶叶消费

河北虽不产茶，但是茶消费大省，河北人爱喝茶，善品饮。一直以来，河北百姓以喝花茶为主，但最近十几年来喝绿茶、乌龙茶、普洱茶、白茶的人群逐年增加，对茶叶品质、品位的需求也在提高。据近年我们从茶商方面了解，河北喝花茶的人数比以前降低50%左右，而喝绿茶和乌龙茶的人数已上升到30%～40%，还有10%的爱茶人对黑茶、白茶表示了需求和青睐。据2009年统计资料显示，河北省城镇居民家庭人均年茶叶消费量为0.27千克，人均年茶叶消费金额为41.09元；河北省学生（中、小学和大学）人均年茶叶消费量为0.36千克，人均年茶叶消费金额为57.45元。由此可见，年轻人的茶叶消费水平正在提升。

在河北喝茶人群当中，约有20%是从茶叶批发市场购茶，50%从茶叶零售店和超市购买，20%从茶馆购买，10%为获赠茶。在河北，规模较大的茶叶专营店有天福茗茶、八马茶业、华祥苑茗茶、安溪铁观音集团等，这些店大多在各个地市都设有连锁店，以优质的产品、贴心的服务，深得广大消费者的好评。

河北省知名茶馆

单位：平方米、个

单位	营业面积	区域分布	连锁店数量
石家庄开元茶楼	2 600	石家庄市桥西区友谊南大街165号 石家庄市裕华区裕华东路177号	2
石家庄三字禅茶院	2 600	石家庄市富强大街49号石门公园	1
邢台三剑茶艺馆	1 200	河北省邢台市黄河路元街221号	1
保定市仙山茶艺社	900	保定市复兴西路517号	6
廊坊市白鹭原茶馆	800	廊坊市广阳区第五大街48号	1
邯郸市金杭茶楼	600	河北省邯郸市丛台区光明北大街100-8号	1
承德市张一元茶楼	500	承德市钟鼓楼小区七号楼	1
石家庄悠哉茶道	500	河北省石家庄市长安区建设北大街11号	1
老寒茶馆	500	石家庄市东岗路24号燕港怡园底商	2
张家口桂府茶楼	400	河北省张家口市桥东区胜利北路东八区七号底商	1
石家庄盛世茶道	350	石家庄桥西区红旗大街50号	1

注：本表以营业面积为序。

大事记

2月19日，河北省茶文化学会在北京禅茶书院开展讲授“禅茶一味”文化活动。

3月20日，河北省茶文化学会所属春江书院在石家庄茶人会馆开设茶道、国学、美学、书画、音乐等第二讲堂，免费对公众开放。

4月5日，由河北省茶文化学会主办，石家庄三字禅茶院协办的清明赵州祭茶活动在赵州柏林禅寺隆重举行。本次活动主题礼赞赵州，茶香永存。

4月16日，河北省茶文化学会在贵州都匀参与策划文峰世博茶苑落成典礼活动。

6月3日，由河北省茶文化学会推荐的9家茶馆（唐山静园茶艺馆、张家口桂府茶楼、邯郸金杭茶楼、廊坊白鹭原茶馆、邢台三剑茶艺馆、石家庄三字禅茶院、保定仙山茶艺社、石家庄悠哉茶道、承德张一元茶楼）荣获全国百佳茶馆，并率团前往浙江新昌参加 2009—2010 年度全国百佳茶馆颁奖典礼。

6 月 5 日，河北省茶文化学会茶艺表演队赴北京荆山文化苑，举行《赵州茶语》禅茶表演。

7 月 3 日，由河北省茶文化学会主办，邢台市茶文化学会协办的河北邢台茶界联谊会在邢台三剑茶艺馆召开。

7 月 2～4 日，由河北省茶文化学会协办的石家庄（正定）北方茶博会在正定北方茶城举行。

9 月 13 日，由河北省茶文化学会、《吃茶去》杂志社、邢台市朗诵艺术协会主办的茶香诗韵·中秋雅聚活动在邢台华祥苑旗舰店举行。

9 月 22 日，由河北省茶文化学会、赵州柏林禅寺、韩国《茶的世界》杂志社主办的中韩两国禅茶文化交流会在柏林禅寺召开。

10 月 17 日，由河北省茶文化学会主办，《吃茶去》杂志协办的河北保定茶友联谊会在保定仙山茶艺社举行。

11 月 1 日，由河北省茶文化学会、《吃茶去》杂志协办的河北散文名家看邢台 2011 采风活动在邢台一茗茶艺馆举行。

11 月 1 日，由河北省茶文化学会、《吃茶去》杂志协办的天津奥迪车友黑茶品鉴会在天津永濠奥达展示厅举行。

11 月 2 日，由河北省茶文化学会主办，《吃茶去》杂志协办的河北廊坊茶友联谊会在廊坊乡村茗茶馆举行。

11 月 9 日，由河北省茶文化学会、唐山市茶文化学会主办的金古月酿神收藏酒善款捐赠暨茶文化实践与应用研讨会在唐山金古月茶道会馆举行。

地方特色

河北茶文化中的禅茶文化最为世人著称。河北是世界禅茶文化的发源地，最早文字记载于《晋书·艺术传》，邯郸临漳昭德寺饮茶坐禅之事。

河北地区茶文化历史资源丰富，自古形成系统的禅茶文化形态。《五灯会元》记载赵州柏林禅寺（古称观音院）从谂禅师“吃茶去”公案——师问二新到：“上座曾到此间否?”云：“不曾到。”师云：“吃茶去!”又问那一人：“曾到此间否?”云：“曾到。”师云：“吃茶去!”院主问：“和尚，不曾到，教伊吃茶去，即且置；曾到，为什么教伊吃茶去?”师云：“院主。”院主应诺。师云：“吃茶去!”

后有净慧老和尚提出中国禅茶文化的精神“正清和雅”和中国禅茶文化的功能感恩、包容、分享、结缘。将正气融入感恩中，融入包容中，将和气融入分享中，将雅气融入结缘中；从而弘扬禅茶文化的精神和落实禅茶文化，发挥禅茶文化凝集人心、化解矛盾、优化自身素质、和谐自他关系的潜移默化的作用。

（河北省茶文化学会　舒　曼）

山　西　省

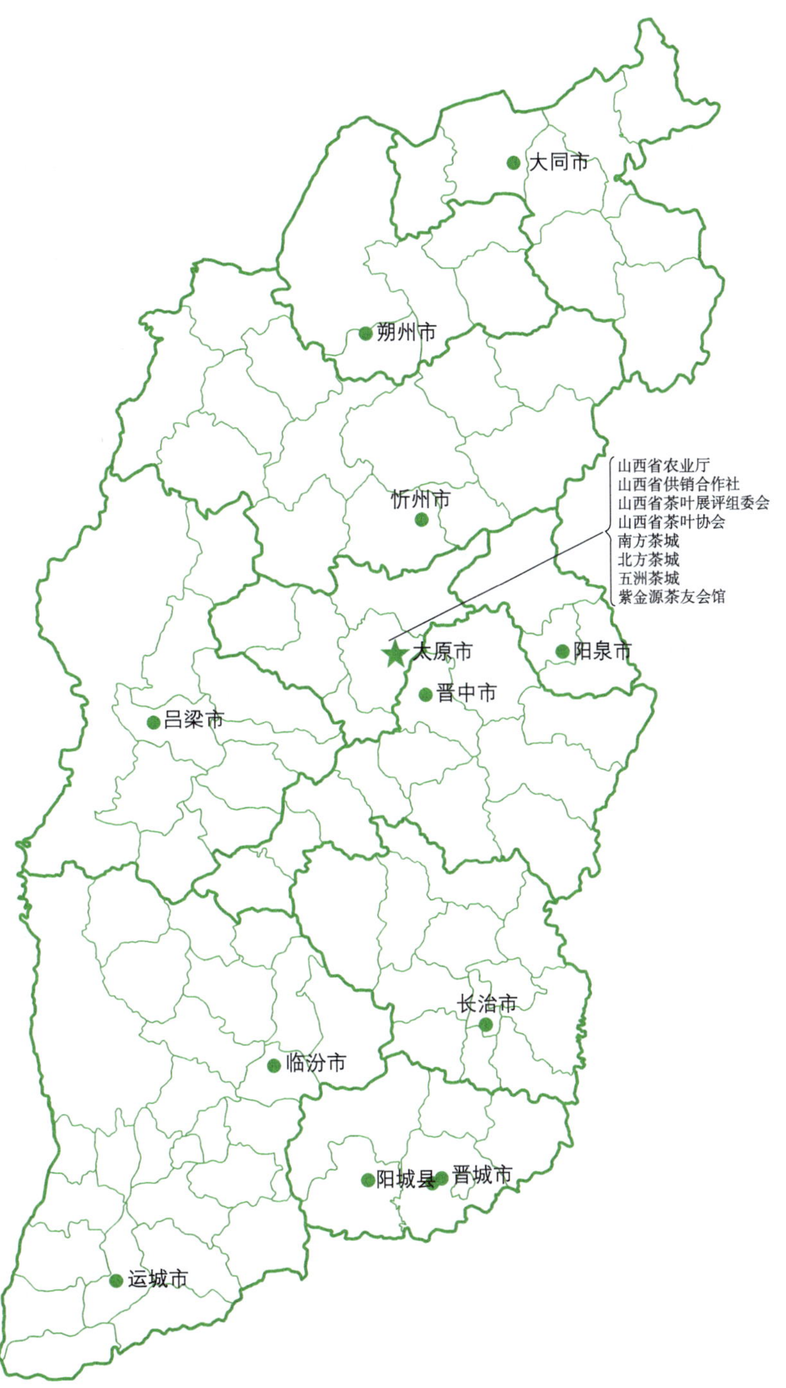

山西虽不产茶，但山西人爱喝茶，善品饮。历史上，号称中国十大商帮之首的晋商人善于经营茶业，曾开辟过万里茶路，创造过灿烂的晋商茶文化。早在明末清初，茶叶已成为晋商经营的重要商品。山西喝茉莉花茶的人数已由历史上的98%降至40%左右，而喝绿茶和乌龙茶的人数已上升到40%～50%。近一两年来由于金骏眉（红茶）的火热，喝红茶的人有所增加，还有10%的爱茶人对黑茶、白茶表示了需求和青睐。

茶叶市场

山西市场上的茶商有60%左右来自福建、浙江等南方茶产地。原国有企业山西省茶叶公司已停业，所属地、县茶叶公司也基本停业，在省城太原市只有太原市果品茶叶公司所属老字号乾和祥茶庄（公有制）、一品香茶庄和阳泉市振华茶庄尚在营业，并有一定的经营活力。其中乾和祥茶庄的茉莉花茶拼配及斗型纸包装工艺开始申报国家非物质文化遗产。

山西省有太原市尖草坪区南方、五洲、北方，万柏林区现代、坦洋、温州、千峰，迎泽区五一、新精品，小店区马连道、茶文化一条街等大小不一批零兼营的11个茶叶集散地。其中温州等茶城由于城市改造拆迁等原因正在逐步萎缩，甚至消失（如永康茶叶批发市场）。

为此，山西茶业展评组委会向茶商发出警示：(1) 茶城选址要结合政府规划，并明示给入住商户；(2) 茶商入住茶城要考虑交通便捷，停车方便；(3) 茶城内茶商的产品结构合理，不能单一化。

地县中只有运城、阳泉、忻州、临汾等地有小规模（10多家）的茶叶集散市场。

茶叶批发市场

山西省茶叶主要批发市场

单位：万平方米、个、亿元

公司名称	建筑面积	规划铺位	交易额
山西现代国际茶文化城	4	300	1
太原新精品茶城	1.6	230	0.2
山西坦洋工夫茶城	1.5	100	7
太原马连道茶城	1	100	
太原市尖草坪茶叶批发市场南方茶城	0.35	50	0.6
太原市尖草坪茶叶批发市场北方茶城	0.21	40	0.4
太原市尖草坪茶叶批发市场五洲茶城	0.2	40	0.8

注：本表以建筑面积为序。

茶叶消费

在山西，百姓饮茶80%左右从茶叶专营店或茶叶批发市场购买散茶，20%左右的人从超市购买定量包装茶，其中多为送礼、赠友。茶叶专营店的价位一般为批发价的1.5～2.0倍，但茶店的优势是茶商地点、茶叶质量较稳定，先尝后买，退换方便，茶商与消费者容易沟通，从而建立茶情、茶谊，形成了所谓的“感情茶”。

据不完全统计，全省有茶商（专营）2 500余家，其中省城太原占50%以上。全省茶馆业有近1 000家，其中省城太原占2/3以上。规模较大的茶叶专营店有天福、八马、御茶园、乾隆祥、安溪铁观音集团、风雷镇、裕盛祥等，在太原、大同、阳泉、晋城、临汾市等地均有加盟连锁店。遍布全省各地的典型茶庄有玉记茶庄、朝天岩茶业、太原宏源茶行、太原日盛增茶业、太原市果品副食公司一品香、乾和祥茶庄、龙盛茶坊、更香茶庄、建华茶行、梦龙茶庄、正清和六堡茶业有限公司、天德茶庄、龙雨轩茶庄、和茶圆、尖草坪三江茶业、天天香茶行、八闽茶行、迎泽区博雅茶苑、大同市万诚茶叶股份有限公司、离石泰裕茶庄等，这些茶店知名度高、各具特色、经济效益好。规模较大的茶馆有山西璐瑶轩茶馆、太原紫金源茶友会馆、太原清竹茶馆、山西迎泽宾馆四季茶园、太原清凉月素食茶餐厅、山西壹比壹餐饮文化管理有限公司、大同市裕盛祥茶馆、大同泓瑞商务茶楼、山西柳林康茗茶馆、离石泰裕茶楼、离石国际大酒店茶苑、怀仁丑茶茶苑等。

知名茶馆

山西省知名茶馆

单位：平方米、万元、个

名　　称	营业面积	营业额	连锁店
太原紫金源茶友会馆	1 000	300	
太原清凉月素食茶餐厅（禅茶馆）	1 000	200	1
山西璐瑶轩茶馆	700	280	2
泓瑞茶艺馆	500	170	
柳林康茗茶馆	500	150	
太原江郎茶茵缘茶文化传播有限公司	400	200	
太原清竹茶艺馆	400	150	
离石泰裕茶楼	360	100	
怀仁丑茶茶苑	100	80	

注：本表以营业面积为序。

茶文化

历史上，三晋茶人曾在开拓万里茶路中勤奋习茶，诚信买茶、卖茶，评茶遵规则，品茶讲茶德，可谓“茶品即人品，品茶即品人”。

近年来，山西百姓饮茶习俗不断向多品类、多方式转变，饮茶数量、品茶水平不断提高。与此同时，在三晋大地上涌现出一批爱茶、识茶、善品茶、能评茶的行家里手，成为改革开放以来山西茶业界的资深茶人。30 余年来，他们孜孜不倦地与茶同行，倡导国饮，为茶著书撰文，传播茶知识，弘扬茶文化，引导山西百姓科学饮茶、文明品茶，从而成为三晋茶文化的传承人和年轻茶人的良师益友。为了使他们的评茶技艺、茶文化理念等丰富宝贵的经验得以传承，后继有人，克服、纠正目前茶行业茶艺师、评茶员职业资格取证中出现的无培训资质、无资历教师、无正规教材、不按规定学时、不按规定考评颁证，甚至花钱买证等乱象，山西茶叶展评组委会专家组从 2010 年开始，先后分两批在山西茶企、茶人中挑选出一些大专文化程度以上、从事茶业活动超过 3 年的年轻爱茶人，定向推荐到被茶界誉为“黄埔”茶校的浙江大学茶学系，进行正规、科学、封闭式、脱产评茶资格培训。培训场地、设施、教材均正规、统一，授课老师为该校茶专业教授，并由中国茶业体系学科带头人龚淑英教授亲自指导，着重培养学员识茶、评茶基础知识水平。

第 3 批赴杭培训的学员已圆满结业，并通过考核获得国家评茶员职业资格。山西茶叶展评组委会决定聘任他们为山西茶叶展评组委会专家组茶叶感官审评特约评茶员，以便在山西茶叶流通、茶事文化活动诸多方面进一步发挥他们的识茶知识和品鉴技能，引导山西百姓多喝茶，喝好茶，用传承的力量再创三晋茶之辉煌！

受聘人员：马建强　谭海蓉　吴雁　杜记华　武景美　孙秀平　王丽　张亚楠　游晓霞　王君芳　李超铃　苏东　田英英　郝利霞　赵建华　侯晓琴

为使上列评茶员在今后三晋茶事活动中不断地自我学习，不断地自我充实茶知识，不断提高茶叶的审评水平，顺利通过 2 年后的升级再考核，特指定山西茶叶展评组委会专家组成员张晓鸿、曹六荣、赵晓艳为上列评茶员的指导教师。

大事记

2 月 28 日，太原市高新区国税局邀请山西茶叶展评组委会主任杨力、秘书长张晓鸿为全局税务人员进行茶叶、茶文化知识讲座，通过学习，达到了和谐执法，健康行政的目的。

4 月，由山西茶叶展评组委会专家组策划的第五届的天美茶文化节开幕。三晋茶人，相逢聚会，近距离观赏来自杭州西湖区的制茶能手现场演示龙井茶的炒制。

4 月，山西璐瑶轩茶馆、太原紫金源茶友会馆、太原清竹茶艺馆、大同泓瑞茶艺馆荣获全国百佳茶馆称号。

5 月 14 日，山西茶叶展评组委会在中国百佳茶馆——璐瑶轩成功举办了一次别开生面的名、优、奇、特、新绿茶品茗会。与会茶人品评了中国名优绿茶中的特级明前西湖龙井、六安瓜片、极品太平猴魁茶，同时评赏了旗枪、华顶鹅黄、黄金芽等多种当代奇特绿茶。与会专家最后提醒茶友，名、优、奇、特、新茶高品位可以是高价位，但不能炒作“天价”，每 500 克数千元或几百元都能够买到真正的名优绿茶、好茶。

6 月，由中国茶叶流通协会和安溪县政府有关部门主办，安溪铁观音 10 家品牌茶企业太原新店在山西省城太原举行了集体开业典礼。1 000多名三晋茶人品鉴了 10 家茶企业推出的高档包装铁观音商品茶，同时参观了 10 家品牌茶企在太原的直销店、加盟店或代理商或合营店。部分茶人邀请了《西坪茶叶》主编、安溪资深茶人沈墨先生到山西璐瑶轩茶馆，共品不同茶企的浓香型铁观音，双方回顾交流 10 多年来铁观音茶的品质、品位、价位的变迁，沈先生和三晋茶友的共识是“安溪茶农一定要按标准用心做好茶，茶商一定要做到性价比合理。”只有名副其实，铁观音茶才会有真正的生命力，铁观音茶行业才能做到可持续发展。

6 月，忻州茶文化研究会会长李亚民先生逝世。

9 月 24 日，韩国《茶的世界》总编崔锡焕一行来到山西，在山西璐瑶轩茶馆同三晋茶人进行了友好茶文化交流后，与山西茶叶展评组委会主任杨力先生互赠茶文化书籍。

11 月，山西茶叶展评组委会三晋茶艺培训中心成立。并培训首批 15 名学员，取得中级茶艺师资格证。

12 月 18 日，太原龙雨轩茶庄举行云南同庆号普洱茶——分享幸福味道专题答谢会，同庆号普洱茶董事长邓雅然女士携茶艺表演队出席。

12 月 31 日，山西茶叶展评组委会专家组携茶艺队和太原市煤气公司中层以上领导举行了一场别开生面茶话会。茶文化走进企业，蓝色的火焰与茶结合，将会给千家万户带来欢乐祥和。

（山西茶叶展评组委会　张晓鸿）

上 海 市

上海位于中国南北海岸线中部、太平洋西环航线的要冲，是中国面向世界对外开放的重要门户。随着上海经济的快速发展，上海已是中国最大的茶叶集散地和茶叶消费城市之一，拥有众多大型茶叶批发市场、茶叶经营企业和茶馆、茶楼，人均茶叶年消费量超过 1 千克，明显高于全国平均水平。

茶叶市场

上海市茶叶贸易企业

单位：万元

名　　称	年销售额	品　　牌
上海天坛国际贸易有限公司	42 830	天坛、万年青、宫殿、祁门、龙牌
上海群峰茶业有限公司	8 000	汪满田牌
上海黄山茶叶有限公司	4 000	叙友牌
上海茶叶有限公司	2 970	汪裕泰牌
上海古峰茶业有限公司	2 800	古峰牌
上海茶恬园茶业有限公司	1 300	天坛、银利牌

注：本表以销售额为序。

上海市主要茶叶批发市场

单位：万平方米、个、亿元

名　　称	市场面积	规划铺位	年交易额
上海帝芙特国际茶叶市场经营管理有限公司	11	1 000	20
上海大宁国际茶城	3	350	18
上海大不同天山茶城	2.3	380	10
上海九星茶叶市场	1.3	378	
上海满堂春茶城	0.98	186	1.9

注：本表以市场面积为序。

茶叶消费

上海作为我国最大的国际化都市，可谓是百川汇集，各种文化都在这里相处相生。当然，作为与产茶大省浙江和江苏近邻的城市，人们的生活中肯定少不了茶。根据中国茶叶流通协会提供的信息显示，近年上海茶叶市场的消费总体呈上升趋势。据不完全统计，上海目前有茶叶零售店6 000多家，茶馆、茶楼等约4 500个，有 87.6%的人将茶作为最常用饮料，年消费额约 10 亿元。

茶文化

上海市茶叶学会第七届理事会期间组织参与多种茶文化活动：(1) 公益活动。承担公益活动 19 次，项目 8 个。(2) 茶科技、茶文化知识普及进社区。涉及黄浦、徐汇、闸北、虹口、浦东、嘉定等区，参加人数累计 10 多万人次。东方讲坛宣讲内容为：茶——品味健康生活。宣讲活动 9 次，参加人数13 500人。

3 月 20 日，随着新茶的相继上市，茶文化活动也在我国各地、各活动场所积极展开。为进一步弘扬茶文化，推动茶经济、茶科技的交流，由上海市茶叶学会主办，吉祥草堂和小雅斋工作室共同承办的吉祥草堂之迎春无我茶会在上海世纪公园顺利举行。本次活动邀请了台湾、上海两地 100 多位爱茶人共同参与，并有茶叶知识讲座、茶艺表演、古琴演奏等内容，让各界嘉宾领略了中国茶之奥妙，了解了无我茶会之境界。

4 月 1 日，正值新茶飘香。上海市拓展型课程茶艺教研组在黄浦区回民小学进行少儿茶艺同课异构系列研究。用同一题材——碧螺春以“校本”、“人本”为研究对象，建构两堂不同的课。课上，教师大胆创新，与学生共同“玩、赏、探”，乐趣之中教学相长。课后，与会者就“异构”的核心问题进行深入研究探讨。茶引文人思，专家、教师灵感迸发，提出自己的真知灼见，既有对课标理解的和谐共鸣，也有不同看法的碰撞，研讨中亮点纷呈。志趣相投者，闻香识茶，品茗构课，其乐融融。同课异构的目标、价值在与会者的心志注入时卓显效能。两堂课的课程文化、课程品质于无痕中透露。

4 月 16 日，由上海市茶叶学会、闸北区共和新茶艺推广中心、卢湾区青少年科技探索馆联合举办的小小茶博士家庭保健小帮手系列活动在卢湾区青少年科技探索馆拉开了序幕，学生们和专家们一起，大手牵小手，探寻茶的奥秘。此次活动的举办，旨在丰富学生们的课余生活，锻炼学生们的动手能力，学习和传承中国的传统文化——茶文化，同时培养学生养成科学饮茶的好习惯。

2011上海豫园国际茶文化艺术节。由中国国际茶文化研究会、中华茶人联谊会、上海市黄浦区人民政府、上海市茶叶学会、上海市茶叶行业协会、上海豫园旅游商城股份有限公司主办，上海豫园文化传播有限公司承办，福鼎市人民政府协办的2011上海豫园国际茶文化艺术节4月19日在豫园商城内开幕。位于豫园商城内的湖心亭茶楼是上海现存最古老的茶楼，素有“海上第一茶楼”的美称。上海豫园国际茶文化艺术节围绕湖心亭品牌举办的每年一届茶文化活动已成为中外茶文化交流与合作的大平台，已成为上海市重要的茶事活动之一，在全国茶界影响非同一般。

开幕式上，江西景德镇青花瓷乐队用青花瓷制作的乐器演奏民族乐曲，福鼎畲族演员用福鼎白茶叶片进行吹奏演出，越乡姑娘的采茶舞吸引了中外游客驻足观看。茶文化艺术节期间还举行了品茶味，享健康——茶产业高峰论坛、紫砂壶现场制作演示、普洱茶现场压饼工艺展示、茶壶美学鉴赏演讲以及其他风格各异的茶艺表演。

本届茶文化节上，浙江嵊州越乡龙井、福建福鼎白茶、安徽皖云六安瓜片、云南澜沧古茶被中国国际茶文化研究会、上海市茶叶学会、上海市茶叶行业协会授予中国最具影响力茶品牌。

4月18日，2011年第十八届上海国际茶文化节组委会，赴湖南常德举行第十八届上海国际茶文化节闭幕式。

4月24日，由上海市闸北区旅游局、闸北区共和新路街道主办，上海市茶叶学会协办，上海帝芙特国际茶文化广场、共和新茶艺推广中心承办的2011年国际茶文化旅游节共和新“帝芙特杯”中外民间茶（艺）汇活动，在上海帝芙特国际茶文化广场隆重举行，来自中、韩、日、埃塞俄比亚等国的民间茶道（艺）家悉数登场亮相，浓烈或淡雅的茶香引来众多市民驻足观赏，这是2011年第十八届上海国际茶文化旅游节开幕后，茶文化旅游节走进社区交流中外民间茶道（艺）的一次精彩活动。此次活动中，上海帝芙特国际茶文化广场还盛情邀请了上海总工通信网络工程有限公司、久隆电力科技有限公司、中国铁路通信信号上海工程公司等10多家科技企业的领军人物，希冀依托茶文化活动平台，以科技为助推力，让茶文化的普及更快、更深入地走进千家万户，同时也做大做强上海帝芙特国际茶文化广场独有的茶文化品牌。

4月29日，吴中路小学第三届茶文化节。吴中路小学茶情·世博·书香第三届茶文化节正式开幕。本次文化节围绕城市，让生活更美好；喝茶，让生命更健康：阅读，让生平更充实主题展开。和谐、健康、文化是中国茶文化的基本思想，构成了美好生活的基石。把中国茶文化思想融入城市生活中，可使我们城市生活中的一壶茶更有滋味，彰显出我们城市高雅情趣以及人的生活魅力。同时我爱读书，我爱生活——与世博同行，享阅读快乐的：书香致远活动也正式启动，让每一位师生成为爱书人，感受知识力量，丰富生活内涵。出席这次活动的有：上海市茶叶学会、徐汇区教育局、田林街道、社区代表和家属委员会成员。本次茶文化节活动分为3个板块：班级文化系列活动，以茶礼、书境、茶情为主；茶文化学科拓展活动，以了解进入世博的十大名茶等茶事、茶与低碳生活环保知识金点子征集、茶文化学科整合交流会为主；茶韵芬芳系列活动，以茶操比赛、学生茶艺冲泡技乏比赛为主。让我们的师生在舒心品茶、静心阅读中提升素养与品味。通过本次活动，大家感受了中国茶文化的独特魅力。一杯好茶，能让人在工作中更添动力，在学习生活中更添闲适。

5月4日，上海市茶叶学会协助闸北青年联合会共青团闸北区委在大宁国际茶城举行了纪念五四运动92周年闸北青年茶趣联谊活动，来自闸北各条战线青联委员和团干部40多人欢聚一堂，在观看了大宁国际茶城茶艺队表演后，饶有兴趣地进行了茶知识竞猜互动活动，短短一小时的茶文化宣传有16位青年获得了奖品。闸北青联主席、团区委书记李卿也兴致勃勃地参加了茶知识竞猜活动。

9月8日，上海市少儿茶艺特色学校、茶艺教研组以及黄浦区教育学院的部分老师在上海市茶叶学会的组织下，欢聚颐风茶道，庆祝我国第27个教师节。少儿茶艺教师在座谈会上回顾了在上海市茶叶学会的指导下，上海少儿茶艺创建19年来所开展的各项活动及取得的丰硕成果，认为少儿茶艺是上海茶人和上海教育的创举，完成了将校园特色和学生特点与传统文化、道德趋向结合，并努力以茶文化育人，培养学生的创造力，展示学生的个性特长，使少儿在茶艺活动中快乐成长。会后，少儿茶艺教师还颐风茶道服务人员进行了茶艺交流。

为了贯彻落实2011年5月10日在上海召开的长三角地区旅游合作联议，沪、苏、浙、皖省市领导关于进一步推进沪、苏、浙、皖旅游一体化，共建世界著名旅游城市群的讲话精神和共同签署的《区域旅游一体化合作框架协议》，通过开展茶香文化体验之旅示范点和礼茶品牌征集遴选活动，进一步挖掘江南独特的茶院、茶乡、茶园、茶馆、茶艺、茶市等茶文化旅游资源，让广大中外游客亲身体验和感受江南茶文化。上海市茶叶学会副理事长兼秘书长周星娣和市茶叶行业协会秘书长陈子法受邀参加了由上海市旅游局和江苏、浙江、安徽三省旅游局联合主办的长三角城市群体验之旅示范点的研发和推广活动，并参与了考察评选。本次活动，将遴选出长三角城市群茶香文化体验之旅40个示范点和20个礼茶品牌；评定出最受欢迎的茶香文化体验之旅20个示范点和10个礼茶品牌，并授予长三角城市群年度旅游产品最受欢迎2010奖。

上海市知名茶馆

单位：平方米

名称	营业面积	茶馆区域分布
宋园茶艺馆	3 000	上海市共和新路 1667 号
颐风茶道	1 800	上海市杨浦区沙岗路 588 号（国顺东路）
唐韵茶坊	1 800	上海市徐汇区衡山路 199 号　1 家分店
江南茶人	1 600	上海市浦东新区华夏二路 717 号　12 家分店
得和茶馆	1 400	上海市建国西路 135 号 2 楼　1 家分店
大可堂	1 300	上海市襄阳南路 388 弄 25 号
清风人家	1 200	上海市浦东新区周浦镇周东路 778 号 3 楼　19 家分店
一壶天茶楼	1 046	上海市宝杨路 986 号
泰和茶馆	1 000	上海市浦东大道 1048、1068 号　3 家分店
友缘茶人茶馆	800	上海市大渡河路 565 号
秋萍茶宴馆	537	上海市襄阳南路 500 号
德缘居茶馆	400	上海市闸北区晋城路 427 号
紫怡茶道	320	上海市浦东新区云山路 1230 号
上海湖心亭茶楼	300	上海市豫园路 257 号（全国十佳特色茶馆）

注：1. 以上均为 2009—2010 年度全国百家茶馆。
2. 本表以营业面积为序。

大事记

1 月 22 日，上海市茶叶学会在曲阳路 789 号茶恬园大楼召开 2010 参与世博，服务世博总结表彰会。学会副理事长蒋智慧和周星娣分别向 36 家受表彰单位颁发了荣誉证书。

2 月 13 日，上海市茶叶学会与单位会员上海志颜会展服务有限公司及上海现代国际旅行社在浦东假日酒店举行了茶文化与旅游研讨会。

3 月 25 日，上海市茶叶学会与民盟上海市委、吴觉农茶学思想研究会等单位相关代表 50 多人在奉贤滨海古园隆重举行谈家桢先生祭扫仪式及追思会，深切缅怀著名遗传学家、杰出的教育家、社会活动家、上海市茶叶学会名誉理事长、中国民主同盟卓越领导人谈家桢先生。学会近 30 位会员参加了祭扫仪式和追思会。学会副理事长兼秘书长周星娣在追思会上代表学会作了《学者风范，茶人楷模》的发言。

3 月 27 日，由上海市茶叶学会、上海市科学技术协会和新民晚报合办的第 119 期新民科学咖啡馆在大宁国际茶城的茶宫举行。会议由上海市科学技术协会副主席杨广生主持，特邀浙江大学茶学系王岳飞副教授，为听众细数茶中科学与科学饮茶之道。

4 月 23 日，由上海市茶叶学会参与主办的 2011 年上海国际茶文化旅游节——上海中小学生茶艺大赛落下帷幕，全市约 40 个茶艺特色学校参加了大赛，上海市风华初级中学、宝山区高境镇第三小学荣获特等奖；上海市格致中学、三泉学校、闸北区永和小学、徐汇区吴中路小学获一等奖。

5 月 8 日，上海市首届“帝芙特杯”茶艺大赛，在帝芙特国际茶文化广场举办。

5 月 20～23 日，为期 4 天的 2011 中国（上海）国际茶业博览会在上海国际展览中心开幕。

8 月 10 日，由上海市茶叶学会、上海市科技艺术教育中心、上海市黄浦区教育局主办，黄浦区青少年活动中心承办的茶，品味健康生活——2011 年全国中小学生茶艺邀请赛在上海市黄浦区青少年活动中心举行。来自北京、河南信阳、福建安溪、江苏南通、浙江杭州、浙江宁波、安徽霍山以及上海市等地的 17 个学校的选手们参赛。

8 月 13 日，上海市茶叶学会受上海市团委青少年活动中心之托，承办了第一届中韩青少年文化交流营中国茶文化的体验活动。

9 月 18 日，上海市茶叶学会邀请茶叶审评专家顾莲生先生在上海小木桥路 528 号天乙茶艺广场为市民讲课，题目为“教你如何选好红茶、如何泡好红茶、如何品好红茶”，使红茶在上海得到健康的发展。

9月25日，由上海市茶叶学会主办，天乙茶艺广场等单位承办的红茶精品斗茶会举行。以得分的高低顺序评出了前6名。他们是：一等奖，上海阮氏茶叶店“滇红香曲”；二等奖，金泰茗茶叶店“金毛猴”、川红集团“红贵人”；三等奖，上海茶叶有限公司“祁红”、映香红茶业“坦洋工夫”、云南龙润茶业集团有限公司“境界红茶”。

12月20日，上海市茶叶学会在福州路539号上海市黄浦区青少年活动中心二楼剧场举行市科协第四届会员日活动。

（上海市茶叶学会　周星娣）

江 苏 省

连云港市
徐州市
老同昌茶叶
宿迁市
淮安市
盐城市
泰州市
扬州市
仪征市
仪征农林局
绿杨春茶叶有限公司
镇江市
南京市
江苏省农林园艺处
江苏省茶叶学会
江宁区农林局
句容市
句容农林局
丹阳市
丹阳农林局
迈春茶场
常州市
南通市
金坛市
金坛农林局
鑫品茶业
茅山青锋茶业
溧水县
溧水农林局
雪松茶业
溧峰集团
无锡市
江苏省茶业协会
溧阳市
溧阳农林局
前峰茶厂
高淳县
高淳农林局
宜兴市
宜兴农林局
乾元茶场
项珍茶业
苏州市
吴中区农林局
洞庭山碧螺春茶叶
三万昌茶业

江苏省地处我国茶区北缘，境内多平原水网，丘陵山地仅占总面积的14.9%，茶园主要分布在沿江和苏南丘陵山区，是茶叶的小产区、大销区。江苏茶叶产茶历史悠久，素以建园科学规范、栽培管理精细、制茶技术精湛而见长。2011年全省茶叶产量1.44万吨，产值21.36亿元，产茶县（市、区）34个，茶业企业930家。茶叶产业已成为丘陵山区农业的重要支柱产业，是现代高效农业的重要组成部分，对促进农业产业结构调整、增加农民收入、扩大就业、推动山区新农村建设发挥着重要的作用。

江苏省茶业基本情况

项　目	单　位	2011年
毛茶产值	亿元	21.36
茶园面积	万公顷	3.242 5
茶叶产量	万吨	1.438 1
企业数	个	930
城镇居民茶叶消费	千克/人	0.35

发展现状

江苏茶叶坚持质量第一，实施精品战略，在业内得到普遍赞同，苏茶影响力和竞争力得到迅速提升。2011 年江苏茶园总面积达 3.24 万公顷，茶叶总产量达 1.44 万吨，同比减少 500 吨；总产值达 21.36 亿元，同比增长 18%。2011 年名茶产量达到4 643吨，同比减少 7.14%，产值 16.6 亿元，增长 18.6%。全省开采茶园平均产值达65 926元/公顷，居全国前列。

(1) 茶园基础得到加强。各茶区继续以发展茶树无性系为重点，大力加强茶园基础建设。据统计，2011 年，无性系良种茶园面积逾9 933公顷，无性系良种茶园的普及率提高到 30%。推广林茶、果茶间作等复合生态茶园建设，形成了一批路沟渠配套、林网配套的现代化茶叶生产新基地。全省通过“三品”（无公害农产品、绿色食品、有机农产品）认定的茶园不断增加，其中无公害茶园面积接近 100%，原产地保护、地理标志认证产品数量达 10 个。为了提高茶园防御自然风险能力和质量安全水平，应对早春晚霜危害频繁的茶园防霜冻风扇、遮阳网等设施得到广泛推广应用，部分茶园开始尝试使用频振式杀虫灯、性诱剂等病虫害综合防治方法。

(2) 清洁化加工实现重大突破。全省茶叶加工设备技术改造步伐全面加快，引进应用环保型汽热杀青机、微波杀青机等茶叶加工机械。推广标准化、系列化的新机械及名优茶的加工技术，全省名茶机械加工的普及率超过 90%。实施茶叶加工环境的绿化、美化、净化工程，茶叶加工厂环境得到综合整治，杜绝加工污染源，符合现代食品安全要求的崭新的茶叶加工厂不断增多。制定和执行茶叶清洁化加工的规章制度，严格管理和监控加工过程的茶叶质量安全。改善储藏、包装条件，全面普及推广茶叶低温冷藏保鲜技术，实施茶叶生产全程质量安全控制，使全省茶叶质量安全状况明显提升，质量信誉不断提高，通过 QS 认证的茶企业总数达 369 家。

(3) 民营经济发展迅速。民间资本投资茶园建设、开发茶产业继续保持增长，民营经济已成为产业的发展主体，全省民营茶园面积比重已达 90%。民营经济具有起点高、规模大、活力强的特点，它的迅速崛起，为江苏茶产业发展增添了动力，推进了社会资源的有效配置，产业内部的组合优化，促进了江苏茶叶的健康发展。同时，茶区的农民专业合作组织和土地股份合作组织发展迅速，全省茶叶合作经济组织已超过 100 家，部分地区成立了茶叶股份合作联社，加快了茶叶生产方式从家庭作坊式向股份合作规模化经营的转变，对于提高竞争力、适应市场经济发展起到了积极的推动作用。

(4) 品牌优势日益显现。茶产业是步入市场经济最早的产业之一，经过多年激烈市场竞争的磨练，全行业无论是领导者还是经营者、生产者，质量标准意识、市场意识、品牌意识普遍增强。有一定规模的茶场都有独立的注册商标、企业标准、名茶品牌，全省已制定省级茶叶地方标准 63 部，拥有省著名商标 35 个，省级以上名牌农产品 39 个。各地为弘扬茶文化，引导茶消费，举办诸如苏州吴中洞庭（山）碧螺春茶文化旅游节，溧阳茶叶节暨天目湖旅游节，南京雨花茶节，无锡斗山太湖翠竹茶叶节，镇江金山翠芽茶叶节，仪征绿杨春早茶文化节等节庆活动，宣传推介产品，扩大产业影响。

(5) 产业发展空间拓宽。茶叶深加工和休闲观光农业的发展成为江苏省茶产业链延伸的重要方向。以茶多酚、速溶茶、超微粉茶为主的深加工产品生产和销售有较大幅度的增长，其中速溶茶年加工消耗原料 1.5 万吨，茶多酚的销售突破 1.5 亿元，超微粉茶的生产销售连年翻番，其应用涉及食品、医院、化工等领域，显示了茶叶深度加工产品的广阔发展远景。茶文化和休闲观光农业的兴起，成为产业发展的新亮点。茶叶企业利用周边的旅游环境，涉足观光休闲茶园、茶楼建设，增强了企业活力，开拓了经营渠道，收到了良好的效果。这不仅推动了茶叶的消费，而且带动了其他产业的发展，活跃和发展了农村经济，改变了茶区面貌，致富了山区农民，推动了山区新农村建设。据不完全统计，全省从事休闲观光农业茶叶企业达 100 家，年经营额数亿元。各种茶叶节庆和茶艺茶事活动频繁，品茗休闲、茶文化旅游逐步兴起，从不同侧面激活了市场，开拓了消费需求，促进产业的发展。

产业政策

江苏省经济发达，劳动力成本高，宜茶自然资源有限，是茶叶的大销区小产区，自产茶产量约占省内销量的 1/3。因此，近年来，江苏茶产业发展定位于优质、省工、清洁、节能，发挥名茶优势、质量优势和效益优势，坚持精品战略，以名优茶为支柱产品，积极发展深加工茶制品和再加工茶叶产品，巩固提高大宗绿茶。实施标准茶园创建，扩大无性系良种面积，推广复合生态茶园建设、茶园病虫害综合防治、名茶机械化、清洁化加工、茶园灾害防除设施应用等技术，积极开拓市场，宣传推介品牌，全面提升产业化经营水平。根据上述产业发展总体思路，各级财政给予相应的资金扶持。一是通过财政支持现代农业生产发展、高效设施农业、农业三新工程、丘陵山区农业综合开发等项目，对无性系茶树良种、茶园生态建设、茶叶标准化生产给予补贴，省以上财政按不超过建设总投入的 1/3 给予补助。二是通过项目对农民专业合作组织、农业产业化龙头企业建设予以补助，补贴标准 15 万～200 万元。三是农机补贴，对茶场购置保鲜冷库、杀青机、杀虫灯等给予定额补贴。四是鼓励申报无公害、绿色、有机产品基地和农产品地理标志认定，对通过认证和获得各级名牌产品称号给予1 000～5 000元奖励。五是开展标准茶园创建，中央财政给予一定补助，主要用于生态栽培物化技术应用补贴。六是建设省级茶树基因库和地方品种种质资源保护圃，以及省级茶树良种繁育示范场。

茶叶生产

江苏省茶叶生产情况

单位：万公顷、万吨、亿元、%

年份	面积		产量		产值		名特茶增幅	
	总面积	开采面积	总产量	名茶产量	总产值	名茶产值	产量增幅	产值增幅
2011	3.242 5	2.733 0	1.438 1	0.464 3	21.36	16.6	−7.14	18.6

江苏省茶叶主产地区

单位：吨、公顷

地区（市）	茶叶产量	茶园面积	茶树品种	主要品牌
无锡市	6 493.6	5 730	福鼎大白、福鼎大毫、龙井系列、浙农系列、鸠坑种、槠叶种	阳羡雪芽、无锡毫茶、太湖翠竹、竹海金茗
常州市	3 449.2	7 786	福鼎大白、龙井系列、浙农系列、鸠坑种、槠叶种	金坛雀舌、茅山青锋、天目湖白茶、翠柏、寿眉
南京市	1 956.4	7 932	龙井系列、鸠坑种、槠叶种	雨花茶、翠眉、金陵春
镇江市	1 181.7	4 468.4	福鼎大毫、龙井系列、浙农系列、槠叶种	金山翠芽、茅山长青、吟春碧芽、
扬州市	610.5	2 383.2	槠叶种、鸠坑种、宜兴群体种	绿杨春
苏州市	349	2 400	洞庭山群体种	碧螺春

注：本表以茶叶产量为序。

江苏省茶叶主产县

单位：吨、公顷

县（市）	茶叶产量	茶园面积	茶树品种	主要品牌
宜兴市	6 123	4 993	福鼎系列、龙井系列、浙农系列、槠叶种、鸠坑种、宜兴群体种	阳羡雪芽、竹海金茗、碧螺春
溧阳市	1 987	4 755	安吉白叶茶、福鼎大白、槠叶种、鸠坑种	天目湖白茶、水西翠柏、南山寿眉、沙河桂茗
溧水县	1 708.3	501.9	龙井系列、槠叶种	雨花茶、翠眉
金坛市	1 352.2	2 760	福鼎大白、龙井系列、浙农系列、槠叶种	金坛雀舌、茅山青锋
南京江宁区	699	2 979	龙井系列、槠叶种	雨花茶
仪征市	512.5	2 258.17	槠叶种、鸠坑种、宜兴群体种	绿杨春
高淳县	508.3	1 318	福鼎大白、龙井系列、槠叶种	雨花茶、金陵春
句容市	410	2 517	福鼎大毫、龙井系列、浙农系列、槠叶种	茅山长青、金山翠芽、春毫
苏州吴中区	276	2 060	洞庭山群体种	碧螺春
镇江丹徒区	272	762		金山翠芽

注：本表以茶叶产量为序。

茶叶加工

江苏省主要茶叶加工企业

单位：万元、吨、公顷、吨/年

名　称	销售额	茶叶产量	茶园面积	加工能力	茶叶品牌
南京赭洛山茶叶专业合作社	9 100	17.5	153.33	18	浦桥玉剑
江苏省吟春碧芽股份有限公司	6 500	45	1200	36	吟春碧芽
江苏天目湖生态农业有限公司	3 136	4.9	2 000		富子
江苏省前峰茶场	2 484	66.9	7 850		前峰
江苏茅山青锋茶叶有限公司	2 320	60	5 800	360	金鹿、茅麓、薄玉
江苏鑫品茶业有限公司	1 600	80	1 200	360	鑫品、鑫品红中王、丹毫
南京平山茶叶有限公司	1 480	15	1 500	40	华平
常熟市虞山绿茶有限公司	1 440	17	690	50	虞山牌绿茶
溧阳市天目湖玉枝特种茶果园艺场	1 400	3.5	500		玉枝
苏州市东山清熙农产品专业合作社	1 212	4.3	1 500	4	清熙
傅家边科技园集团公司	1 200	8.8	1 100	50	傅家边
金坛市御庭春茶业有限公司	1 000	30	500	50	天壶、秦汉相府
苏州市邓尉茶叶有限公司	1 000	4.5	500	50	邓尉

注：本表以销售额为序。

茶叶市场

江苏是茶叶的大销区小产区，地产茶叶以内销为主，部分名茶和低档绿茶出口。内销茶除传统名茶洞庭（山）碧螺春外，其他以本地直销、集团消费为主，很少进入市场流通。占据江苏茶叶市场的主要是来自省外各茶叶主产区的产品，门市销售方式有传统茶叶老店、连锁店、产区直销店和商场、超市专柜。较大的茶叶专业批发市场主要分布在南京、苏州和溧阳，其他在茶叶集中产区有一些小型、季节性茶叶产地批发市场。

江苏省主要茶叶批发市场

单位：万平方米、个、亿元、万吨

名　称	建筑面积	规划铺位	交易额	交易量
溧阳市苏浙皖边界市场	45		0.5	
常州市茅山茶叶市场有限公司	4	300	2.5	0.2
南京江苏正大茶城	1.3	260		
正大茶城	1.3		0.03	1.5
南京下关茶叶批发大市场	0.8	278		
金坛市茅麓茶叶市场	0.8	38	0.6	0.06
下关茶叶市场	0.8		0.01	0.5
苏州市茶叶市场	0.657	250	5.762	0.513 5
苏州市南环桥茶叶批发市场	0.6	250		
繁星市场	0.03	200	0.02	2

注：本表以建筑面积为序。

茶文化

江苏茶文化底蕴深厚，早在唐代就有诗人皮日休和陆龟蒙分别以茶坞、茶人、茶笋、茶籝、茶舍、茶灶、茶焙、茶鼎、茶瓯、煮茶为题写就的《茶中杂咏并序》和《奉和皮子十咏》组诗，为后人留下一段茶人佳话。茶圣陆羽曾在江苏游历考察，留下诗作、遗迹；与茶有关的地名、传说遍及江苏各地，如无锡的天下第二泉、镇江的江南第一泉、茶亭、茶山等，有待进一步发掘整理。近年来，为弘扬茶文化，引导茶消费，发展茶产业，各地举办了以茶为主题，内容丰富，形式多样的茶事节庆，开发了一批以茶产业为基础的休闲观光景点，这是近年来江苏茶文化发展的两个特点。

苏州吴中洞庭（山）碧螺春茶文化旅游节　苏州市吴中区人民政府主办，每年3月中下旬举行，期间进行碧螺春炒制能手竞赛、民间文艺表演，组织茶乡旅游。

溧阳茶叶节暨天目湖旅游节　江苏最早的茶事节庆，溧阳市政府主办，1991年举办第一届，至今已连续举办12届，举办时间在4月下旬，其间开展名茶评比、展示，经贸洽谈，科技成果信息发布，茶产业发展高层论坛，大型主题情景晚会等活动，推动了溧阳市茶产业发展，打响了天目湖茶叶品牌。

南京雨花茶节　南京市人民政府和江苏省农业委员会主办，南京市农业委员会承办，每年4月中下旬举办，进行雨花茶专场推介会、万人共饮雨花茶、雨花茶茶文化介绍、雨花茶现场展示展销等活动，扩大雨花茶品牌、文化。

无锡斗山太湖翠竹茶叶节　无锡市锡山区人民政府主办，4月中下旬举行，茶叶节期间举办名特茶展销、茶艺表演、茶文化图片展等茶文化系列活动，以及书画展、摄影展、体育比赛等一系列群众性文体活动。

镇江金山翠芽茶叶节　镇江市人民政府主办，2007年第一届，期间举办名茶评比，万人品新茗，地产名优茶展销，茶产业专项招商项目推介会等活动。

仪征绿杨春早茶文化节　仪征市人民政府主办，每年4月中下旬举行，组织茶乡旅游、茶书画展、茶文化知识讲座、茶精品展示。

大事记

3月3日，经江苏省科技厅批准，江苏省茶产业技术创新战略联盟在无锡市成立。参加联盟的单位有茶叶行业内著名的4所大学、科研院所，以及省内龙头企业、科技园区、科技型合作社等规模企业20家，占全省茶叶生产总量的40%，有着广泛的代表性。

3月10～12日，省茶叶协会与中国茶叶研究所联合主办了茶树病虫和天敌资源调查、鉴定、保存与编目学术交流会，会上进行了江苏省茶树害虫天敌资源调查与鉴定的论文交流。

5月18日，江苏省茶叶学（协）会在溧阳市举办江苏省首届茶艺观摩交流活动，展示了江苏茶艺精英的动人风采，对于弘扬江苏茶文化、提升茶企业形象等都具有十分重要的意义。

5月，江苏省茶叶协会组织全省知名企业参加了在上海举办的上海国际茶文化节，作为长三角合作组织的成员与浙江、安徽、上海茶叶行业的专家和领导进行了交流。

6月8日，江苏省茶叶学会委派年轻科技人员参加2011中国广元茶·有机·低碳国际学术研讨会。

8月11日，江苏省农业委员会率江苏茶叶代表团参加2011香港国际茶展。江苏鑫品茶叶公司编排的《苏茶飘香》茶艺表演在大会上演出，充分彰显江苏浓厚的茶文化底蕴，展示了江苏茶叶独特的风采。

10月14日，由江苏省茶叶科研教学生产单位自主选育的茶树新品种苏茶早、苏玉黄、槠湾3号通过省级非主要农产物新品种鉴定。

2011年，第九届中茶杯全国名优茶评比中，江苏省获得绿茶类特等奖29个，占全国的34.9%；红茶类特等奖32个，占全国的20%；绿茶类一等奖59个，占全国的22.4%；红茶类一等奖8个，占全国的15.3%；乌龙茶一等奖1个，占全国的4.8%；特种茶一等奖1个，占全国的14.3%。

2011年，农业部在金坛和丹阳增设了两个茶叶综合试验站，江苏拥有3个国家茶产业体系试验站。

（杨意成　唐锁海）

浙　江　省

茶叶是浙江省农业十大主导产业之一，在全省农业中的地位举足轻重，是全省 72 个县（市、区）180 余万山区半山区农民增加收入、建设社会主义新农村的支柱产业，扩大就业机会、提高生活质量的民生产业，建设生态文明、促进人与自然和谐发展的绿色产业，体现和弘扬中国传统文化、构建和谐社会的文化产业。2011 年全省茶园面积 18.2 万公顷，占全国茶园总面积的 8.2%；茶叶产量 17 万吨，占全国茶叶总产量的 10.9%；毛茶产值 100.9 亿元，占全国毛茶总产值的 13.8%。茶叶出口 17.6 万吨、创汇 4.9 亿美元，分别占全国总量的 54.6%和 50.8%。

浙江省茶业基本情况

项　目	单　位	2011 年	项　目	单　位	2011 年
毛茶产值	亿元	100.9	茶农户数	万户	97.17
茶园面积	万公顷	18.2	毛茶平均价格	元/千克	84.18
茶叶产量	万吨	16.97	企业数	个	2 188
精制茶产量	万吨	15.51	行业销售额	亿元	95.3
茶叶年加工能力	万吨	32.48			

产业政策

2011年的浙江茶叶是稳健推进的一年，全省围绕打造浙江绿茶品牌主线，以现代农业园区建设与标准园创建为重点，积极推进产业发展，并在现代农业生产发展资金、种子种苗、茶树品种改良、省级龙头企业扶持、茶叶专业合作组织建设等方面给予了多项政策性资金的扶持。同时，地方性扶持产业发展的政策也保持热度，杭州市政府专门出台了《关于推进“十二五”期间“杭为茶都”建设的实施意见》，提出了到2015年末，“把杭州打造成茶文化名市、茶产业强市、茶旅游大市，力争把杭州建成在全国最具影响力的国际性茶叶交易中心、展示中心，成为名副其实的‘中国茶都’”的目标。明确了茶产业实力提升、茶市场、茶事、茶品牌、茶馆（楼）业、茶人才队伍建设与茶都氛围营造等方面的任务。为进一步确立杭州中国茶都的地位，充分发挥杭州茶业和茶文化优势，彰显城市的特色和品位打下了基础。宁波市出台了打造明州仙茗区域品牌为重点的茶产业政策，落实了茶叶生产基础设施补助、品牌建设的专项资金支持的做法。绍兴市2011年各级财政继续加大了对茶产业的资金扶持力度，在绍兴市政府继续安排500万元用于茶业强市建设的基础上，绍兴县财政安排300万元用于平水日铸茶品牌宣传推介，200多万元扶持平水日铸茶精品基地建设和茶厂优化改造；新昌县安排600万元扶持资金，重点扶持媒体广告宣传、示范性茶厂建设、大佛龙井品牌形象店建设、大佛龙井小包装开发、规模加工等内容；诸暨市安排茶叶产业发展专项资金550万元，用于提升茶叶产业发展，全市共投入茶产业发展资金超过2 200万元，有力推动了茶产业基础的夯实和茶产业素质的提升。

2011年《浙江绿茶标识推广使用与管理办法》实施，首批72家企业与单位（其中省外企业16家）获得了“浙江绿茶”标识使用许可证。同时，龙井茶证明商标使用管理办法进一步完善，《龙井茶证明商标准用证期满换证办法》、《分装、委托加工企业申请使用龙井茶证明商标的特别规定》实施，并组织与工商部门合作，开展了宁波奉化、杭州、山东等省内、外相关企业的龙井茶商标维权工作；龙井茶证明商标管理进一步规范，龙井茶产品市场美誉度进一步提高。

茶叶生产

2011年全省茶叶面积18.2万公顷，比上年新增0.4万公顷，基本完成了茶园面积恢复性增长的一个发展阶段。同时，产量达16.97万吨，再创历史新高；产值达100.9亿元，完成了历史性跨入百亿农业产业的大关。

2011年浙江茶叶生产有以下主要特点：

（1）春季气候特殊，开采迟结束早。受2010年冬与2011年早春持续低温雨雪天气的影响，春茶开采时间普遍推迟15～30天，永嘉于2月22日为浙江最早开采，同比上年推迟15天，同样浙北茶区湖州市3月20日才开采，比上年推迟整整1个月。这是浙江近10多年来春茶相对开采最迟的一年。好在开采后全省春季气温相对比较平稳，并没有发生大面积气温骤降到零下的倒春寒或晚霜现象，这也是近年来春季冻害影响最小的一年。

（2）品质优异。由于上冬雨水比较充沛，加上茶树休眠时间较长，营养物质在茶叶中的积累丰富，促进茶叶鲜叶自然品质优异，加上整个春季气温相对平衡、日照充足，促进了茶芽持嫩性的提高，为各地名茶生产准备充分、从容精细加工创造了有利条件。因此，全省大部分产区反映，当年的春茶品质明显好于往年。

（3）外销茶原料大幅提价，生产趋势向好。受2010年主动性减产、出口大宗茶库存货源减少，加上国际绿茶市场较好的带动，2011年外销茶原料产销较暖。据宁波反映，珠茶价格大幅度上升，春茶珠茶均价可达10元/千克，比上年提高16.3%，创历史最高水平。金华市反映，珠茶单价每千克较上年提高2元左右，到5月15日，珠茶毛茶价格还在每千克11元，让多年苦等的珠茶初制加工厂业主们终于尝到了一次甜头。据长兴反映，由于珠茶价格一直维持在8元/千克历史最高水平之上，珠茶生产红火一片，不仅产区集中（主要集中在靠西的二界岭和泗安等乡镇），而且加工生产季节性延长为80～90天。同时据绍兴调查，蒸青茶价格也比上年每千克增加10元左右。2011年有机茶及低农药残留茶出口也同样俏销，特别是中低档茶上出现了多年未有的紧俏局面，价格也比一般高出了15%。

（4）加工规模化程度有所提高。如磐安县龙井茶专业化加工率已达80%以上，区域化生产区块已逐步形成，玉山镇、尚湖镇、万苍乡以买鲜叶为主，鲜叶市场规范化程度逐步提高。尖山镇、胡宅乡等靠近浙中生态茶叶市场四周乡镇村的农户以大户收购鲜叶加工为主。同时，据新昌、磐安、武义、丽水、杭州等地反映，驻外茶商回乡开发基地、新建加工厂的商家明显增多，不仅促进了香茶等夏秋茶开发，还有效带动了当地茶农增收。

浙江省茶叶生产主要地区

单位：吨、万公顷

名称	茶叶产量	茶园面积	茶树品种	主要品牌
绍兴市	45 565	3.36	鸠坑、迎霜、龙井 43、乌牛早、浙农系列等	大佛龙井、绿剑茶、越乡龙井、日铸茶、十里坪有机茶、觉农舜毫、龙浦仙毫、泉岗辉白、皇帝茶叶等
金华市	29 038	2.42	鸠坑、迎霜、春雨 1 号、龙井 43、乌牛早、浙农 117、安吉白茶、木禾等	武阳春雨、磐安云峰、东白茶、婺州举岩、道人峰、浦江春毫、兰溪银露等
丽水市	23 703	2.70	迎霜、龙井 43、安吉白茶、群体种、乌牛早	松阳银猴、金奖惠明、梅峰、仙都笋峰、龙谷丽人、凤阳春、香茶
杭州市	18 585	2.97	鸠坑种、龙井 43、白茶	西湖龙井、径山茶、千岛玉叶、雪水云绿、千岛银针、天目青顶、九曲红梅
宁波市	18 064	1.27	白化茶、龙井系列、福鼎白毫、乌牛早	明州仙茗、瀑布仙茗、望海茶、望府茶、三山玉叶、天池翠、印雪白茶、奉化曲毫
湖州市	12 183	1.59	白叶一号、龙井 43、迎霜、鸠坑、浙农系列	安吉白茶、长兴紫笋、莫干黄芽、安吉白片
衢州市	7 808	1.19	福丁、龙井 43、翠峰、群体种	龙顶、绿牡丹、方山茶
温州市	5 189	1.55	乌牛早、平阳特早茶、清明早、迎霜、龙井 43、群体种	乌牛早、三杯香、雁荡毛峰、平阳早香茶、苍南翠龙、刘基贡茶、清明早、黄叶早

注：本表以茶叶产量为序。

浙江省茶叶主产县

单位：吨、公顷

地区（县和县级市）	茶园面积	茶叶产量	茶树品种	主要品牌
嵊州市	12 103	19 710	鸠坑、龙井 43、迎霜、乌牛早等	越乡龙井、皇帝、泉岗辉白
诸暨市	6 763	12 400	鸠坑、迎霜、浙农 117、龙井 43 等	绿剑、十里坪有机茶
余杭区	3 606	9 949	鸠坑群体种、龙井长叶、龙井 43、浙农系列等	径山茶
松阳县	7 522	9 525	银猴、安吉白茶、龙井 43	松阳银猴、香茶
绍兴县	5 334	8 844	本地种、浙农系列、龙井 43、迎霜等	日铸茶、平水珠茶
武义县	6 592	8 319	春雨一号、乌牛早、龙井 43、安吉白茶、迎霜	武阳春雨、汤记高山
遂昌县	7 133	7 306	银猴、迎霜、安吉白茶等	龙谷丽人
淳安县	12 801	7 132	鸠坑、乌牛早、迎霜等	千岛玉叶、鸠坑毛尖
新昌县	6 519	5 963	乌牛早、鸠坑、龙井 43、浙农 117、福鼎大白茶、迎霜等	大佛龙井、望海云雾
余姚市	3 970	5 513	白化茶、龙井系列	余姚瀑布仙茗

注：本表以茶叶产量为序。

浙江省主要茶叶加工企业

单位：万元、吨、公顷、吨/年

公司名称	销售额	茶叶产量	茶园面积	加工能力	品牌
浙江华发茶业有限公司	51 836	34 376	10 800	35 000	皇帝、华发
浙江更香有机茶业开发有限公司	31 253	1 800	67 000	3 200	更香
浙江振通宏茶业有限公司	29 800	11 060	3 650	13 000	振通宏
浙江华茗园茶业有限公司	29 050	10 652	3 333	10 000	华茗园
浙江昌祥茶叶有限公司	24 500	21 000	800	25 000	平水珠茶
象山义超茶业有限公司	24 000	14 786	147	10 000	
余姚市华通茶厂	23 000	8 000	124	10 000	长寿
新昌县诚茂实业有限公司	21 300	18 250	650	25 000	诚茂、亿万杯
湖州方路茶业有限公司	21 000	21 000	18 666	35 000	方路
浙江省诸暨绿剑茶业有限公司	18 000	1 200	2 000	2 000	绿剑
嵊州市大鹏茶业有限公司	15 700	14 000	6 667	20 000	ASKIA、鹏宇、祁山
浙江春力茶业有限公司	14 867	7 000	2 000	10 000	春力、黑珍珠
绍兴县两溪茶厂	12 200	11 090	500	20 000	舜湖
浙江四贤茶业有限公司	6 199	2 098	433.3	3 000	四贤牌三杯香、红茶、眉茶

注：本表以销售额为序。

茶叶市场

2011年浙江茶叶产地市场价格呈前俏后稳局面，由于开采比往年推迟，故新茶上市之初出现了较为明显的求销高潮，当然还有名优绿茶品质明显提高，生产成本又较大幅度上涨等因素影响，带动了前期价格一定幅度的上扬。其中永嘉2月底的开市价格为每千克5 600元，比上年提高15%，绍兴产区前期名茶上市平均售价均在2 000元/千克以上，同比上涨15%；同时随着开采面的扩大与上市量的增加，到4月中旬全省名优绿茶市场价格涨幅明显回落，大部分回复了上年水平，转入5月中低档名优绿茶受市场拉动，产销两旺，价格又略有上升。

2011年浙江茶叶产地市场交易持续兴旺。据浙南茶叶市场统计，2011年全年市场交易量达5.8万吨，交易额25.69亿元，分别比上年同期的5.12万吨、17.8亿元增长了13.28%和44.33%。据新昌中国茶市统计，2011年度交易总量突破万吨，达到11 112.99吨，比上一年9 969.485吨增加了1 143.505吨，增长了11.47%。其中：春茶交易量4 312.33吨，同比增长6.1%；夏秋茶交易量6 800.66吨，同比增长15.1%。2011年总交易额达21.05亿元，比上年增25.46%。其中：龙井茶交易均价182.68元/千克，总体要比2010年交易均价168.36元/千克要提高14.32元/千克，增长了8.5%。

2011年，浙江省茶叶出口17万吨，金额4.86亿美元，同上年相比分别增长9.58%和23.41%；分别占全国茶叶出口量52.7%，出口额近50.36%；其中绿茶出口15.52万吨，金额3.94亿美元，分别占全国绿茶出口量的60.3%，出口额近55.8%。

浙江省主要茶叶贸易及出口企业

单位：万元、吨

名称	销售额	交易量	出口量
浙江华发茶业有限公司	51 836	31 899	20 103
宁波义超进出口有限公司	24 000	30 000	13 423
浙江昌祥茶叶有限公司	24 500	21 000	6 608
浙江余姚茶厂	20 000	26 000	13 000
嵊州大鹏茶业有限公司	15 700	13 800	8 871
浙江春力茶业有限公司	14 867	6 500	4 475
绍兴县两溪茶厂	12 200	10 890	6 000
浙江四贤茶业有限公司	6 199	2 098	1 678

注：本表以销售额为序。

浙江省主要茶叶批发市场

单位：万平方米、万吨、亿元

公司名称	市场面积	交易量	交易额
新昌中国茶市	10	1.11	21.051
浙南茶叶市场	5.328	5.59	25.99
浙中生态茶叶市场	3.44	0.3	4.2
武义茶城	2.6	0.3	3.0
杭州千岛湖茶叶市场	2.18	0.31	5.8
开化龙顶茶叶市场	0.869 3	0.15	3.0

注：本表以市场面积为序。

茶叶消费

受名优绿茶需求转暖回升和2011年春茶上市时机恰当等因素影响，2011年春茶名优绿茶消费开市之后一直较旺，从浙南茶叶市场与新昌中国茶市交易场面看，3～5月市场人流量平均比上年同期增长10%以上，浙江省内外入产地团购礼品茶的企事业单位比往年增多了40%左右，同时电子交易平台上的网店进一步增加，从上年的105家增加到173家，网上交易额达到了2 000多万元，增长了50%左右。

茶文化

2011年浙江继续保持茶事活动频繁、茶文化氛围浓溢的良好局面。从3月3日永嘉乌牛早茶开采节到7月13日组织参加贵州绿茶博览会，全省共举办县级以上政府主办的各类茶事活动近30余次，热烈持续的茶事活动与浓郁的茶文化气息把浙江的春季打扮成为沁人心脾的修身养性的世界。

5月16日，以茶与生态为主题的第三届中国杭州全民饮茶日活动在吴山广场拉开帷幕。同一时刻，全国近百个城市，全世界五大洲茶人朋友也积极响应，共襄全民饮茶盛举。从“茶与生态”的主题切入，茶文化专题旅游线路、主题体验活动和赠茶活动的推出，带动的全省近10个市、县品饮春茶的热潮。同时为浙江省首批星级茶馆授牌，为陈浩波家庭等10户茶人之家颁奖。浙江农林大学茶文化学院师生还为市民献上精彩的新编茶艺节目——《竹茶会》。

由中国国际茶文化研究会和浙江省消费者协会共同举办，历时半年，在浙江省图书馆有序推进到5月13日结束的“茶为国饮　健康消费”系列讲座，更是一道独有的风景，不仅系统传播了科学饮茶知识，并收到了广大茶叶爱好者与消费者听众的广泛好评。

由杭州市佛教协会主办，2011年11月11日在杭州灵隐寺召开了的第六届世界禅茶大会暨第四届禅茶文化论坛，吸引了来自韩国、日本、中国台湾等海内外佛教界大德高僧，佛教界、茶文化界、史学界、艺术界专家、学者110多人参加。灵隐寺方丈光泉法师致词，日本神户大学名誉教授仓泽行洋、江西社科院研究员余悦、中国社科院历史所研究员沈冬梅等专家的交流，进一步促进了佛教茶文化的学术研究与实践推广。

浙江省知名茶馆（一）

单位：平方米、万元、个

名　　称	营业面积	区域分布	连锁店数量
杭州青滕茶馆	4 500	杭州市区	7
杭州太极茶道苑	4 000	杭州市区	9
宁波青源茶馆	4 000	宁波市海曙区、江东区、鄞州区	7
大观园茶道	2 000	温州地区	5
杭州湖畔居茶楼	2 000		
杭州市区杭州闻香居茶庄	1 600	杭州市区	2
新昌清源茶楼	1 600		
杭州你我茶燕	1 600	杭州市区	2
杭州同一号茶道馆	1 500	杭州市区	4
杭州余杭百岁坊茶楼	1 200	杭州余杭	2

浙江省知名茶馆（二）

单位：平方米、万元、个

名　　称	营业面积	区域分布	连锁店数量
浙江西湖老龙井御茶园茶室	1 200	杭州市区	
杭州陶陶居花园茶楼	1 200	杭州市区	
杭州门耳茶坊	1 000	杭州市区	3
杭州寸村朴茶坊	1 000	杭州市区	2
杭州和茶馆	800	杭州市区	2
杭州临安润古轩茶艺馆	900	杭州临安	
杭州西湖国际茶人村	800	杭州市区	
杭州城皇阁茶楼	800	杭州市区	
杭州五道韵和书院	800	杭州市区	
杭州虎跑饮源堂	700	杭州市区	
杭州闻莺阁茶楼	600	杭州市区	
杭州富阳滨江茶楼	600	杭州富阳	
杭州桐庐天茶地酒茶楼	550	杭州桐庐	

注：本表以营业面积为序。

大事记

3 月 3 日，永嘉乌牛早茶开采节在永嘉瓯北镇半岭村砂子岭茶园开幕。这是浙江省 2011 年最早举办的茶叶开采节，标志着浙江绿茶新茶已开始正式上市。当天还举行了茶叶采摘技能比赛，10 位能手分获一、二、三等奖。

3 月 18 日，由温州市人民政府、浙江省农业厅主办，温州市农业局、浙江省农业厅经济作物管理局、温州市茶文化研究会、温州市茶叶产业协会承办的平阳早香茶第九届温州早茶节在温州松台广场开幕。

3 月 24 日，由中国茶叶流通协会、中国国际茶文化研究会、丽水市人民政府与浙江省农业厅共同主办，浙江省茶叶产业协会和松阳县人民政府共同承办的第四届中国茶商大会·松阳银猴茶叶节在松阳开幕。

3 月，省农业厅下发《关于做好浙江绿茶标识推广使用的通知》（浙农专发［2011］33 号），标志着浙江绿茶标识正式启用，并为全省统一打造浙江绿茶品牌注入的新的活力与手段。

4 月 2 日，由浙江省茶叶学会和余姚市联合主办的一年一度的 2011 浙江省余姚瀑布仙茗敬老茶会在杭州钱王祠举行。来自杭城的 800 位老领导、老专家、老茶人共品新茶、欢聚一堂。

4 月 10 日，由中国国际茶文化研究会、中国茶叶流通协会、中国茶叶学会、绍兴市人民政府和浙江省农业厅联合主办，新昌县人民政府承办的 2011 中国茶叶大会暨第五届大佛龙井茶文化节活动在新昌开幕。

4 月 14 日，由中国国际茶文化研究会、浙江省茶文化研究会、舟山市普陀区人民政府、舟山市农林局主办的第六届中国普陀佛茶文化节在舟山普陀开幕。

4 月 16 日，由金华市人民政府、浙江省农业厅主办的金华市第四届名茶推介暨清茗酬知音万人品茶大会在人民广场隆重开幕。

5 月 16 日，由乐清市政府主办，市农业局、乐清日报社、柳市镇人民政府、乐情市茶叶产业协会承办的雁荡毛峰第四届乐清市茶叶文化节在柳市镇开幕。

6 月 6 日，由日本静冈县经济产业部部长吉林章仁率领的代表团来浙江省农业厅访问。浙江省农业厅赵兴泉副厅长向吉林章仁部长一行介绍了浙江省农业产业发展概况，并表示今后双方在共同关心的农业领域拓展合作。同时，双方为纪念浙静友好 30 周年拟举办的浙江·静冈 2012 绿茶博览会事宜进行详细商谈并达成共识。

6 月 15～19 日，由浙江省农业厅主办，绍兴、松阳、新昌、武义等县人民政府协办的第六届浙江绿茶博览会，在哈尔滨与第二十二届中国哈尔滨国际经济贸易洽谈会同期成功举办。黑龙江省孙永波副省长、浙江省人大常委会程渭山副主任、王建满副省长、中国国际茶文化研究会徐鸿道常务副会长等领导，分别视察了以统一整体形象呈现的浙江绿茶博览会展区，有关领导给予了高度评价和充分肯定。展会期间，吸引国内外 10 余万人次的参观，有5 000多境内外专业客商与参展企业进行了交流与合作洽谈，有来自包括俄罗斯、韩国、日本等国的 56 个买家与浙江省参展企业达成了贸易合作意向。

7 月 4～6 日，全国农技推广中心受农业部种植业管理司委托，在浙江省安吉县举办了全国第十二期园艺作物标准园创建（茶叶）生产技术培训班。来自浙江、福建、四川、湖北、云南、安徽、贵州、湖南等 15 个省（自治区、直辖市）茶叶主管部门、茶叶标准园创建县与创建单位的100余名代表参加了此次培训。

10月21日，由中国食品土畜进出口商会、杭州市人民政府、国际茶叶委员会、中国国际茶文化研究会、中国茶叶流通协会、中国茶叶学会、中华茶人联谊会及商务部外贸发展事务局、浙江省商务厅联合主办的2011国际茶业大会暨茶产品交易会在杭州开幕。商务部、农业部领导、各相关省市领导及茶叶主要贸易国驻华使节出席开幕式。中国国际茶文化研究会会长周国富和杭州市副市长张建庭到会致辞，全国人大常委会副委员长桑国卫宣布开幕。来自美国、加拿大、俄罗斯、英国、意大利、日本、欧盟、印度、斯里兰卡、肯尼亚、马来西亚、越南、马拉维等国家和地区的茶界领军人物参加了大会。国内10多个产茶省的130多家龙头企业参加展示展销。会间还举办2011国际茶业高峰论坛。

11月14～16日，由农业部优质农产品开发服务中心组织的全国种植业产品质量可追溯制度建设现场观摩暨交流培训会在浙江省安吉县举行，来自北京、新疆、四川、陕西等9个省（自治区、直辖市）的近50名代表参加了会议。期间，浙江省农业厅经作局人员陪同代表们现场观摩了浙江省安吉县茶叶企业开展的安吉白茶可追溯制度建设工作，得到农业部有关领导和兄弟省（自治区、直辖市）代表高度肯定。

（浙江省农业厅经济作物管理局　罗列万　金　晶）

绍 兴 市

绍兴县
绍兴县林业局特产站
鸿华茶厂
两溪茶厂
御茶村茶叶
和兴茶厂

绍兴市
绍兴市经济特产站
绍兴市农科院茶科所
绍兴市茶叶学会
绍兴市茶产业协会

上虞市
上虞市农林鱼牧局农技中心

诸暨市
诸暨市农业局特产站
诸暨绿剑
越都茶业

嵊州市
嵊州市林业局茶叶科
华发茶业
大鹏茶业
春力茶业

新昌县
新昌县农业局茶叶总站
诚茂实业

绍兴市地处长江三角洲南翼，浙江省中北部，西接杭州，东临宁波，北濒杭州湾。历史悠久，名人荟萃，素有水乡、桥乡、酒乡、书法之乡、名士之乡的美誉，是首批国家级历史文化名城、首批中国优秀旅游城市，是长江三角洲南翼重点开发开放城市。人杰地灵，物产丰富，茶业尤乎盛名。据考证，绍兴茶业始于汉，兴于唐，盛于宋代，至清代进入历史鼎盛时期。绍兴市茶业的发展水平领居全国地级市前列，是全国茶业经济最为发达的地区之一。绍兴又是全世界独一无二的珠茶加工、集散中心与全国重要的名优绿茶产销基地，在世界绿茶行业占有举足轻重的地位。2011 年全市茶叶总产量45 565吨，总产值 20.42 亿元，总产值首次突破 20 亿元大关。

绍兴市茶业基本情况

项　目	单　位	2011 年	项　目	单　位	2011 年
毛茶产值	亿元	20.42	茶农户数	万户	24.5
茶园面积	万公顷	4.40	毛茶平均价格	元/千克	44.78
茶叶产量	万吨	4.56	企业数	个	334
精制茶产量	万吨	7	行业销售额	亿元	44.95
茶叶年加工能力	万吨	10			

产业政策

绍兴市各级政府历来重视茶产业发展，2011 年各级财政继续加大对茶产业的资金扶持力度。为推进茶叶强市再上新台阶，绍兴市政府继续安排 500 万元重点扶持无性系良种茶园建设、茶叶专卖店、标准化茶厂、自营出口及加工机械购置等。各县（市）政府积极响应，扶持力度有增无减。绍兴县财政安排 300 万元用于“平水日铸茶”品牌宣传推介，200 多万元扶持“平水日铸茶”精品基地建设和茶厂优化改造；新昌县安排 600 万元扶持资金，重点扶持媒体广告宣传、示范性茶厂建设、大佛龙井品牌形象店建设、大佛龙井小包装开发、规模加工等内容；诸暨市 2011 年安排茶叶产业发展专项资金 550 万元，用于提升茶叶产业发展，出台了《扶持推进第一产业发展意见》，对茶园基础设施给予较大扶持；嵊州市、上虞市也分别安排资金扶持茶产业。2011 年全市共投入茶产业发展资金超过2 200万元，有力推动了各项工作的顺利开展和茶产业素质的提升。

茶叶生产

2011 年绍兴市茶叶生产集天时、地利、人和之优势，春茶生产取得增产增值好成绩，夏秋茶延续春茶产销两旺态势，交易价格处历史高位运行。据统计，2011 年全市茶叶总产量45 565吨，总产值 20.42 亿元，总产量同比增长 5.10%，总产值首次突破 20 亿元大关，同比增长 15.28%；其中名优茶产量、产值分别为15 695吨、17.59 亿元，同比分别增长 1.78%、12.66%。继续保持全省领先地位。新昌县、嵊州市、绍兴县被中国茶叶流通协会评为 2011 年度全国重点产茶县，其中新昌县、嵊州市入围全国重点产茶县十强。

茶树良种化工作有序开展，茶园基础素质不断优化。全年发展良种茶园1 933.33公顷，良种覆盖率达到 69%，继续在全省保持前列。新建 6.67 公顷以上连片集中的现代茶园示范区 18 个，全市示范区总数达 36 个。良种茶园示范区规划布局合理，防护林及路沟渠等基础设施配套，具备一定的休闲观光功能。绍兴县、嵊州市被省农业厅评为 2010 年度浙江省茶树良种化先进县。

园区建设工作稳步推进。已建成的现代农业园区逐步得到巩固与提高，建设中的园区正稳步推进，一批精品园已顺利通过省级验收，其中新昌大佛龙井雪溪茶叶精品园以 95 分高分通过验收。

茶园休闲观光功能得到进一步拓展。随着绍兴市茶叶基地基础设施条件的不断改善，茶园作为都市人们养心、养眼休闲观光的绿色天然场所进一步得到认同。诸暨市东和十里坪 200 公顷有机茶园、东白山龙门顶茶业专业合作社的 6.67 公顷茶园成为爬千米东白山，品石笕原产地茶的好景观。

绍兴市茶叶主产县

单位：吨、公顷

县（区）	茶叶产量	茶园面积	茶树品种	主要品牌
嵊州市	12 000	22 100	鸠坑、龙井 43、迎霜、乌牛早等	越乡龙井、皇帝、泉岗辉白
诸暨市	7 933	6 519	鸠坑、迎霜、浙农 117、龙井 43 等	绿剑、十里坪有机茶
绍兴县	5 467	6 420	本地种、浙农系列、龙井 43、迎霜等	平水日铸茶、平水珠茶
新昌县	8 053	5 638	乌牛早、鸠坑、龙井 43、浙农 117、福鼎大白茶、迎霜等	大佛龙井、望海云雾
上虞市	4 100	3 366	鸠坑、龙井 43、迎霜、乌牛早等	越乡龙井、皇帝、泉岗辉白

注：本表以茶叶产量为序。

茶叶加工

绍兴是全国知名的茶叶加工集散中心，有一批诸如浙江华发茶业有限公司、新昌县诚茂实业有限公司、嵊州市大鹏茶业有限公司等大型茶叶加工企业。2011 年，浙江华发茶业有限公司、浙江省诸暨市绿剑茶业有限公司两家企业被中国茶叶流通协会授予 2011 年度中国茶叶行业百强企业。2011 年新建投资 30 万元以上、通过 QS 认证的示范性茶厂与加工集聚小区（中心）12 家，进一步改善了加工环境，提升了加工能力。绍兴御茶村茶业有限公司投入 400 多万元进行厂房、设备和工艺技术改造，建起平水日铸茶生产流水线一条和原叶绿茶微量充氮自动分装设备 5 套。浙江省诸暨绿剑茶业有限公司投资 180 余万元建成全长 65 米的全自动名优茶生产线，日产干茶可达1 000多千克，此条生产线的投入使名优茶生产从原来的手工作坊式向现代化茶叶加工企业迈了一大步。

随着购机补贴面进一步扩大，全市名优茶炒制机械进一步普及，名茶机械炒制已基本替代了传统的手工炒制。

全市拥有茶叶加工机械105 644台，占浙江省总数的 50%以上。2011 年机制名优茶产量达到13 790 吨，产值134 769万元，名优茶机制率达 86%以上，基本实现了炒制机械化。

绍兴市主要茶叶加工企业

单位：万元、吨、公顷、吨/年

公司名称	销售额	茶叶产量	茶园面积	加工能力	品牌
浙江华发茶业有限公司	51 836	34 376	10 800	35 000	皇帝、华发
浙江昌祥茶叶有限公司	24 500	21 000	800	25 000	平水珠茶
新昌县诚茂实业有限公司	21 300	18 250	650	25 000	诚茂、亿万杯
浙江省诸暨绿剑茶业有限公司	18 000	1 200	2 000	2 000	绿剑
嵊州市大鹏茶业有限公司	15 700	14 000	6 667	20 000	ASKIA、鹏宇、祁山
浙江春力茶业有限公司	14 867	7 000	2 000	10 000	春力、黑珍珠
绍兴县两溪茶厂	12 200	11 090	500	2 0000	舜湖

注：本表以销售额为序。

茶叶市场

2011 年，绍兴共有乡级以上茶叶市场 38 个，组成了由产地市场，集散中心市场，销区市场相配套的市场网络。位于新昌的中国茶市影响力不断扩大，交易量进一步增加。2011 年交易量 1.11 万吨，交易额突破 20 亿元，达到 20.05 亿元。交易品种日益繁多。由单一的龙井扩展到安吉白茶、绿剑茶、惠明茶、松阳银猴、望海茶、奉化曲毫、余姚瀑布仙茗等浙江名茶及安溪铁观音、武夷山大红袍、金骏眉、台湾乌龙茶、云南普洱茶、安徽祁门红茶、江苏碧螺春、锡兰红茶、工艺茶等 20 多个茶类品种以及茶具、茶包装、茶机、茶文化收藏品等。丰富多彩的茶事活动使得茶市的区域性集聚功能进一步增强，也带动了交易的空前繁荣。主要表现在：外地茶商进一步增多，常住新昌茶商达到2 000多人，比往年增长 20%左右；外地单位来茶市团购的进一步增加；周边县市来茶市投售的茶贩增加；磐安县 70%以上的茶叶、嵊州的中低档茶基本都到中国茶市销售。

在建设茶业强市政策扶持下，主要名优茶品牌已在全国大中城市设立具有一定规模的、经县（市、区）管理部门验收认可的茶叶专卖店（连锁店）300 余家，形成了上海、江苏、杭州、山东、北京等较为稳固的名茶销售中心。通过中国茶市带动，绍兴茶叶销售区域不断扩大，从 2008 年的 53 个县市扩展到 116 个县市。2011 年以来，全市茶叶销售紧跟时代步伐，积极开拓新型销售渠道，网络销售成为茶叶销售的新亮点。中国茶市电子交易平台上的网店进一步增加，从 2010 年的 105 家增加到 173 家，网上交易额达到了2 000多万元，增长了 50%左右。越乡龙井通过网络日销茶叶达到 500 多千克，实现日销售额 30 多万元。

茶叶是绍兴传统出口商品。多年来茶叶年出口量一直保持在 10 万吨左右，其中，珠茶年出口量高达 7 万吨左右，占全国珠茶出口量的 80%以上。2011 年绍兴出口茶叶 1.375 亿美元，同比增长 26.9%。其中龙井茶出口增长势头强劲，全市共检验检疫出口龙井茶 2.15 吨，货值 2.06 万美元，与 2010 年相比分别增长 627.1% 和 599.4%，增长势头强劲。

绍兴市主要茶叶批发市场

单位：万平方米、万吨、亿元

公司名称	市场面积	交易量	交易额
新昌中国茶市	10	1.1	20.05

茶文化

为了进一步打响茶业强市·绿色茶都品牌，提升知名度与影响力，绍兴市积极参加与举办多项重大茶事活动。一是 2011 中国茶叶大会暨第五届大佛龙井茶文化节于 2011 年 4 月 11～12 日在新昌成功举办。茶叶大会期间举行了首届中国茶叶区域公用品牌建设县市长高峰论坛、2011 浙江新昌茶祭大典、天福杯第六届大佛龙井茶王赛等 8 个活动。开幕式上，中华全国供销合作总社杭州茶叶研究院院长张士康为杭州茶叶研究院新昌茶叶科研中心授牌。随后，还举行了中国茶叶区域公用品牌价值评估发布授牌仪式，新昌大佛龙井以 21.03 亿元的身价，列中国茶叶区域公用品牌第 6 名。二是组织全市 22 家名茶企业参加第二十二届中国哈尔滨国际经济贸易洽谈会（以下简称哈洽会）暨第六届浙江绿茶博览会，利用哈洽会和浙江绿茶博览会的优势与影响力，积极开拓东北市场。平水日铸茶、越乡龙井、拨云尖牌大佛龙井、勾山牌勾山香茗、绿剑太子、觉农舜毫、十里坪牌龙井有机茶7只名茶产品获本届绿茶博览会金奖。期间，绍兴县人民政府作为特别支持单位组织以绍兴小百花越剧团为主题的文艺演出团队，选送了一台具有浓郁绍兴特色的平水日铸茶之夜茶文化专场演出，取得了较好的宣传效果。三是鼓励与支持各县（市、区）开展多种特色鲜明的茶事活动。绍兴县重振日铸茶，组织开展了平水日铸茶品茗周活动。嵊州市组团赴山东济南、河南郑州、河北正定举办宣传推介活动，进一步扩大了在北方市场上的影响力。诸暨市举办第二届名优茶手工炒制大赛，既保护和传承了传统炒制工艺，又提升了名优茶炒制水平。上虞市举办了纪念吴觉农先生诞辰114周年暨吴觉农茶学思想研究会成立十周年庆祝活动。多个活动的举办，进一步提升了茶业强市·绿色茶都品牌知名度。大佛龙井被国家工商行政管理总局认定为中国驰名商标，使绍兴市茶叶品牌驰名商标达到3只。

绍兴市知名茶馆

单位：平方米、个

名称	营业面积	区域分布	连锁店数量
新昌清源茶楼	1 600	—	—

大事记

4月9日，诸暨市举办第二届名优茶手工炒制大赛，16个重点产茶镇乡的30名炒茶选手参加了比赛，邀请中国农业科学院茶叶研究所鲁成银副所长、省农业厅经济作物管理局毛祖法局长、陆德彪副科长、浙江大学茶学系龚淑英教授等为评委，评出了诸暨第二届十佳名茶炒制能手。

4月11～12日，2011中国茶叶大会暨第五届大佛龙井茶文化节在新昌成功举办。大会期间举行了首届中国茶叶区域公用品牌建设县市长高峰论坛、2011浙江新昌茶祭大典、天福杯第六届大佛龙井茶王赛等八个活动。还举行了中国茶叶区域公用品牌价值评估发布授牌仪式，新昌大佛龙井以21.03亿元的身价，列中国茶叶区域公用品牌第6名。

4月14日，嵊州市第十三届越乡龙井茶炒制大赛在茶叶城举行，60名炒制能手参加比赛。

4月17日，上虞市在杭州举办纪念吴觉农先生诞辰114周年暨吴觉农茶学思想研究会成立十周年庆祝活动。

4月19～30日，越乡龙井参加2011上海豫园国际茶文化艺术节，通过现场炒制、展示展销、高峰论坛、《双越飘香》茶文艺表演等形式推介越乡龙井，取得较好效果。越乡龙井获最具影响力茶品牌。

6月15～19日，组团参加第二十二届中国哈尔滨国际经济贸易洽谈会暨第六届浙江绿茶博览会。平水日铸茶、越乡龙井、拨云尖牌大佛龙井、勾山牌勾山香茗、绿剑太子、觉农舜毫、十里坪牌龙井有机茶7只名茶产品获本届绿茶博览会金奖。期间，绍兴县人民政府作为特别支持单位组织以绍兴小百花越剧团为主题的文艺演出团队，选送了一台具有浓郁绍兴特色的平水日铸茶之夜茶文化专场演出，取得了较好的宣传效果。

7月1日，嵊州市茶文化研究会成立，市政协副主席丁法军当选为会长。

7月18日，大佛龙井荣膺中国驰名商标新闻发布会在杭州召开。大佛龙井被国家工商行政管理总局认定为中国驰名商标，是浙江唯一一个以行政认定方式获得中国驰名商标称号的龙井茶类注册商标。

9月，嵊州市林业局组织华发茶业、顺发茶业等企业参加正定北方茶博会、中部（郑州）茶叶茶具交易会。北方市场发展潜力巨大，越乡龙井抓住机会，在河北、河南、山西、陕西等地形成越乡龙井优势市场片群效应。

10月12日，2011年度全国重点产茶县名单出炉，新昌县、嵊州市、绍兴县入围，其中新昌县、嵊州市入围全国重点产茶县十强。

10月28～31日，越乡龙井参加第八届中国国际茶业博览会，茶博会期间，农业部原部长何康等领导专家到展厅品尝越乡龙井，越乡龙井荣获金奖。

11月，嵊州市与中国农业科学院茶叶研究所签约，中国茶叶研究所研发中心落户嵊州。嵊州绿茶被浙江名牌战略推进委员会认定为浙江区域名牌。

（绍兴市农业局经济特产站　李腊梅）

安 徽 省

2011 年，安徽省茶区又遭受了自 2008 年以来连续第 4 年的早春低温冻害，造成江北大别山茶区和沿江江南部分茶区部分中、高山茶园出现严重冻害。全省春茶开园普遍推迟 7～10 天，早期高档茶普遍减产 20%以上。全省茶叶价格继续了近年持续走高的趋势，普遍上涨 20%左右，部分名特高档茶上涨 30%～40%。全省春茶产量 3.5 万吨，较上年减产 4.6%，春茶产值 32.5 亿元，较上年增长 14%，其中名优茶产量 2.23 万吨，产值 29.43 亿元，分别较上年减少 6.76%和增长 13.28%。2011 年末统计，全省茶园面积 13.79 万公顷，其中开采面积 12.2 万公顷，均较上年略增。全年茶叶总产量 8.76 万吨，毛茶产值 46 亿元，分别较上年增长 3.36%和 27.7%。面积、产量均居全国第 7 位。全年产各类名优茶 2.9 万吨，名优茶产值 35 亿元，分别较上年增长 3.57%和 25%。全省口岸出口茶叶 2.91 万吨，换汇7 956万美元，出口量增长 27%，出口值增长 38.94%。自 2000 年起，安徽茶产业已连续 11 年增产增收。“十二五”安徽茶产业发展开局良好。

安徽省茶业基本情况

项　　目	单　　位	2011 年	项　　目	单　　位	2011 年
毛茶产值	亿元	46	茶叶年加工能力	万吨	10.0
茶园面积	万公顷	13.79	茶农户数	万户	100
茶叶产量	万吨	8.76	毛茶平均价格	元/千克	52.51
精制茶产量	万吨	7.0	企业数	个	5 800

注：以上数据来自 2011 年度安徽省统计数字和安徽省农业委员会业务数字。

产业政策

2011年安徽省茶产业工作的重点仍是围绕落实安徽省人民政府办公厅《关于加快茶产业发展的意见》，督促各产茶市、县（市、区）的政策、资金配套落实。努力发挥好省级专项资金的引导作用，向茶叶生产的基础建设倾斜。2011年主要用于无性系茶树良种繁育、新茶园建设，茶叶标准园及无公害茶叶生产基地建设。安徽省实施的中央现代农业发展资金项目2011年将茶叶列入，将持续3年，每年安排5 700万元（以后有可能逐年增加），用于10个重点县和省农垦的茶园等基础建设，由安徽省农业科学院茶叶研究所负责技术指导。

茶叶生产

2011年的春茶生产又遭受了自2008年以来连续第4年早春低温冻害天气。自2月中旬起，六安、安庆、池州、黄山等市开始陆续反映灾情，全省累计有1.7万公顷左右茶园遭受严重冻害，受冻面积占全省茶园面积的10%以上，受冻程度普遍达到3～4级，部分高山或山口茶园冻害达到5级。造成这次冻害的原因和前3年冻害有不同。主要有两点，一是自2010年下半年起的秋冬春3季连旱，全省大部分地区连续8个月降水偏少。据气象资料，2010年10月1日至2011年5月24日全省平均降水量277毫米，较常年减少50%，为1961年以来半个世纪最少的一次。二是自2010年底至2011年2月中旬，虽然没有出现极端低温天气，但0℃以下的低温持续时间长，茶树冻害是逐渐发生和加重的，气温一旦回升就明显表现出来。尤其是早芽品种和高山茶园及风口、阴坡、陡坡茶园冻害更加严重。全省春茶开园普遍推迟7～10天，部分高山、深山区迟20天以上，少部分茶园绝收。全省春茶产量3.5万吨，较上年减4.6%，名优茶减产6.76%，仅2.23万吨。但由于市场购销持续向好，量减价扬，春茶产值32.5亿元，较上年增长14%，其中名优茶产值29.43亿元，较上年增长13.28%。

截止到2011年底，全省茶园面积13.79万公顷，其中开采茶园12.2万公顷，均较上年略增。茶叶总产量8.76万吨，毛茶产值46亿元，分别较上年增长3.36%和27.7%。面积、产量在全国的位次均列第7位。全省年产各类名优茶2.9万吨，产值35亿元，分别较上年增长3.57%和25%。本省口岸出口茶叶2.91吨，换汇7 956万美元，出口量增长27%，换汇额增长38.94%.其中绿茶出口2.56万吨，换汇7 140万美元；红茶出口0.35万吨，换汇818万美元。全省出口额超500万美元的企业5家，出口总额5 537万美元，占全省出口额的69.59%。

茶叶生产重点县作用进一步显现。2011年统计，茶叶产值超亿元的县（市、区）已达16个，较上年增加3个，合计产值40亿元，占全省总产值的86.96%。其中2亿元以上的7个，3亿元以上的5个，4亿元以上的2个。黄山市歙县以5.1亿元继续保持年度第一。

茶叶企业加快发展。据中国茶叶流通协会组织的全国茶企百强年度评比中，安徽省有20家茶企入选，较上年新增5家。在各省中仅次于福建省的24家，位居全国第二。

茶农收入继续增长。2011年，全省300万茶农人均茶叶收入1 500元，较上年增25%。黄山市70万茶农率先以市为单位人均茶叶收入突破2 000元，达2 350元。太平猴魁茶叶主产地的黄山市黄山区，茶园亩（667平方米）产值、茶农人均茶叶收入双超4 000元，太平猴魁原产地猴坑村民组人均收入20余万元，成为全省之最。

茶叶质量安全工作常抓不懈。全省茶园基地无公害等“三品”认定（证）保持稳定。全省经过认定（证）面积达11.3余万公顷，占全省总面积的80%以上。其中无公害茶叶种植面积9.3余万公顷，绿色食品面积1.3万公顷，有机茶面积近0.7万公顷。

安徽省茶叶主产地区

单位：吨、公顷

地区（地级市）	茶叶产量	茶园面积	茶类	主要品牌
宣城市	26 463	21 021	绿茶	敬亭绿雪、汀溪兰香
黄山市	25 631	50 579	绿茶	谢裕大
六安市	16 444	23 881	绿茶	六安瓜片
安庆市	8 710	25 251	绿茶	天柱山、翠兰
池州市	5 772	11 315	绿茶	天方

注：本表以茶叶产量为序。

安徽省茶叶主产县

单位：吨、公顷

县（县级市）	茶叶产量	茶园面积	茶　　类	主要品牌
宣州区	14 413	5 281	绿	敬亭绿雪
歙县	8 400	16 706	绿	汪满田
休宁县	7 144	11 158	绿	松萝、新安源
郎溪县	6 240	3 343	绿	瑞草魁
祁门县	5 501	10 511	绿、红、黑	祁门香、安茶
霍山县	5 150	5 913	绿、黄	霍山黄芽
金寨县	5 120	6 970	绿	安态、一笑堂
裕安区	3 865	5 588	绿	徽六
岳西县	2 900	9 609	绿	翠兰
石台县	2 564	3 813	绿、红	石台香芽、天方

注：本表以茶叶产量为序。

茶叶加工

全省茶叶加工企业5 800余个（其中黄山市3 600余个），基本稳定，与上年相比没有较大变化。各地都在通过积极引进外地、外行业资金，发展行业龙头企业，如祁门县新引进的祥源控股集团旗下的核心成员企业祥源茶业股份有限公司，在祁门县成立了安徽省祁门县祁红茶业有限公司。一期投资正在建设现代化的祁红清洁化加工厂和围绕茶产业的休闲农业观光产业。筹备建立祁红博物馆、祁红研发中心和优质茶园基地。与安徽农业大学建立了战略合作，共同打造祁门县乃至安徽省最大也力争最先进的集生产、加工、销售于一体的红茶生产企业。

2011年，各地的茶叶加工厂升级改造仍是主要趋势，仅农机补贴渠道国家和省茶机资金即发放3 276.7万元，购机20 851台，总发生购机款10 696万元（平均5 100元/台左右），带动农民投入7 419.3万元。均较上年有所增长。

安徽省主要茶叶加工企业

单位：万元、吨、公顷、吨/年

公司名称	销售额	茶叶产量	茶园面积	加工能力	品牌
黄山市松萝有机茶叶开发有限公司	36 000	8 000	103 000	16 000	松萝山
黄山汪满田茶业有限公司	16 000	200			汪满田
安徽天方茶业（集团）有限公司	20 000	4 010			天方
黄山谢裕大茶叶股份有限公司					漕溪
黄山市歙县薇薇茶业（集团）有限公司	20 000			8 000	薇薇
黄山市新安源有机茶开发有限公司	20 000	6 000	50 000	10 000	新安源
安徽国润茶业有限公司	11 000			4 000	润思
安徽省六安瓜片茶业股份有限公司					徽六
休宁县荣山茶厂					齐云道家
黄山一品有机茶业有限公司					一品

注：本表以销售额为序。

茶叶市场

2011年，全省茶区县级以上茶叶专业市场已达14座，年交易额40多亿元。为改变皖东南地区无大型茶叶交易市场的现状，宣城市政府引进安徽新纽置业集团有限公司，在宣城双桥物流园区建设中国·茶府项目。该项目规划建设茶叶现货交易平台、智能物流服务平台、茶叶物流基地三大核心板块，为茶产业上下游企业提供供应链服务。项目规划总占地面积115公顷，其中一期27万平方米，建筑面积53万平方米，包括茶产品专业交易中心、茶文化博览中心、茶产品及衍生品研发创意中心、茶产品电子交易中心、物流配送中心、中央商务CBD、水岸风情街、高星级酒店等八大功能区。该项目已于2011年3月进入建设和运营准备阶段。全省产地市场常年以经销户坐商经营为主，春茶期间农民及散户上市交易较多，特色茶以经销户上门收购的居多。由于安徽省茶区主产乡镇多距县城较远，因此每年茶季乡镇市场发挥了很大的作用。

由于近年来国内高档名优茶畅销，带来高档鲜叶原料的紧俏，周边浙江、江苏等省春季来安徽省临近茶区收购高档鲜叶的越来越多，近几年在这些地区的省界两边也催生出许多季节性鲜叶市场，也分流了不少高档原料。

2011年，合肥市新建的江南茗茶城开业，经营面积达6万平方米以上。入住商户已经达到300余户。汇集了安徽省内各主产区以及国内重点产茶省的各类茶叶。

安徽省主要茶叶贸易企业

单位：万元、吨

名　　称	销售额	交易量	出口量
安徽省茶叶进出口有限公司	75 000	19 000	15 000
黄山市松萝有机茶叶开发有限公司	36 000	15 000	2 500
黄山市歙县薇薇茶业（集团）有限公司	20 000	6 000	
黄山市新安源有机茶开发有限公司	20 000	6 000	1 800
安徽国润茶业有限公司	11 000	4 000	2 000

注：本表以销售额为序。

安徽省主要茶叶批发市场

单位：万平方米、个、亿元

公司名称	市场面积	规划铺位	交易额
安徽江南第一茶市	14	1 160	16
霍山大别山绿色商城	16	400	5
黄山茶城	5.1	330	5
祁门金东茶市	4.2	200	1.3
大华国际商贸城	—	200	1.1

注：本表以市场面积为序。

茶叶消费

安徽省本省产茶叶销售去向主要还是内外销，大致比例为6∶4，与往年比变化不大。绿茶仍是主流，但随着国内高档红茶、红毛茶消费的兴起，红茶消费量有上升。另外，各类茶叶的品牌包装茶叶的消费量也上升较快，品牌作用开始显现。

茶文化活动

在2011年4月举办的2011中国黄山休宁松萝茶文化旅游节期间，为打造中国炒青绿茶休宁松萝这一地域性茶叶品牌，活动开展征集休宁松萝最佳标识和最佳创意广告语，开展松萝精品茶拍卖、松萝茶养生论坛、新茶开园采摘、茶艺表演、名茶现场制作表演、茶乡采风、松萝出海探寻等系列活动。

为打造石台香芽名茶声誉，石台县在2011中国·石台茶叶节期间举办了石台香芽杯中国原生态最美山乡演讲大赛。

大事记

3月10～11日，安徽省农业委员会在霍山县召开全省茶叶蚕桑工作会议。

4月8日，2011中国黄山休宁松萝茶文化旅游节在休宁县开幕。

4月18日，2011安徽·石台茶业节在石台县举办。

4月23～24日，由中国国际茶文化研究会、世界华商联合会、黄山市政协共同主办的2011世界茶产业黄山论坛在黄山市举行。

5 月 5～6 日，安徽省人民政府在休宁县召开了全省出口茶叶质量安全示范区建设（休宁）现场会。

5 月 27～29 日，第七届中国黄山茶业暨名优农产品博览会以“名山、名水、黄山茶”为标题在上海展览馆举办。

5 月，安徽黄山新安源有机茶开发有限公司的商标新安源及图形获中国驰名商标称号。

11 月 2 日，休宁县被国家质检总局评为全国出口食品农产品（茶叶）质量安全示范区。

（安徽省农业委员会特色农产品开发处　杨　庆）

黄 山 市

黄山市地处安徽省最南端，是一座新兴的国际旅游城市，也是一个以农业为主的山区城市。境内峰峦起伏，松竹并茂，波流清澈，全市森林覆盖率达77.4%，堪称“绿色金库”，是最适宜种茶的地区。所产名茶黄山毛峰、太平猴魁、祁门红茶名列全国十大名茶；屯绿、琅源松萝、白岳黄芽、顶谷大方历史悠久，驰名中外；新安源银毫、黄山绿牡丹、黄山银钩、紫霞莲芯、黄山松针、黄山翠兰蓓蕾绽放，享誉全国。

黄山市茶业基本情况

项　目	单　位	2011年
毛茶产值	亿元	16.9
茶园面积	万公顷	4.74
茶叶产量	万吨	2.50
精制茶产量	万吨	2.20
茶叶年加工能力	万吨	3.85
茶农户数	万户	70
毛茶平均价格	元/千克	56.6
企业数	个	3 500
行业销售额	亿元	61.0

产业政策

黄山市委、市政府高度重视茶产业发展，提出“要把茶产业做强、要把茶产品做优、要把茶企业做大、要把茶市场做活、要把茶文化做响、要让茶农致富”的指导方针，为全市茶业经济提出了新的发展思路。

（1）产业扶持持续加大。2011 年继续推进实施全省茶产业“241”振兴工程和市重点项目“双十工程”。

（2）基地建设扎实有效。黄山市大力发展无性系良种茶园，不断优化茶园种植结构。

（3）加快品牌建设。黄山市新增国家驰名商标 1 件、省著名商标 1 件、中华老字号商标 2 件。黄山市新安源有机茶开发有限公司的新安源有机茶及图商标荣获中国驰名商标认定，金魁牌太平猴魁获省著名商标，谢正安和猴坑商标被认定为中华老字号。全市茶叶商标注册申请 286 件，申请增幅 20%以上，已完成有效注册商标 86 件。

茶叶生产

黄山市位于安徽省南陲，属江南茶区的太湖流域低山丘陵区域，东经 117°39′～118°26′，北纬 29°24′～30°02′，地处中国名茶主产地神秘线上，是中国绿茶金三角核心产区。境内群峰参天，波流清澈，溪水回环，到处清荣峻茂，水秀山灵，孕育出众多种质资源和名茶精品。

黄山市现拥有黄山种、祁门种、安徽 1 号、安徽 3 号、安徽 7 号、杨树林 783、凫早 2 号等 7 个国家级茶树良种；柿大茶、茗州 12 号、仙寓早、黄山春韵、滴水香、杨树林 781、松萝种等一批省级良种和新选育的柿大茶 3 号、6 号、23 号等优良品系以及近年引进的乌牛早、迎霜、福鼎大白毫、龙井 43、平阳特早、浙农 139、龙井长叶等良种，为黄山茶叶的品质形成提供了丰富种质资源。为黄山茶叶更好地满足国内外市场对茶叶的不同需求提供了品种基础和保证。

2011 年，全市茶叶产量 2.50 万吨、产值 16.9 亿元，其中名优茶产量9 842吨、产值 13.6 亿元，茶业综合产值达到 61 亿元。茶叶自营出口 1.12 万吨，创汇3 506.51万美元。茶园面积 4.7 万公顷，其中认证的有机茶园 0.7 万公顷，绿色食品茶园 0.75 万公顷，无公害茶园 2.8 万公顷，“三品”认证率达 98.3%。全市无性系良种茶园达到 0.72 万公顷，良种茶园面积比率达到 15.2%。全市拥有中国茶叶行业百强企业 8 家，为全国地级市之最，国家级龙头企业 1 家，省级龙头企业 13 家，占全市省级龙头企业数 43.3%，市级龙头企业 25 家，占全市农业产业化龙头企业数 34.2%。

（1）主要茶叶分布。黄山市主要产茶品种为黄山毛峰、太平猴魁、祁门红茶、屯绿及新安源银毫、顶谷大方等。其中黄山毛峰分布全境，主要集中在徽州区、歙县；太平猴魁主要集中在黄山区；祁门红茶主要在祁门县和黟县部分区域；新安源银毫和顶谷大方主要分布在休宁县和歙县。

（2）特种茶生产情况。从 20 世纪 80 年代起，黄山芳生茶业有限公司相继发明的绿牡丹、锦上添花、神农茶、海贝吐珠等 200 多个品种的工艺造型名茶，造型巧夺天工，形态万千，栩栩如生，具有色艳、毫显、香高、汤清、味甜、形美六绝，集观赏、饮用、保健于一体，填补了国内外空白。公司产品先后 86 次获得国际和国家金、银、铜质等奖，产品畅销全国，出口 80 多个国家和地区。2007 年，绿牡丹被选为国礼茶赠送俄罗斯前总统普京。

黄山市茶叶主产县

单位：吨、公顷

县（县级市）	茶叶产量	茶园面积	茶树品种	主要品牌
歙县	7 742	16 300	滴水香等	汪满田、云谷、立安、翠明缘
休宁县	7 492	11 714	茗州种等	新安源、松萝、齐云道家茶
祁门县	5 050	10 132	槠叶种等	天之红、一顶天红、祁香、七律
黄山区	1 471	3 822	柿大茶等	猴坑、六百里、新明、双猴
徽州区	1 240	3 211	黄山大叶种等	谢裕大、千秋泉、紫霞、丰瑶泉
黟县	1 124	1 637	槠叶种等	五溪山、弋江源
屯溪区	560	515	迎霜等	屯绿、汪芳生、龙山园
全市	24 679	47 331		

注：本表以茶叶产量为序。

茶叶加工

全市现有初、精制加工厂3 500多家，其中规模以上加工企业68家；年加工茶叶3.6万吨，其中初加工2.3万吨、精加工1.3万吨。2011年规模以上加工企业实现营销收入34.2亿元，其中超亿元企业5家、超5 000万元企业13家。

黄山市茶叶加工企业分布主要是根据其生产加工茶类的不同，而分布于不同的区域。总体来说，黄山毛峰企业主要分布在徽州区、歙县及黄山区、黟县、屯溪区的部分地区；太平猴魁企业基本上位于黄山区境内；祁门红茶主要分布在祁门县和黟县的部分区域；屯绿主要分布在休宁县、屯溪区和歙县部分地区；新安源银毫和琅源嫩毫主要分布在休宁县；造型茶主要分布在歙县深山的部分乡镇。

黄山市主要茶叶加工企业

单位：万元

名　称	销售额	品　牌
黄山市松萝有机茶开发有限公司	18 600	松萝
黄山谢裕大茶叶股份有限公司	17 025	谢裕大
黄山市新安源有机茶开发有限公司	12 250	新安源
黄山茶业集团有限公司	10 320	云谷
黄山市祁门红茶发展有限公司	10 300	天之红
黄山汪满田茶业有限公司	8 023	汪满田
黄山猴坑茶业有限公司	7 880	猴坑
黄山六百里猴魁茶业有限公司	7 530	六百里
休宁县荣山茶厂	7 100	齐云
黄山光明茶业有限公司	6 734	千秋泉

注：本表以销售额为序。

茶叶市场

黄山市茶叶市场主要包括国内和国际市场，黄山毛峰、太平猴魁等名优绿茶主要供应国内大中城市消费市场，祁门红茶和屯绿主要供应出口。国内主要市场包括北京、上海、山东、合肥、芜湖、武汉、南京、镇江、扬州等大中城市。国际主要市场包括美国、英国、法国、德国、西班牙、加拿大、澳大利亚、丹麦、瑞典、芬兰、挪威、阿联酋、伊朗、巴基斯坦、阿富汗、俄罗斯、乌克兰、乌兹别克斯坦、尼日利亚、土库曼斯坦、尼日尔、阿尔及利亚、塞内加尔、毛里塔尼亚、突尼斯、波兰、日本、韩国、新加坡、墨西哥等。

（1）主要茶叶贸易企业。黄山汪满田茶业有限公司、黄山市歙县薇薇茶业（集团）有限公司、黄山市新安源有机茶开发有限公司、黄山市松萝有机茶叶开发有限公司、谢裕大茶叶股份有限公司、休宁县荣山茶厂、黄山六百里猴魁茶业有限公司、黄山猴坑茶业有限公司、黄山皃峰绿色食品开发有限公司等。

（2）主要茶叶出口企业。黄山茶业集团有限公司、黄山市歙县薇薇茶业（集团）有限公司、黄山市松萝有机茶叶开发有限公司、黄山市新安源有机茶开发有限公司、黄山市金叶茶业有限公司、黄山一品有机茶业有限公司、休宁县荣山茶厂、黄山市祁门红茶发展有限公司、黄山祁门香茶业有限公司等。

黄山市主要茶叶贸易企业

单位：万元、万美元

名　称	销售额	出口创汇
黄山市松萝有机茶叶开发有限公司	18 600	840
黄山市新安源有机茶开发有限公司	12 250	710
黄山茶业集团有限公司	10 320	630
黄山市祁门红茶发展有限公司	10 300	580
休宁县荣山茶厂	7 100	240
黄山一品有机茶业有限公司	6 860	220

注：本表以销售额为序。

黄山市主要茶叶批发市场

单位：平方米、个、亿元

名　　称	营业面积	规划铺位	交易额
黄山茶城	14 000	330	7.5
黄山区茶叶市场	8 000	260	3.4
大华国际农贸城茶叶交易市场	7 000	200	2.8
祁门金东茶叶市场	7 000	200	1.5

注：本表以营业面积为序。

茶叶消费

黄山茶业的整体营销市场范围不断扩大，茶叶内、外营销数量不断增加，茶叶出口量和出口额逐步上升。这主要得益于黄山茶叶的品质不断提升、成品茶种类的不断翻新，加上徽茶文化的发扬光大，黄山茶的内在品质正日益受到广大消费者的认同和喜爱。

茶文化

黄山茶业历史悠久，源远流长。早在汉末三国就有种茶，唐代陆羽《茶经》中就有歙州产茶一说，永泰二年（766 年），杨华在《膳夫经手录》中写到歙州、婺洲、祁门，婺源方茶，制置精好、不杂木叶，自梁宋幽并间、人皆尚之，赋税所入，商贾所赍，数千里不绝于道路。明崇祯八年（1635 年），黄山莲花庵一带产黄山云雾茶，“莲花庵地平旷，约二亩许，四楹三室，左右映带，篱茨甚幽丽。就石缝养茶，多轻香冷韵，袭人断腭不去，所谓黄山云雾茶是也”（明·许楚《黄山游记》），明代中叶，僧大方居休宁县北松萝山，创制松萝茶，制法精良，品质优异，是我国的早期优质炒青绿茶。清代开始，松萝茶（屯绿鼻祖）、祁红大量出口，徽州茶商抓住这一机遇，开创了 300 多年的中国茶叶经济辉煌。祁红、太平猴魁在 1915 年巴拿马万国博览会上获得金奖；之后祁红还获得布鲁塞尔第 26 届世界食品博览会金奖等。清朝到民国时期，中国茶文化的中心就在古徽州，沉积了丰厚的徽茶文化。尤其是新中国成立后发展和茶叶经济 20 年转型期的调整，茶园生产体系、茶叶加工体系、产品结构系列日趋合理，为优化茶叶资源配置打下了较好的基础。

（1）茶叶品牌。全市现有省级以上名牌农产品和著名商标 56 个，其中，中国驰名商标 3 个（新安源有机茶及图、谢正安及图、猴坑 HOUKENG 及图）；中国名牌农产品 1 个（汪满田牌黄山毛峰）；安徽省著名商标 27 个（猴坑、千秋泉、漕溪、紫霞、新安源、祁山、六百里、汪满田、新明、凫绿、黄山翡翠、黄山、洪通、祁香、洪立安、松萝、双猴、谢正安、五溪山、七律、金魁、黄山猴、屯绿、龙山园、松谷、凤尾、齐云道家）；安徽省名牌产品 14 个（漕溪牌黄山毛峰、猴坑牌太平猴魁、五溪山牌黄山毛峰、新安源牌有机茶、千秋泉牌黄山毛峰、凫绿牌祁门红茶、六百里牌太平猴魁茶、洪通牌黄山毛峰、七律牌祁门红茶、松萝山牌松萝茶、紫霞牌黄山毛峰、齐云道家茶牌茶叶、翠明缘牌绿茶、六股尖牌茶叶）；安徽省名牌农产品 11 个（漕溪牌黄山毛峰、汪满田牌滴水香、猴坑牌太平猴魁、松萝山牌眉茶、祁山牌功夫红茶、六百里牌太平猴魁、汪满田牌黄山毛峰、屯绿牌眉茶、凫绿牌有机茶、云谷牌袋泡茶、洪立安牌顶谷大方）。

（2）原产地保护。由国家质量监督检验检疫总局批准的原产地域产品保护 3 个：①2001 年 12 月，祁山牌祁门红茶被国家质检总局正式批准原产地标记注册，成为全国第 5 例原产地标记注册和茶叶行业首例注册；②2002 年 11 月，黄山毛峰茶被国家质检总局批准实施原产地域产品保护；③2003 年 5 月，太平猴魁茶被国家质检总局列为原产地保护产品。

（3）证明商标保护。2006 年 12 月，太平猴魁证明商标得到国家工商行政管理总局批准。

（4）非物质文化遗产。2008 年 6 月 7 日，黄山毛峰、太平猴魁、祁门红茶制作技艺被列为第二批国家级非物质文化遗产。

老谢家茶创始人谢四十被认定为黄山毛峰茶国家级非物质文化遗产传承人；原祁门茶厂闵宣文、陆国富被认定为祁门红茶国家级非物质文化遗产传承人。

2011 年 3 月，黄山市猴坑茶业有限公司（注册商标：猴坑），黄山谢裕大茶叶股份有限公司（注册商标：谢正安）光荣入选，被商务部认定为中华老字号。

黄山市知名茶馆

单位：平方米、个

名　称	营业面积	连锁店数量	茶馆地点
谢裕大茶楼	2 200	3	黄山市屯溪区
紫藤茶馆	800	1	黄山市屯溪区
天竺茶楼	600	1	黄山市屯溪区
庆艺茶楼	320	1	黄山市屯溪区
洪通老茶坊	160	1	黄山市屯溪区
新安源茶楼	120	1	黄山市屯溪区

注：本表以营业面积为序。

（黄山市茶叶站　黄山市茶叶行业协会　许乃新）

福　建　省

福建省是我国茶叶的重要产地，茶业是福建省的传统产业、特色产业和支柱产业。由于自然条件优越，宜茶山地较多。区位地理优越，生产早春名优茶的优势明显。具备一定的知名度。福建茶叶在国际市场上的比较优势主要是具有独特的品种资源优势、优异品质特征优势、地理气候优势。福建省茶文化旅游资源数量众多、类型多样，有地文景观类 7 处、水域风光类 1 处、生物景观类 2 处、遗址遗迹类 8 处、建筑设施类 33 处、旅游商品类 25 处、人文活动类 22 处。福建茶文化旅游已经具备一定的规模。全省有国家级龙头企业 2 家、省部级龙头企业 34 家、市级龙头企业 138 家；全省共有中国驰名商标 9 个、中国名牌农产品 6 个、省著名产品 6 个、省名牌产品 55 个。

福建省茶业基本情况

项　目	单　位	2011 年
毛茶产值	亿元	110
茶园面积	万公顷	21.16
茶叶产量	万吨	29.6

茶叶生产

春茶生产期间，由于长期低温干旱，导致开采期推迟，但红、绿、白茶增产增收，产销两旺；闽南乌龙茶制茶期间，遭遇连续雨天，采收不及，量减质降，中高档茶叶在市场供不应求，低档茶叶则出现滞销；闽北乌龙茶生产平稳，价格有所上涨。秋茶生产期间，乌龙茶产量提高，品质较好，呈现产销两旺的局面。

由于茶园种植和投产面积不断扩大，福建在茶树良种选育与推广、对台茶叶交流与合作、茶叶品牌创建等方面均居全国前列。涉茶人数超过300万，占全省农村劳动力的近1/4、全省总人口的1/10，涉茶总值达260亿元。

产业政策

1. 制定产业扶持政策 根据省领导指示精神，省农业厅组织人员深入茶叶主产区调研，召集有关部门和专家进行认真研究，结合福建茶产业发展的实际情况，制定了《关于推进现代茶产业发展的若干意见》（代拟稿），并报送省政府。2011年10月，省政府出台了《关于推进现代茶产业发展的若干意见》，意见从推动重点企业上市、提升产品质量安全水平、加强种质资源保护与开发、提高农民组织化程度、创建茶叶知名品牌、加大政策扶持力度、强化组织领导等7个方面着力提升福建省现代茶产业发展水平，促进福建省由茶叶资源大省向茶叶产业强省转变。

2. 制订地方法规《福建省促进茶产业发展条例》 2011年3月29日，福建省十一届人大常委会第二十九次会议表决通过《福建省促进茶产业发展条例》（以下简称《条例》），该法规将于6月1日起施行。这是全国首个关于茶产业发展的地方性法规，具有鲜明的福建特色，《条例》对设立茶产业发展专项资金、加强茶叶品牌建设、保护地理标志产品、加强茶叶质量安全的监管等方面内容均做出了相关规定。它的出台必将进一步规范福建省茶叶的生产经营秩序，为福建茶产业的健康稳定可持续发展提供强有力的法律保障。

3. 抓好中央财政支持福建现代茶业项目

（1）对2010年度项目进行检查验收和绩效考评。依据《福建省现代茶业生产发展项目竣工验收规定》和《绩效考评管理办法》，省农业厅、省财政厅组织有关人员赴安溪、福安、武夷山等县（市）开展2010年项目验收和绩效考评工作。验收组查阅了文档资料，并就建设规模、工程质量、工程数量等内容进行了实地检查。经考评，该项目2010年总体运行情况良好，各项目县组织措施有力，资金运作规范，项目建设的经济效益、社会效益、品牌效益显著，对提升当地茶叶综合生产水平发挥了积极作用。

（2）启动第二轮中央财政支持现代茶业生产发展项目。2011年，福建省在安溪、福安、武夷山等20个县（市）开展第二轮中央财政支持现代茶业生产发展项目。中央财政投入9 800万元，省级财政投入2 800万元，重点用于扶持建设高效生态茶园、开展茶叶初制加工清洁化改造和提升茶叶龙头企业加工能力。通过项目的实施，极大地夯实了福建省茶产业基础，改善了茶园生态环境和生产加工条件，提升茶产业发展水平。

4. 继续实施福建茶树优异种质资源保护与利用工程

（1）继续在全省范围内开展野生半野生型茶树、优异群体种、原生种以及新选育品种进行普查、认证与保护；

（2）对2008—2010年列入保护的45个种质资源和4个资源圃，加强管护和开发利用；

（3）确定2011年度新增保护9个优异种质资源和1个资源圃；

（4）开展铁观音和福鼎大白茶种性跟踪检测及复壮优生技术研究；

（5）明确该项目自2012年起，工作重点将由保护转向开发利用。

5. 开展全省名优茶鉴评工作 全省春季名优茶（绿茶、红茶、白茶）鉴评活动共收到茶样339只，其中绿茶样品117只，红茶样品194只，白茶样品28只。秋季（乌龙茶、花茶）名优茶鉴评活动征集茶样478只，其中乌龙茶440只，花茶38只。此项工作有两个亮点：一是宣传发动到位，各地参评积极性高。参评总茶样为817只，为历年最多；二是参评茶样品质优，获奖面比较广。

6. 开展福建现代农业（茶叶）产业技术体系建设工作 茶叶产业技术体系创新团队根据省财政厅、省农业厅的《2011年现代农业产业技术体系工作意见》，组织茶叶加工技术创新团队、茶叶优高生产模式研究团队、茶园土壤管理及施肥技术推广团队、茶叶质量安全团队，各自围绕目标开展工作。各团队工作正按计划稳步推进。

7. 示范推广标准化生产 2011年，福建省农业厅确定宁德市茶叶公司、泉州市帝峰生态茶业发展有限公司、福鼎市裕荣香茶业有限公司、福建省成功茶业发展有限公司、安溪中闽魏氏生态茶业有限公司等5家企业为省级茶叶准化示范区建设单位；确定福建哈龙峰茶业有限公司、福建省京泰茶业有限公司、福建省霞浦县茶场为2011年度农业部茶叶标准园创建实施单位。各项目承担单位根据相关要求，推广生态栽培技术，推进标准化生产，建立质量安全管理制度，规范制作标牌，完善档案记录，推行可追溯生产制度。

8. 举办全省茶树病虫害绿色防控技术培训班 8月23～25日，福建省农业厅在安溪县联合举办全省茶树病虫害绿色防控技术培训班。来自全省各茶叶主产区的专业干部、茶叶企业技术骨干共80多人参加了培训。培训班邀请中国工程院陈宗懋院士以及福建农林大学、福建省农业科学院的专家就水溶性农药的出现和替代、国内外茶叶卫生标准与应对策略、茶叶食品安全溯源体系建立与实践等内容进行了授课，并组织学员参观了企业基地。本次培训进一步提高了福建省茶叶技术干部专业技能及服务水平，对提升福建省茶叶质量安全水平起到了重要的作用。

9. **编制两个规划** 为科学谋划“十二五”期间福建省茶产业发展，省农业厅组织有关人员编制了《福建省“十二五”茶文化发展规划》和《福建省茶叶“十二五”发展规划》。《福建省“十二五”茶文化发展规划》提出在“十二五”期间，全省将重点抓好现代茶庄园、茶文化创意产业、茶类非物质文化遗产保护、茶文化旅游、闽台茶文化交流合作、茶市场文化与培训传播体系建设等6项重点工作。

（福建省林业厅种植业管理处 何孝延）

江　西　省

江西省地处长江中下游南岸，属亚热带湿润气候。2011 年全省茶园面积58 990公顷，产量 3.27 万吨，有机茶园面积17 900公顷，以生产绿茶为主。主要名茶有婺源协和昌、遂川狗牯脑、修水宁红、浮瑶仙芝、庐山云雾和得雨活茶等，江西省的茶叶品牌获国际、国内大奖 70 多个，其中遂川的狗牯脑茶 1915 年就获得巴拿马博览会金奖，庐山云雾 1959 年就被评为中国十大名茶。江西茶叶市场主要有南昌市茶叶交易大市场、南昌龙鼎茶城、南昌洪城大市场茶叶市场和婺源、浮梁等主产县茶叶交易市场，江西省茶叶消费习惯以绿茶为主。

产业政策

（1）推进标准化茶园建设，支持标准茶园创建基地大力推行测土配方施肥、节水灌溉、病虫害综合防治等集成技术。积极支持龙头企业和标准化茶园创建基地建立生产有记录、信息可查询、流向可跟踪、责任可追究、质量有保障的产品可追溯体系。

（2）大力扶持茶叶企业发展。选择具有一定规模、有较好技术条件、有示范带动作用的初制茶厂进行优化改造，支持其引进茶叶清洁化加工设备及其配套技术，改造厂房和加工环境。把支持省级以上茶叶龙头企业贷款贴息作为省级农业产业化资金优先安排的重点。

（3）加强江西绿茶品牌整合。加大对江西绿茶种植、加工及产品质量标准推广力度，大力宣传江西绿茶品牌，切实加强江西绿茶品牌市场监管，对使用江西绿茶统一标志参加展示展销、在省外设立销售窗口和进行市场销售的企业继续给予扶持。

（4）加强市场营销体系建设。支持在茶叶主产县（市）建设茶叶交易市场，在茶叶种植主产乡镇新建以茶青交易为主的市场。积极举办、参加国内外茶博会、茶交会、茶文化节、茶产品展销等活动。

（5）促进茶叶产业链延伸。鼓励加工企业利用丰富的茶叶资源，积极开展夏秋茶和中低档茶的综合利用。加快高香型传统特色红茶开发，同步推进白茶、青茶（铁观音）发展，丰富茶产品种类和档次，实现茶产品的形态功能多样化。

（6）加强人才队伍建设。充分利用阳光工程、雨露计划、远程教育等培训资源，加大对茶叶生产加工技术、新生代茶农和中高级评茶师培训力度；有计划、有重点地加强对基层农技推广部门、茶叶专业合作社和中小茶叶流通企业技术人员的培训，大力培养一批有经营头脑，善于攻关推介和开拓市场的营销人才。

（7）支持中介组织发展。鼓励和扶持各类茶叶专业合作社发展，培育农村经纪人队伍，努力提高茶叶生产、销售的组织化程度，增强自我发展能力。

（8）促进茶文化发展。在全省重点打造一批有影响力的生态休闲观光茶园，打造独具江西特色的茶文化休闲农业品牌。

茶叶生产

江西省茶叶生产主要地区生产情况

单位：吨、公顷

地区（地级市）	茶叶产量	茶园面积	品　　种	主要品牌
上饶市	11 239	17 083	白毫早、乌牛早、福鼎大白	婺源绿茶、大鄣山茶、上饶白眉等
九江市	5 600	8 670	白毫早、乌牛早、福鼎大白、庐山群体种	庐山云雾、双井绿、宁红工夫等
景德镇市	4 750	7 283	白毫早、乌牛早、福鼎大白	德宇活茶、浮梁茶
赣州市	2 623	9 004	白毫早、乌牛早、福鼎大白	小布岩茶、梅岭毛尖
抚州市	2 290	2 520	白毫早、乌牛早、福鼎大白	资溪白茶

注：本表以茶叶产量为序。

江西省茶叶主产县生产情况

单位：吨、公顷

县（县级市）	茶叶产量	茶园面积	茶树品种	主要品牌
婺源县	9 100	11 223	群体种、白毫早、乌牛早、迎霜	婺源绿茶
浮梁县	4 153	7 066.7	群体种、槠叶齐、乌牛早、福鼎大白	浮梁茶
修水县	4 050	6 800	迎霜、乌牛早、福鼎大白、白毫早	双井绿、宁红
上犹县	1 016	4 193	白毫早、乌牛早、福鼎大白	梅岭毛尖
遂川县	840	5 267	群体种、白毫早、乌牛早、福鼎大白	狗牯脑
资溪县	800	1 067	安吉白茶	资溪白茶
武宁县	730	1 050	白毫早、乌牛早、福鼎大白	白鹤坪
上饶县	368	1 422	上饶县群体种、乌牛早	上饶白眉、仙姑龙源
铜鼓县	300	5 353	安吉白茶、龙井 43、福鼎大白	铜鼓春韵
庐山区	240	1 385	庐山群体种	庐山云雾茶

注：本表以茶叶产量为序。

茶叶加工

江西省主要茶叶加工企业

单位：万元、吨、公顷、吨/年

公司名称	销售额	茶叶产量	茶园面积	加工能力	品　牌
江西德宇集团有限公司	38 300	633	18 333	720	得雨活茶
婺源县聚芳永茶叶有限公司	13 670	6 000	1 420	7 000	聚芳永
浮瑶仙芝茶叶有限公司	12 800	6 200	2 180	4 000	浮瑶仙芝
婺源县鄣公山茶叶实业有限公司	8 300	6 000	1 533	10 000	鄣公山茶
江西省婺源大鄣山绿色食品有限公司	6 972	1 160	1 755	1 500	大鄣山茶
江西修水神茶实业有限公司	6 043.5	54.5	203	400	修水神茶
婺源县林生实业有限公司	5 340	800	1 200	850	林生茶
江西武宁茶场	5 200	1 500	285	2 000	白鹤坪
江西省宁红有限公司	5 182.5	800	65.7	1 500	宁红工夫茶
九江市松柏茶叶有限公司	500	30	44	35	庐山云雾茶

注：本表以销售额为序。

茶叶市场

江西省茶叶贸易及出口企业

单位：万元、吨、吨

名　称	销售额	交易量	出口量
浮瑶仙芝茶叶有限公司	12 800	6 200	1 200
婺源县鄣公山茶叶实业有限公司	8 300	6 000	6 000
江西省婺源大鄣山绿色食品有限公司	6 972	1 160	1 160

注：本表以销售额为序。

江西省主要茶业批发市场

单位：万平方米、个、吨、亿元

名　称	市场面积	规划铺位	交易量	交易额
江西南昌茶叶交易市场	2	150	300	1.2

江西省知名茶馆

单位：平方米、个

名　称	营业面积	连锁店数量	分布区域
南昌协和昌茶馆	800	3	南昌市
南昌天福源茶座	500	1	南昌市
南昌博雅茶艺	300	1	南昌市

注：本表以营业面积为序。

（江西省经济作物局　邱春娇　罗省根）

九　江　市

九江地处湘、鄂、皖三省交界，山清水秀，森林覆盖率高，土壤有机质含量高，气候温和，雨量充沛，发展茶叶自然条件得天独厚，生态环境保护得好，全市宜茶面积大，发展茶叶产业潜力巨大。九江产茶有1 000多年历史，自古就是三大茶市之一。是驰名中外庐山云雾茶原产地，积淀了深厚的文化底蕴，积累了丰富的茶叶生产经验，初步建立了较为完善的茶叶种植、加工、营销、科研及人才培养体系。

江西省九江市茶业基本情况

项　目	单　位	2011 年
毛茶产值	亿元	3.3
茶园面积	万公顷	0.867
茶叶产量	万吨	0.56
精制茶产量	万吨	0.16
茶叶年加工能力	万吨	1.2
茶农户数	万户	0.65
毛茶平均价格	元/千克	70
企业数	个	112
行业销售额	亿元	5.5

产业政策

2011年，全市坚定不移扩大茶园基地规模，引进和培植龙头企业引领做大修水茶叶，着重提高茶叶品质，打响九江庐山云雾、修水双井绿、宁红茶叶品牌，加强市场体系建设，扩大流通渠道。

修水县是九江主产茶区，茶产业发展遵循“三个原则”（即实事求是、因地制宜；民办、民营、民受益；扶持重点场、重点户）、品种选择坚持“三个不引进”（即不是国家级良种不引进；未通过修水县试种的不引进；不是无性系茶苗不引进）、基地培植明确“六个不支持”（即集体投资建园的不支持；开发面积在6.67公顷以下的不支持；土地未合法流转的不支持；种子直播的不支持；经营能力弱的不支持；配套资金不足的不支持）的发展机制，采取“整合项目，部门操作，以奖代补，结算到户”的扶助方法，采用“建立台账，分段检查，通报得分，年终汇总”的管理考评方式，逐步建立起“政府扶助引导，市场运作主导”的发展模式。积极组织实施“万、千、百、十”工程（即万亩乡、千亩场、百亩以上基地、十亩以上专业户）。2011年，对每亩新扩茶园补助700元。

庐山区对扩种百亩以上的茶园，政府协调土地扭转，争取林业部门支持，在环庐山防火带可种茶叶的地域，全部种茶叶或油茶。继续给予新扩茶叶扶持，扩种茶叶亩补贴800元（验收合格后，分3年，每年分别为400元、200元、200元）。

武宁县政府重点扶持茶叶龙头企业，茶叶生产以集中连片的200余公顷标准化茶园为主，辅以零星的散户经营茶园，对重点产茶区在技术力量、人员配备等方面都不断强化。

瑞昌市2011年市财政安排250万元发展茶叶生产，每亩补贴1 500元，其中茶苗补贴1 000元，建园补贴500元，扶持6.67公顷以上的专业大户，2011年新扩加低改茶叶面积133.33公顷。

茶叶生产

2011年，实现农业产值3.3亿元，全市有茶叶企业112家，其中国家级龙头企业1家，省级龙头企业2家，市级龙头企业7家；全市建立各类茶叶专业合作51个，带动茶农6 500多户；已初步形成环庐山云雾茶区，修水宁红、神茶、双井绿茶区，彭泽雷峰尖野生茶区，永修云居山高山茶区和瑞昌高山白茶区5大茶叶生产区。获有机茶认证的有机茶园近万亩。庐山云雾、宁红、双井绿等名茶多次获国际、国内和省级大奖，九江茶叶在江西省占有举足轻重的地位。茶叶为茶区农民增收、农村经济发展作出了很大的贡献。九江市积极开展茶叶品牌建设，松柏、雷峰山、宁红、梅山、霞森均被评为省级著名商标；松柏、舜叶、云居山宁红、梅山、霞森被评为江西名牌农产品。同时，通过中国茶叶区域公用品牌价值评估课题组评估，修水县历史传统茶叶品牌双井绿、宁红工夫茶品牌价值评估分别为6.72亿元、7.14亿元，双双跻身全国茶叶公用品牌百强行列的第39位和35位。

九江市茶叶主产县

单位：吨、公顷

县（县级市）	茶叶产量	茶园面积	茶树品种	主要品牌
修水县	4 050	6 800	浙农117、乌牛早、龙井43、迎霜、楮叶齐、福云6号、宁州群体种、宁州2号	双井绿、宁红、梅山、霞森、凯球、五杰银雾等
武宁县	730	1 050	宁州群体、福鼎等	地元白鹤羽
庐山区	240	1 385	本地群体种、迎霜，乌牛早、浙农118等	庐山云雾茶
星子县	100	293	福鼎大白	七尖云雾、金轮峰

注：本表以茶叶产量为序。

茶叶加工

九江市茶叶加工企业主要以精制茶以及礼品茶为主，近年来，随着加工企业的发展以及市场需求和拓展，大宗茶的生产产量逐年提高，并且已发展有2家具备自营出口权的加工企业。加工企业加工设备不断更新，清洁化水平不断提高，加工能力不断增加。目前已有各类加工企业112家，加工能力1.2万吨。

九江市主要茶叶加工企业

单位：万元、吨、公顷、吨/年

名　　称	销售额	茶叶产量	茶园面积	加工能力	品　　牌
武宁茶场	5 200	1 500	285	2 000	白鹤羽、碎红、末茶
江西省宁红集团公司	5 182.5	800	65.7	1 500	宁红、越海
庐山露语茶叶有限公司	4 000	80	146	80	庐山云雾云雾茶
大椿茶厂	1 534	364.8	214	1 000	霞森牌双井绿、宁红
修水兄弟茶业公司	503.6	754.5	20	1 000	宁红、双井绿
松柏茶业有限公司	500	30	44	35	庐山云雾茶
修水县振植茶叶公司	446.7	683.4	35.3	1 000	凯球牌宁红、双井绿（包扩精制）
修水东谷潭有机茶场	440	255.2	124.8	500	东谷潭宁红、双井绿
修水县上奉镇云山茗茶厂	422.3	246.3	100	500	宁红、双井绿
赛阳茶场	400	20	28	25	庐山云雾茶
茶科所茶叶生产试验基地	357.5	228.5	65	500	宁红、双井绿
修水新华茶厂	320	185	23.3	250	山谷翠芽宁红、双井绿
南山茶场	300	15	13.3	20	庐山云雾茶
星子县庐山东南茶场	300	20	200		七尖兰有机庐山云雾茶
修水琼峰茶场	270	174.8	44	200	宁红、双井绿
修水眉新茶厂	260	140	93.3	150	眉峰山宁红、双井绿
彭泽雷峰尖茶叶有限公司	260	10	66.7	220	雷峰山
修水县庙岭安鸿茶厂	237.5	112.5	15	150	宁红、双井绿
宁红有限责任公司	230	150	23.3	250	宁红、双井绿
修水县大椿乡冰池茶场	205	102.5	10	150	大椿冰绿宁红、双井绿
修水宁红茗茶厂	190	185	85.1	200	宁红、双井绿
修水县双井山谷有机绿茶场	183.5	94.5	42	250	庭坚牌宁红、双井绿
绿峰茶场	180	10	42.7	15	庐山云雾茶
大寺脑茶场	150	8	14.7	10	庐山云雾茶
九江修河生态农业有限公司	130	149.9	33.3	250	宁红、双井绿
修水眉峰实业开发公司	120	82.6	101	100	五杰银雾宁红、双井绿
古圣庐茶业有限公司	120	30	3.5	35	庐山云雾茶
修水县大椿绿茗茶厂	117.5	69.8	26.6	100	宁红、双井绿
修水县飞翔达茶叶公司	102	71	27.7	150	宁红、双井绿
星子县桃花源茶场	100	16	20		康王谷庐山云雾茶
三叠泉茶场	100	5	12	10	庐山云雾茶
凤凰茶场	80	5	17.3	10	庐山云雾茶
星子县金轮峰茶叶公司	80	10	10		金轮峰庐山云雾茶
修水县华凤茶厂	76.2	59.3	26	100	宁红、双井绿
修水县大椿担石茶厂	72.3	52.2	20	100	宁红、双井绿
白岭九品香茶厂	70.9	43.1	10.3	50	久品香宁红、双井绿
宁洲小水茶厂	62.2	32	5.3	50	宁红、双井绿
古市茶厂	60.2	28	6	20	宁红、双井绿
石坳高垅茶场	52.4	23	8	50	宁红、双井绿

注：本表以销售额为序。

茶叶市场

名优茶以茶叶店（或茶庄）销售为主，精制与深加工产品主要是外销或间接出口。庐山云雾茶的高档礼品茶主要以内销为主，大宗茶主要以出口为主。

主要茶叶市场及分布：

茶庄主要分布在山东、上海、江苏、广东、南昌、九江等地以及县内。出口产品主要销往东盟等。

九江市主要茶叶贸易企业

单位：万元、吨

名　　称	市场面积	规划铺位	年交易额
江西省修水神茶实业有限公司	6 043.5	54.5	11.4
武宁茶场	5 200	1 500	1 200
江西省宁红集团公司	5 182.5	800	124
大椿茶厂	1 534	361.6	
修水兄弟茶业公司	503.6	754.5	
松柏茶庄	500	30	10
修水县振植茶叶公司	446.7	683.4	
星子县庐山东南茶场	300	20	
宁红有限公司	230	150	
星子县桃花源茶场	100	16	
星子县金轮峰茶场	80	10	

注：本表以销售额为序。

九江市知名茶馆

单位：平方米、个

名　　称	营业面积	连锁店数量	茶馆区域分布
翡翠名珠	3 000	1	浔阳区
淑萍	3 000	2	浔阳区
百茶园茶楼	2 800	1	修水县城
秀玉	2 000	2	浔阳区
兰野	2 000	1	浔阳区

注：本表以营业面积为序。

（江西省九江市农业局经作站　张玲芳）

上 饶 市

上饶市位于江西省东北部。东邻浙江，西接安徽，南连福建；素有八省通衢、豫章第一门户的称谓。上饶地理位置在北纬 27°34′～29°34′，东经 116°13′～118°29′。全境处中亚热带季风湿润气候区，年平均气温 16.7～18.2℃，年降水量为1 600～1 800毫米，年无霜期 251～274 天。境内气候温和，日照充足，雨量丰沛，无霜期长，分温热、温和、温凉三小气候区，具有春秋短、冬夏长的季候特点。

江西省上饶市茶业基本情况

项　目	单　位	2011 年	项　目	单　位	2011 年
毛茶产值	亿元	1.9	茶农户数	万户	17
茶园面积	万公顷	1.7	毛茶平均价格	元/千克	20
茶叶产量	万吨	1.12	企业数	个	143
精制茶产量	万吨	0.9	行业销售额	亿元	7.9
茶叶年加工能力	万吨	3	城镇居民茶叶消费	千克/人	0.5

茶叶生产

上饶市茶叶主产县

单位：吨、公顷

县（县级市）	茶叶产量	茶园面积	茶树品种	主要品牌
婺源县	9 100	11 223	白毫早、乌牛早、福鼎大白	婺绿
德兴县	419	595	群体种、福鼎、福云、白茶、上梅洲、乌牛早、水灵、新品等	梧风、水芗、佳香、晶晶香、毛尖等
上饶县	368	1 422	白毫早、乌牛早、福鼎大白、福云、上梅州	上饶白眉
玉山县	330	599	群体种	饶绿
铅山县	179	727	群体种	武夷玉枝、高山有机茶

注：本表以茶叶产量为序。

茶叶加工

上饶市主要茶叶加工企业

单位：万元、吨、公顷、吨/年

公司名称	销售额	茶叶产量	茶园面积	加工能力	品牌
婺源聚芳永茶业有限公司	13 670	6 000	1 420	7 000	聚芳永
婺源县鄣公山茶叶实业有限公司	8 300	6 000	1 533	10 000	鄣公山茶
江西省婺源大鄣山绿色食品有限公司	6 972	1 160	1 755	1 500	大鄣山茶
婺源县林生实业有限公司	5 340	800	1 200	850	林生茶
天坛鸿达茶业有限公司	4 180	2 190	350	3 000	万年青
同舟茶业有限责任公司	1 500	1 200	270	1 800	同舟
铅山县黄冈山有机资源开发有限公司	1 460	2 800	800	2 000	武夷玉枝
玉山县紫湖茶厂	1 150	400	120	700	三清雨雾茶
溪头有机茶有限公司	1 100	290	400	1 000	金路庄

注：本表以销售额为序。

茶叶市场

上饶市主要茶叶贸易企业

单位：万元、吨

名　　称	销售额	交易量
婺源聚芳永茶业有限公司	13 670	6 000
婺源县鄣公山茶叶实业公司	8 300	6 000
江西省婺源大鄣山绿色食品有限公司	6 972	1 160
婺源县林生实业有限公司	5 340	800
天坛鸿达茶业有限公司	4 180	2 190
同舟茶业有限责任公司	1 500	1 200
溪头有机茶有限公司	1 100	2 90

注：本表以销售额为序。

上饶市知名茶馆

单位：平方米、个

名　称	营业面积	连锁店数量
三清山茶庄	800	4
怀玉茶庄	600	3
红叶茶苑	600	1
迪欧咖啡厅	500	1
婺源茶博府	200	
婺园茶楼	120	
书乡茶馆	120	

注：本表以营业面积为序。

大事记

2011 年 5 月，参加由江西茶业联合会举办的系列活动：在江西绿茶（白化茶）评比中，取得了“二金”的好成绩，其中：江西三清山绿色食品有限责任公司的冠圣生牌三清白茶获得特等金奖；玉山县三山白茶有限公司的玉山怀玉牌三清山白茶获得金奖。在 2011 龙天国茶杯消费者最喜欢的江西省大众茶评比中，铅山绿和有机资源开发有限公司的绿和云玉获得绿茶金奖（100 元内/千克）；江西婺源生态茶业有限公司的婺茗牌、灵岩陀绿、铅山县黄岗山有机资源开发有限公司的武夷云翠、婺源林生实业有限公司的林生牌林金茶获得绿茶金奖（100～200 元/千克），在全省制茶能手大赛中，获十大能手中的 3 个，分别是婺源县五龙山有机食品有限公司的黄新桂、婺源县华源茶叶有限责任公司的梁方全、婺源县大鄣山乡水岚村委会的詹开养。

（上饶市粮油经作局　毛盛河　高华清）

山 东 省

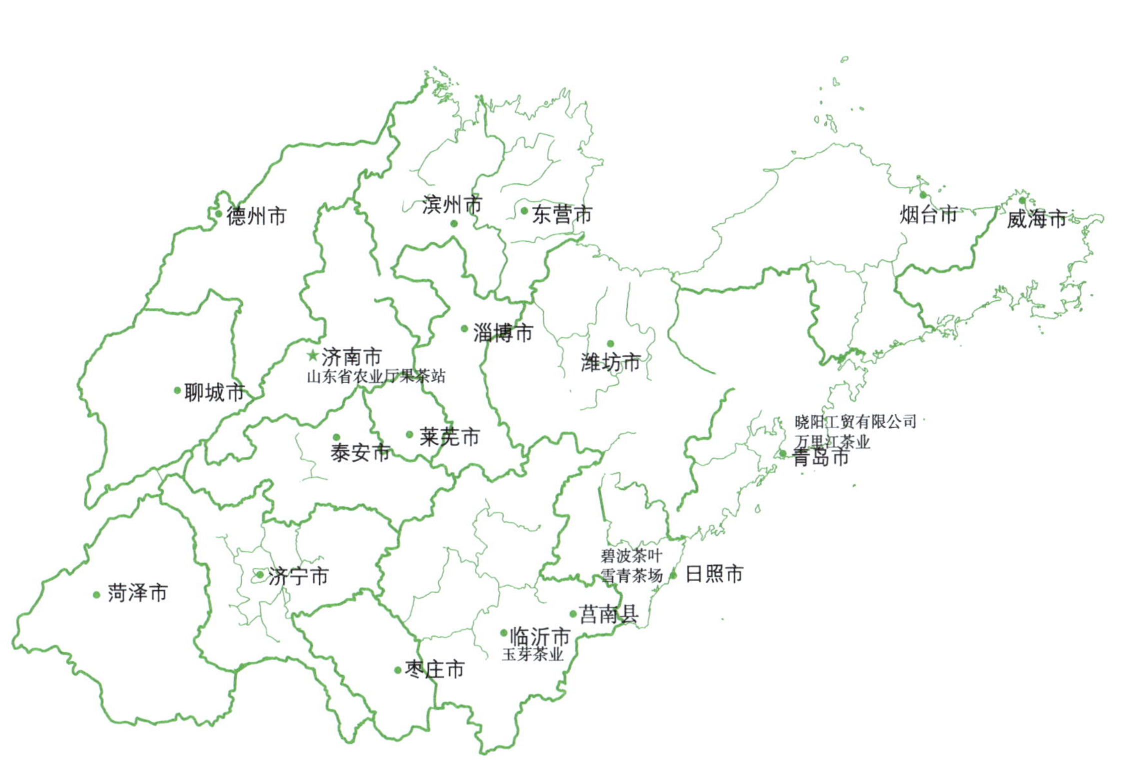

山东省地处我国东部沿海，黄河下游，东部为半岛，突出于黄海、渤海之间。西部为内陆，与冀、豫、皖、苏4省接壤。土地总面积15.67万平方千米。山东省属暖温带季风气候区，四季分明。全省年日照时数为2 200～2 900小时，日照百分率为50%～65%。

山东省是重要农业省份，历史上有无茶树栽培说法不一，但当代茶树栽培的历史较短。1952年有零星种植，1966年开始有组织、有计划地开展茶树引种试种工作，目前已成为我国北方重点茶区。经过40多年的发展，山东茶叶生产区域已经由日照、临沂、青岛3市的东南沿海部分县（市、区）扩大到胶东半岛的威海、泰沂山区的泰安、潍坊等地。茶叶生产在全省种植业中所占比重虽小，但在产茶地区已成为农村经济的支柱产业。

山东省茶业基本情况

项 目	单 位	2011年
毛茶产值	亿元	16
茶园面积	万公顷	1.88
茶叶产量	万吨	1.07
企业数	个	600
行业销售额	亿元	18
城镇居民茶叶消费	千克/人	0.42

产业政策

（1）加强规划引导，优化产业布局。为使山东省茶产业向优势区域集中，在产业发展上始终坚持因地制宜的发展思路，加强规划引导，优化区域布局，进行有选择、有条件地发展。已形成了东南沿海、鲁中南和胶东半岛 3 个茶区。全省茶叶主产区逐渐由日照、青岛、临沂等地，向半岛和内陆的潍坊、泰安、烟台、威海等地发展，打造优势区域集中、次优势区域扩散的产业布局。

（2）出台鼓励政策，促进产业发展。近年来，由于茶叶的比较效益较高，全省各地高度重视茶叶产业的发展，将其作为一项重要的地方特色产业来抓。为了解决茶树越冬难题，2008 年以来，省财政连续两年将茶树越冬防护及综合配套技术列为财政支持农业技术推广项目，累计投入资金 115 万元，建设越冬防护示范园 0.13 万公顷，一定程度上降低了茶园冻害，减轻了冻害带来的损失。2010 年，名优茶生产加工技术示范推广列入省财政支农项目，全省又投入 115 万元，扶持 6 个产茶县建设名优茶生产示范园 280 公顷，示范发展 480 公顷，取得了较好的经济、社会和生态效益。

日照、临沂、青岛、威海等地也出台了支持茶叶生产发展的各种优惠政策，并根据当地自然条件，科学规划，合理布局，按照区域化种植、规模化发展的思路，结合土地延包工作和种植业结构调整，把发展茶叶生产列入了议事日程。日照市把打造“北方绿茶之乡”作为日照市八张城市名片之一，不仅将其作为农业中的特色产业来扶持，而且纳入全市经济社会发展的重要组成部分。青岛市把提升茶叶产业体系作为重点，以“万亩市、千亩镇、百亩园（村）”建设为依托，建设 52 处百亩示范园，重点推广无害化生产技术，大力发展无公害、绿色和有机茶叶生产。临沂市实施了茶叶发展财政补助资金专项，2011 年共核定市级补助资金 100 多万元。

（3）推行标准化生产，规范产业发展。2011 年，针对山东省茶叶面临的越冬问题，组织制定了《茶树越冬防护技术规程》，并以省地方标准的形式发布，日照、青岛、临沂等地业务部门也制定了相关配套标准，全省形成了省、市、县不同层次、较为完善的标准体系，为保证新发展茶园的标准化、规范化，实现茶叶产业可持续发展奠定了良好基础。在此基础上，不断加大“三品”、QS、HACCP 认证，突出茶园标准化建设和清洁化生产，全省茶叶质量安全水平明显提高。

（4）加强技术培训，提高茶农素质。2011 年，为了加强茶叶实用技术的熟化普及，结合财政支农项目的实施，先后在临沂、日照、威海、泰安等地举办培训班 27 期，累计培训5 400多人次，累计编写、印发各类培训材料、技术资料、明白纸等12 800份。同时，我们还多次组织茶叶专家深入生产第一线，开展技术指导工作；并组织技术人员赴日照、临沂等地观摩学习 3 次，参与观摩人员 380 人次，大大提高了技术人员和茶农的科技水平。

茶叶生产

据省统计局统计，截止到 2011 年末，全省实有茶园面积 1.88 万公顷，其中采摘茶园 1.27 万公顷，分别比上年增长 2.8%和 4.8%。

2010 年 9 月以来，由于气候异常，山东省茶叶生产遭受最为严重的冻害。从日照、青岛、临沂 3 市的冻害情况调查看，2010 年冬季茶园冻害茶树受冻范围广、面积大，冻害程度是有记录以来最为严重的一次。全省除 0.37 万公顷设施栽培茶园基本无冻害外，露地种植的茶园均遭受了不同程度的冻害。经统计，全省茶树冻害面积达 1.17 万余公顷，约占茶园总面积的 75%。其中，幼龄茶园受害面积 0.31 万公顷，占幼龄茶园总面积 69%；可采茶园受害面积 0.86 万公顷，占可采摘茶园总面积的 77%。受冻害影响，2011 年露地春茶推迟 10～15 天上市，产量 1 350 吨，比上年减产 3 100 吨，减产幅度达 70%。

经专家分析，造成这次严重冻害的原因主要是：一是长期干旱，2010 年 9 月以来，山东省累计平均降水比常年偏少 85%，为 1951 年以来最少值。在气象上达到了特大干旱等级；二是持续低温，据省气象局资料表明，2010 年 12 月至 2011 年 2 月，全省平均气温－0.6℃，较常年偏低 0.3℃。其中 1 月上、中旬分别较常年偏低 2.7℃和 2.8℃。日照市日最低气温一直维持在－12.1～－1.2℃之间，其中最低气温在－6.0℃以下的天数达到 21 天；三是措施不到位，调查发现，茶树冻害较轻的大都是浇了 2 次以上越冬水，并采取了设施防护或者覆盖防护等措施，而冻害严重的茶园大多是没有浇越冬水或未采用其他防护措施的。

冻害发生后，全省各产茶区积极行动，采取各项措施，加强茶园恢复管理，有关管理和推广部门把茶树越冬防护列入茶园常规管理的重要内容来抓，积极推广设施越冬措施。由于后期管理补救措施到位，全年茶叶产量有所恢复，全年茶叶总产量10 704吨，比上年减产 10.2%。

为了从根本上提高茶叶质量，近年来，山东省先后从浙江、安徽、福建等地引进了龙井 43、白毫早、龙井长叶、金观音等 10 多个无性系茶树良种。全省无性系良种茶园接近 333.33 公顷。随着红茶、乌龙茶消费的升温，在重点发展名优绿茶的基础上，加大了其他茶类花色品种开发力度，相继开发出一系列名优绿茶、乌龙茶、红茶等 3 大类别的茶叶产品，丰富了茶叶产品结构，增强了市场竞争力。2011 年全省名优茶产量6 000吨，产值 10 亿元，分别占茶叶总产量的 55%和 70%，初步形成了以名优绿茶为主，大宗绿茶和其他茶类为辅的生产格局。

大事记

6月，威海市举办首届名优绿茶评比，评出特等奖1名，一等奖4名，二等奖6名，优秀组织奖10名。

7月，在第九届中茶杯全国名优茶评比（第一阶段）活动中，山东省共获得特等奖3个，一等奖23个，其中红茶一等奖1个。

8月，由济南市政府和齐鲁晚报共同主办的2011中国（山东）茶业交易博览会在济南举行，展会吸引了湖南、云南、安徽、福建、浙江、台湾等国内茶业大省和山东本地产茶名区500多家茶企参展。

11月，中国茶叶学会2011年全体会员会议，在山东省日照市召开，来自全国的600余名茶学专家代表参加会议。会议由中国茶叶学会和日照市人民政府共同主办，日照市农业局承办。

（山东省农业厅果茶站　李玉胜）

河 南 省

信 阳 市

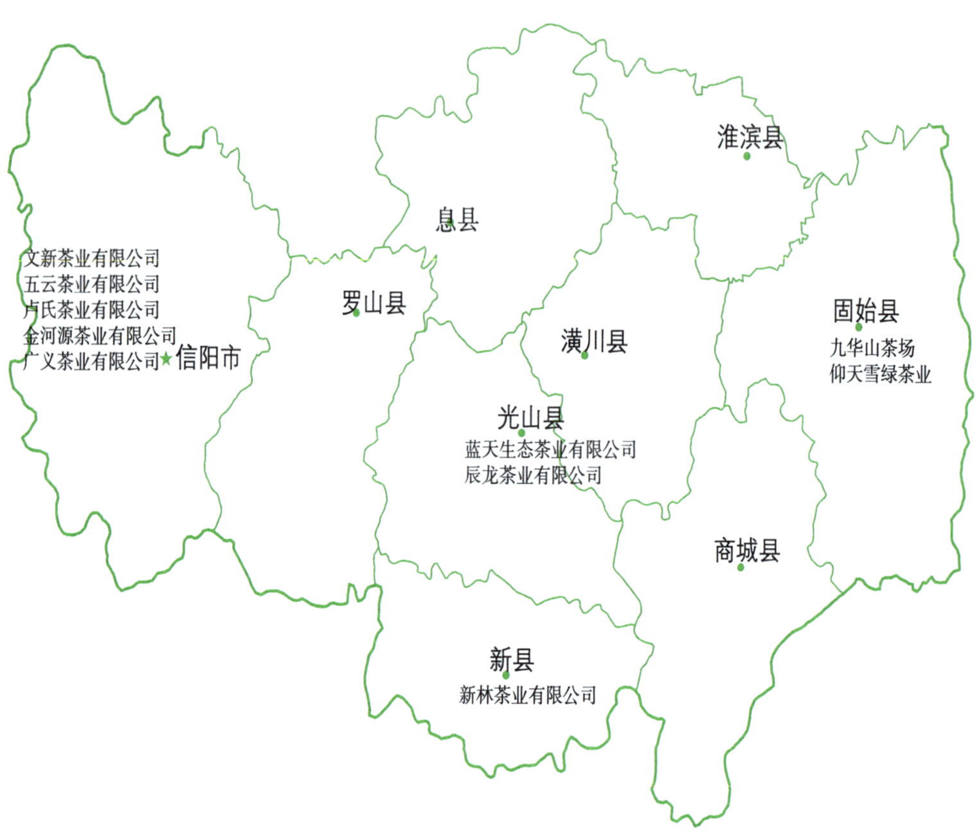

信阳市位于河南省南部，地处淮河上游、大别山北麓，东邻安徽，南接湖北，素有三省通衢之称。总面积1.89万平方千米，辖8县2区，总人口820万人。信阳市地处南北气候过渡带，属亚热带向暖温带过渡区，全市年均降水量为1 200毫米左右，年平均气温15.1℃，日照充足，雨量丰沛，山水相依、泉明林翠，是“北国江南，江南北国”。这里历史悠久，区位优越，生态良好，文化厚重，是全国双拥模范城市、中国优秀旅游城市和国家级生态示范市。特殊的地理位置、良好的自然生态条件使信阳成为我国北方边缘茶区，是全国最大名优绿茶生产大市之一。

河南省信阳市茶业基本情况

项 目	单 位	2011年	项 目	单 位	2011年
毛茶产值	亿元	55.8	茶农户数	万户	23
茶园面积	万公顷	12	毛茶平均价格	元/千克	95
茶叶产量	万吨	4.6	企业数	个	1 400
精制茶产量	万吨	4.5	行业销售额	亿元	70
茶叶年加工能力	万吨	6	城镇居民茶叶消费	千克/人	0.9

发展现状

截止到2011年底，全市茶园面积达12万公顷，开采面积6.67万公顷，无性系面积近2.67万公顷。2011年全市茶叶产量达4.6万吨，总产值达55.8亿元，全市现有各类茶场1 230余家，茶叶加工企业600余家，达到一定规模的茶叶企业310余家，百万资产的茶农（大户）460多户，国家级农业产业化龙头企业1家，省级龙头企业10家，市级龙头企业44家，中国茶行业百强企业8家；中国驰名商标4个，省级著名商标9个，市级知名商标18个，中国名牌农产品3个，河南省名牌农产品6个。9家企业通过有机茶认证，大批茶叶企业产品分别通过了ISO9001：2000、QS、HACCP质量体系认证和GAP、ISO14001认证。茶叶集贸市场100余个，茶馆茶楼200余家；行业组织迅速发展，已经建立茶叶产业协会10个，茶叶专业合作社480余家；现有茶农95万人，从业人员超过110万人；2011年，茶农因种茶人均纯收入超过3 000元，占全市农民人均收入的55%；在一些茶叶生产专业村，种茶收入占农民收入的90%以上。茶叶已成为信阳山区农民脱贫的重要收入来源，是信阳市农业增效、农民增收的一大特色亮点。茶产业已成为信阳农业大市向农业强市跨越的有力支撑和重要抓手，是信阳发展特色农业经济和农民致富的支柱产业。

产业政策

(1) 设立茶产业发展基金。市财政每年安排200万元专项资金，各主要产茶市（县、区）每年安排财政专项资金100万元，分别设立市（县、区）茶产业发展基金用于扶持茶产业发展。茶产业发展基金由市（县、区）茶产业办统一协调安排，专款专用。茶叶生产重点乡镇要拿出一定比例的配套资金，用于支持茶产业的发展。

(2) 积极扶持无性系良种茶园的发展和繁育工作。对自筹资金集中连片发展0.33公顷以上标准无性系良种茶园的，每667平方米给予100元种苗补助。补助资金由市（县、区）各承担50%。

(3) 对2006年以后获得中国名牌产品或中国驰名商标称号的茶业企业，一次性给予2万元的奖励；对获得河南省名牌产品或河南省著名商标的茶业企业，一次性给予5 000元的奖励。

(4) 对2006年以来通过ISO9000、ISO9001质量体系认证，QS认证、HACCP认证、有机茶认证、绿色食品认证的茶业企业，给予通报表彰。

(5) 信阳毛尖产品应当使用信阳毛尖茶原产地域产品保护标贴和信阳毛尖证明商标。信阳毛尖茶原产地域产品保护标贴和信阳毛尖证明商标经有关茶叶管理机构允许后有偿使用。以企业年度使用信阳毛尖茶原产地域产品保护标贴（以下简称标贴）的数量为依据，对使用标贴的企业实行返还优惠，凡一年内使用标贴10万枚以上的，按5%返还；凡一年内使用标贴10万～30万枚的，按10%返还；凡一年内使用标贴30万枚以上的，按15%返还。

(6) 对茶叶龙头企业（产值或销售收入5 000万元以上）、新产品开发企业、精深加工出口企业，金融部门要确定年优先贷款的基数，市财政予以贴息。同时，对被市政府授予全市个体私营纳税大户的茶企业，金融部门要在行业政策允许的范围内提供最大限额的贷款。

(7) 对引进市外资金在信阳市投资新办规模以上茶业企业，享受信阳市招商引资相关优惠政策。

(8) 鼓励茶叶科研与开发，实施知识产权保护与奖励战略。对通过有关部门认证的设计专利、发明创造，每件给予2 000元奖励。

(9) 对茶企业以企业自身的名义在中央电视台或省级以上媒体做信阳毛尖宣传促销广告的，市政府根据不同情况予以奖励。

(10) 鼓励各级各类企业承办信阳茶文化节，鼓励茶企业参加国家级茶文化节和茶博会，对积极承办、参与国家级茶事活动的企业，市政府将视不同情况予以奖励。

(11) 鼓励企业筹建茶叶产品质量检测室，市政府将在设备购置资金和人才方面给予支持。

(12) 对进入茶企业或在乡镇以下从事茶叶生产开发管理工作的应届大中专毕业生，在职称评定方面予以优先。

(13) 林业部门要结合林业产权制度改革工作，认真及时做好茶山登记确权工作，对新开垦茶园做好相关手续办理工作。

茶叶种植

信阳市茶叶主产县（一）

单位：吨、万公顷

县（县级市）	茶叶产量	茶园面积	茶树品种	主要品牌
浉河区	21 000	3.15	白毫早、乌牛早福鼎大白 信阳群体种　信阳10号	龙潭牌、五云牌、文新牌、广义牌

信阳市茶叶主产县（二）

单位：吨、万公顷

县（县级市）	茶叶产量	茶园面积	茶树品种	主要品牌
光山县	5 800	1.55	白毫早、乌牛早信阳群体种	净居寺牌、蓝天玉叶牌、辰龙牌
新县	4 700	1.6	白毫早、乌牛早信阳群体种	新林玉露
商城县	4 200	1.62	白毫早、乌牛早信阳群体种	其鹏牌、黄柏山牌、金刚碧绿牌
罗山县	3 500	1.38	白毫早、乌牛早信阳群体种	申林玉露、仙灵牌
固始县	3 200	1.31	白毫早、乌牛早信阳群体种	九华山牌、仰天雪绿、十八盘
平桥区	2 000	0.68	白毫早、乌牛早信阳群体种	佛灵山牌、五岳神针牌
潢川县	1 800	0.75	白毫早、乌牛早信阳群体种	光州牌

注：本表以茶叶产量为序。

茶叶加工

2011年茶叶产量4 600万千克，总产值55.8亿元，其中信阳红茶产量600万千克，产值15.5亿元。

信阳市主要茶叶加工企业

单位：万元、吨、公顷、吨/年

名　　称	销售额	茶叶产量	茶园面积	加工能力	茶叶品牌
河南信阳卢氏茶叶有限公司	28 000	23 000	60 000	60 000	红龙
河南信阳五云茶叶有限公司	25 000	4 000	20 000	30 000	龙潭牌、五云牌
信阳市文新茶叶有限责任公司	16 000	1 000	1 000	2 500	文新牌
河南固始县仰天雪绿茶业有限公司	13 000	1 000	1 700	2 000	仰天雪绿牌
河南固始县九华山茶场	12 000	1 000	2 400	2 000	九华山牌
河南新林茶业有限公司	12 000	800	1 000	1 500	新林玉露
河南申林茶业有限公司	10 000	500	2 500	700	申林玉露

注：本表以销售额为序。

信阳市主要茶叶贸易企业

单位：万元、吨

名　　称	销售额	交易量	出口量
河南信阳卢氏茶叶有限公司	28 000	31 000	31 000
新县绿源茶叶精制厂	20 000	10 000	10 000
光山县辰龙茶叶有限公司	10 000	11 000	11 000

注：本表以销售额为序。

信阳市主要茶叶批发市场

单位：万平方米、个、亿元、万吨

名　　称	建筑面积	规划铺位	交易额	交易量
东双河茶叶批发市场	4.67	75	3	0.45
浉河港茶叶批发市场	4.00	80	3.3	0.5
董家河茶叶批发市场	4.00	120	2.2	0.3
光山大别山茶市	3.33	50	2.7	0.8
信阳市茶文化一条街	1.33	130	2.5	0.35

注：本表以建筑面积为序。

茶文化

信阳第十九届国际茶文化节暨2011中国（信阳）国际茶业博览会由中华全国供销合作总社和河南省人民政府联合主办，中国国际茶文化研究会、中国茶叶流通协会、河南省商务厅、中共信阳市委、信阳市人民政府承办。本届茶文化节，共签约对外合作项目99个，总投资额332.6亿元。2011中国（信阳）国际茶业博览会，取得了累累硕果，真正体现了国际性和广泛性。展馆面积达8 500多平方米，共设有430多个标准展位，其中特装展厅40多个，占展厅总面积的80%以上，福建省、中国台湾首次组团参展，参加本次茶博会的参展商有160多家，来自日本、斯里兰卡等国家，中国台湾、福建、四川、贵州、浙江、云南、广西、江西、安徽、广州及郑州等地的100家参展商和信阳市重点茶叶生产、加工、经营龙头企业参展，共实现现货销售近5 000万元，签订涉茶经贸合作合同金额6亿多元。参观茶博会的各级领导、嘉宾和群众达10万余人。茶文化节期间，邀请了强大的新闻媒体阵容，多角度、多形式、深层次、全方位开展茶节宣传工作，充分利用平面、网络和广电媒体进行宣传报道，并实现了河南电视台、信阳电视台和新华网河南频道等主流媒体的现场直播。

信阳市知名茶馆

单位：平方米、个

名　　称	营业面积	连锁店数量	分布区域
五云茶艺馆	8 000	22	郑州及市内
信阳市文新茶艺馆	7 000	20	郑州及市内
河南蓝天茶艺馆	800	3	郑州及市内
信阳仰天雪绿茶艺馆	800	2	市内
信阳九华山茶艺馆	800	2	市内
光山县净居寺茶楼	600	2	市内

注：本表以营业面积为序。

大事记

2月16日，2011年河南省首次重点项目观摩点评选活动信阳站考察团成员省长郭庚茂，省委常委、洛阳市委书记毛万春，副省长陈雪枫及省政府有关部门领导同志，考察信阳五云茶叶（集团）有限公司茶产业工业园和信阳文新茶叶新科园。参观茶加工园区的信阳毛尖机械化加工生产线和蒸青茶生产线，品尝信阳红茶，并听取了茶企业负责同志的汇报。

4月28～30日，省委书记卢展工在信阳调研，提出小茶叶大产业、小茶叶大民生、小茶叶大文章，要求企业要注重产品质量、打造红茶知名品牌，挖掘文化内涵、提升文化品位，不继促进信阳茶产业的发展。

5月16日、20日、22日、28日，信阳市委、市政府分别在武汉、福州、上海、广州举行了信阳红风暴宣传周活动启动仪式。活动按照“企业主导、政府服务、部门支持、市场动作”的原则，由“信阳红”龙头企业五云、文新、九拓等3家企业具体组织实施。

10月8日，河南五云茶叶集团入选农业产业化国家重点龙头企业。

10月19～20日，由省人大常委、农工委副主任高德领带领的省人大常委会调研组来信阳市调研茶产业发展情况，并召开座谈会。

10月21日，全市茶产业发展大会在信阳宾馆召开，会议总结表彰了全市茶产业发展优秀县区，部署了全市茶产业发展工作。

12月12日，副省长刘满仓深入信阳调研茶产业发展工作。他强调，加大力度，加快步伐，以龙头企业为核心，大力发展茶叶种植和加工，实现规模化生产、产业化经营，做出特色，做大规模，做响品牌，促进农民增收致富。

12月25～27日，信阳红风暴北京论茶活动正式启动，本次活动由信阳市委、市政府举办，国内著名主持人管彤、周立波、汪洋分别担纲主持，与政界人士、茶界专家等一起，围绕信阳红，问茶论茶，品茶评茶，管彤问茶、立波论茶、汪洋评茶把持续一年多的信阳红风暴宣传活动推向高潮。

（信阳市茶产业办公室　张杰磊　张久谦）

湖　北　省

湖北省位于长江中游，介于北纬29°01′53″～33°6′47″，东经108°21′42″～116°07′50″。地貌类型多样，山地、丘陵、岗地和平原兼备，其中山地占全省总面积的55.5%，属于亚热带季风气候，空气湿润，光能充足，热量丰富，无霜期长，降水充沛，雨热同季，是发展茶叶的适宜地区。茶树品种资源丰富，宜昌大叶种等3个品种已被审（认）定为全国茶树良种，鄂茶1号到鄂茶10号等10个茶树品种被审定为湖北省级良种；茶类多、内质好。绿茶是湖北省的优势茶类，乌龙茶发展前景看好，宜红工夫茶是全国三大红茶之一，在国际市场享有盛誉，川字牌砖茶畅销边疆少数民族地区。

湖北省茶业基本情况

项　目	单　位	2011年
毛茶产值	亿元	58
茶园面积	万公顷	25.25
茶叶产量	万吨	16.6
精制茶产量	万吨	11.2
茶农户数	万户	100
毛茶平均价格	元/千克	34.95
企业数	个	5 000

产业政策

(1) 项目资金上大力扶持。2011年中央现代农业生产发展资金湖北省高效标准茶园建设项目，申请落实的中央财政现代农业生产发展资金9 700万元，在湖北省五峰、夷陵等13个项目县市组织实施。另外全省还有11个县市纳入农业部标准茶园创建项目之中。

(2) 茶产业链纳入全省农业重点领域产业链进行技术创新规划。2011年，湖北省科技厅组织湖北省农业厅、湖北省农业科学院、华中农业大学等部门，紧密围绕全省茶叶产业发展需求，突出技术关键，制定了湖北省茶叶产业链技术创新规划，进一步明确了茶叶产业技术创新目标、任务和创新重点，促进产业链与技术创新链的结合，实现科技资源合理高效配置。

茶叶生产

(1) 基本情况。2011年，全省茶叶生产再创历史新高，茶园总面积25.25万公顷，其中采摘面积17.92万公顷，茶叶总产量16.6万吨，农业产值58亿元，茶叶综合产值达到150亿元。全省有20个重点产茶县市，300多个乡镇生产茶叶。近年，在中央现代农业、农业部标准茶园创建和全省茶叶板块基地建设项目的推动下，各地茶业迈向布局区域化、基地标准化、生产专业化和经营品牌化发展之路，全省逐步建成一批茶叶大县市、大乡镇和大基地，2011年英山、恩施、鹤峰、利川、竹溪、竹山、夷陵、五峰、大悟、保康、谷城等15个县市的茶园面积超过0.67万公顷。形成了“四座茶山”优势区域：即鄂东大别山、鄂西武陵山及宜昌三峡、鄂西秦巴山和鄂南幕阜山，其茶园面积和茶叶产量占全省90%。

产品质量进一步提高，2011年全省名优茶产量8.1万吨，名优茶产值54.2亿元，分别占茶叶总产量和总产值的44%和76.8%，分别比上年名优茶7.4万吨、产值40.8亿元提高9.5%和28.4%，已成为全国名优茶生产大省。有机茶生产再上新台阶，全省有25个县市90家企业获得国内外有机茶认证，认证数量居全国第二位，有机认证面积达8[illegible]0公顷，位居全国前茅。

茶叶出口创汇稳步提升。据湖北海关统计，2011年全省茶叶出口3 514吨，创汇2 285.8万美元，比2010年的3 136吨和1 587.3万美元分别增加12.1%和44%。其中绿茶出口1 872吨，创汇1 120.6万美元，红茶出口1 301吨，创汇771.2万美元。

茶产业规模位列全国产茶省份的前列，具有举足轻重的地位，茶园总面积仅次于云南，位居第二位；产量仅次于福建、云南、四川，位居第四位。规模和效益为中部地区第一位，是名副其实的全国产茶大省。茶叶已成为湖北省山区农村经济和农民增收致富持续稳定的支柱产业。

(2) 主要茶树品种及分布。湖北省主要推广的茶树品种为福鼎大白茶、鄂茶1号、福云6号、宜昌大叶茶等。其中福鼎大白在全省各大产区均有分布，福云6号主要分布在恩施市及周边，鄂茶1号在咸宁市、孝感市、英山县等地栽培，宜昌大叶茶主要在宜昌市夷陵区种植，还有一些种植比较多的就是本地群体种。

(3) 特种茶生产情况。湖北省特种茶以紧压茶（砖茶）为主，主要产地咸宁市。2011年全省紧压茶产量8 492吨，占总产量的4.6%。主销边疆少数民族地区，国内北至沈阳、新疆，南至浙江、深圳、北海等城市均有市场。

湖北省茶叶生产主要地区

单位：吨、公顷

地区（地级市）	茶叶产量	茶园面积	茶树品种	主要品牌
恩施土家族苗族自治州	52 895	63 018	福云6号、福鼎大白、鄂茶10号	恩施玉露、翠泉、伍家台
宜昌市	45 588	53 293	宜昌大叶种、宜红早、鄂茶9号	采花毛尖、萧氏、邓村、龙峡、宜红
黄冈市	32 809	23 362	福鼎大白	英山云雾
咸宁市	19 050	12 862	福鼎大白、鄂茶1号	松峰、汀泗川玉
十堰市	11 130	34 493	福鼎大白、鄂茶1号	龙王垭、圣水、武当道茶
襄阳市	10 315	22 606	福鼎大白	玉皇剑、汉家刘氏
孝感市	7 124	24 229	福鼎大白、鄂茶1号	悟道、大悟寿眉

注：本表以茶叶产量为序。

湖北省茶叶主产县

单位：吨、公顷

县（县级市）	茶叶产量	茶园面积	茶树品种	主要品牌
英山县	27 009	13 996	福鼎大白	英山云雾
五峰土家族自治县	16 841	12 158	福鼎大白、鄂茶 7 号	采花毛尖
鹤峰县	15 708	15 000	福鼎大白、鄂茶 10 号	翠泉茶
恩施市	12 780	16 784	福云 6 号、福鼎大白、鄂茶 10 号	恩施玉露
夷陵区	12 667	13 591	宜昌大叶种、宜红早	萧氏、邓村
利川市	11 450	9 523	福鼎大白、鄂茶 10 号	飞强
谷城县	5 192	8 835	福鼎大白	玉皇剑、汉家刘氏
大悟县	5 100	14 740	福鼎大白、鄂茶 1 号	悟道、大悟寿眉
竹溪县	5 008	14 244	福鼎大白、鄂茶 1 号	龙峰、龙王垭
竹山县	4 558	10 590	福鼎大白、鄂茶 1 号	圣水

注：本表以茶叶产量为序。

茶叶加工

湖北省茶叶主要加工企业及分布

地区（地级市）	主　要　企　业
恩施土家苗族自治州	恩施润邦国际富硒茶业有限公司、恩施土家苗族自治州伍家台贡茶公司、鹤峰翠泉茶业有限公司、恩施馨源生态茶业有限公司
宜昌市	宜昌萧氏茶叶集团有限公司、湖北采花茶业有限公司、湖北邓村绿茶集团有限公司、宜昌龙峡茶业有限公司、湖北三品源茶业科技开发有限公司
黄冈市	英山绿屏茶叶有限公司、英山志顺茶叶有限公司
咸宁市	赵李桥茶厂有限责任公司、咸宁汀泗川玉茶业有限公司、赤壁羊楼洞茶业有限公司
十堰市	湖北龙王垭茶业有限公司、湖北圣水茶场有限公司、竹溪梅子贡茶业有限公司
襄樊市	保康荆山锦有机茶有限公司、湖北汉家刘氏茶业有限公司、湖北玉皇剑茶叶有限公司
孝感市	大悟县悟道茶业有限公司、大悟寿眉茶叶有限公司

截止到 2011 年全省年产值和年销售额超过亿元以上的茶叶企业有 13 家，超千万元以上的企业有 100 多家，其中国家级农业产业化重点龙头企业 4 家，省级龙头企业有 24 家，通过 ISO9001：2000 国家质量体系认证的企业有 40 多家，成立茶叶专业合作社 300 多家。采花茶业、宜昌萧氏、宜昌龙峡、恩施润邦、邓村绿茶、龙王垭、竹溪梅子贡、竹山圣水、武当山八仙观、英山云雾、大悟悟道、汉家刘氏、咸丰馨源、宣恩伍家台、谷城玉皇剑、保康荆山锦、赤壁羊楼洞等一大批“龙头+基地+农户”产业化经营模式正在快速壮大，发展势头强劲。中国茶叶流通协会公布的 2011 年中国茶叶行业百强企业名单中，湖北省入围茶叶企业共有 7 家，其中宜昌萧氏茶叶集团有限公司位居第 5 位，湖北采花茶业集团有限公司位居第 10 位，湖北邓村绿茶集团有限公司位居第 12 位，宜昌龙峡茶业有限公司居第 65 位，湖北省宜都市宜红茶业有限公司位居第 66 位，湖北三品源茶业科技开发有限公司位居第 73 位，湖北汉家刘氏茶业有限公司位居第 80 位。

湖北省主要茶叶加工企业

单位：万元、吨、吨/年

公司名称	销售额	茶叶产量	加工能力	品牌
湖北采花茶业有限公司	125 000	22 200	30 000	采花毛尖
湖北玉皇剑茶业有限公司	92 000	3 500	4 000	玉皇剑
湖北汉家刘氏茶业有限公司	86 082	2 384	3 000	汉家刘氏
宜昌萧氏茶叶集团有限公司	52 000	9 800	12 000	萧氏
湖北邓村绿茶集团有限公司	42 600	30 000	35 000	邓村绿茶
湖北悟道茶业有限公司	28 500	2 000	3 500	悟道
湖北荆山锦茶业有限公司	25 500	2 189	2 500	荆山锦
湖北龙王垭茶业有限公司	23 000	500	600	龙王垭、龙峰
湖北龙峡茶业集团有限公司	20 500	2 105	2 500	龙峡碧峰
湖北三品源茶业科技开发有限公司	13 234	4 648	5 000	三品源

注：本表以销售额为序。

茶叶市场

（1）2011 年茶叶市场形势。2011 年，湖北省茶叶产销两旺，总产量 16.6 万吨，比上年增加 0.1 万吨，增长 0.6%；茶叶总产值 58 亿元，比上年增加 5.6 亿元，增长 10.7%。全省茶叶均价达 34.95 元/千克，比上年均价 31.75 元/千克提高 10.1%。据湖北商检局海关统计，2011 年 1～11 月份，全省茶叶出口 2 936.8吨，创汇 1950 万美元。

（2）从名优率来看。名优茶生产创历史新高，名优茶产量 8 万吨，占茶叶总产量的 48%，比上年增加 8.1%；名优茶产值 42 亿元，占总量 72.4%，比上年增加 1.2 亿元，增长 3%。

（3）从茶类来看。全年茶叶销售持续看好。绿茶市场稳中有升，名优绿茶市场销售火爆。

红茶市场逐渐升温。宜昌宜红茶叶公司截止到 2011 年 10 月底，生产和收购宜红茶 816.1 吨，销售金额 1 113.2万元，比上年同期增加 102.4 万元；高档红茶供不应求，不少地方出现红茶市场价格高于绿茶的现象，咸宁汀泗川玉红茶最高价卖到4 000元/千克以上。

乌龙茶市场火热。随着省政府进一步加大乌龙茶产业开发的力度，湖北省已开始形成乌龙茶开发热潮。

砖茶市场稳步发展。往年作为边销的砖茶 2011 年销售良好，中、高档茶热销。2011 年，湖北省砖茶突出调整产品结构，开发名优新产品，小包装、礼品包装大量上市，均价提高 15%～20%左右。

（4）从产茶季节来看。春茶减产减收。因历史罕见的去冬今春持续干旱天气和春季前期低温影响，湖北省绝大部分茶园受灾严重，导致春茶开园普遍推迟一周以上，采摘期大幅缩短，产量降低，出现市场供应紧张的态势，价格大幅上扬，平均价格上涨 20%以上，尤其是高档名优茶价格增幅较大。夏秋茶生产增产增收，价格约为 22 元/千克，同比上年增加 2 元/千克，增长 10%左右。

（5）从生产成本来看。2011 年全省茶叶生产成本大幅提升。主要体现在人工成本和农资成本上涨。随着通胀预期不断加大和用工荒的矛盾日益突出，采茶用工工资和农资价格呈现大幅上涨的态势，导致茶叶生产成本增加。据调查，采茶人工成本和制茶工的工资普遍上升 25%左右。

湖北省主要茶叶批发市场

单位：万平方米、个、吨、亿元

公司名称	市场面积	规划铺位	交易量	交易额
宜昌三峡国际旅游茶城	6.3	500	35 000	12.5
陆羽茶都	5	440	15 000	5
大别山茶叶广场	3.5	190	13 500	4.4
汉口茶市	1.37	248	20 000	3.5

注：本表以市场面积为序。

茶文化活动

3月17日，湖北茶博馆建成。由湖北采花茶业集团兴建、省茶叶学会命名的湖北茶博馆正式落成，该馆占地面积达2 000平方米，是湖北首家专业茶叶博物馆。馆内设有主展厅、茶道馆等展区，通过实物、图片、雕塑、视频以及现场表演等形式，全面展示博大精深的湖北茶历史文化。

4月20日，成功举办了中国英山第二十届茶叶节。湖北省农业厅和黄冈市人民政府在英山县联合举办了中国英山第二十届茶叶节，本次活动以绿色英山·生态茶叶为主题，茶叶节期间，举办了春之歌专场文艺演出、茶道表演、群众文化宣传等系列活动，内容丰富多彩，节目精彩纷呈，吸引了万名市民和来宾观看，茶文化氛围浓郁，省内外主流媒体、网站进行了全方位宣传报道。通过弘扬茶文化、打造茶品牌、推广茶科技，进一步扩大了大别山区英山云雾茶品牌的知名度和影响力。

4月28日，成功举办了第三届玉皇剑杯鄂西北茶王赛暨生态旅游节。谷城县第三届玉皇剑杯鄂西北茶王赛暨农村生态旅游节在中国茶乡五山镇举行。本次节日，共推出鄂西北茶王评比赛、五山·堰河 AAA 景区揭牌、地方旅游商品交易会、第二届茶乡农家美食擂台赛、襄阳五山印象、茶乡风情体验月以及茶艺表演、文化祭拜、文艺演出等一系列活动，各级领导、各界人士、茶商巨贾、新闻媒体、民间团体云集五山。

5月13日～16日，成功举办2011第四届中国武汉茶业博览会暨陆羽茶文化节。湖北省茶叶学会、省茶叶协会、陆羽国际茶文化研究会在武汉国际会展中心联合举办了2011第四届中国武汉茶业博览会暨陆羽国际茶文化节。全国20个省市200家知名企业参展。省农业厅党组书记、厅长祝金水致开幕词。中共湖北省顾问委员会原主任、原副省长陈明，省人大常委会副主任罗辉、省政协副主席陈柏槐、原省政府副省长韩宏树等省领导参加了开幕式。展会内容丰富多彩，举办了茶艺、茶道表演和比赛。

湖北省知名茶馆

单位：平方米、个

名　　称	营业面积	连锁店数量	分布区域
荆州鸿渐茶艺馆	—	1	荆州
武汉巴山夜雨茶馆	6 000	1	武汉市洪山区
汉口梦寮茶艺馆	—	1	武汉市汉口
陆羽茶艺馆	5 000	2	武汉市
采花茶苑	5 00	1	宜昌市区

注：本表以营业面积为序。

大事记

5月13～16日，在湖北省农业厅大力支持下，湖北省茶叶学会、省茶叶协会、省陆羽茶文化研究会三家联合，在武汉国际会展中心成功举办了2011第四届中国武汉茶业博览会暨陆羽国际茶文化节。全国200多家茶叶企业参展，原省委顾问委员会主任陈明，湖北省人大常委会副主任罗辉、湖北省政协副主席陈柏槐、原湖北省政府副省长韩宏树等领导出席了开幕式。本届茶博会全面展示了湖北省茶叶产业发展成就，集中宣传了湖北茶叶品牌，提高了湖北省茶叶市场竞争力。

7月2～3日，湖北省农业厅在宜昌市夷陵区召开了全省现代茶业精深加工现场会，会议由徐能海副厅长主持。湖北省政协副主席陈柏槐同志在会上作了重要讲话。湖北省农业厅厅长祝金水、湖北省农业科学院副院长邵华斌、中国农业科学院茶叶研究所茶叶工程研究中心副主任林智等领导及重点茶叶企业代表等共200多人出席现场会。会议期间与会领导和代表参加了萧氏茶业高新科技工业园项目投产仪式，现场参观了萧氏茶业高新科技工业园。

8月16～18日，湖北省农业厅在恩施土家族苗族自治州咸丰县召开了全省乌龙茶开发现场培训会。全省110多名代表参会。湖北省农业厅副厅长徐能海出席会议并作重要讲话，州委常委、副州长瞿赫之出席会议并致辞。会议参观了咸丰县乌龙茶基地和恩施鑫源生态茶业有限公司。邀请了中国农业科学院茶叶所副所长鲁成银研究员和福建省农业科学院茶叶研究所郭吉春研究员对全省30个乌龙工夫茶产品进行质量鉴评，并在会上就乌龙茶开发作了专题技术报告。

9月7日，湖北生态名茶——黄鹤楼茶授牌仪式暨发布会在湖北省农业厅隆重举行。湖北省农业厅徐能海副厅长主持会议，湖北省政协副主席陈柏槐和湖北省农业厅厅长祝金水向武汉黄鹤楼茶叶有限公司授牌并作了重要讲话。新华社、湖北日报、长江日报、武汉电视台等30多家主流新闻媒体单位参会。9月29日，由省内外知名茶叶专家组成评审论证委员会，对英山县人民政府和英山云雾茶产业协会申报的英山云雾茶打造大别山生态名茶品牌进行了评审和论证。经专家评审论证委员会认真评审和充分讨论，一致同意推荐认定英山云雾茶为大别山生态名茶，经湖北省农业厅厅长办公会研究，以鄂农函〔2011〕335号文件向全省通报。

10月10日，湖北省科技厅在宜昌市召开了茶叶产业科技创新工作座谈会，制定全省茶产业链技术创新规划并成立湖北省茶叶产业技术创新联盟。在湖北省科技厅的大力支持下，湖北省农业科学院果茶所、湖北省农业厅果品办公室、华中农业大学三家联合，紧密围绕茶叶产业发展需求，制定了湖北省茶叶产业链技术创新规划。由湖北省农业科学院果茶所牵头，湖北省农业厅、华中农业大学和有关省级重点龙头企业联合成立了湖北省茶叶产业技术创新联盟，通过了《章程》，签订湖北省茶叶产业技术联盟协议。

10月12日，宜昌萧氏集团在桃花岭饭店举行萧氏萧净尖新品新闻发布会。湖北省农业厅厅长祝金水出席会议，对萧氏集团的示范效应给予了高度评价。中国茶叶流通协会常务副会长王庆、中国茶叶研究所副所长鲁成银应邀参会。新华社、人民日报、中国新闻社、中央电视台、农民日报、湖北日报、湖北电视台等国家、省、市媒体参会进行报道。

10月12～14日，第七届中国茶业经济年会暨中国三峡首届茶业国际博览会在湖北宜昌开幕，会议由湖北省人民政府、中国茶叶流通协会主办。全国800多名代表前来参会。年会主题为品牌、生态、资本，会议重点围绕茶叶行业电子商务发展状况、茶叶行业新技术应用、茶园生态建设等行业热点问题，邀请有关专家进行专题报告。会议组织参观了萧氏中国茶产业科技加工园区，重点宣传展示了萧氏茗茶、采花毛尖、邓村绿茶、宜红茶、武当道茶、悟道茶等湖北知名茶品牌。中国茶叶流通协会对2011年中国茶叶行业百强企业等授牌。

（湖北省农业厅经济作物站　曾维超）

恩施土家族苗族自治州

恩施土家族苗族自治州（以下简称恩施州）是我国最年轻的少数民族自治州，也是湖北省唯一享受国家西部大开发政策的地区。恩施州独特的地理气候环境，造就了恩施土家苗寨丰富的物产，全州森林覆盖率已达到67%，素有鄂西林海、武陵茶都、华中药库、烟草王国的美称。恩施州所产恩施富硒茶、恩施玉露、毛坝生漆、金丝桐油、利川鸡爪黄连、恩施板党等土特产品蜚声海内外。恩施州魅力无限，是民族之林中一颗璀璨的明珠。

恩施土家族苗族自治州茶叶基本情况

项　目	单　位	2011年	项　目	单　位	2011年
毛茶产值	亿元	26	茶农户数	万户	30
茶园面积	万公顷	6.1	毛茶平均价格	元/千克	60
茶叶产量	万吨	5	企业数	个	1 600
精制茶产量	万吨	4	行业销售额	亿元	30
茶叶年加工能力	万吨	5.5			

茶叶生产

（一）2011年业绩

恩施州是茶叶的故乡，产茶历史源远流长，种茶、制茶、饮茶历史悠久，东晋常璩所撰《华阳国志·巴志》中就有记载："武王既克殷，以其宗姬于巴，爵之以子，……鱼盐铜铁、丹漆茶蜜……皆纳贡之"，距今应在3 000年以上。全州宜茶面积13余万公顷。近年来，在恩施州委、州政府的高度重视下，恩施州茶叶产业得到了长足发展。

1. 茶叶大州初具规模 恩施州是全省四大主要茶区之一，2011年全州茶叶基地总面积达到6.13万余公顷，茶叶总产量5万余吨，茶叶总产值26亿元。已成为湖北省茶叶种植面积最大、茶叶产量最多、产值最高的第一茶叶大州。全州现有茶叶加工厂家1 600余家，工商登记注册的企业71家，通过QS认证的企业71家，通过ISO质量体系认证企业13家，出现了一批达到标准化加工要求的名优茶加工厂家，基本解决了加工难的问题。

2. 品牌建设初见成效 州内恩施玉露、皇恩宠赐、鹤峰茶和咸丰乌龙四大茶叶品牌已成气候，由于品牌效应带动，全州名优茶生产已步入正轨，发展势头强劲，2011年全州名优茶产量2.5万吨，占总产量5万吨的50%，名优茶产值18亿元，占总产值26亿元的69.23%。特别是恩施玉露品牌，通过成功打造湖北第一历史名茶、加强对外宣传推介和吸纳更多的企业参与生产经营，2011年总产值由2010年的1.6亿元增加到2.5亿元，实现了跨越式发展。

3. 良种化程度不断提高 2011年，全州8县市及州农业院已建立起9个茶树良种繁育基地，常年育苗133.33余公顷，年出圃茶苗2亿株以上，已成为湖北第一大茶树良种繁育基地；全州已有无性系良种茶园4万公顷，占全州茶园总面积的65%，无性系良种茶园所占比例高出全省全国平均水平，与国际国内先进地区比较，差距正在缩小。

4. 出口创汇逐年增加 2011年全州有自营出口权的企业达到15家，有自营出口业绩的企业8家；茶叶出口总量为5 000吨，其中红茶2 000吨，绿茶1 500吨，乌龙茶500吨。出口的渠道为自营出口和转口销售两个方面，其中自营出口3 000吨，占出口总量的60%，转口销售占2 000吨，占出口总量的40%；2011年全州茶叶出口创汇约1 500万美元，其中自营出口创汇600万美元，转口销售400万美元，已名副其实的成为湖北茶叶出口第一州。

（二）存在的问题

1. 加工网络发展滞后，标准化推进艰难 全州虽然已有大小茶叶加工企业1 600余家，但大型茶叶企业不到2%，绝大多数厂家基本处于原始作坊式生产方式，茶叶品质极不稳定，按照现行QS认证发证审查要求，根本不合格。到目前为止，通过QS认证的加工企业还不到5%，标准化加工推进举步维艰。州内少有几家大企业仍然规模小，还没有产值过亿的龙头企业，产品科技含量不高，生产、加工、市场不配套，开拓市场的能力弱。

2. 龙头企业带动力不强、品牌建设相对滞后 据工商部门统计，截止到2011年底，全州已注册登记茶叶商标70余件，但没有一件在全国有较大的影响力，全州获得省、部级奖的产品达100多只次，获湖北省十大名茶的品牌有6个，但没有一个形成较大规模，就连获湖北第一历史名茶的恩施玉露2011年产值也才2.5亿元，可见恩施茶产业龙头企业和龙头品牌的培植还任重道远。

3. 产业化发展滞后，产业体系不健全 尽管恩施州茶叶产业已成为农村经济的重支柱和农民收入的重要来源，但抓产业发展的观念仍然较为落后，研究制定产业发展政策、规划少，抓产业化工作较少，导致产业内部诸多必要的体系，如市场体系、质量安全体系、科研推广体系、信息服务体系、茶叶专业合作组织等尚不健全。

4. 资源开发利用不够，产业经济效益低 2011年全州茶园面积达到6.13余万公顷，产值才接近26亿元，与国内茶叶生产先进地区比较，差距更大。其主要原因有三个方面，一方面是没有大的龙头品牌，散失了品牌效益；二是茶叶制品单一，除了干毛茶和精制茶加工外，保健茶、饮料茶等产品开发还未起步，综合开发利用不够，资源浪费大；三是粗老原料的利用，夏秋茶叶的生产也还有很大的潜力。

（三）工作重点

1. 改造升级加工网络，培植壮大龙头企业 完善茶叶初（精）加工网络。通过增加投入、设立市场准入制度等措施，引导和促进全州茶叶初精加工厂的优化改造，重点改造和建设选址恰当，有一定生产规模和经营能力的加工厂，淘汰部分无资源优势或布局不合理的小茶厂，加大现代化、清洁化、自动化茶叶加工生产线的研发和引进力度。

2. 整合现有品牌资源，加速龙头品牌建设

（1）尽快申请注册公用品牌地名证明商标，使品牌拥有合法资格。

（2）制定品牌产品标准和生产加工技术规程，申报省级审定发布使用。

（3）建立品牌管理机构，明确品牌使用规则，加强品牌生产经营管理。

（4）创新研究机制，吸纳更多企业参与，整合力量，共同打造品牌。

（5）精心策划品牌的营销和宣传推介，高起点介入市场运行，使品牌一步到位，相对平等进入市场竞争。

3. 着眼综合开发利用，延伸茶叶产业链条

（1）着眼茶叶精深加工产品开发，提高茶资源利用率。加大招商引资的力度，着眼袋泡茶、速溶茶、茶饮料、茶叶食品、茶生活用品的开发。

（2）抓好茶包装、茶机械、茶器具等配套产业的发展。力争在“十二五”末停止或减少相关产品的引进。

（3）抓好茶文化、茶旅游等相关产业的发展，把茶产业与茶文化、茶旅游等相关产业有机结合，做到产业优势互补。

4. 加强质量安全监管，确保产品质量信誉

（1）要进一步加大对投入品的控制力度，规范经营行为，严禁违禁农药、肥料、除草剂和其他投入品的销售。

（2）加速推进茶叶标准化生产，加强对无公害茶、绿色食品茶、有机茶标准的宣传和推广，加快对茶叶加工企业的 QS 认证速度，规范生产经营行为。

（3）进一步加大茶产品市场准入监管力度，加强市场监管，未经检测、标识不全的产品不得上市销售。

（4）进一步推进和完善产品质量安全区域监管责任制，对产品质量安全事件严格进行责任追究。

恩施土家族苗族自治州 2011 年茶叶生产情况

单位：公顷、吨、万元

县市	茶园面积	采摘面积	茶叶产量	产值
全州	61 417	45 101	52 895	260 209
恩施市	16 116	11 758	12 780	71 415
鹤峰县	15 168	12 487	15 708	62 386
利川市	9 195	6 258	11 450	39 986
宣恩县	8 699	5 566	6 618	41 706
咸丰县	6 395	5 036	4 298	34 706
巴东县	2 390	1 495	817	4 020
建始县	2 189	1 555	901	3 946
来凤县	1 265	946	323	2 044

资料来源：恩施州统计局。本表以茶园面积为序。

恩施土家族苗族自治州茶叶主产县

单位：吨、公顷

县（县级市）	茶叶产量	茶园面积	茶树品种	主要品牌
鹤峰县	15 708	15 168	恩苔早、福鼎大白、鄂茶 1 号、鄂茶 10 号	星斗山、雾洞
恩施市	12 780	16 116	恩苔早、福云 6 号、福鼎大白、鄂茶 10 号	恩施玉露、0846、芭蕉、怡茗
利川市	11 450	9 195	福鼎大白、鄂茶 10 号	飞强、硒源
宣恩县	6 618	8 699	恩苔早、福鼎大白、鄂茶 1 号、鄂茶 10 号	皇恩宠赐、昌成、贡羽
咸丰县	4 298	6 395	恩苔早、福鼎大白、鄂茶 1 号、鄂茶 10 号	人头山、馨源

注：本表以茶叶产量为序。

茶叶加工

恩施土家族苗族自治州主要茶叶加工企业（一）

单位：万元、吨、公顷、吨/年

企业名称	销售额	茶叶产量	茶园面积	加工能力	主要品牌
湖北省鹤峰兴农茶业有限公司	9 410	1 500	1 000	1 000	白果
恩施州伍家台贡茶有限公司	7 802	2 000	500	1 000	皇恩宠赐
咸丰县新龙茶业有限责任公司	7 363	2 000	500	1 000	新龙
利川市飞强茶业有限责任公司	7 063	2 000	800	1 000	星斗山
咸丰县馨源茶业有限公司	6 888	1 000	1 000	1 000	馨源

恩施土家族苗族自治州主要茶叶加工企业（二）

单位：万元、吨、公顷、吨/年

企业名称	销售额	茶叶产量	茶园面积	加工能力	主要品牌
鹤峰县翠泉茶业有限公司	3 990	1 000	500	1 000	翠泉
恩施市润邦富硒茶业有限公司	3 590	500	800	1 000	芭蕉
利川市硒源茶业有限公司	3 107	500	400	500	富硒
巴东县金果茶叶有限公司	2 648	500	500	500	金果
恩施市硒露茶业有限公司	2 580	500	300	500	0 846
恩施清江茶业有限责任公司	1 500	300	300	500	红庙

注：本表以销售额为序。

茶叶市场

州内现有茶叶批发市场 2 个，其中体育中心茶叶批发市场占地面积 12 万平方米，有茶叶销售门市 50 余个，年交易量2 500吨，年交易额 1 亿元左右；中国硒都茶城占地面积 20 万平方米，有茶叶销售门市 200 余个，年交易量10 000吨，年交易额 5 亿元左右。

（湖北省恩施土家族苗族自治州农业局　吕宗浩）

湖　南　省

湖南适宜茶树生长。不仅茶叶生长的自然生态环境、地理条件优越，而且生产加工技术、贸易经营和商品流通盛为发达，不仅有君山银针、竭滩贡茶、安化松针、高桥银峰、古丈毛尖、南岳云雾、石门银峰、狗脑贡茶、桂东玲珑茶等获过国内外大奖的历史名茶；还有驰名中外的安化黑茶、猴王花茶、岳阳黄茶、保靖黄金茶、桃源野茶王等畅销茶；更打造出了君山、怡清源、金井、猴王、古洞春、湘丰、湘益、洞庭山、古丈毛尖、石门银峰、安化黑茶等湖南 11 大中国驰名商标企业茶叶品牌与地方公共茶叶品牌代表；安化黑茶、石门银峰、碣滩茶、古丈毛尖、桂东玲珑、君山银针等还相继获得国家地理标志保护。特别是随着近年来安化黑茶、岳阳黄茶和武陵山生态有机茶等优势茶类的迅速崛起，茶产业的竞争力与综合效益明显提高，茶产业已成为湖南山区农民增收致富、奔小康和当地区域经济发展的主导产业。

湖南省茶业基本情况

项　目	单位	2011 年	项　目	单位	2011 年
毛茶产值	亿元	85	茶农户数	万户	56.4
茶园面积	万公顷	10.5	毛茶平均价格	元/千克	36
茶叶产量	万吨	14.5	企业数（规模企业）	个	276
精制茶产量	万吨	13.5	行业销售额	亿元	400
茶叶年加工能力	万吨	25			

产业政策

近年来，在湖南省委、省政府的高度重视和相关部门大力支持下，茶产业已列入新农村建设支柱产业与农业产业结构调整优先发展产业，同时也是湖南“四化两型”（四化：新型工业化、新型城镇化、农业现代化、信息化；两型：资源节约型、环境友好型）社会建设重点扶持的产业，湖南茶业迎来新的发展高潮。成立了以副省长徐明华为主任、各相关职能厅局组成的湖南省茶产业品牌工作领导小组，着手湘茶品牌的资源整合、品牌打造和产业结构性调整，召开了全省茶业工作会议，根据全省确立的打造“千亿湘茶产业”的目标，全省各主产市、县更是以此为契机，根据地域特征和茶类优势，相继推出了加快茶产业发展的不同政策与措施，并举办了中华茶祖节、中国（沅陵）武陵山生态茶文化旅游节、安化黑茶全国茶商大会、中国古丈毛尖茶文化节暨万人品评会、中国（岳阳）黄茶高峰论坛等活动。益阳市抓住安化黑茶近年发展强势的特征，加大宣传推介，强化政策支持，提出了建设3.33万公顷优质茶园、实现200亿元安化黑茶产业的目标，并致力于打造中国黑茶的生产加工、市场交易、文化展示中心；岳阳市人民政府成立了黄茶产业领导小组，研究出台岳阳茶产业“十二五”发展规划及其政策措施，在全国积极开展岳阳黄茶的广泛宣传推介，启动了中国黄茶（君山）产业园暨中国黄茶研究所项目的建设，致力于将岳阳打造成中国黄茶产业生产加工中心、中国黄茶交易中心、中国黄茶文化研究中心及茶旅游经典示范区；沅陵、石门、桃源、澧县、古丈、保靖、会同等县准备以国家武陵山片区扶贫攻坚发展战略为契机，向全国人大政协提案，要求国家大力扶持湖南省怀化、吉首、常德等武陵山区内生态茶产业的发展，打造全国乃至世界优质绿茶产业中心，引起了高度重视，国家相关部门正研究扶持涵盖湖南、湖北、贵州和重庆的大武陵山片区茶产业等发展的政策及办法。

茶叶生产

2011年全省茶园面积增加0.5万公顷，茶园总面积已达10.5万公顷；新增茶园逐步进入量产，全省茶叶产量达到14.5万吨，外进原料超过5.5万吨；新建茶叶加工厂26家，更新改造和新上的清洁化、自动化、智能化先进生产线11条；茶叶生产加工结构优化，名优特种茶和中高档黑茶、绿茶、黄茶生产量份额提高，其产量、产值进一步增加。同时，由于优势茶类的兴起及茶叶加工贸易的相对集中，绿茶、黑茶、黄茶、花茶、出口等产业群体及其区域结构布局进一步优化。

特别是随着全国黑茶消费热的兴起，全省黑茶产业迅速崛起，并形成了安化、赫山、资阳、桃江、沅陵、桃源、临湘、宁乡等黑茶产区，综合产值迈上50亿元；黑茶新产品开发迅速，技术改造、设备更新加快，边销、内销和外销市场进一步扩大；成长起白沙溪、湘益、怡清源、华莱等产销过亿元、5亿乃至10亿元的黑茶龙头企业。并且，以君山银针为代表的黄茶产业在岳阳强势崛起并成为湖南茶叶经济新的增长点。与此同时，以沅陵、石门、桃源等为中心的武陵山优质绿茶产业带逐步融合、寻求突破、蓄势待发，致力于打造湖南乃至中国优质绿茶的核心区。

湖南省茶叶生产主要地区

单位：吨、公顷、亿元

地区（地级市）	茶叶产量	茶园面积	茶叶产值	茶类	主要品牌
益阳市	55 094	15 600	38.7	黑茶、绿茶、红茶	湘益、白沙溪、华莱、安化黑茶
岳阳市	36 600	15 633	30	黄茶、黑茶、绿茶、红茶	君山、洞庭山、永巨、兰岭
常德市	22 550	16 250	22	绿茶、黑茶、红茶	石门银峰、紫艺、古洞春、藤琼
长沙市	18 140	12 000	10	绿茶、花茶、红茶	君山、猴王、怡清源、中茶、金井、湘丰、沩山、天牌
怀化市	8 120	10 580	6	绿茶、红茶、黑茶	碣滩、辰州、干发
湘西土家族苗族自治州	6 650	8 240	4	绿茶、红茶	古丈毛尖、保靖黄金茶
郴州市	5 380	6 870	6.5	绿茶、红茶	桂东玲珑、资兴狗脑贡
衡阳市	4 680	6 250	5	绿茶	南岳云雾、怡绿、高峰、东绿
邵阳市	3 800	6 133	3.8	绿茶、红茶	雪峰山

注：本表以茶叶产量为序。

湖南省茶叶生产十强县

单位：公顷、吨

地区（县和县级市）	茶园面积	茶叶产量	茶树品种	主要品牌
安化县	12 000	31 600	槠叶挤、云台大叶、安茗早、安化群体、福鼎大白、碧香早	安化黑茶、白沙溪、黑茶园、晋丰厚、怡清源、久扬
桃江县	4 317	17 520	群体品种、槠叶挤、白毫早、碧香早、福鼎大白	雪峰山、美人窝、香炉山、天问
长沙县	6 560	15 600	槠叶挤、福鼎大白、白毫早、桃源大叶、湘波绿 2 号、碧香早	金井、湘丰、金鼎山、高桥
临湘市	5 680	12 480	群体品种、槠叶挤、白毫早、碧香早、福鼎大白	明伦、永巨、洞庭
石门县	8 333	10 400	槠叶挤、福鼎大白、碧香早、白毫早、湘波绿 2 号、玉笋	石门银峰、东山秀峰
桃源县	5 760	7 500	桃源大叶、槠叶挤、白毫早、碧香早	桃花源、紫艺、古洞春、藤琼
古丈县	7 867	5 890	槠叶齐、碧香早、玉笋、福云 6 号、福鼎大白、	古丈毛尖、倩云、小背篓、古阳河
沅陵县	4 867	5 600	群体品种、槠叶挤、白毫早、碧香早、福鼎大白、玉笋	官庄、干发、碣滩、银峰
平江县	4 467	4 680	槠叶齐、福云 6 号、福鼎大白、碧香早	九狮寨、江南、时丰
宁乡县	3 800	4 200	群体品种、福云 6 号、福鼎大白、槠叶挤	沩山、密印湘沩、楚香源

注：本表以茶叶产量为序。

茶叶加工

湖南茶叶加工技术历史悠久，茶叶加工工艺独具特色。随着全省优势茶类的凸显、工贸企业竞争力的提高、行业整体效益的提升，湖南凭借科技优势，不断提高茶叶生产加工装备水平，全省茶叶加工技术与机械经过不断更新换代，加工设备技术水平也有了大幅提升，除部分特种茶外，茶叶的初精制加工基本上实现了机械化。近年来，猴王小包装全自动化生产线，金井名优茶自动化生产线，湘丰全国首条万吨级绿茶初精制包装自动化流水线，益阳茶厂茯砖茶连续化生产线，省公司湘茶科技园现代化生产线以及桂东玲珑茶名茶自动化生产线，石门、沅陵干发茶叶精加工生产线等的相继投产，标志着湖南茶叶生产加工全面朝清洁化、连续化、自动化、智能化方向的发展和转变，突显出湖南茶叶加工业的新优势。

湖南茶叶加工拼配原料为主的企业包括金洲茶业、三益茶业、湘北茶业、天问茶业、桃花源茶业、星火茶业等，主要分布在茶叶主产区常德、益阳等市；加工成自有品牌产品型企业主要包括省茶业公司、猴王茶业、怡清源茶业、益阳茶厂、白沙溪茶厂、湘丰茶业、金井茶业、君山银针、华莱生物、干发茶业、久扬茶业、洞庭山、古洞春、临湘永巨、晋丰厚、碣滩有机茶业等，主要在岳阳、长沙、益阳、常德、怀化、沅陵一条线；加工出口型企业包括登凯贸易、桃江浩茗、临湘明伦、湘潭大洋、益阳金佛等，分布在以长沙为中心的周边交通方便区域；生产加工、内外贸综合型企业包括湖南省茶业有限公司以及湖南中茶茶业有限公司，具有行业龙头地位，总部集中在长沙。

湖南省主要茶叶加工企业

单位：万元、吨、公顷、吨/年

公司名称	销售额	茶叶产量	茶园面积	加工能力	品牌
湖南省茶业有限公司	302 000	48 000	36 600	60 000	君山、白沙溪、湘益、碣滩
湖南华莱生物科技有限公司	50 000	21 000	2 000	22 000	华莱健
湖南省白沙溪茶厂有限责任公司	26 000	13 000	2 200	15 000	白沙溪
湖南猴王茶业有限公司	25 000	16 000	2 500	30 000	猴王、凤嘴
湖南中茶茶业有限公司	24 500	12 000	1 500	40 000	沙漠之舟、中茶、
湖南湘丰茶业有限公司	21 600	15 000	35 00	35 000	湘丰、金鼎、富甲
湖南登凯贸易有限公司	16 800	17 000	2 100	30 000	登凯
湖南怡清源茶业有限公司	16 500	12 000	1 500	26 000	怡清源
湖南省益阳茶厂有限公司	14 500	13 000	1 600	25 000	湘益
湖南金井茶业有限公司	12 600	8 500	1 800	18 000	金井
湖南金洲茶业有限公司	11 800	14 000	2 500	20 000	楚香源
湖南省君山银针茶业有限公司	8 600	4 500	2 500	8 000	君山
湖南古洞春茶业有限公司	8 420	6 350	1 200	8 000	古洞春
湖南晋丰厚茶业有限公司	8 060	8 800	1 000	10 000	晋丰厚
岳阳洞庭山茶叶有限公司	7 800	4 900	1 200	8 000	洞庭山
临湘永巨茶业有限公司	7 650	11 000	1 700	2 5000	洞庭
湖南紫艺茶业有限公司	6 800	6 500	600	8 000	紫艺
湖南久扬茶业有限公司	6 650	7 500	800	10 000	久扬
桂东玲珑王茶开发有限公司	6 500	2 500	2 000	8 000	玲珑
湖南天牌茶业有限公司	6 200	6 000	1 800	7 000	天牌
湘潭羊鹿茶业有限公司	6 080	5 000	850	8 000	羊鹿
沅陵碣滩有机茶有限公司	5 600	4 800	500	10 000	碣滩
桃江天问茶业有限公司	5 450	6 800	600	8 000	天问
湖南干发茶叶有限公司	5 200	3 800	450	7 000	干发
湖南石门壶瓶山茶叶公司	4 960	3 600	1 200	6 000	壶瓶山
桃源湘北茶业有限公司	4 800	7 000	480	10 000	湘北
保靖黄金茶业有限公司	4 650	1 200	2 100	5 000	天牌黄金茶

注：本表以销售额为序。

茶叶市场

（1）2011年茶叶市场情况。湖南茶叶市场主要包括出口、边销、内销三大块。近年来，茶叶出口继续维持增长态势，主要是新品类和特种茶产品市场的拓展和发达国家市场的深度进入带来的增长，加上日本、韩国、俄罗斯、蒙古等地砖茶、黑茶出口市场的开发，湖南茶叶已出口到西欧、中欧、独联体、中亚、北美、北非、东南亚和大洋洲等56个国家和地区，2011年全省茶叶出口量4.2万吨、创汇10 000万美元；新疆、青海、内蒙古、甘肃等是湖南边销茶的传统市场，2011年全省销往这些地区的边销茶近2万吨；由于近年来黑茶内销市场的快速成长，安化黑茶已成为湖南茶叶全国品牌销售达3万吨的一个优势茶类，加上调往外省的1万吨出口茶原料，以及湖南传统名优特种茶外省销售以及在东北、西北、华北享有盛誉的猴王花茶和近一两年迅速扩大市场的君山黄茶，湖南茶叶内销量每年接近6万吨；省内市场消费以绿茶尤其是名优茶、品牌茶为主，加上近年来为省内消费者所喜爱的安化黑茶，全省每年消费约2.5万吨。这样全省茶叶整体年销售14.7万吨，产销基本平衡。

（2）主要茶叶市场及分布。全省已建成并在运营的主要茶叶市场包括位于长沙市的湖南茶城、长沙茶市，位于岳阳市的中南茶市，位于益阳的起点高、投资大、标准化的益阳茶业大市场，位于衡阳市中心的雁城茶都，位于常德的常德财富广场茶叶市场等区域茶叶商品交易流通综合市场，还有株洲、古丈、桂东、平江、星沙等几个小型茶叶产品交易市场。

湖南省茶叶贸易及出口企业

单位：亿元、万吨、万美元

名　　称	销售额	交易量	出口量	出口额
湖南省茶业有限公司	30.2	4.8	2.5	5 000
湖南猴王茶业有限公司	2.5	1.6	0.36	150
湖南中茶茶业有限公司	2.45	1.2	0.45	850
湖南湘丰茶业有限公司	2.16	1.5	0.17	590
湖南登凯贸易有限公司	1.68	1.7	0.5	1 200
湖南省怡清源茶业有限公司	1.65	1.2	0.1	400
湖南省临湘永巨茶业有限公司	0.77	1.1	0.16	150
湖南天牌茶业有限公司	0.62	0.6	0.21	210
桃江县浩茗茶业有限公司	0.45	0.5	0.3	210
湘潭大洋茶叶有限公司	0.4	0.3	0.4	150
益阳市金佛茶业有限公司	0.3	0.4	0.1	250

注：本表以销售额为序。

湖南省主要茶叶批发市场

单位：平方米、个、亿元、吨

名　　称	建筑面积	规划铺位	交易额	交易量
益阳茶叶市场	30 000	220	21 500	11 800
常德茶叶市场	28 600	250	6 500	3 080
湖南茶城	25 000	426	56 500	20 500
长沙茶市	19 000	180	25 000	7 500
衡阳雁城茶都	15 500	128	5 800	2 950
岳阳中南茶市	10 600	120	8 600	4560

注：本表以建筑面积为序。

茶叶消费

湖南饮茶历史久远，饮茶习俗普遍，客来敬茶是传统的礼仪习俗，并衍生了擂茶、姜茶、婚茶、寿茶、禅茶、佛茶等众多的茶饮。目前，全省饮茶盛为普及，长沙、常德、衡阳、郴州、益阳等地更是茶馆林立，茶叶市场繁荣。目前，湖南饮茶以绿茶为主，尤其是名优茶、品牌茶更是省内消费的主要茶类，外省乌龙茶、普洱也有一定的消费者，但随着近年黑茶的兴起，黑茶品饮人群上升最快，并迅速挤占乌龙茶和普洱茶的消费市场，成为全省茶叶消费最热的茶类，同时红茶也出现上升态势。全省人均饮茶量虽然只有 0.35 千克，但长沙、益阳等地城市近年增长很快，人均达 1.12 千克以上。全省每年约消费 2.5 万吨茶叶，2011 年全省茶叶零售和终端消费各类茶叶近 50 亿元，并且消费量和消费额都在逐年稳定增长。

茶文化

随着湖南茶产业的进一步发展，全省茶文化活动十分丰富，特别是一年一度的中华茶祖节、中国（沅陵）武陵山生态茶文化旅游节、湖南茶业博览会，两年一度的中国湖南·益阳黑茶节暨安化黑茶博览会以及全省各地方的石门茶文化节、古丈茶文化节、南岳采茶祭祖节、长沙县采茶节等，还有不定期举办的中华茶祖神农文化论坛、中国黄茶高峰论坛、武陵山片区茶产业发展高峰论坛和经常举行名茶品鉴拍卖会、茶叶品牌推介会等茶文化交流活动；全省茶馆业繁荣兴旺，有大小茶馆10 000余家，从业人员 10 多万人，并且茶馆业每月都在上 10 家的速度增加，实际上茶馆已成为湖南弘扬传播茶文化、普及市民茶知识、传播礼仪与社交文化和引导市民健康消费、享受生活情趣的重要场所和有益载体；茶文化书刊网进一步增多，除定期出版的《魅力湘茶》、《茶叶通讯》、《岳阳茶业》、《茶友》、《爱茶人》与随时更新的湖南茶网、中国名茶网、茶叶在线外，又增加了《安化黑茶故事绘》、《魅力湘茶诗词歌赋选》等专著和湖南黑茶网、中国黑茶网等，特别是致力于打造世界茶人精神家园的中华茶祖神农文化产业园项目建设和中国安化黑茶博物馆以及各地与企业众多茶叶博物馆的建设更是将湖南茶文化推进一个异常繁荣发展的鼎盛时期。

湖南省知名茶馆

单位：个、平方米、万元

名　称	连锁店数量	营业面积	营业额	茶馆分布区域
花之林	15	6 500	4 500	长沙市白沙路
竹淇茶馆	6	5 600	1 800	长沙市、郴州市
大河茶馆	2	4 200	1 200	常德市、长沙市
君山银针茶馆	10	3 500	1 500	岳阳市长沙市等
御茶园茶馆	2	3 200	800	长沙市
阿里山源茶馆	5	3 100	1 300	长沙市、怀化、衡阳等
聚茗缘茶馆	3	2 800	800	长沙市、郴州市、耒阳市
正和茶馆	2	2 600	600	郴州市
无上清凉	2	2 600	650	长沙市
道然茶府	2	2 350	600	益阳市
水木芙蓉	2	2 300	480	长沙市、衡阳市
白沙源茶馆	1	1 200	360	长沙市
陆羽轩茶馆	1	1 200	360	醴陵市
杜甫江阁	1	1 000	320	长沙市
明惠春园	1	1 000	280	娄底市

注：本表以营业面积为序。

大事记

1月20日，沅陵县人民政府、湖南湘丰茶业有限公司、湖南省茶叶研究所在长沙签署沅陵县茶业开发战略合作协议。

2月18日，反映安化黑茶历史文化的30集电视连续剧《菊花醉》剧组举行新闻发布会，并宣布该剧在湖南湘西自治州芙蓉镇正式开拍。

3月2日下午，石门县召开2011年茶叶产业建设工作会议，确立了茶园面积1万公顷、年产茶1.25万吨、农业产值3.5亿元、把石门建设成湖南茶叶第一县、中国名茶之乡、全国有机茶大县、石门银峰打造成中国驰名商标的石门县“十二五”茶产业发展目标。

3月3日，湖南省人民政府副省长徐明华一行赴安化调研视察茶产业工作，充分肯定了近年来安化发展黑茶产业所取得的成绩。

3月16日，湖南省茶业协会工作会议暨“十二五”发展论坛在长沙举行，会议明确指出到“十二五”末期，力争全省茶园面积13.33万公顷，产量22万吨，茶叶年出口创汇3亿美元，茶叶综合产值500亿元以上，到2020年建设优质高产茶园20万公顷，实现千亿茶产业的目标。

3月17日，湖南省茶业有限公司在长沙湖南宾馆召开全省茶叶基地工作会议。湖南省茶叶公司与其所属71个基地、400多个茶厂（场）负责人及种植大户签订保护价收购协议及订销合同，总金额22亿元。湖南省副省长徐明华等领导出席会议并给予高度肯定。

3月20日，湖南省委转变方式建“两型”转变作风惠民生作风建设的主题活动之一全省整合茶叶品牌资源专题工作启动，在1个月的时间里相继深入湖南省茶业有限公司、湖南湘丰茶业有限公司和益阳、常德、安化、赫山、桃源、石门、澧县等开展调研，了解情况，集结问题，研究对策，制定措施，解决突出问题，积极推进湖南茶叶品牌资源整合。

3月28日，由湖南出口茶叶检验检疫局组织的湖南出口茶叶检验检疫工作座谈会在长沙召开。全省20余家茶叶出口规模企业负责人、茶业协会、新闻媒体记者共60余人参加了会议。

3月30日，根据常德市委、市政府的要求，常德市茶叶流通协会举行成立大会。

4月8日，保靖黄金茶专场品鉴、拍卖会在长沙举行，会上一盒产自保靖茶树王的100克重黄金茶以9.8万元的高价成交。

4 月 20 日，由湖南省委农村工作部、省政府农村工作办公室、省供销合作总社主办，省茶业协会、省茶叶学会、茶祖神农基金会承办的 2011 年中华茶祖节庆典暨百万爱茶人共品三湘茶启动仪式在长沙市隆重举行。

4 月 21 日，2011 中华茶祖节·品茗茶·思茶祖系列文化活动在株洲市家润多广场隆重开幕，

4 月 26 日，2011 中国（古丈）首届茶文化节暨古丈毛尖万人品评会在茶乡古丈隆重举行。

5 月 5 日，2011 衡山春茶制作大赛在衡山县城人民广场隆重举行。

5 月 12 日，为期 2 个星期的湖南茶叶欧洲行暨安化黑茶推介会活动在匈牙利、捷克、罗马尼亚、土耳其、乌克兰和俄罗斯等 6 国举行。

5 月 27 日，在国家工商行政管理总局商标局正式公布授予湖南湘丰茶业（集团）有限公司湘丰牌、古丈县茶叶局古丈毛尖品牌于被授予中国驰名商标称号。

6 月 3 日，2009—2010 年度全国百佳茶馆评选颁奖中，湖南省白沙源、大河、大自然、杜甫江阁等 14 家茶馆荣获全国百佳茶馆称号，白沙源获全国十佳特色茶馆称号，白沙源茶馆董事长柯作楷当选为中国茶叶流通协会茶馆专业委员会副主任委员，王文静获十佳金牌茶艺师称号，梁美果、李平平、朱元元荣获 2011 年度十佳茶艺师称号。

6 月 8 日，茶叶湘军 2011 首届高级管理人才研讨班在湖南省茶叶研究所开班。

6 月 17 日，白沙溪茶厂有限责任公司总投资 700 万元引进 10 多套先进设备并自主研发了蒸茶机、司称机等 10 多套设备的茯砖茶立体化生产成型车间项目正式开始投产使用。

6 月 25 日，为庆祝中国共产党建党 90 周年、辛亥革命胜利 100 周年湖南茶友品茗颂党暨白沙源茶馆荣获全国十佳特色茶馆下午茶会活动在长沙市白沙源茶馆举行。

6 月 24～26 日，由湖南省贸促会、湖南省供销社、湖南省茶业有限公司、湖南省怡清源茶业有限公司组成湖南茶业代表团参加美国拉斯维加斯会展中心举行的美国世界茶叶博览会。

6 月 26 日，茶陵县政府与湖南东山集团正式签订茶祖印象项目协议，投资 20 亿元建设国内最大的茶文化主题公园——中华茶祖印象文化主题公园及中南地区规模最大的茶文化主题产业园，总用地面积将达 800 公顷。

6 月 27 日，湖南省政府徐明华副省长一行视察湖南省茶业有限公司湘茶高科技园和君山银针茶业专营店，对公司发挥龙头企业带动作用和君山黄茶产品开发给予了高度评价和充分肯定。

7 月 23 日，由湖南省茶业协会茶馆分会主办的永巨·洞庭杯 2011 湘派茶馆高峰论坛在长沙湖南农业大学举行。

7 月 28 日，韩国茶文化协会忠清北道支部长、忠清北道传统文化协会理事长朴淑姬，代表理事（董事长）鲁明国、韩国茶文化协会雅山支部长金泰任等代表一行 12 人专程赴益阳茶厂进行茶文化友好交流。

8 月 3 日，安化县召开全县茶叶生产质量管理工作会议，出台了《关于整顿规范全县茶叶生产经营市场秩序的通告》和《安化县茶叶生产经营市场秩序集中整治行动方案》。

8 月 10 日，中国茶叶流通协会正式决定授予湖南省岳阳市中国黄茶之乡的称号。

8 月 12 日，国家工商行政管理总局正式批准了保靖黄金茶获得国家地理标志商标注册。

8 月 27 日，由湖南省佛教协会主办的佛慈祖德茶道祈福——和谐之路同心同行系列活动上午在长沙开幕，来自全国各地的高僧大德、专家学者近 400 人参加出席。

8 月 30 日，首届湖南安化黑茶暨禅茶胜缘学术研讨会在黑茶故乡湖南安化隆重开幕。中国佛教协会副会长、湖南佛教协会会长圣辉大和尚，香港佛教僧伽联合会会长绍根长老，湖南大学岳麓书院院长朱汉民先生，中华文化研究院院长赖永海先生等出席研讨会。

9 月 14 日，杭州市茶文化研究会来艰巨、杨菊芳副会长一行来到茶祖故里、历史文化名城湖南长沙考察、调研茶产业。

10 月 12 日，在宜昌市由湖北省人民政府和中国茶叶流通协会联合主办的第七届中国茶业经济年会上，湖南省安化、桃江、石门、桃源等九个产茶县被评为 2011 年度全国重点产茶县，沅陵县获评全国十大生态产茶县，湖南古洞春野茶王茶业生产专业合作社获中国茶叶十大专业合作社，湖南省茶业有限公司被评为中国茶叶百强第二名和 2011 年度中国茶叶连锁加盟十强企业，湖南省茶叶研究所所长包小村荣获 2011 年中国茶叶行业年度十大经济人物称号。

10 月 29 日，岳阳市人民政府在北京举行中国黄茶之乡新闻发布会，提出将在 5 年内投入 10 亿元，做实中国黄茶之乡。中华全国供销合作总社党组成员于培顺、湖南省人大常委会副主任蔡力峰出席。

10 月 27 日，由中南大学主办中华茶文化之夜茶艺表演联欢会，来自台湾大学、成功大学、师范大学、海洋大学、逢甲大学、朝阳科技大学、实践大学 7 所高校的 53 名师生与中南大学学生代表一起参共享中国台湾紫藤茶艺社带来的茶艺等表演。

11 月 29 日，国家工商行政管理总局商标局公布授予湖南安化黑茶、洞庭山茶叶品牌中国驰名商标。

11 月 29 日上午，由岳阳市人民政府、湖南省供销合作总社主办的中国黄茶高峰论坛暨君山银针黄茶产业园启动仪式活动在岳阳君山区隆重举行。

12 月 1 日，由湖南省委农村工作部、省人民政府农办、省农业厅、省供销社、湖南日报报业集团、省食品行业联合会联合主办，省茶业协会、省茶叶学会、茶祖神农

基金会、湖南日报社、长沙仁创会展公司承办的2011第三届湖南茶业博览会在长沙省展览馆隆重开幕。

12月15日，2011年湖南省茶叶学会学术年会在石门县召开，年会上提出，用科技促进湘茶转型发展、提质增效，带动全省茶农致富。

12月16日，投入近2亿元、占地面积13.33公顷、营业面积80 000多平方米的湖南高桥大市场茶叶城正式投入使用，成为中南地区最大的茶产品集散地和茶文化交流中心。

12月26日，中华茶祖文化的一号工程——投资20亿元的中华茶祖文化产业园在茶陵开工建设，力求5年内打造一个集茶叶生产贸易、茶文化、茶旅游于一体的全国最大茶产业综合基地。

（湖南省茶业协会　伍崇岳）

广　东　省

韶关市
华海糖业
西岩茶业集团
万事达茶业
康达茶业
梅州市
大埔县
梅县
雁南飞茶业
国宾集团
宏伟集团
清远市
河源市
潮州市
揭阳市
汕头市
广州市
肇庆市
佛山市
东莞市
惠州市
凯民茶博城
云浮市
龙岗区
汕尾市
江门市
中山市
深圳市
华通市场
珠海市
广东省农业厅种植业管理处
广东省茶叶学会
广东省茶业协会
广州市茶文化促进会
广东省茶叶进出口有限公司
广东农垦上茗轩茶叶有限公司
芳村南方市场
芳村茶业城
华南农业大学
广东省茶叶研究所
阳江市
茂名市
湛江市
茗皇茶业
华海糖业

广东是中国大陆南端沿海的省份，北枕南岭，南临南海，与中国香港、中国澳门、广西、湖南、江西和福建接壤，与海南隔海相望。广东有着悠久的茶叶种植和品饮历史，有着丰富深刻的茶文化和商业氛围，有着先进的茶叶加工技术。其中，荔枝红茶、岭头单丛、凤凰单丛、广式普洱、仁化白毛茶都是名噪一时的名茶。广东拥有全国最多的茶叶消费人口和最大的茶叶市场，拥有全国最具规模和影响力的茶业博览会，产业基础雄厚。

广东省茶业基本情况

项　目	单　位	2011 年
茶园面积	万公顷	4.11
茶叶产量	万吨	5.96
精制茶产量	万吨	1.27

广东是我国茶叶产销大省，近年来，茶叶种植面积稳定在4万公顷左右，茶叶产量稳步上升。2011年，全省茶园总面积4.11万公顷，同比增长0.74%，茶叶总产量5.96万吨，同比增长11.85%。其中，绿毛茶2.53万吨，占总产量的42.42%；乌龙毛茶2.73万吨，占总产量的45.7%；红茶、黄茶和其他茶0.71万吨，占总产量的11.88%。

产业政策

1. **区域布局加快推进。**广东省积极实施茶叶优势区域布局规划，茶叶生产逐步向优势产区发展，产业集中度逐步提高。全省茶叶生产集中在梅州、潮州、揭阳、肇庆、湛江、韶关、河源、清远、云浮、茂名等10个地级市，这10个市合计茶园面积、茶叶产量均占全省的95%以上，形成了粤东乌龙茶基地、粤北白毛茶基地、粤北及粤西的大叶种绿茶和优质红茶生产基地。

2. **产业结构明显优化。**全省无性系茶园面积已占茶园总面积60%左右，优新品种规模不断扩大；茶类结构以市场需求为导向不断调整，2011年全省红茶类产量占茶叶总产量2.14%，同比基本持平；绿茶占42.42%，同比下降1.48%；乌龙茶占45.7%，同比增长2.3%，产量比重持续上升。各茶类中名优茶、地方特色名茶不断增加。无公害茶叶生产进一步发展，品牌建设得到加强，全省已有47个茶叶产品被评为广东省名牌产品。广东茶叶生产已实现由注重数量增长向注重结构优化和质量安全的转变，竞争能力在不断提高。

3. **发展方式不断创新。**产业化经营加快了步伐，涌现了一批生产规模大、专业化程度高、技术含量高、产品质量好的大型茶叶龙头企业。到2011年年底全省有9家茶叶企业被认定为省级重点农业龙头企业，其中有1家被认定为国家级重点农业龙头企业。近年来，一些重点产区积极引进外商、外资办茶场，建设了一批高标准的名优茶生产基地，引入优良品种、先进技术和先进管理理念。一些大型茶叶流通企业承包国有茶场，实行低成本扩张，实现从纯贸易经营向品牌经营转变。

4. **市场建设日益完善。**广东是茶叶消费大省，年消费量约9万吨；茶叶市场发达，据有关统计，每年茶叶流通量达到11万吨左右。近年广东加强茶叶市场建设，重点产区建设了产地茶叶专业市场，珠江三角洲地区广州、深圳、中山、东莞、佛山、江门等城市建设了一批销区茶叶专业市场，拥有一批庞大的茶叶流通队伍。广州已成为全国茶叶销售重要集散地。另外，每年在广州等城市举办的各种大型茶叶会展、评比、茶艺竞赛等茶事活动，为企业搭建展销和宣传平台，促进茶文化深入发展，拓宽了茶叶的销售领域，有力地促进广东省茶业经济的发展。

茶叶生产

1. **茶树品种方面：**一些优势资源，如白毛茶、客家绿茶、凤凰单丛的一些高香型品种资源有待进一步开发利用；乌龙茶区品种比较单一，总体上品种更新缓慢。

2. **茶树栽培生产方面：**由于政府对茶叶生产投入少，基层茶叶技术力量十分薄弱，安全优质栽培生产技术难以推广普及。

3. **茶叶加工方面：**一些地方特别是新发展茶区，茶叶加工技术跟不上，制茶品质难以提高；乌龙茶机械化加工水平比较低，传统的加工技术难以创新突破。

4. **生产经营方式方面：**茶叶生产经营非常分散，小生产与大市场、大流通的矛盾依然突出，这是阻碍茶叶高效发展的关键问题。另外，茶叶市场对生产和消费的引导功能有待进一步发挥。

发展规划

“十二五”期间，广东省茶叶产业发展紧密围绕省委、省政府提出的建设广东现代农业强省的战略目标，以科学发展观为指导，坚持优质、高效、安全、生态的可持续发展方向，突出以优化布局结构、强化科技支撑、创新发展机制、提高发展质量为中心任务，努力推动茶产业发展方式加快转变，加快构建现代茶叶产业体系，全面提升产业竞争力。

1. **强化规划引导，着力优化产业发展布局。**在提升粤东乌龙茶区和粤西粤北红绿茶区基地建设水平的同时，结合各地农业产业发展“十二五”规划，建设一批高标准茶叶生产基地。加快优势产区建设，进一步引导茶叶产业向优势区域聚集发展，加快形成区域化、规模化的生产布局。推进茶叶专业镇、专业村建设。按照依法、自愿、有偿的原则，通过多种形式的土地流转，发展一批规模大、效益好的茶叶生产经营大户，促进茶叶产业规模化、集约化发展。

2. **强化科技支撑，着力提升产业发展水平。**积极发挥国家茶叶产业技术体系的作用，加强产学研合作，力争在新品种选育、品种布局、名优茶开发、优质安全生产、节本增效等方面取得新突破。加强现有优质高效生产技术的集成、组装与示范推广，促进技术成果转化为现实的生产力，不断提高广东省茶叶产业的科技含量。

3. **强化机制创新，着力构建现代经营模式。**积极培育壮大各级茶叶龙头企业，并逐步组建一些产、制、销一体化的大型茶叶企业集团。积极引导企业与茶农建立利益共享、风险共担的利益联结机制，提高龙头企业带动茶农增收的能力，促进产业化经营加快发展。积极引导民营工商资本参与茶产业开发，培育一批新型的民营茶叶企业。积极发展茶叶专业合作社，把分散的经营主体组织起来，提高组织化程度，提升生产经营效益。

4. **强化质量意识，着力推进优质安全生产。**加强宣传教育，增强生产者、经营者质量安全意识。加强对茶叶生产过程和生产环境的有效控制，积极创建茶叶标准园，大力实施优质安全生产技术，加快推进无公害、绿色食品茶叶生产。同时要积极开展产品质量认证，打造企业及产品品牌，提升市场竞争力。

5. **强化市场导向，着力拓展茶叶消费领域。**加强茶叶专业市场建设，重点在市场的设施完善、功能配套、经营方式和管理制度的建设等方面下功夫，进一步发挥市场引导生产与消费功能。最大限度满足市场对茶叶多样化的需求，积极开发新产品。积极探索茶叶综合利用产品开发，开拓茶叶新用途。积极发挥有关茶叶社团组织的作用，加强茶文化的研究、挖掘和弘扬，广泛开展多形式、多层次的茶事、茶文化活动，努力拓宽茶叶的消费领域，助推茶业经济加快发展。

大事记

4 月 23 日，茶叶协会（商会）联合茶企业以茶与生态为主题，举办 2011 全民饮茶日——广东区域活动。

5 月 26 日，由广东省茶叶学会和广东省茶业行业协会联合主办，在广州琶洲举办 2011 振兴广东茶产业系列活动。

5 月 26～30 日，举办春季 2011 中国（广州）国际茶业博览会。

7 月 4 日，广州国际茶叶交易中心开业，首创竞价茶叶交易。

11 月 23 日，举办广州荔湾转型升级与文化兴茶高层论坛。

11 月 24～27 日，举办秋季 2011 中国(广州)国际茶业博览会和 2011 飞天马杯广东茶艺师职业技能大赛。

（广东省茶叶协会秘书长　张黎明）

广西壮族自治区

广西地处中国美丽的南疆，山清水秀、雨水充沛，具有优越的茶叶种植气候和悠久的种茶制茶饮茶历史，是全国主要茶叶产区之一。历史上广西曾出现过多个闻名遐迩的贡品名茶，经过多代茶叶工作者的努力，广西名茶得以发扬光大，推出了一批独具地方特色的名优茶。红茶以浓、强、鲜、爽，色红亮，香气高而驰名国内外；茉莉花茶占全国花茶产量60%以上；六堡茶以其红、浓、陈、醇的独特品质蜚声海外；绿茶具有持嫩性高，内含物丰富，白毫多，香气高，滋味浓，风味独特等特点，尤其是早春名优绿茶，上市早、品质优，被誉为中国大陆第一早春茶。2011年茶园面积6.34万公顷，干茶产量4.44万吨。

广西壮族自治区茶业基本情况

项　目	单　位	2011年	项　目	单　位	2011年
毛茶产值	亿元	15.2	茶农户数	万户	47.5
茶园面积	万公顷	6.34	毛茶平均价格	元/千克	34.2
茶叶产量	万吨	4.44	企业数	个	1 860
精制茶产量	万吨	3.1	行业销售额	亿元	26
茶叶年加工能力	万吨	5.6			

茶叶生产

2011年，广西茶叶生产继续保持快速发展的态势。全年广西茶园面积6.34万公顷，茶叶总产量4.44万吨，毛茶产值15.2亿元，均创历史最好水平。

春茶生产是全年茶叶的亮点。全年春茶生产呈现茶园面积增、春茶产量增、销售价格增的特点。其中早春名优绿茶以上市早、品质优越的特点在全国占据重要市场份额，主要产品有毛尖、毛峰、螺形茶、扁茶、芽茶、针形茶等；红茶是快速发展的茶类，昭平、凌云、灵山、三江等茶区初步形成批量生产能力，红茶产量已经占到桂东茶区产量的半数以上。全自治区春茶产量6 500吨，产值6.8亿元。在当前农产品销售出现较大波动的大环境下，茶叶产业逆行上涨，产业效益实现快速增长。

2011年，广西以农业部标准茶园创建活动为契机，整合力量，继续加大推广茶树优良品种，推进茶叶标准化生产进程，加快茶叶栽培新技术的普及推广。在茶园管理、茶叶加工和市场营销都向着规范化、标准化方向发展。茶树良种覆盖率已超过95%，茶园的无性化苗木茶园已超过50%，特别是近年来新种茶园无性化率达75%以上，位居全国茶区前茅。广西自主品牌茶树品种的选育与推广工作也开创了新局面，桂绿1号、桂香18号、尧山秀绿等获得了国家级茶树良种认定，已进入快速推广阶段，推广面积已达0.67万公顷。在茶园栽培技术上推广扦插苗合理密植，幼龄茶树低位定剪，加大有机肥料投入，提倡茶园地面盖草等实用技术，使茶园单产与鲜叶原料质量都有较大幅度提高。截止到2011年底，全区建成无公害茶园面积2.33万公顷，有机产品茶园面积3 300公顷。特别是有机茶生产的快速发展，昭平亿健、凌云浪伏的有机茶，在国内外都具有较高的知名度，例如亿健有机茶推行无污染无添加无农残的三“无”标准，通过中国、日本、欧盟、美国4个有机认证，产品已经远销东南亚、日本、英国等国家和地区。

广西壮族自治区茶叶主产地区

单位：吨、公顷

地区（地级市）	茶叶产量	茶园面积	茶树品种	主要品牌
柳州市	7 500	10 900	福云6号、桂绿1号	柳韵春晓、三江春、侗仙、伏侨桂妃红、布央
百色市	6 920	22 783	凌云白毫	浪伏、顾式、班飞
贺州市	6 860	9 550	福云6号、乌牛早	将军峰、象棋山、亿健
钦州市	6 070	4 557	福云6号	白蕾、桂灵
梧州市	4 035	3 026	六堡种、桂绿1号	三鹤、茂盛、中茶

注：本表以茶叶产量为序。

广西壮族自治区茶叶主产县

单位：吨、公顷

县（县级市）	茶叶产量	茶园面积	茶树品种	主要品牌
三江侗族自治县	7 615	9 200	福云六号、福鼎大毫、龙井长叶	多耶楼、侗仙三江春
昭平县	6 500	9 800	福云6号、福鼎大毫、元宵绿	将军峰、亿健、象棋山
灵山县	6 010	4 100	福云6号	正久、石瓯山、桂灵
凌云县	2 888	7 393	凌云白毫	浪伏、小阳家、八桂凌云
西林县	1 978	6 500	凌云白毫、福鼎大毫	王子山
乐业县	1 960	6 306	凌云白毫、福云6号、福鼎大毫	布柳河、顾氏、班飞

注：本表以茶叶产量为序。

茶叶加工

2011年，广西加大制茶新技术的推广力度，茶叶加工全面淘汰了落后的锅式杀青与直接干燥，普及了滚筒杀青与介质热源干燥，逐步推广蒸汽杀青，试验探索热风杀青与控温控湿萎凋新技术，研发本区鲜叶原料生产多种茶叶产品的加工技术，全区茶叶产品品质产生了跨越性的进步，茶叶产品优质率大幅度上升。

2011年，广西各大茶类品种全面发展。绿茶仍旧是茶叶生产的主要品类，产量和销售量都占全区茶叶总量的70%以上，其中早春名优绿茶以上市早、品质优越的特点在全国占据重要市场份额，主要产品有毛尖、毛峰、螺形茶、扁茶、芽茶、针形茶等。广西红茶生产主要有昭平、三江、凌云等地，生产红条茶和红碎茶，2011 年总产量达到5 600吨，涌现出昭平红、桂妃红、南山白毛红茶、三江红韵、浪伏工夫红茶等优秀红茶品牌。六堡茶生产集中在梧州市，新建成的梧州六堡茶集中加工区已投入生产的六堡茶企业 30 多家，年产六堡成品茶近 1 万吨。除了绿茶、红茶、六堡茶等基本茶类外，茉莉花茶等再加工茶类的生产也快速发展，仅横县茉莉花茶加工企业就 180 多家，年加工能力超过 10 万吨，花茶产量均占全国 70%以上，年产值 10 亿多元。

2011 年，全自治区共有各类型的茶叶初制厂1 000多家，年加工量 200 吨以上的加工企业有 20 多家。主要加工企业有：广西梧州茂圣茶业有限公司、广西农垦茶业集团有限公司、广西石乳茶业有限公司、广西梧州茶厂、广西金花茶业有限公司、广西凌云浪伏茶业有限公司、广西昭平将军峰茶业有限公司等。

茶叶市场

广西重视茶叶流通和品牌建设，加大力度加快茶叶市场建设。已建成了在中国与东盟有较大影响的广西南宁茶叶批发市场（10+1 茶叶一条街），全国最大的花茶交易市场——横县西南茶城，全国最大的六堡茶交易中心——梧州茶城以及凌云县白毛茶批发市场、昭平县茶叶批发市场、三江县茶叶批发市场等 5 个茶叶市场。其中，广西横县成为中国茉莉花茶交易会永久举办地、全国四大茶叶交易市场之一。

广西茶叶品牌建设也取得新发展。全区已有茶叶产品商标品牌已超过百个，浪伏、将军峰、石乳，三鹤和亿健等一批较强实力的茶叶品牌在国内市场上崭露头角，覃塘毛尖、凌云白毫、西山茶、六堡茶等传统产品品牌在国内茶叶市场的竞争力逐步增强。

茶文化活动

2011 年，广西各地茶文化活动频繁，规模越来越大。2011 年 3 月 17～21 日，第四届广西春茶节在梧州举办，以千年六堡古韵，八桂春茶飘香为主题，海峡两岸的 200 多家茶叶产销企业和客商的产品在这里亮相，国内外的1 000多名宾客和采购商也前往观赏品茶、洽谈贸易，活动期间举办茶产业发展论坛、茶叶质量评比、名优茶推介展销、万人品茶及茶艺表演等多项活动。各主要产茶县也连年举办茶事活动。2011 年，各地举办的有较大影响的茶事活动有灵山春茶节，昭平春茶开采节，凌云祭茶圣，三江春茶文化节等。各地政府还组织茶叶企业参加北京、上海、广州等地的重大茶叶展销活动，这些活动极大地凝聚了茶产业的人气，振奋了茶业各界的人心。

大事记

3 月 17～21 日　第四届广西（梧州）春茶节暨六堡茶博览交易会在梧州举办。

5 月 7 日　广西三江春茶文化节举办风雨桥全民饮茶日活动。

5 月 8 日　广西茶叶生产新技术研讨会在柳州市三江侗族自治县召开，中国工程院院士陈宗懋在会上作《质量安全和环境安全与中国茶叶产业的可持续发展》报告，对广西茶叶产业发展提出许多宝贵的建议。

5 月　由广西茶叶学会组织的第八届桂茶杯名优茶（绿茶）评比在三江侗族自治县举行，共评出特等奖 8 名、一等奖 25 名、优质奖 16 名。

9 月 24 日　由广西茶叶学会组织的第八届桂茶杯名优茶（红茶、六堡茶）评比在广西职业技术学院举行，评出红茶类特等奖 8 个、一等奖 13 个、优质奖 13 个，黑茶类特等奖 1 个，一等奖 3 个，优质奖 2 个。

2011 年，第九届中茶杯评比，广西共取得 35 个奖项，获奖比例高于全国平均水平。

2011 年，昭平县荣获出口茶叶质量安全示范区称号。

2011 年，三江侗族自治县获得全国十大生态产茶县、2011 年度全国重点产茶县称号。

（广西壮族自治区优质农产品开发服务中心　陶增胜）

重　庆　市

重庆位于中国西南部，长江上游。地处四川西北，东邻湖北、湖南，南接贵州，北连陕西。属东亚内陆季风区，冬暖春早，降水丰沛，多云雾，少霜雪，立体气候明显，生态环境优越，十分适宜茶树生长和优质茶叶生产，是全国最古老的茶区之一，也是我国茶树生长最适宜地区。近年来重庆茶业得到较大发展。南川、永川、荣昌列人2009年农业部全国绿茶优势区域发展规划；初步建成渝西名优早茶区、渝东南高山名优绿茶区、三峡库区生态、有机茶区三大优势区域；建成国家级茶树良种繁育基地；茶叶市场建设迈上历史新台阶，有重庆市茶叶专业批发市场、天月茶城、石生国际茶城共约10万平方米茶叶专业市场开业营运；定心·巴渝银针、永川秀芽、滴翠剑名等品牌强势崛起。茶叶逐渐成为重庆山区农村经济发展、农民致富增收、出口创汇的重要特色优势产业和主要经济来源之一。2011年，全市茶园面积4.4万公顷，茶叶产量3.33万吨，茶叶产值6.55亿元，出口茶叶0.65万吨，实现创汇600万美元。

重庆市茶业基本情况

项　目	单位	2011年	项　目	单位	2011年
毛茶产值	亿元	6.55	茶农户数	万户	100
茶园面积	万公顷	4.40	毛茶平均价格	元/千克	19.70
茶叶产量	万吨	3.33	企业数	个	385
精制茶产量	万吨	5.20	行业销售额	亿元	10.50
茶叶年加工能力	万吨	10.00	城镇居民茶叶消费	千克/人	0.80

产业政策

2011年，重庆市茶叶产业得到了市委、市政府及市级有关部门的高度重视和支持，按照市委市府农业、农村工作会议精神，认真执行市农委的工作部署，以《重庆市农业和农村经济发展第十二个五年规划》、《重庆市茶业"十二五"规划》指导重庆茶叶产业的发展。紧紧围绕农业增效、农民增收、服务于社会主义新农村建设、统筹城乡发展、两翼农户万元增收计划的目标，在农业综合开发、国土整治、林业、水利、交通、新农村建设等方面政策性资金扶持上，对茶叶产业给予了多方面的支持，保障茶叶产业可持续发展。

茶叶生产

1. **茶叶生产情况** 2011年重庆市茶园面积达4.4万公顷，比上年增加0.13万公顷，增长3%，其中无性系良种面积达1.6万公顷；茶叶总产量为3.33万吨，比上年3.26万吨，增加0.07万吨，增长2.15%；实现产值6.55亿元，比上年6.09亿元，增加0.46亿元，增长7.55%。其中名优茶产量1.15万吨，产值3.59亿元，分别较上年增长11.65%和12.19%。

2. **主要茶树品种及分布** 重庆市主推和大面积应用的品种主要有：由重庆市经济作物技术推广站研发培育、并具有自主知识产权的巴渝特早茶树无性系新品种、全国推广品种福鼎大白茶、早白尖5号、名山系列、蜀永系列、黔湄系列、四川中小叶种、云南大叶种等，在茶叶主产区均有种植。

3. **特种茶生产情况** 重庆特种茶产量较少。

重庆市茶叶主产县

单位：吨、公顷

名称	茶叶产量	茶园面积	品　种	主要品牌
南川区	2 978	4 646	云南大叶种、巴渝特早等	金佛玉翠
荣昌县	2 940	1 666	黔湄系列、云南大叶种、福鼎大白、巴渝特早	天岗玉叶
永川区	2 800	3 333	四川中小叶种、福鼎、蜀永系、巴渝特早、早白尖等	永川秀芽
巴南区	2 580	2 426	福鼎大白、巴渝特早、四川中小叶种	定心·巴渝银针、巴南银针
秀山县	950	4 333	福鼎大白茶、福鼎大白毫	钟灵毛尖
万盛经开区	668	1 013	四川中小叶种、福鼎大白茶、巴渝特早	滴翠剑名
开县	558	1 066	四川中小叶种、福鼎大白茶、巴渝特早	龙珠茶
万州区	530	1 106	四川中小叶种、福鼎大白茶、巴渝特早	太白银针
城口县	335	2 400	四川中小叶种、福鼎大白茶、巴渝特早	鸡鸣贡茶
奉节县	320	1 100	四川中小叶种、福鼎大白茶、巴渝特早	香山贡茶

注：本表以茶叶产量为序。

茶叶加工

重庆不仅是传统的绿茶产区，也是全国最大的红碎茶出口市场。2011年精制茶产量5.2万吨，茶叶产值13亿元，综合产值35亿元，茶叶年加工能力在10万吨左右。重庆市生产茶类丰富，有绿茶、红茶、花茶、黑茶、沱茶和特种茶6大类，100多个花色品种。其中主要以绿茶为主，占茶叶总产量的85%，绿茶内外兼销，以内销为主；红茶次之，占总产量的13%，以外销为主，近年由于受国际、国内市场影响，红茶消费不断升温，红茶总体呈稳中略升趋势；另有少量花茶、沱茶等再加工茶、青茶(乌龙茶)和特种茶类生产，占总产量的2%，花茶和沱茶在重庆销量较大。

据不完全统计，全市茶叶年产值超过100万元的生产企业达 39 家，其中超过 500 万元的企业有 15 家，超过 1 000万元有 12 家。全市茶叶加工设施、设备配套，加工条件较好、水平较高的加工厂有 270 余家。2011 年全市出口茶叶 0.65 万吨，创汇 600 万美元。

重庆市主要茶叶加工企业

单位：万元、吨、公顷、吨/年

公司名称	销售额	茶叶产量	茶园面积	加工能力	品　牌
重庆茶业集团	8 289	1 200	1 000	1 500	定心、明望、巴南
重庆翠信茶业有限公司	4 516	135	480	200	滴翠剑名
重庆云岭茶业科技有限责任公司	4 330	220	214	450	云岭
重庆市秀山县钟灵茶叶有限公司	2 700	300	1 200	1 000	钟灵毛尖
重庆玉琳茶叶公司	2 209	360	267	550	云升
重庆市天岗玉叶茶业有限公司	2 000	100	71	300	天岗玉叶
重庆新胜实业公司	2 000	400	333	600	新胜、金凤
南川区天绿园名优茶厂	1 588	610	200	1 200	金佛玉翠、大观
西南农业大学实验茶厂	1 200	300	—	400	西农
开县龙珠茶业有限公司	1 010	220	287.5	300	龙珠

注：本表以销售额为序。

茶叶市场

重庆市茶叶市场主要有重庆茶叶专业批发市场、重庆石生国际茶城、重庆天月茶城，3 个茶叶专业市场建筑面积达 10 万平方米，入住商户总共达 700 余户，年交易额 6.5 亿元。零售茶叶主要有大型国有商场、大型超市、专业零售店、综合性副食商场和零售店等。重庆主城区年销售茶叶约 5 亿元，其中 40%为名优绿茶，25%为沱茶和普洱茶，20%为花茶，15%为乌龙茶、红茶等特种茶系列。全市现有专业茶叶公司约 30 余家，大部分为经营型商贸企业，以自加工茶和经销茶叶为主，年销售额在3 000万元以上的企业有 5 家。重庆市荣昌县是全国重要红茶集散地之一，常年出口近万吨，为国家换取外汇近千万美元。

重庆市主要茶叶贸易企业

单位：万元、吨

名　　称	销售额	交易量	出口量
重庆茶业集团	8 289	1 200	—
重庆长城茶叶贸易有限公司	5 650	710	—
重庆翠信茶业有限公司	4 516	135	—
重庆云岭茶业科技有限责任公司	4 330	220	—
重庆苗品记茶业有限公司	3 800	550	—
重庆市荣发茶叶进出口有限公司	1 500	1 900	1 500
重庆市荣昌县宏发茶业有限公司	750	1 100	1 100
重庆市荣昌县兴荣茶叶有限公司	600	900	850

注：本表以销售额为序。

重庆市主要茶叶批发市场

单位：万吨、亿元、万平方米

公司名称	交易额	交易量	市场面积
重庆市茶叶专业批发市场	3	3	3
重庆石生国际茶城	3	3	5
重庆天月茶城有限公司	0.5	0.5	2

注：本表以交易额为序。

茶文化活动

重庆地处长江上游巴山峡川核心地区，是世界茶树原产地和巴渝茶文化的发祥地，也是世界饮茶文化的起源地，茶文化底蕴深厚。

2011年4月2日，由重庆市茶叶商会和万州区区政府联合主办，由万州区农业委员会和重庆市新天地高新农业开发集团公司承办的2011重庆·万州太白银针茶文化节在万州隆重举行，期间进行了万州名优茶评比、茶叶采摘大赛、茶艺表演、山歌对唱及名茶拍卖等活动。

2011年7月2～14日，由重庆市茶叶商会、重庆市茶叶学会和重庆国际茶文化研究会联合主办，重庆茶叶集团独家赞助，举办2011第三届健康重庆·全民饮茶月活动定心杯茶艺表演大赛，促进重庆市茶文化和茶旅游产业的发展。

2011年7月14～17日，由重庆市农业委员会、重庆市商业委员会主办2011中国（重庆）国际茶业博览会暨茶产品交易会，以世界看中国，中国看重庆为主题，展示重庆茶产业发展成就，弘扬巴渝茶文化。

重庆市茶叶商会与重庆市农业委员会、重庆市商业委员会和南川区政府联合，成功举办了金佛山古茶文化节。在这期间，分别在南川和南坪会展中心举行了两场大型文艺演出、在南川古茶树之乡举行了大型古茶祭奠仪式、在南坪会展中心举办了金佛山风光及古茶摄影展和古茶保护与开发学术论坛等系列活动，全方位宣传了金佛山古茶文化。

重庆市知名茶馆

单位：个、平方米

名　　称	连锁店数量	营业面积
滴翠茶楼	2	1 560
鸿儒茶艺会馆	1	1 000
苗品记茶艺馆	4	1 000
百年天香	1	1 000
巴渝文化茶楼	1	1 000
老街十八梯茶楼	1	500

注：本表以营业面积为序。

大事记

3月　由浙江大学CARD农业品牌研究中心、中国茶叶杂志和中国农业科学院茶叶研究所中国茶叶网组成的中国茶叶企业产品品牌价值评估课题组对重庆茶业集团巴南银针、定心·巴渝银针产品品牌价值进行了客观、公正的评估，分别获1.3亿元及1.14亿元的品牌价值。

6月　重庆市茶叶学会、重庆市茶叶商会和重庆时报联合组办了2011第二届重庆茶业十强（优秀）企业评选活动。

重庆市农业科学院茶叶研究所承办了国家茶叶产业技术体系全国茶园替代农药效果示范现场观摩会。

7月　由重庆市茶叶商会、重庆市茶叶学会、重庆国际茶文化研究会联合组办了全民饮茶月活动。

由重庆市农业委员会、重庆市商业委员会主办2011中国（重庆）国际茶业博览会暨茶产品交易会。

（重庆市农业技术推广总站　王　敏　贺　鼎）

四 川 省

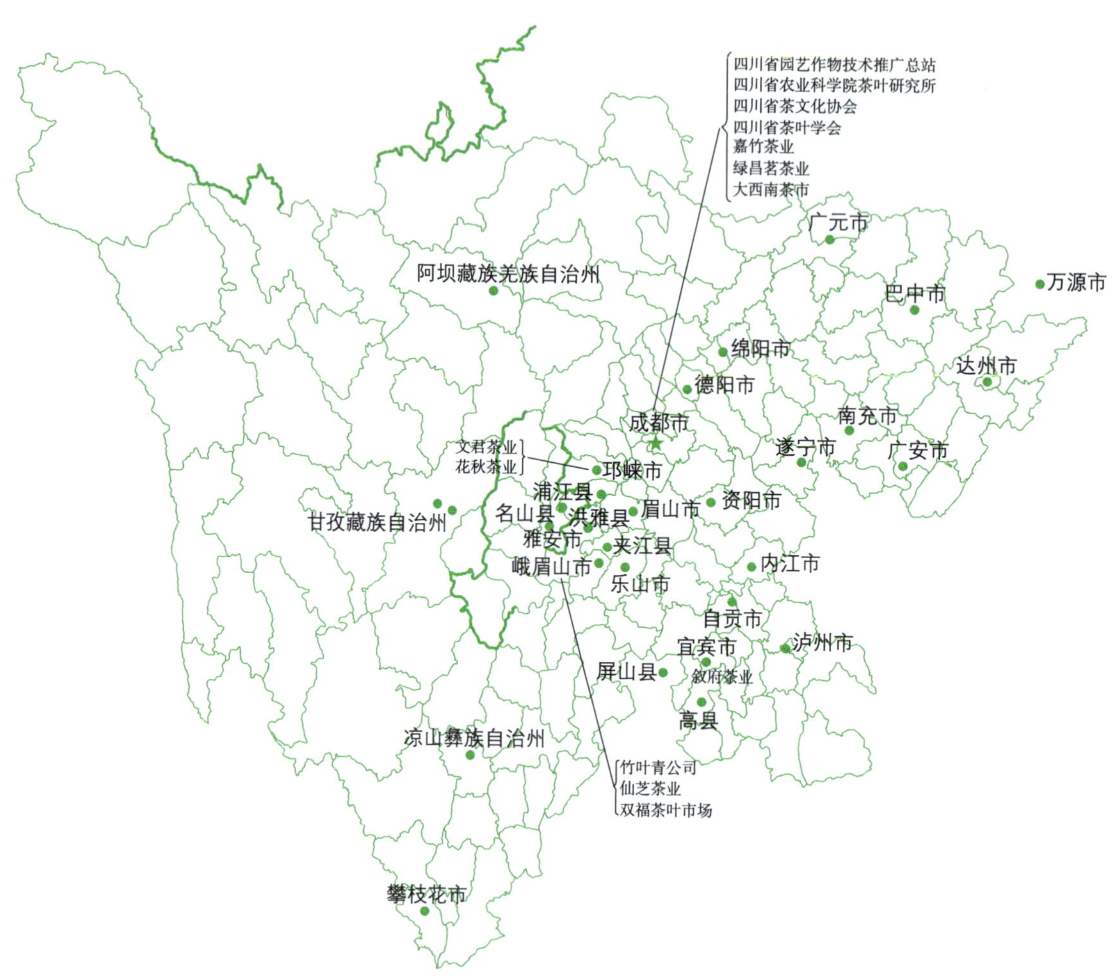

2011年四川省茶业呈现产销两旺、茶农增收显著地良好势头。全省茶园总面积23.92万公顷，比上年增加2.03万公顷，增长9.1%；总产量达18.6万吨，比上年增加2.9万吨，增长18.47%；总产值达86亿元，比上年增加19亿元，增长28.36%。

四川省茶业基本情况

项 目	单 位	2011年	项 目	单 位	2011年
毛茶产值	亿元	86	茶农户数	万户	123
茶园面积	万公顷	23.92	毛茶平均价格	元/千克	46.23
茶叶产量	万吨	18.6	企业数（年销售额100万元以上）	个	1 630
精制茶产量	万吨	16.74	行业销售额	亿元	130
茶叶年加工能力	万吨	36	城镇居民茶叶消费	千克/人	2.0

产业政策

（1）2011年，争取国家和省财政投入近2 000万元，带动地方整合投入4亿多元，用于建设现代茶叶产业基地、标准园创建和良繁基地等项目建设，为推动全省茶产业的发展提供了有力的支撑。

（2）2011年初四川省农业厅下发川农业［2011］18号文件，安排部署全省现代农业产业基地建设工作，依靠行政推动，强化部门协作，整合项目资金，大力推进万亩示范区建设，集中打造乐山、雅安、宜宾、泸州等13.33万公顷川西南名优绿茶产业带和广元、巴中、达州等6.67万公顷优质富硒茶产业带，取得了阶段性成效。

（3）乐山市在成功打造夹江——峨眉茶叶带建设基础上，又启动了五通桥—犍为—沐川茶（花）50千米3.33万公顷产业带建设项目。

（4）全省茶叶万亩示范区开工51个、占年计划的113.3%，完成47个、占计划完成数的104.4%，新建和改造茶叶生产基地2.2万公顷，启动建设茶树无性系良种苗木繁育基地3个。

（5）认真贯彻落实《关于加快现代农业产业基地建设的意见》和推进现代农业产业基地建设，命名了第二批20个产业强县，其中包括高县、旺苍县、雨城区、夹江县茶叶产业强县4个。

茶叶生产

（1）四川省茶叶标准园按照农业部“五化”（规模化种植、标准化生产、采后商品化处理、品牌化销售、产业化经营）、“七到园”（责任落实到园、标准普及到园、统一服务到园、管理制度到园、标牌树立到园、宣传引导到园、资金整合到园）、“六个100%”（100%生产资料统购统供、100%种苗统育统供、100%病虫害统防统治、100%商品化处理、100%品牌化销售、100%达到食品安全国家标准）的要求，全面完成创建任务，并推动标准园由园到区的创建，示范带动了全省茶叶标准化生产水平的提升。2011年农业部对万源市和名山县的标准茶园产品进行了抽检，16项农药残留重金属等检测项目全部合格。

（2）质量安全水平稳步提升。大力推广绿色防控技术，推行关键环节实时记录制度和可追溯制度，全省茶园绿色防控面积达到6.67万公顷，无公害茶园面积15.67万公顷，有机茶园0.53万公顷。

（3）茶园采用机械化耕作、修剪、采茶等先进技术，提高了茶叶产量，降低了茶叶成本，机采、机修面积达13.33万公顷。

（4）加大力度建设良种繁育基地，在雨城区、马边彝族自治县、旺苍县各新建1个规模6.67公顷的茶树良种繁育基地，国家投资在高县、万源市和通江县建设茶树良种繁育基地，为推动茶树良种化进程、提高茶叶产量和品质奠定了基础。良种茶园面积达12.33万公顷、较上年增加1.33万公顷、增长了12.1%。

（5）四川农业大学分别与马边彝族自治县和沐川县合作选育的茶树新品种马边绿1号和川沐28号、四川省农业科学院茶叶科学研究所与早白尖茶业公司合作选育的乌蒙早，通过四川省品种委员会审定。

四川省茶叶主产市（一）

单位：吨、公顷

地（地级市）	茶叶产量	茶叶面积	品　种	主要品牌
雅安市	59 537	40 458.27	福鼎大白茶、福选9号、名山131、川茶中小叶种、名选213、天府系列	蒙山、吉祥、友谊、蒙顶山茶、皇茗园、跃华宗玉、老茶客
宜宾市	33 371	48 199.67	福鼎大白茶、福选9号、名山131、川茶中小叶种、平阳特早、早白尖、乌蒙早	川红、早白尖、林湖、叙府、宜宾早茶、屏山炒青、醒世、鹿鸣、水中韵
乐山市	27 895	54 475.67	福鼎大白茶、福选9号、名山131、川茶中小叶种、乌牛早、安吉白茶、川沐28、马边绿1号、种茶302、种茶108	竹叶青、仙芝竹尖、峨眉雪芽、峨眉山茶、马边绿茶、森林雪、一枝春
眉山市	21 940	20 283.39	福鼎大白茶、福选9号、名山131、川茶中小叶种、安吉白茶	道泉、屏羌、雅自天成
成都市	14 913	13 194.93	川茶中小叶种、名山131、名选213、花秋1号	绿昌茗、嘉竹、了翁、花秋、蜀涛、文君、贡品堂、青城

四川省茶叶主产市（二）

单位：吨、公顷

地（地级市）	茶叶产量	茶叶面积	品　种	主要品牌
自贡市	9 122	3 465.27	川茶中小叶种、名山 131、福鼎大白	龙都香茗
达州市	6 692	13 771.13	川茶中小叶种、名山 131、福鼎大白	巴山雀舌、九顶雪眉
泸州市	6 041	9 046	川茶中小叶种、名山 131、福乌牛早鼎大白、福选 9 号、平阳特早、牛皮茶	瀚源、凤羽
广元市	4 910	14 295.47	川茶中小叶种、名山 131、福鼎大白	米仓山、秀芽、白龙湖、树仙
绵阳市	3 452	606.33	川茶中小叶种、名山 131、福鼎大白、北川苔子茶	羌山雀舌、四新、佛泉
巴中市	1 999	9 821	川茶中小叶种、名山 131、福鼎大白、南江 1 号、南江 2 号	罗村、元顶子、云顶茗兰、火天岗、翰林

注：本表以茶叶产量为序。

四川省茶叶主产县（一）

单位：吨、公顷

县（县级市）	茶叶产量	茶叶面积	品　种	主要品牌
名山县	41 582	20 110.53	福鼎大白茶、福选 9 号、名山 131、川茶中小叶种、名山 213、天府系列	蒙顶山茶、蒙山、蒙顶、金叶巴扎、皇茗园、跃华、宗玉、理真
雨城区	13 320	13 404.6	福鼎大白茶、福选 9 号、名山 131、川茶中小叶种、名山 213	吉祥、友谊、老茶客、雅泉、九岭
洪雅县	13 095	14 742.47	福鼎大白茶、福选 9 号、名山 131、川茶中小叶种、安吉白茶	道泉、屏羌、雅自天成
峨眉山市	11 080	12 166.67	福选 9 号、名山 11、川茶中小叶种、福鼎大白、乌牛早	仙芝竹尖、竹叶青、峨眉雪芽
荣县	8 883	3 333	福鼎大白、福选 9 号、川茶中小叶群体种、名山 131	龙都香茗
屏山县	7 753	10 046.67	福选 9 号、名山 131、川茶中小叶种、福鼎大白	龙湖翠、水中韵、屏山炒青
高县	7 010	14 089.13	福鼎大白茶、福选 9 号、名山 131、川茶中小叶种、平阳特早、早白尖、乌蒙早	早白尖、林湖、川红
夹江县	6 896	13 467	福选 9 号、名山 131、川茶中小叶种、福鼎大白	甘溪金竹、龙园
蒲江县	6 313	6 526.33	川茶中小叶种、名山 131、名山 213	绿昌茗、嘉竹、了翁、蜀涛
筠连县	6 211	9 050	福鼎大白、福选 9 号、川茶中小叶群体种、名山 131	筠连红
邛崃市	5 786	4 860.9	福鼎大白、福选 9 号、川茶中小叶群体种、名山 131、花秋 1 号	花秋、文君、南宝山、碧涛
沐川县	4 454	11 666.67	福鼎大白、福选 9 号、川茶中小叶群体种、名山 131、川沐 28	一枝春

四川省茶叶主产县（二）

单位：吨、公顷

县（县级市）	茶叶产量	茶叶面积	品　种	主要品牌
宜宾县	3 810	5 067	福鼎大白、福选 9 号、川茶中小叶群体种、名山 131	
珙县	3 306	3 991	福鼎大白、福选 9 号、川茶中小叶群体种、名山 131	鹿鸣
马边彝族自治县	3 177	10 550.6	福选 9 号、名山 131、川茶中小叶种、福鼎大白、马边绿 1 号	森林雪、文彬绿雪、边河、永绿
纳溪区	2 840	6 045	福鼎大白、福选 9 号、乌牛早、名山 131、安吉白茶、早白尖 5 号	瀚源、凤羽
万源市	2 835	9 353.33	福选 9 号、名山 131、川茶中小叶种、福鼎大白	巴山雀舌、生奇、广山、蓴山
宣汉县	2 688	2 910	福鼎大白、福选 9 号、川茶中小叶群体种、名山 131	九顶、虹跃
旺苍县	2 539	4 915.53	福选 9 号、名山 131、川茶中小叶种、福鼎大白	米仓山、凤香
青川县	2 335	8 902	福鼎大白、福选 9 号、川茶中小叶群体种、名山 131	七佛贡茶、仙雾、白龙湖
平武县	2 130	7 760	福鼎大白、福选 9 号、川茶中小叶群体种、名山 131	四心
都江堰市	2 096	908.6	福鼎大白、福选 9 号、川茶中小叶群体种、名山 131	贡品堂、青城
南江县	1 203	3 801	福鼎大白、福选 9 号、川茶中小叶群体种、名山 131、南江 1 号	元顶子
翠屏区	981	1 817	福鼎大白、福选 9 号、川茶中小叶群体种、名山 131	
古蔺县	869	609	福鼎大白、福选 9 号、川茶中小叶群体种、名山 131、牛皮茶	古蔺牛皮茶
叙永县	742	1 611	福鼎大白、福选 9 号、川茶中小叶群体种、名山 131	红岩
北川县	708	3 384.73	福鼎大白、福选 9 号、川茶中小叶群体种、名山 131	佛泉、羌山雀舌、雨露
通江县	617	4 793	福鼎大白、福选 9 号、川茶中小叶群体种、名山 131	罗村、翰林、火天岗
犍为县	216	3 200	福鼎大白、福选 9 号、川茶中小叶群体种、名山 131	清溪、川峨、金犍

注：本表以茶叶产量为序。

茶叶加工

（1）全省总产量 18.6 万吨，比上年增加 2.9 万吨，增长 18.47%；其中名优茶产量 10.00 万吨，比上年增加 2.2 吨，增长 28.21%。

（2）2011 年，国家级茶叶龙头企业达到 6 家，省级茶叶龙头企业达到 29 家，新增了四川省蒙顶山皇茗园茶业集团有限公司、四川禹贡蒙顶茶业集团有限公司、四川早白尖茶业有限公司、四川通江县罗村茶业有限责任公司、四川都江堰青城茶叶有限公司、宜宾川红茶业集团有限公司 6 家；中国驰名商标增加论道和巴山雀舌 2 个，达到5个。竹叶青等9家茶叶企业被评为2011年度中国茶叶行业百强企业。峨眉山旅游股份有限公司峨眉雪芽茶业分公司和四川省竹叶青茶业有限公司还被评为2011年度中国茶业连锁加盟十强企业，与张一元、吴裕泰、更香茶业等茶叶老牌企业齐名。乐山市荣获中国绿茶之都称号。名山县、雨城区、夹江县被中国茶叶流通协会评为2011年全国十大重点产茶县。

(3) 大力推广机械化生产技术。茶园推广机械耕作、修剪、采茶技术，企业加快标准化茶叶加工厂建设，以清洁化、机械化、自动化规范名优茶加工，机械化程度不断提高。机制率达90%以上。

(4) 加快茶叶标准体系建设。制定了四川省地方标准《红碎茶加工技术规程》；洪雅县和纳溪区申报地理标志认证，正在公示中，44家企业获得有机产品认证，5家企业获得GAP认证。

四川省主要茶叶加工企业

单位：万元、吨、公顷、吨/年

公司名称	销售额	茶叶产量	茶园面积	加工能力	品　牌
四川峨眉山竹叶青茶业有限公司	48 000	4 000	1 333.33	5 000	竹叶青
四川峨眉山仙芝茶业有限公司	25 000	4 500	5 866.67	5 500	仙芝竹尖、黑宝山
都江堰青城贡品茶业有限公司	25 000	1 200	1 333.33	1 000	贡品堂
四川米仓山茶叶集团公司	19 000	1 000	2 000	3 000	米仓山
四川花秋茶业有限公司	19 000	1 600	1 333.33	2 000	花秋
四川叙府茶业有限公司	17 500	3 700	2 000	8 000	叙府
四川龙都茶业〈集团〉有限公司	17 000	1 200	2 000	2 000	龙都香茗
四川省雅安茶厂有限公司	13 000	12 000	4 000	10 000	康砖、金尖、芽细、双环
四川蒙顶山跃华茶业集团有限公司	13 000	900	333.33	1000	跃华
四川嘉竹茶业有限公司	12 400	2 100	1 333.33	2 500	嘉竹
四川文君茶业有限公司	12 000	1 500	2 333.33	2 000	文君
四川蒙顶山禹贡茶业集团有限公司	11 000	800	266.67	1 000	宗玉
四川蒙顶山皇茗园茶业集团有限公司	10 200	500	266.67	500	皇茗园
四川巴山雀舌名茶实业有限公司	9 000	500	666.67	1 100	巴山雀舌
四川川红茶业集团有限公司	8 700	1 000	450	1 500	川红
雅安市友谊茶叶有限公司	8 000	6 000	400	10 000	兄弟友谊
四川省吉祥茶业有限公司	8 000	5 450	400	10 000	吉祥
四川省蜀涛茶业有限公司	6 000	270	666.67	1 500	蜀涛
四川省复立茶业有限公司	6 000	1 800	1 333.33	1 000	复立雪芽、碧海神针
四川省通江县罗村茶业有限公司	5 600	490	520	750	罗村、火天岗
雅安市名山县西藏朗赛茶厂	5 500	1 700	266.66	2 000	金叶巴扎
四川香叶茶业有限公司	5 500	1 000	2 133.33	1 000	香叶尖
四川茗山茶业有限公司	5 000	900	666.67	1 000	蒙山、蒙山童子
四川绿昌茗茶业有限公司	5 000	900	333.33	2 000	绿昌茗
四川省老茶客茶业有限公司	5 000	1 000	1 333.33	2 000	老茶客
四川绿川茶叶有限责任公司	5 000	2 000	400	2 000	青衣翠绿、两棵树
四川省蒙顶皇茶茶业有限责任公司	4 800	800	100	500	蒙顶

注：本表以销售额为序。

茶叶市场

(1) 建设区域批发市场。西南市场和双福市场，经过改扩建，市场功能逐步完善，形成集信息功能、服务功能、辐射功能、文化交流与质量监控功能于一体的茶叶交易市场，入市产品的质量不断提高，市场信誉度、市场形象逐步提高。在洪雅县东岳镇新建了以有机茶、绿色食品茶为主的高品质茶叶交易市场，该市场正在招商。

(2) 发展电子商务。竹叶青、叙府、花秋等茶业企业都建立了自己的网站或依托专业网站开展网上交易，取得较好的成效；名山县电子政务门户网站中建立了一个名山县鲜叶价格信息平台，实时公布5大鲜叶市场鲜叶交易情况，如价格、交易量等。

(3) 开展连锁专卖经营。竹叶青等一大批茶叶龙头企业纷纷开设茶叶专卖店、连锁店，抢占市场，提升服务质量，有力地提高了川茶的市场占有率和知名度。

四川省茶叶主要贸易及出口企业

单位：万元、吨

名　称	销售额	交易量	出口量
峨眉山竹叶青茶业有限公司	48 000	4 000	800

四川省主要茶叶批发市场

单位：吨、亿元、万平方米

名　称	交易量	交易额	市场面积
西南茶叶市场	60 000	14	1.5
峨眉双福茶叶市场	26 000	5	3.2

注：本表以交易量为序。

茶文化

根据《川茶品牌发展规划》，继续打造峨眉山茶、蒙顶山茶和宜宾早茶等区域品牌。先后举办了第二届中国蒲江采茶节、第四届宜宾早茶节、2011蒙顶山茶（成都）品赏推介周、乐山市茶产业发展大会以及广元茶·有机·低碳国际学术研讨会等系列茶事活动；组织参加了贵州、上海、杭州、深圳等茶叶博览会以及成都中国西部国际博览会和第九届中国国际农产品交易会。乐山市茶业协会建立了峨眉山茶网页，制作了峨眉山茶光碟，还在成雅高速和乐峨高速路段设立了峨眉山茶广告宣传牌；马边彝族自治县制作了马边绿茶专题片，在中央电视1套、7套节目播出；叙府茶业在北京钓鱼台举办了茶叶推介会等，大规模开展各地茶叶宣传推介活动，充分宣传、展示、推介茶叶品牌，使川茶品牌知名度日益扩大，品牌价值日益提升。

四川省知名茶馆

名　称	区域分布
成都顺兴老茶馆	成都
成都鹤鸣茶社	成都
成都坝调茶社	成都
成都悦来茶馆	成都
雅州茶府	雅安

（四川省农业科学院茶叶研究所　王　云
四川省园艺作物技术推广总站　段新友）

雅　安　市

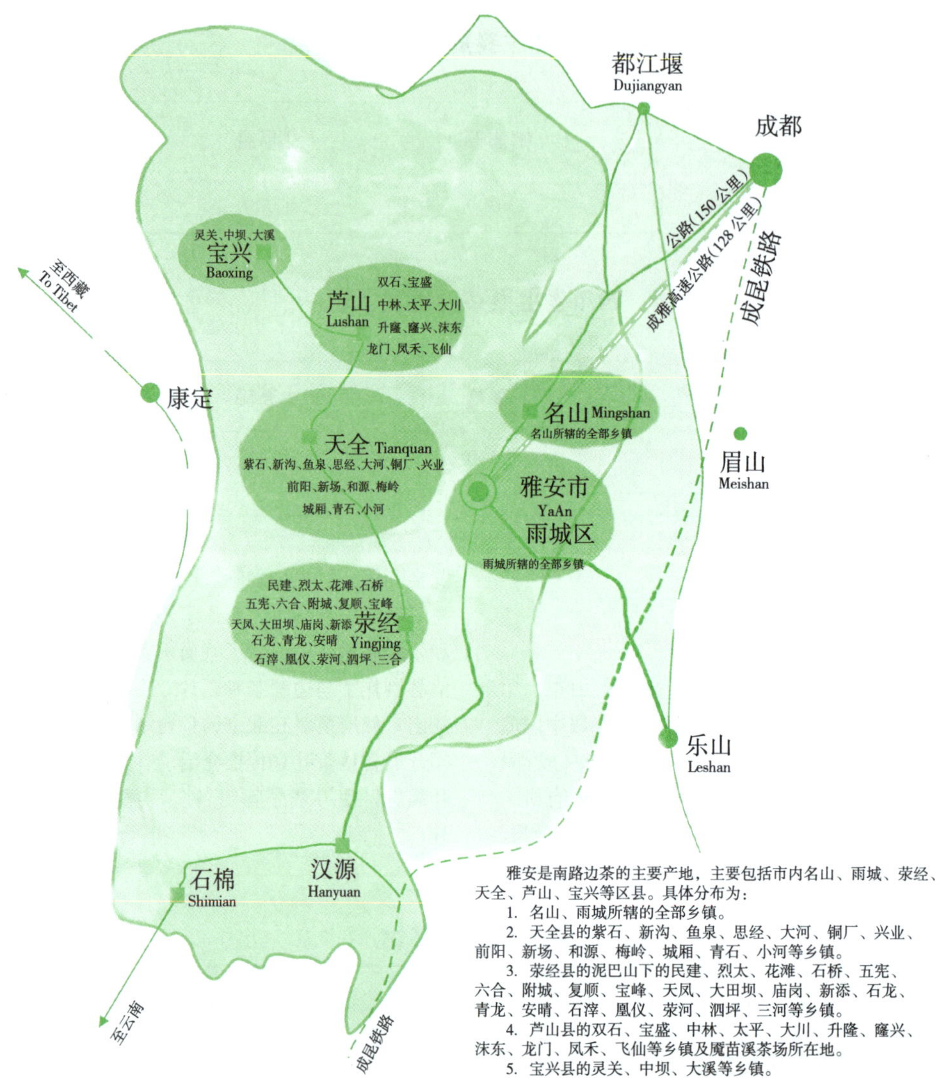

位于四川省雅安市境内的蒙顶山是世界上有文字记载人工植茶最早的地方，距今已有2 000多年的历史。蒙顶茶自唐玄宗天宝元年（742）作为贡品，一直延续到清末，历时1 000余年。

蒙顶山是世界茶文化发源地和世界茶文明发祥地。2004 年第八届国际茶文化研讨会上，国内外茶人共同发表的《蒙顶山世界茶文化宣言》，确立了蒙顶山是世界茶文化圣山的历史地位。

蒙顶山茶区是世界茶树原产地之一，是闻名于世的茶马古道的源头。境内历史遗存丰富，文化底蕴深厚。得天独厚的自然生态条件，为蒙顶山茶、雅安藏茶的优良品质奠定了坚实的基础，区域内有机茶、绿色食品、无公害茶发展态势良好。

2011 年底，茶叶一项就为农民人均增加纯收入 204 元。茶叶产量 6.72 万吨，加工产值 20 多亿元，涉茶综合产值超过 40 亿元，涉茶产业人口 40 多万。

2011 年 4 月，浙江大学 CARD 农业品牌研究中心、《中国茶叶》杂志和中茶所中国茶叶网联合开展的 2011 中国茶叶区域公用品牌价值评估中，蒙顶山茶品牌价值 10.84 亿元，名列全国第 17 位、西南茶区第一位。雅安藏茶品牌价值 4.6 亿元，跻身全国中等行列。

雅安市茶业基本情况

项　目	单位	2011年	项　目	单位	2011年
毛茶产值	亿元	26.16	茶农户数	万户	15
茶园面积	万公顷	4.34	毛茶平均价格	元/千克	27
茶叶产量	万吨	6.72	企业数	个	392
精制茶产量	万吨	4.85	行业销售额	亿元	29
茶叶年加工能力	万吨	9.5	城镇居民茶叶消费	千克/人	0.8

产业政策

2011年10月，雅安市委发出市委办〔2011〕135号文，宣布成立雅安市茶产业茶文化发展领导小组。具体负责全市茶产业茶文化发展的领导、协调、检查、监督的议事协调工作机构，围绕蒙顶山茶、雅安藏茶区域品牌建设，开展各项工作。名山县实行县委常委联系茶业集团公司制度（名办〔2011〕1号《关于实行县级领导联系八家茶业集团公司的通知》），明确了主要工作职责，初显成效。截止到2011年11月底，8家茶业集团总产值达9.88亿元，占全县茶叶产值的50%以上，名山县已拥有省级农业产业化经营重点龙头企业7家。

雨城区出台《雅安市雨城区茶叶产业提质增效五年规划（2012—2016年）》，提出大力发展绿色生态茶园，做强雨城绿茶，发展雨城黑茶，开发雨城红茶。计划到2016年，全区茶园面积达到1.4万公顷，茶叶总产量达到3万吨。其中绿茶产量2.25万吨，藏茶产量0.75万吨，红茶、黄茶等其他茶类产量0.05万吨。茶叶工业产值达到12亿元，茶产业综合产值达到17亿。

茶叶生产

一年来，全市茶叶行业坚持弘扬茶文化、推动茶产业、发展茶经济的发展宗旨，以市场为导向，以农民增收、企业增效、茶业经济快速发展为目标，突出重点，统一打造蒙顶山茶、雅安藏茶区域品牌，全市茶产业继续呈现面积扩大，产量增加，产值增长，销售态势良好的发展趋势。

2011年底，全市茶园面积4.34万公顷，比上年增加0.68万公顷；投产茶园2.93万公顷，比上年增加0.17万公顷；茶叶农业产值（鲜叶收入）17.33亿元，比上年增加4.08亿元。茶叶总产量6.72万吨，加工产值20多亿元，涉茶综合产值超过40亿元。每千克茶叶单芽均价从70元增加到90元，茶叶企业在人工、鲜叶、燃料、运输、包装等成本费用大幅提高的情况下，克服各种困难，打紧开支，保证质量，开拓市场，狠抓销售，确保鲜叶收购，及时加工周转，防止卖难，为茶农增收、企业增效、财政增收做出了积极贡献。

雅安市在荣获2010年度中国最具茶文化魅力城市称号的基础上，2011年4月，经浙江大学CARD农业品牌研究中心、《中国茶叶》杂志和中国农业科学院茶叶研究所中国茶叶网联合开展的2011中国茶叶区域公用品牌价值评估，蒙顶山茶区域品牌价值上升为10.84亿元，在全国近100个公用品牌中列第17位、是西南茶区的第一位。雅安藏茶品牌价值上升为4.6亿元，跻身全国中等行列。

2011年10月，经中国茶叶流通协会调查评比，名山县、雨城区分别进入2011年全国重点产茶县行列，其中名山县名列全国第二位，雨城区名列全国第九位，双双进入前十位。跃华茶业、味独珍茶业分别进入全国百强茶企业行列。

雅安属亚热带湿润季风气候，茶树萌芽早，较江南茶区提前15～20天开园采茶，品质优、上市早是蒙顶山茶的独特优势。雅安市茶园面积列四川省第三位，产量、产值分列全省第一位。全市茶园达到无公害标准，其中有机茶333.33公顷，32个产品获得绿色食品标志认证，7个产品获得有机茶认证。

雅安市茶叶主产县

单位：吨、公顷

县（县级市）	茶叶产量	茶叶面积	品　种	主要品牌
名山县	41 582	20 000	黄芽、甘露、石花、毛峰、花茶等	蒙顶山茶、雅安藏茶
雨城区	20 900	13 400	甘露、石花、毛峰、康砖、金尖等	雅安藏茶、蒙顶山茶
天全县	2 367	3 333	绿茶系列	龙祥春
荥经县	1 430	2 333	绿茶系列	塔山
宝兴县	600	1 603	有机茶系列	海鑫玉叶
芦山县	245	2 413	有机茶系列	锦烨
石棉县	65	160	绿茶系列	美罗雪山神茶

注：本表以茶叶产量为序。

茶叶加工

全市现有茶叶加工厂 500 多家，其中，初制加工厂 410 余家；获得 QS 认证的精制加工企业 85 家，年加工能力 8 万～9 万吨。茶叶企业中有市级以上农业产业化重点龙头企业 31 家，有省级龙头企业 9 家。形成了以名优绿茶、雅安藏茶两大类产品为主，种类齐全（各类名茶）、加工精细、不同生产规模和不同销售范围的茶叶加工产业格局。企业加工设备、加工技术、加工能力在国内同行业中名列前茅。

名山县强化标准化、清洁化生产，确保加工质量安全。建立长效监管机制，坚持《蒙山茶》国家标准（GB/T18665—2008）和《蒙山茶综合标准》，实施《名山县茶叶清洁化生产技术要求》，实行标准化、清洁化、规范化生产。对茶叶产品质量实行全程监控，凡不合格产品不得出厂和销售。严格茶叶质量检测、检查，对抽检不合格的企业实行停产整顿，对掺杂使假的加工企业从重处罚。2011 年 12 月，名山县获四川省农业厅、四川省商务厅、四川省出入境检验检疫局出口茶叶生产基地县称号；农业部中国优质农产品开发协会授予蒙顶山茶品牌 2011 消费者最喜爱中国著名农产品区域品牌全国 100 强；名山县已有 16 家企业、83 个茶叶产品获无公害农产品认证；有 6 家企业、25 个产品获得绿色食品认证；有 2 家企业、2 个产品获得有机茶认证。

做大龙头企业，加强品牌建设。2011年新增2家省级农业产业化重点龙头企业，全市省级龙头企业达到 9 家。新增茶叶著名商标 3 个，全市茶叶著名商标达到 8 个。

雅安市主要茶叶加工企业

单位：万元、吨、公顷、吨/年

公司名称	销售额	茶叶产量	茶园面积	加工能力	品牌	备注
四川蒙顶山跃华茶业集团有限公司	13 900	2 500	386.7	3 000	跃华	名优绿茶
四川蒙顶山味独珍茶业集团有限公司	12 300	1 100	140	3 000	味独珍	名优绿茶
四川蒙顶山大富茶业集团有限公司	12 100	1 700	333.3	2 500	圣山仙茶	名优绿茶
四川省蒙顶山皇茗园茶业集团有限公司	12 000	2 500	386.7	3 000	皇茗园	名优绿茶
四川茗山茶业有限公司	12 000	2 100	2 000	4 000	蒙山	名优绿茶
四川蒙顶山大众茶业集团有限公司	11 000	2 500	166.7	4 000	大众	大宗茶
四川吉祥茶业有限公司	9 452	5 600	400	6 000	吉祥	含藏茶
四川省蒙顶皇茶茶业有限责任公司	9 314	517	90	660	蒙顶	名优茶
四川蒙顶山金龙茶业集团有限公司	9 000	240	43.3	1 800	金龙	名优茶
四川省老茶客茶业有限公司	4 801	461	666.7	800	老茶客	名优茶
四川省雅安茶厂有限公司	4 610	8 616	1 333	8 500	康砖	藏茶
雅安市友谊茶叶有限公司	3 588	6 000	400	6 500	兄弟友谊	藏茶
四川名山西藏朗赛茶业有限公司	3 200	3 000	200	6 000	金叶巴扎	藏茶
四川蒙顶山禹贡茶业集团有限公司	3 000	1 439	490.9	2 000	宗玉	名优茶
雅安市敦蒙茶业有限公司	3 000	1 600	200	2 000	敦蒙	名优茶
名山县藕莲春茶厂	3 000	1 000	66.7	1 200	藕莲春	名优茶
名山县昊柏生物科技有限公司	2 200	100	1 333.3	500	昊柏	茶多酚
雅安市雨城区三雨茶厂	1 900	850	333.3	1 000	三雨	名优茶
四川雅安雅泉茶业有限公司	1 600	420	98.3	600	雅泉	名优茶
四川省荥经县塔山有限责任公司	1 500	360	66.7	400	塔山	名优茶
雅安市山雅茶业有限公司	1 300	480	60	600	山雅	含藏茶
四川省名山县宏宇蕾有限公司	1 200	510	333.3	700	宏宇蕾	名优茶
四川省雅安义兴藏茶有限公司	1 100	3 500	433.3	4 000	义兴	藏茶
天全县龙祥春绿色茶业有限公司	800	120	200	200	龙祥春	名优茶
四川省名山茶树良种繁育场	650	70	800	100	蒙顶山茶	名优茶
雅安竹叶茗茶业有限责任公司	530	500	333.3	600	竹叶茗	名优茶
四川宝兴海鑫茶叶有限公司	480	300	213.3	500	海鑫玉叶	有机茶
雅安市馨远茶业有限公司	280	85	333.3	100	馨远	含藏茶
四川省雅安市和龙茶厂	220	1 200	350	2 000	和龙	藏茶
雅安全义茶树花科技有限公司	120	80	250	200	全义	名优茶

注：本表以销售额为序。

茶文化

在2011第六届雅安茶业经济年会上，通过民主推荐、网上投票、综合评比，评选出在茶产业发展进程中具有积极影响和贡献的雅安市十大茶事、十强茶企、十佳茶人、十佳茶论进行公开表彰。

深入开展茶祖文化研究。《茶博览》、《茶周刊》、《吃茶去》、《中国茶叶》等报刊相继发表文章，研究植茶始祖吴理真的生存年代和事迹，引起全国茶界关注。雅安市、名山县加强开展基础研究、培训工作。

雅安茶企成为国家级非物质文化遗产生产性保护示范基地。文化部《关于开展国家级非物质文化遗产生产性保护示范基地建设的通知》（办非遗函［2010］499号），确定第一批国家级非物质文化遗产生产性保护示范基地，全国39项名录项目入选。其中雅安市友谊茶叶有限公司黑茶制作技艺（南路边茶制作技艺）名列其中。

雅安市知名茶馆

单位：平方米

名称	营业面积
茶源堂	2 335
皇茶楼	2 013
福窝茶道	1 800
藏茶馆	1 480
雅州茶府	1 308
西康茶楼	1 000

注：本表以营业面积为序。

（雅安市茶业协会　陈书谦）

贵 州 省

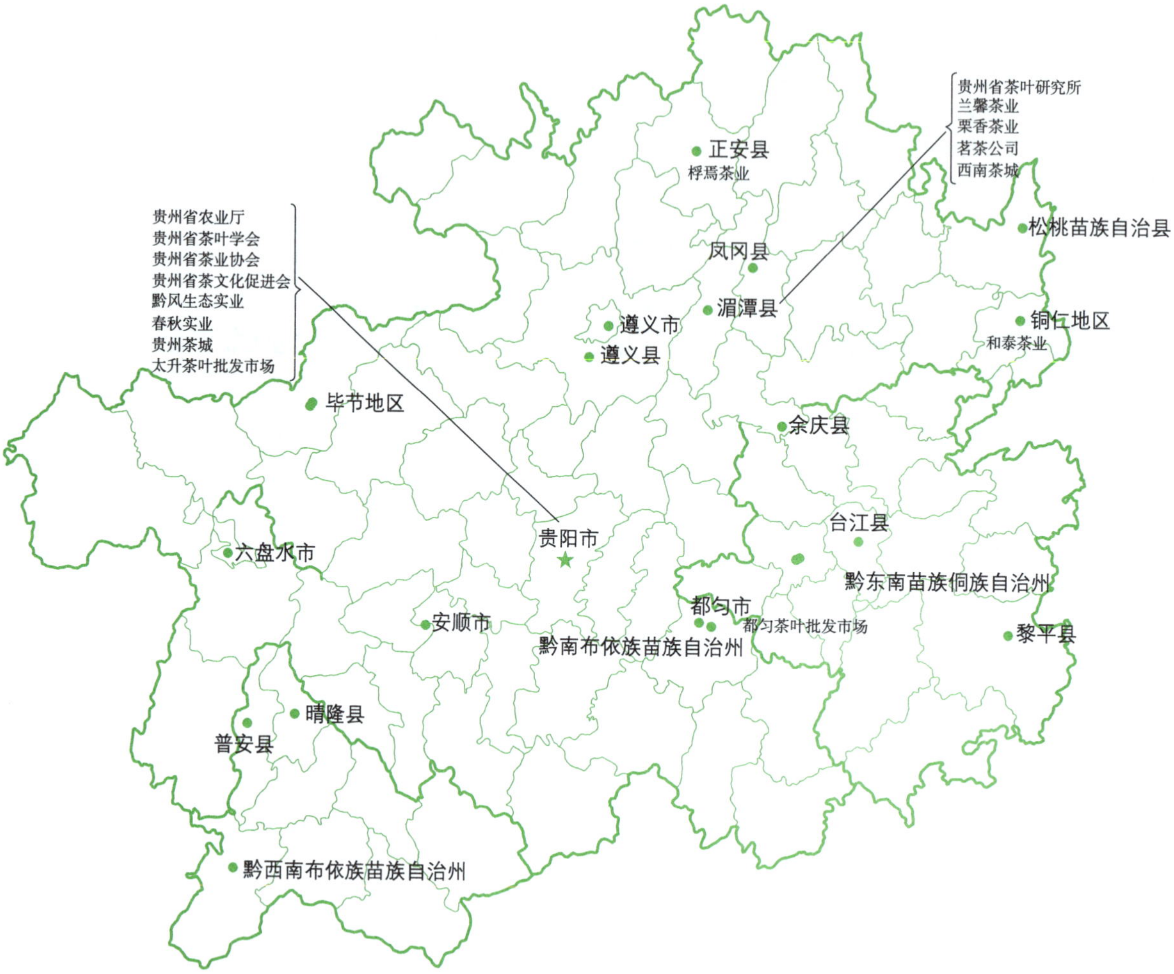

贵州省农业厅
贵州省茶叶学会
贵州省茶业协会
贵州省茶文化促进会
黔风生态实业
春秋实业
贵州茶城
太升茶叶批发市场
正安县
桴焉茶业
贵州省茶叶研究所
兰馨茶业
栗香茶业
茗茶公司
西南茶城
松桃苗族自治县
凤冈县
湄潭县
遵义市
遵义县
铜仁地区
和泰茶业
毕节地区
余庆县
台江县
贵阳市
六盘水市
黔东南苗族侗族自治州
都匀市
都匀茶叶批发市场
安顺市
黔南布依族苗族自治州
黎平县
晴隆县
普安县
黔西南布依族苗族自治州

贵州是茶树的原产地和古老茶区之一。境内山清水秀、云雾缭绕，是全国唯一兼具低纬度、高海拔、寡日照、无污染的茶叶产区，茶叶内含物丰富，具有香高馥郁、鲜爽醇厚、汤色明亮等独特品质，发展生态茶、安全茶、健康茶得天独厚。茶产业是贵州省重要的传统产业、优势产业、富民产业、绿色产业，集生态、经济、休闲、旅游、文化传承功能为一体，对于调整产业结构、推动“三化同步”、增加农民收入、建设生态文明和社会主义新农村具有重要意义。

茶业基本情况

项　目	单　位	2011 年
毛茶产值	亿元	45.61
茶园面积	万公顷	26.73
茶叶产量	万吨	5.23
企 业 数	个	683

产业政策

贵州省委、省政府出台黔党发［2007］6号文件，2011年茶产业列为贵州省加快培育发展的16个重点产业以及省政府重点打造的5张名片之一。各级各部门，合力推动茶产业的格局形成，以茶叶主产县为主体，建立了从育苗、新建茶园、茶叶加工、宣传推介、市场开拓等整个产业链，支持茶产业发展的政策措施。

茶叶生产

茶园规模迅速扩大，规模化、标准化、专业化水平显著提升。全年在45个县新建茶园4.85万公顷，茶园集中度不断提升。新建茶园面积占全国年新增总面积的50%。遵义、铜仁茶园面积分别达8.11万公顷和5.27万公顷，累计占全省50%；黔南、毕节、黔东南分别达3.77万公顷、3.33万公顷、2.26万公顷，累计占全省1/3以上。茶园面积0.67万公顷以上的县（市）14个，其中1.33万公顷以上县3个；万亩乡镇118个、万亩村20个。新建茶园全部采用无性系，无性系比例83%，高于全国平均44个百分点。在全省30个县新建全国面积最大无性系茶树种苗繁育基地706.67公顷，在茶区已形成一个产业，年产值近3亿元。引进省外优良茶树品种50多个，建成45个面积1 000亩以上的良种示范园。贵定鸟王种、石阡苔茶等地方群体品种以及古茶树保护与开发工作不断加强。推动产业配套，推广生态建园模式、幼龄茶园间套种。农业部对贵州省例行农药残留检测茶样50只、贵州省农业委员会例行检测200只以上，检测结果全部合格。通过认证茶园面积7.33万公顷，其中有机茶园0.87万公顷，居全国第二位。

贵州省茶叶主产市

单位：万吨、万公顷

地（地级市）	茶叶产量	茶叶面积	品　种	主要品牌
遵义市	2.09	8.11	福鼎大白茶、黔湄601、名山白毫131等	湄潭翠芽、凤冈锌硒有机茶、正安白茶、遵义红
铜仁地区	0.95	5.27	福鼎大白茶、龙井43等	梵净翠峰茶、石阡苔茶
黔南布依族苗族自治州	0.74	3.78	福鼎大白茶、龙井43等	都匀毛尖、贵定雪芽
黔东南苗族侗族自治州	0.61	2.26	福鼎大白茶、龙井43等	雷山银球、侗乡雀舌、黔丹毛峰
黔西南布依族苗族自治州	0.34	1.42	凤庆大叶种、黔湄系列茶品种等	晴隆毛峰、普安毛峰

注：本表以茶叶产量为序。

贵州省茶叶主产县

单位：吨、万公顷

县（县级市）	茶叶产量	茶叶面积	品　种	主要品牌
湄潭县	8 000	2.13	福鼎大白茶、黔湄601、湄潭苔茶	湄潭翠芽、遵义红
凤冈县	6 500	1.73	福鼎大白茶	凤冈锌硒有机茶
黎平县	4 500	1.03	福鼎大白茶	侗乡雀舌
石阡县	3 400	1.5	福鼎大白茶、石阡苔茶	石阡苔茶
松桃苗族自治县	2 500	1.02	福鼎大白茶、龙井43	梵净翠峰茶
道真县	2 467	0.95	福鼎大白茶、名山131	仡山西施
正安县	2 300	1.21	福鼎大白茶、安吉白茶	正安白茶
都匀市	2 000	1.4	福鼎大白茶	都匀毛尖
印江土家族苗族自治县	1 560	1.41	福鼎大白茶	梵净翠峰茶
金沙县	1 400	1.05	福鼎大白茶	金沙清池茶

注：本表以茶叶产量为序。

茶叶加工

工商资本、民营资本大量进入，加工快速升级。全省现有注册茶叶加工企业683家、资产总额31.5亿元，初步形成大中小并举的加工企业集群。其中8家国家级重点龙头企业、52家省级重点龙头企业、60家市(州、地)级重点龙头企业；5家进入全国茶叶百强，217家通过 QS 认证，104家获对外贸易经营资格。茶叶加工企业向优势产区集聚步伐加快，湄潭、凤冈、石阡、都匀等地加工企业集群效应显现。湄潭绿色食品工业园投产的23家企业，以茶叶企业为主；凤冈县田坝村集聚了75家茶叶加工厂，其中有20家规模加工企业。全省茶农专业合作社333个。半数茶叶加工企业拥有现代化生产车间，加工逐步实现从注重春茶向春夏秋茶并重转变，从以绿茶产品为主，向以绿茶为主、多茶类产品以及茶叶深加工转变，茶叶综合利用率大幅提高。

贵州省主要茶叶加工企业

单位：万元、吨、公顷、吨/年

公司名称	销售额	茶叶产量	茶园面积	加工能力	品　牌
贵州兰馨茶业有限公司	8 650	300	1 530	600	兰馨牌湄潭翠芽
贵州湄潭盛兴茶业有限公司	7 913	527.5	8 000	500	遵义红红茶
贵州铜仁和泰茶业有限公司	7 856	2 500	3 4000	3 000	和泰之春、天坛
贵州省湄潭县栗香茶业有限公司	6 547	512	1 812	1 000	栗香湄潭翠芽
贵州经典云雾茶业有限责任公司	6 437	312	667	500	普天
贵州东太农业股份有限公司	5 012	2 000	733	10 000	黑茶教父、金黔红、梵净毛峰
贵州贵茶有限公司	4 245	460	2 500	1 000	春江花月夜、绿宝石、九安红、九安绿
纳雍县贵茗茶叶有限责任公司	1 850	350	3 500	600	乌蒙翠剑、姑箐翠剑
贵州省丹寨县黔单硒业有限责任公司	1 800	550	300	700	黔丹毛峰
贵州晴隆茶叶公司	1 213	935	5 000	2 000	贵隆

注：本表以销售额为序。

茶叶市场

贵州省主要茶叶批发市场

单位：吨、亿元、万平方米

公司名称	交易量	交易额	市场面积
贵阳太升茶叶批发市场	5 000	3.2	1.7
湄潭西南茶城	2 800	4.1	1.3

注：本表以市场面积为序。

品牌建设

品牌推介与市场拓展力度加大，贵州绿茶品牌知名度、影响力和市场竞争力不断提升。以贵州绿茶·秀甲天下为主题，组织企业集群参加北京、上海、西安、深圳、济南等国内高端茶博会。在贵阳、北京、上海等城市举办万人品茗活动；举办 2011 中国·贵州国际绿茶博览会。多彩贵州与茶产业宣传推介互动。观光茶园正成为贵州旅游的重要目的地。在省内主要高速公路沿线设立茶产业广告牌 52 块。省内主流媒体长期跟踪宣传报道贵州茶产业。省内茶事活动日益频繁。民间力量如贵州省绿茶品牌促进会、贵州省茶叶协会、贵州省茶文化研究会等开始成为茶产业宣传推介的重要力量。市场营销体系建设加快，加强了与上海茶叶、北京吴裕泰等企业合作，创立了国酒茅台·国品黔茶连锁联营窗口平台。加大名茶评选、宣传推介和品牌整合力度。在省部级以上行业推介及评选活动中共获得各类金奖 80 多个，湄潭翠芽获中国驰名商标。

贵州省知名茶馆

单位：个、平方米

名　称	连锁店数量	营业面积
养心斋茶艺	3	3 800
西苑茶楼	2	3 800
翰林茶院	1	3 800
马鞍山茶艺馆	1	2 800
忆品园食府茶苑	1	2 800

注：本表以营业面积为序。

（贵州省农业委员会农经站　雷睿勇）

云 南 省

云南省是世界茶树的原产地，具有得天独厚的自然生态环境、丰富优质的茶树种质资源和深厚的茶文化底蕴。云南天高云淡、水源清洁、空气清新，拥有优越的茶树生长环境，尤其在低纬度、高海拔地带，土壤肥、日照足、云雾浓、湿度大，特别适应云南特有大叶种茶树种植，茶叶具有芽叶肥壮、萌发较早、生长旺盛、采摘期长的特点，鲜叶中的水浸出物、多酚类、儿茶素、咖啡碱含量均高于国内其他优良品种，生产的红茶、普洱茶和绿茶在国内外市场上享有较高知名度。另外，云南有着悠久的生产历史和独具韵味、魅力无穷、底蕴深厚、博大精深的民族茶文化，成为云茶产业发展的宝贵财富和重要依托。近年来，在云南省委、省政府的高度重视和全省上下的共同努力下，云南省茶产业进入了一个快速发展时期。尤其是 2010 年 11 月省政府出台《云南省人民政府关于进一步加快茶产业发展的意见》（以下简称《意见》）以来，全省各级、各有关部门按照省政府制定的战略方针，强化措施、加大扶持、狠抓落实，推动产业持续快速恢复发展。同时，2011 年全省绝大部分茶区气候较往年相对正常，雨量充沛，低温霜冻等气象灾害较少，对茶叶生产非常有利，茶树长势良好。全省各地抢抓利好天气，切实采取有效措施，加强茶园管理，强化技术服务指导，进一步提升鲜叶和产品品质，努力提高茶园的生产能力和综合效益；茶叶企业调整产品结构，提高产品质量安全标准，抓住茶叶市场普遍回暖的大好时机，加大市场开拓和营销力度，不断扩大云茶消费区域。通过努力，云南省茶产业呈现强劲增长的好势头。茶园面积增加，茶叶产量大幅增长，茶叶产值明显提高，产品价格、茶农收入均有所提升，知名品牌发展迅速，企业生产销售能力明显增强，产业集中度逐渐提高，实现了“十二五”期间的开门红。

云南省茶业基本情况

项　目	单　位	2011 年	项　目	单　位	2011 年
毛茶产值	亿元	55.1	茶农户数	万户	133
茶园面积	万公顷	38	毛茶平均价格	元/千克	23
茶叶产量	万吨	23.83	企业数	个	1 000
精制茶产量	万吨	13.67	行业销售额	亿元	100
茶叶年加工能力	万吨	30	城镇居民茶叶消费	千克/人	1

产业政策

2011 年，云南省各级党委政府均加大了对茶产业的扶持力度，全力贯彻落实省政府颁布的《意见》，出台了一系列的政策措施，全力推进茶产业的持续健康发展。一是按照 2011 年省委 1 号文件及《意见》精神，整合资金扶持农业产业化，加大对农业龙头企业的扶持力度，无偿扶持茶叶龙头企业和原料基地建设。二是加大茶叶基地改建扶持力度，全力推进茶叶基地向区域化、规模化、专业化方向发展。三是按照政府引导、市场主导、企业主体的原则，进一步加大对云茶产业和产品的宣传营销力度。此外，茶叶主产州市也出台了促进茶叶发展的政策，采取了有效措施推动产业发展。

茶叶生产

云南省茶叶主产市

单位：吨、公顷

地（地级市）	茶叶产量	茶叶面积	品　　种	主要品牌
临沧市	66 196	86 255	云南大叶种群体品种	滇红、澜沧江茶业、勐库戎氏、
普洱市	65 097	96 768	云南大叶种群体品种	龙生、牛洛河、柏联、澜沧古茶、祖祥茶叶公司
保山市	31 490	38 411	云南大叶种群体品种	腾冲清凉山、高黎贡山、尼诺绿茶
西双版纳傣族自治州	30 933	50 361	云南大叶种群体品种	大益、昌泰、庆沣祥
德宏傣族景颇族自治州	16 029	23 755	云南大叶种群体品种	潞西生态茶叶、王子树

注：本表以茶叶产量为序。

云南省茶叶主产县（一）

单位：吨、公顷

县（地级市）	茶叶产量	茶叶面积	品　种	主要品牌
凤庆县	21 658	20 079	云南大叶种群体品种	凤牌、顺宁
勐海县	13 768	25 714	云南大叶种群体品种	大益牌、昌泰、庆沣祥
澜沧县	13 504	18 556	云南大叶种群体品种	澜沧古茶、柏联、帕岩冷、云贵、佧朗、保惠
景洪市	13 387	16 888	云南大叶种群体品种	云芽牌、基诺
昌宁县	12 829	15 401	云南大叶种群体品种	树根地、昌宁红、尼诺
思茅区	11 613	8 898	云南大叶种群体品种	祖祥、龙生、宋聘、帕卡、柏枝、王霞、双兄、古普洱、盛毫、昌云、思榕、远明、佛连山、云露、金宇、锦荣

云南省茶叶主产县（二）

单位：吨、公顷

县（地级市）	茶叶产量	茶叶面积	品　种	主要品牌
江城哈尼族彝族自治县	9 463	8 890	云南大叶种群体品种	牛洛河、月圆、塔林
云　县	9 248	11 140	云南大叶种群体品种	澜沧江、国汉
腾冲县	9 110	8 878	云南大叶种群体品种	台茶、高黎贡山、清凉山、驼峰
景东彝族自治县	7 926	14 433	云南大叶种群体品种	银生、彝乡老仓、黑冠王、华腾、无量山老仓普洱

注：本表以茶叶产量为序。

（云南省茶叶产业办公室　王兴原　冯卫庆）

保 山 市

保山市，位于云南省西部，距省会昆明 498 千米，与缅甸山水相连，国境线长 167.78 千米。有国土面积 19 637平方千米，辖一区四县，人口 242.5 万。有世居少数民族 13 个。保山是古代著名的南方丝绸之路的要冲，中国通往南亚、东南亚陆路大通道的重要连接点和历代中缅贸易的集散地，冬无严寒，夏无酷暑，适合各种动植物生长，具有世界动植物南北交汇走廊、物种基因库的美名，拥有名扬海内外的世界生物圈保护区高黎贡山自然保护区、国家级地质公园腾冲火山热海、世界第二峡谷怒江大峡谷、国家级保护区北海湿地、被称为东方直布罗陀的松山抗战遗址和南方丝绸古道等众多名胜古迹。

保山市茶业基本情况

项　目	单位	2011 年	项　目	单位	2011 年
毛茶产值	亿元	6	茶农户数	万户	22.15
茶园面积	万公顷	3.952	毛茶平均价格	元/千克	18.8
茶叶产量	万吨	3.2	企业数	个	885
精制茶产量	万吨	1.755	行业销售额	亿元	12.69
茶叶年加工能力	万吨	4.18	城镇居民茶叶消费	千克/人	1.6

产业政策

每年市级安排茶叶扶持专项资金 200 万元，主要用于新植良种茶园、低产茶园改造、高产优质茶园基地建设、茶叶专业村、茶叶种植大户、茶叶样板建设、龙头企业培植、新产品研制开发、品牌打造、市场开拓、初制加工企业建设的扶持以及茶叶技术培训与科技推广。各县区财政扶持金额要高于市级扶持的 2 倍以上。

茶叶生产

（1）2011 年茶叶生产情况。无公害、绿色、有机茶园面积达 1.63 万公顷，比 2010 年增加 0.23 万公顷，增长 16.12%。实现茶叶产量 3.2 万吨，比 2010 年增加 0.37 万吨，增长 13.2%，茶叶投产面积平均单产达 71 千克。实现茶叶工农业总产值 12.69 亿元，比 2010 年增加 3.68 亿元，增长 40.83%，其中农业产值 6 亿元，比 2010 年增加 1.13 亿元，增长 23.18%；工业产值 6.69 亿元，比 2010 年增加 2.55 亿元，增长 61.6%。实现茶农人均纯收入达到1 553.16元，比 2010 年增加 118.47 元，增长 10.23%。无性系高优生态茶园 1.53 万公顷，有机茶园 0.26 万公顷。毛茶产量 3.2 万吨，其中晒青茶 0.63 万吨、烘青绿茶 1.83 万吨、炒青茶 0.16 万吨、红茶 0.56 万吨，毛茶平均价 18.78 元/千克。

（2）主要茶树品种及分布。云抗 10 号、佛香 3 号、清水 3 号、凤庆 9 号、香归银毫、长叶白毫、云南大叶群体种茶、软枝乌龙。

（3）特种茶生产情况。普洱茶产量 0.31 万吨，平均价 33 元/千克，产值 10.23 亿元。

保山市茶叶主产县

单位：吨、公顷

县（县级市）	茶叶产量	茶叶面积	品　　种	主要品牌
昌宁县	12 829	23.1	云抗 10 号、佛香 3 号、清水 3 号、凤庆 9 号、香归银毫、云南大叶群体种茶	尼诺、宁红、雪兰、瑞虎、树根地、鑫言
腾冲县	9 116	14.27	云抗 10 号、清水 3 号、长叶白毫、佛香 3 号、软枝乌龙、清水 3 号、云南大叶群体种茶	清凉山、高黎贡山、云丽江山、
龙陵县	6 204.5	11.09	云抗 10 号、佛香 3 号、云南大叶群体种茶	顺国
隆阳区	2 501.1	6.12	云抗 10 号、佛香 3 号、云南大叶群体种茶	凤溪玉叶
施甸县	1 305	4.7	云抗 10 号、清水 3 号、佛香 3 号、云南大叶群体种茶	万兴、点将台

注：本表以茶叶产量为序。

茶叶加工

2011 年末，全市实现茶叶产量 3.2 万吨，比 2010 年增加 0.37 万吨，增长 13.2%，茶叶投产面积平均单产达 71 千克。实现茶叶工农业总产值 12.69 亿元，比 2010 年增加 3.68 亿元，增长 40.83%，其中农业产值 6 亿元，比 2010 年增加 1.13 亿元，增长 23.18%；工业产值 6.69 亿元，比 2010 年增加 2.55 亿元，增长 61.6%。全市拥有初制加工企业 836 个，比 2010 年增加 65 个；初精合一及精制加工厂 63 家，比 2010 年增加 11 家；初、精制生产能力达 7.72 万吨，比 2010 年增加 1.93 万吨。软枝乌龙茶发展到 0.17 万公顷，产量 50 吨，产值3 750万元；安吉白茶发展到 113.33 公顷，产量 1 吨，产值 70 多万元。生产 CTC 红碎茶2 673吨，占全市红茶总量的 47.34%。全市茶叶深加工比例已由“十五”末的 25%提高到了 2011 年的 48%，平均每千克价格由“十五”末的 16.5 元提高到 2011 年的 38.14 元，增长了 1.3 倍。有茶叶加工企业 64 个获得生产许可证（QS）。

全市无性良种茶园面积 1.60 万公顷，与上年同比增长 8.49%，大叶种佛香系列品种推广面积达 0.5 万公顷，占无性良种茶园面积的 31%。全市已示范推广中小叶品种 25 个，2011 年，全市生产、销售红茶5 646吨，占毛茶总量的 17.7%，同比增长 7.8%。普洱茶消费增长2 500吨，同比增 48.5%。全市通过茶叶产品结构调整和优化，充分体现了茶叶产业发展的特色和优势，走出了一条主打和特色相结合的茶叶产业发展之路。围绕茶叶产业发展最适宜区和优势突出、聚集效应明显的茶叶生产区域，建立优势产业带。

保山市主要茶叶加工企业

单位：万元、吨、公顷、吨/年

公司名称	销售额	茶叶产量	茶园面积	加工能力	品牌
腾冲县高黎贡山茶业有限责任公司	9 579	2 930	4 000	3 000	高黎贡山
云南腾冲清凉山茶厂有限责任公司	7 326	2 035	5 333	3 000	清凉山
腾冲县云丽江山茶业有限责任公司	4 695	998	2 333	2 000	云丽江山
隆阳区凤溪茶厂	3 200	1 200	2 800	1 000	凤溪玉叶
昌宁县雪兰茶厂	2 520	260	1 333	1 000	雪兰
昌宁县稳隆茶叶公司	2 200	800	1 500	1 000	稳隆
龙陵县民丰茶叶专业合作社	2 083.2	1 860	2000	2 000	
龙陵县振兴茶厂	1 464	1 126	2 667	2 000	顺国
昌宁县尼诺茶叶公司	1 464	300	2 000	1 500	尼诺
昌宁县华龙公司	1 170	629	2 000	1 000	华龙
施甸县万兴茶叶有限责任公司	1 100	250	2 060	1 000	万兴
昌宁县勐鑫茶厂	936	312	2 667	2 000	鑫言、阿露山

注：本表以销售额为序。

茶叶消费

2011年茶叶生产以绿茶为主，红茶、普洱茶次之。茶叶销售以国内市场为主，出口为辅。国内主要市场为华南、东北、西北和华北茶叶市场。茶叶出口以红茶为主，红茶主要出口到缅甸、泰国和俄罗斯，出口价格与国际市场接轨，相对较低。普洱茶主要出口国家为韩国、马来西亚、日本，主要贸易地区为中国台湾和中国香港，出口价格一般，平均价33元/千克。市场营销体系由企业根据各自情况自行策划建立，主要销售模式有连锁、加盟、代理和在目标市场设立销售公司、办事处，以及网上销售等多种形式。

2011年先后组织茶叶企业到北京、上海、重庆、中国香港等地进行茶叶产品宣传推介，进一步提高保山市茶叶市场占有率。第六届茶博会上，组织了10家茶叶企业300多个花色品种参展，累计展销茶叶20吨，现场销售额达150多万元；通过云南省茶叶办公室和茶业协会组织专家评选，有5家企业的7个产品在茶博会期间获得1个金奖、2个银奖、2个铜奖、2个优秀奖。

地方特色

高黎贡山普洱茶　高黎贡山普洱茶采集于国家级自然保护区——高黎贡山山麓，以树龄在200多年以上的云南大叶种一芽二、三叶为原料，经过手工晒青，再加上普洱茶的特殊工艺制作而成。高黎贡山最高海拔为5 128米，高黎贡山茶生长在海拔1 800～3 800米之间。茶区土壤为火山灰土，有机质含量高，茶叶生长周期长，成熟期晚，茶叶内含物质比较丰富，所以高黎贡山得天独厚的气候条件，造就了高黎贡山普洱茶生茶汤色明亮、清香四溢，滋味醇厚回甘，熟茶汤色红浓透亮、陈香四溢、口感甘滑、滋味浓醇，回甘持久等特点。2011年8月12日，在香港云香杯普洱茶国际茶展中高黎贡山普洱生茶荣获金奖，普洱熟茶荣获银奖。

腾冲县高黎贡山生态茶业有限责任公司　该公司是一家集茶叶栽培、加工、销售、技术研发为一体的省级重点龙头企业，2011年排名中国茶叶行业百强第42位。

（杨　旭）

临 沧 市

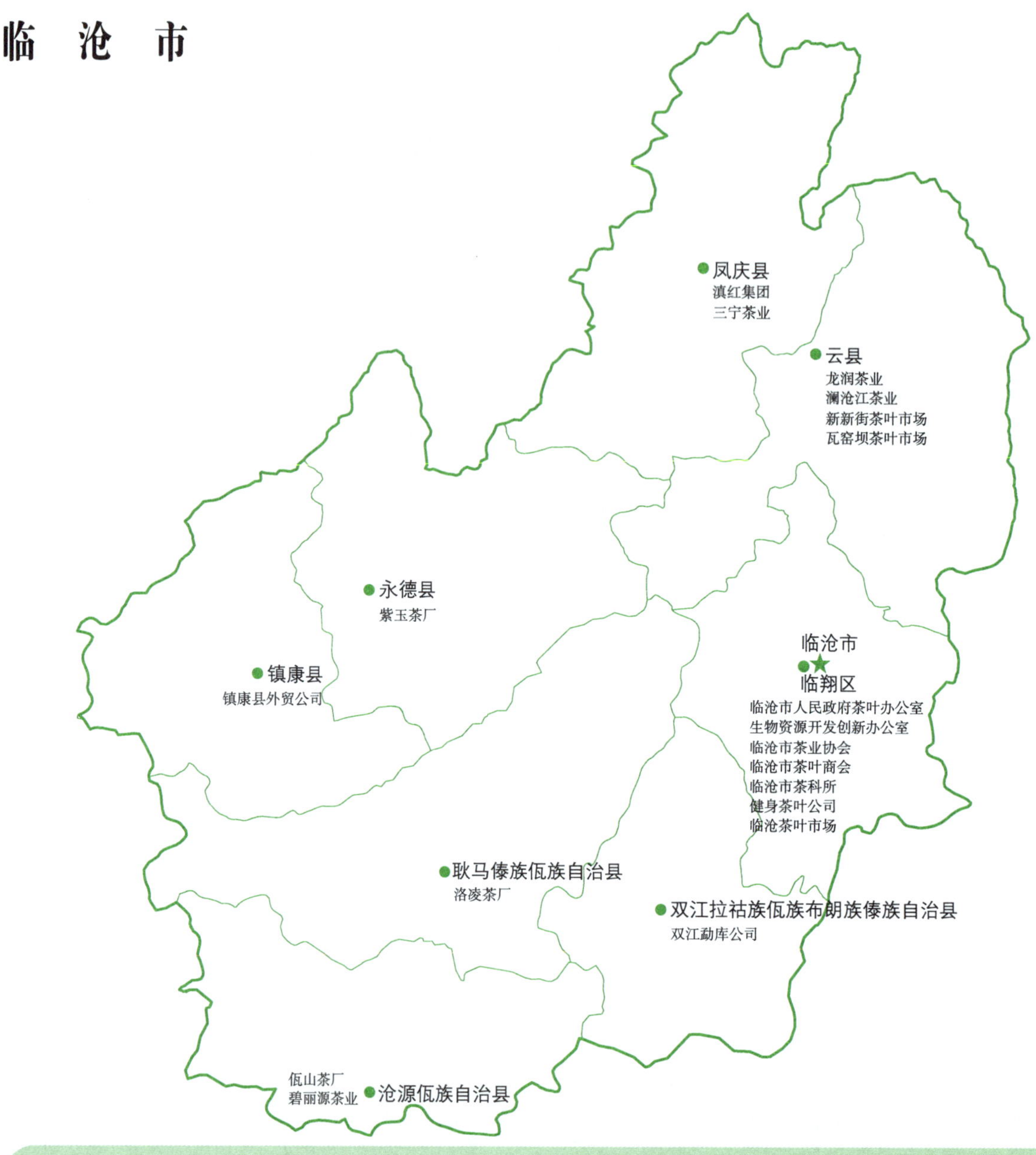

云南省临沧市是世界茶树和茶文化起源中心，是最早发现和利用茶叶的地区，是世界著名的滇红之乡，是驰名中外的滇红茶、普洱茶、蒸青绿茶原产地，是云南省最大的茶叶生产基地，是中国佤文化荟萃之地。有历史悠久的茶马古道，精彩纷呈的民族茶礼、茶俗、茶艺，得天独厚的生产有机茶和无公害茶的生态环境条件，具有种类齐全、品类丰富的茶叶产品和加工技术，在世界茶产业发展历史中具有不可替代的地位和作用。

临沧市茶业基本情况

项　目	单位	2011 年	项　目	单位	2011 年
毛茶产值	亿元	10.6	茶农户数	万户	36
茶园面积	万公顷	8.59	毛茶平均价格	元/千克	16.16
茶叶产量	万吨	6.6	企业数（通过 QS 认证）	个	146
精制茶产量	万吨	3.9	行业销售额	亿元	15
茶叶年加工能力	万吨	7	城镇居民茶叶消费	千克/人	3

产业政策

1. **发展思路** 以科学发展为主题，转变茶叶产业发展方式为主线，抓住新一轮西部大开发和桥头堡建设两大机遇，紧紧围绕“两强一堡”战略目标，抓住茶叶产业整合和产业升级战略机遇，深入贯彻落实科学发展观，以市场为导向，以提升产业竞争力为核心，以茶叶深加工和跨界开发为重点，打牢基础，强化优势，打造品牌，创新茶叶产业发展方式，推进茶叶产业规模化、机械化、组织化、标准化和国际化，全面提升茶叶产业效益和国际国内竞争力。

2. **产业定位** 把临沧打造成全球一流的优质红茶生产基地、茶叶深加工基地和国际茶叶交易中心，成为世界闻名的红茶之都和天下茶仓。

3. **发展目标** 到2015年，全市完成中低产茶园改造4万公顷，茶园面积达到8.67万公顷，茶叶产量达到10万吨，茶叶工农业产值达到50亿元，其中农业产值20亿元，工业产值30亿元。

到2020年，在茶园面积相对稳定的前提下，茶叶产量达到15万吨，茶叶工农业产值达到100亿元，其中农业产值40亿元，工业产值60亿元。

4. **重点工作**

(1) 改造4万公顷中低产茶园。把茶园平均单产从2011年的714千克/公顷提高到1 500千克/公顷以上，2015年全市茶叶产量达到10万吨，2020年达到15万吨，相当于再建8.67万公顷茶园。

(2) 培育龙头企业。以云南滇红集团股份有限公司、云南澜沧江茶业有限责任公司、双江勐库茶叶有限责任公司、云南碧丽源茶业有限公司、耿马洛凌茶厂、云南白药凤庆茶厂等企业为重点，打造中国一流的红茶生产企业。以双江勐库茶叶有限责任公司为重点，打造中国一流的普洱茶生产企业。以云南澜沧江茶业有限责任公司为重点，打造中国一流的绿茶及原味茶饮料企业。通过引进外来企业和培育本土企业，打造中国一流的茶粉生产企业和茶籽综合加工企业。

(3) 建设中国红茶产业园（滇红生态产业园）。中国红茶产业园是中国和世界上唯一的以茶叶为专题的产业园，立足全球化、国际化的思路，高起点、标准建设。旨在利用全球茶叶生产资源、市场资源和国际资本，以优质红茶生产、茶叶深加工和产品跨界开发为重点，建成全球规模最大的茶叶产业园，实现全球采购，临沧制造，全球销售，打造红茶全产业链。园区具备加工、仓储、物流、咨询服务、企业孵化培育、文化旅游、会展等综合功能。以中国红茶产业园为产品开发创新平台、科技创新平台和融资平台，推动全市茶叶深加工、茶籽综合利用和产品跨界开发，实现速溶茶粉、超细微茶粉、固体奶茶、液体茶，以及茶黄素、儿茶素、茶多糖、茶氨酸等功能产品，茶籽油、茶皂素等茶籽综合利用产品，含茶家用护理产品、休闲食品、功能食品等跨界产品的规模化生产，把临沧打造全球最重要的茶叶深加工基地。

(4) 以建设中国红茶研究院和国家红茶监督检验测试中心建设为重点，在打造红茶产业技术竞争优势上取得新突破。

(5) 推进与联合利华公司战略合作，推进茶叶产业国际化。实现联合利华公司在临沧的采购量2015年达到3万吨目标。

(6) 大力开拓国际国内市场。逐步实现临沧茶全球采购和全球销售。

(7) 以地理标志产品保护和中国驰名商标申报为重点，打造临沧茶品牌。计划“十二五”期间，完成滇红茶地理标志产品保护申报工作，各县区结合实际，开展耿马蒸酶茶、冰岛茶、昔归茶等地方名茶地理标志产品保护及证明商标申报，全面推进区域性公用品牌打造工作。以凤牌、王子冠、勐库、澜沧江为重点，按照中国驰名商标的生成条件和程序，采取可行措施，打造中国驰名商标。大力宣传、推广红茶之都和天下茶仓，不断提升市场价值。

(8) 推进茶叶深加工、综合利用和跨界开发。延伸和拓宽产业链，提升产业市场价值，提升产品附加值。

(9) 创新产业融资方式，支持龙头茶叶企业上市，推进民生银行等金融机构合作，实现茶叶产业资本市场化、国际化。大力支持云南滇红集团股份有限公司按计划IPO融资上市，帮助解决上市过程遇到的困难和问题。鼓励和支持碧丽源（云南）有限公司、澜沧江茶业有限公司、双江勐库茶业有限责任公司、云南白药凤庆茶厂有限公司等龙头企业，推进与民生银行等金融机构合作，利用风险投资基金和成长基金，启动上市融资策划工作。运用现代融资工具和手段，广泛开展项目融资、设备融资等多种形式融资。金融部门要创新方式，简化手续，试行订单贷款、销售凭证贷款、库存产品质押、林权证质押贷款方式，扩大茶叶企业融资渠道。

(10) 挖掘创新茶文化，在茶文化建设上取得新突破。发扬中华茶文化精神，吸收世界先进茶文化精华，面向世界、面向未来、面向青少年，打造具有临沧特色和强大渗透力的产业文化、产品文化、消费文化和企业文化，不断提升产业茶文化竞争力，为产业发展提供强大文化动力支撑。重点推进红茶文化创新，把红茶文化打造成健康文化、时尚文化和潮流文化，引领红茶消费。采取多种手段，营造浓郁茶文化氛围，打造红茶临沧，文化临沧。

茶叶生产

2011年底全市茶园面积8.59万公顷，较上年增长0.3%。其中采摘面积6.97万公顷，较上年增长5.6%，无性系高优生态茶园面积3.09万公顷，较上年增长1.1%，有机茶园面积0.79万公顷，较上年增长8.2%，实行机械修剪、采摘、除草面积 0.65 万公顷。

茶叶产量 6.6 万吨，较上年增长 11.9%。精制茶产量 3.9 万吨，较上年增长 11.4%。毛茶分类产量为：红毛茶 2.2 万吨，占毛茶产量的 33.3%，其中工夫红毛茶 1.4 万吨，CTC 红碎茶 0.8 万吨，晒青毛茶 3.5 万吨，蒸烘青绿茶产量 0.9 万吨。精制茶分类产量为：红茶 1.9 万吨，其中 CTC 红碎茶 0.9 万吨，工夫红茶 1.0 万吨。普洱茶 1.5 万吨，蒸烘青绿茶 0.5 万吨。

液体茶 2 万吨，茶籽油 0.2 万吨，茶酒 0.3 万吨，速溶茶粉 100 吨。滇红茶 2.2 万吨，占云南省红茶产量的 80%，占中国红茶产量的 25%，占世界红茶产量 0.8%。晒青茶——普洱茶生产原料 3.5 万吨，名列全省第一位，约占全省 50%。普洱茶产量 1.5 万吨，名列第 2 位（西双版纳 1.9 万吨、普洱市 1.2 万吨）。

茶叶产业综合产值 24.6 亿元，较上年增长 27.2%。其中农业产值 10.6 亿元，较上年增长 23.3%。工业产值 12.8 亿元，较上年增长 30.6%。第三产业产值 1.2 亿元，较上年增长 20.1%。茶农人均茶叶收入 650.3 元，较上年增长 23.3%。

鲜叶平均价 3.59 元/千克，较上年增长 10.6%。毛茶平均价 16.16 元/千克，较上年增长 7.8%。精制茶平均价 32.93 元/千克，较上年增长 17.6%。

临沧市茶叶主产县

单位：吨、公顷

县（县级市）	茶叶产量	茶叶面积	品　种	主要品牌
凤庆县	21 160	20 071	云抗 10 号、清水 3 号、香归银毫、凤庆 9 号	凤牌、王子冠、中国滇红第一村、三宁、金峰悠茗、凤勋、凤发等
云县	9 038	11 139	云抗 10 号、清水 3 号、香归银毫	澜沧江、国汉、刘家坡、嘉茗、沁园春
耿马傣族佤族自治县	8 484	6 527	云抗 10 号、清水 3 号、香归银毫	回味、洛凌
永德县	7 252	11 665	云抗 10 号、清水 3 号、云抗 14、勐库大叶种、凤庆大叶种	紫玉、永镇、路叶春、梅子箐、兰庭春、银竹、雄峰、木叶醇
临翔区	6 550	14 583	云抗 10 号、清水 3 号、香归银毫、佛香 3 号	临茶印象、银毫、古树、普粹、
双江拉祜族佤族布朗族傣族自治县	5 828	8 304	云抗 10 号、勐库大叶种、清水 3 号、香归银毫、雪芽 100、长叶白毫	勐库、丰华、文化经典、芜名、勐康、
沧源佤族自治县	4 500	8 533	云抗 10 号、清水 3 号、香归银毫、软枝乌龙	石佛洞、佤山印象、安东山、西代勐、碧丽源
镇康县	2 825	5 069	云抗 10 号、清水 3 号、	玉鲜、双燕

注：本表以茶叶产量为序。

茶叶加工

2011 年年生产能力 7 万吨，产业工人近万人。其中，10 户企业有自营出口权，规模以上的企业有 19 户，占全市重点企业 78 户的 24.36%，列入省级农业产业化重点企业 9 户，占全市的 77.78%。2011 年全市茶叶企业共收购加工精制茶 3.9 万吨，实现工业产值 12.8 亿元，全市有茶叶初制所 857 所，获生产许可证茶叶加工企业 146 户，其中红茶生产企业 85 户，CTC 茶生产线 30 条。绿茶生产企业 58 户，普洱茶生产企业 100 户，乌龙茶生产企业 2 户，花茶、液体茶、速溶茶、茶酒、茶籽油生产企业各 1 户。专业茶叶交易市场 5 个，茶叶专卖店 183 个，茶馆 70 个。有机茶生产企业 33 户，出口食品生产卫生注册企业 14 户，ISO9000 质量管理体系认证企业 20 户，ISO14000 环境管理体系认证企业 7 户，HACCP 认证企业 20 户。2011 年全市自营出口茶叶1 224吨，实现茶叶出口退税 268 万元，实现茶叶增值税1 617万元。

临沧市主要茶叶加工企业

单位：万元、吨、公顷、吨/年

公司名称	销售额	茶叶产量	茶园面积	加工能力	品　牌
云南滇红集团股份有限公司	18 000	5 500	2 000	10 000	凤、王子冠
云南双江勐库茶叶有限责任公司	10 700	1 000	5 000	5 000	勐库
凤庆县三宁茶业有限责任公司	6 015	2 005	33	3 000	三宁
云南临沧澜沧江茶业有限公司	4 552	1 500	1 320	3 000	澜沧江
临沧龙润茶业集团公司	4 000	1 200	500	500	龙润
云南耿马勐撒国营洛凌茶厂	3 800	1 900	440	2 000	洛凌
凤庆稳隆茶叶有限责任公司	3 200	1 600	200	2 000	稳隆
镇康县外贸有限公司	3 030	505	200	800	双燕
永德县紫玉茶厂	2 856	408	64	200	紫玉
碧丽源沧源茶业有限公司沧源县茶厂	2 700	1 800	4 330	2 000	碧丽源
临沧市健身茶叶有限公司	2 128	304	500	200	健身
云南省沧源佤山茶厂	1 668	556	229	700	佤山映像

注：本表以销售额为序。

茶叶市场

临沧市主要茶叶贸易及出口企业

单位：万元、吨

公司名称	销售额	交易量	出口量
云南滇红集团股份有限公司	18 000	5 500	660
澜沧江茶业有限公司	4 552	1 500	120
云南耿马勐撒国营洛凌茶厂	3 800	1 900	227
碧丽源沧源县茶叶公司	2 700	1 800	300
沧源佤山茶厂	1 668	556	56

注：本表以销售额为序。

临沧市主要茶叶批发市场

单位：吨、亿元、平方米

公司名称	交易量	交易额	市场面积
临沧茶叶市场	40 000	7.5	5 000
新新街茶叶市场	16 000	3.4	6 000

注：本表以交易量为序。

临沧市知名茶馆

单位：平方米

名 称	营业面积
临沧市汀品茶楼	1 500
蒲门茶楼	1 200
诚玥茶楼	400
虞璟茶楼	300
清凉天地	300

注：本表以营业面积为序。

大事记

4 月 22～25 日，临沧市政府组团参加第五届中国云南普洱茶国际博览交易会，以临沧市委常委、副市长杨军为团长的临沧展团共组织了 29 户茶叶企业参展。展会期间临沧展团参加了茶叶博览交易、主产州（市）茶叶产业专场活动、2011 年云茶杯名优茶评比等系列活动。历时 4 天的展销活动中，现场销售茶叶 50 吨，直接成交额 424 万元，签订意向协议1 800吨，金额4 350万元，在云茶杯名优茶评比中，临沧市共有 13 户企业参加评选，囊括了 42 个奖项中的 21 个，成为参评州（市）中获奖最多的一家。茶叶企业以茶博会为平台，积极与客商沟通交流，努力扩大市场，在品牌打造，渠道建设和维护客户忠诚度上取得较好效果。

5 月 17 日，与联合利华公司在临沧签署了《中国云南省临沧市人民政府与联合利华（中国）有限公司合作谅解备忘录》，明确了联合利华公司到 2015 年从临沧采购 2 万～3 万吨 CTC 红茶的合作目标。滇红茶业集团公司、云县澜沧江茶业有限公司、龙润茶业有限公司、沧源碧丽源茶业有限公司 4 户企业为联合利华第一批重点合作企业。

认真落实滇企入临发展战略，与云南白药集团的合作取得了实质性进展，已促成企业落地凤庆县，云南省凤庆茶厂有限公司五家坡分厂通过改造已经投产，并推出了红瑞徕品牌。

完成了“十二五”茶叶产业发展规划，拟定了《关于加快茶叶产业发展的意见》、《临沧市人民政府关于做好中低产茶园改造工作的通知》、《依靠科技创新振兴红茶产业实施方案》（包括了组建成立中国红茶研究院建议方案）等政策性文稿，明确了今后 5 年茶叶产业发展的思路、目标和主要措施，对一些重点工作、重大工作和单项性工作作了安排，为做强做大茶叶产业提供了政策支撑。

中国红茶产业园是中国和世界上唯一的以茶叶为专题的产业园，立足全球化、国际化的思路，高起点、标准建设。园区具备加工、仓储、物流、咨询服务、企业孵化培育、文化旅游、会展等综合功能。已通过省工信委的审查备案，明确为省级工业园区，入驻企业 17 户，其中制茶企业 12 户，年生产加工能力达 4.5 万吨，其中 4 户企业已建成投产。

为规范红茶生产，提高品质，确保红茶生产优势，根据省质量技术监督局的安排部署和市政府的要求，由临沧市茶叶办公室牵头组织开展滇红茶生产综合标准编制工作，已完成《滇红茶》、《滇红茶产地环境条件》、《滇红茶生产技术规程》、《滇红茶加工技术规程》等 4 个单项标准文本的编制修订和实物标准样检测，并已上报省质监局等待审定。

9 月 1～5 日，临沧市政府组团参加首届中国——亚欧博览会，是临沧市首次组团试水亚欧市场国际会展。历时 5 天的亚欧博览会，集中签约内联项目 178 个，总投资额1 850.56亿元，创出新疆会展史上新高，在国家级展会中名列前茅。按照云南省商务厅统一部署，临沧展团重点参加茶叶产品展览交易、第 20 届中国昆明进出口商品交易会推介会、上海合作组织商务日等活动。通过开展茶叶交易，充分宣传推介临沧茶业，参展企业发展经销商，收获巨大。新疆茶叶市场潜力巨大，辐射范围广，是待开发的处女地。

10 月 21～23 日，临沧市组团参加了国际茶业大会暨茶产品交易会，参加研讨大会、茶产品交易、考察学习活动。此次参展达到宣传推介临沧茶业，扩大临沧茶业影响，积极开展茶叶产品推介，努力拓展市场营销，进一步了解国内外茶叶产业发展信息，把握产业发展趋势。

（临沧市茶叶办公室　刁有兰）

1月

1日 湖北省地方标准《茶园机械化生产技术规程》(标准代号：DB42/T655—2010）开始实施。该标准由宜昌市农业机械技术推广站负责起草，从茶园机械化作业条件、机械耕整、机械施肥、机械防治病虫害、机械灌溉、机械修剪、机械采摘等方面规范了茶园机械化生产技术。

8日 经湖南省民政厅批准，湖南省收藏协会黑茶专业委员会在长沙挂牌成立。省茶业协会会长曹文成、省茶叶学会理事长刘仲华、省收藏协会会长张一兵等出席了成立大会。

3月

1日 阿根廷政策、法规和机构管理局与阿根廷农牧渔业部发布联合决议，修订了阿根廷食品法典第1181条关于茶叶的分类和定义部分。

定义：茶仅指使用茶树属的嫩芽、幼叶、叶柄和嫩茎，经一定工艺加工得到的产品。

分类：

● 茶或黑茶：通过萎凋、揉捻、发酵、干燥等工艺制得的产品；

● 绿茶：通过加热、揉捻、干燥，而不经任何发酵过程制得的产品；

● 乌龙茶：通过日光萎凋、晾青、炒青、揉捻、干燥制得的产品；

● 红茶：通过晾青、加热、揉捻、干燥、后发酵制得的产品。

4月

29～30日，由于对宋代修水县江西诗派创始人、大书法家黄庭坚及双井茶的仰慕，日本亚洲文化国际交流会会长、日本中国茶文化国际检定会会长棚桥篁峰一行9人到该县考察茶叶产业、交流茶文化。修水县县委常委、农工部长贺观群，副县长付建顺及县政协副主席程定梅陪同考察。

5月

17日 厦门进出口检验检疫局在全国率先实施出口茶叶分类管理。以此鼓励和引导企业增强质量主体责任意识，不断提高自身软、硬件水平。

分类管理是以企业的产品质量保障能力为基础，综合评价企业类别、贸易国法规要求等要素后，实行的差异化管理。该办法通过对生产加工企业的基本条件、人员条件、安全卫生控制、自检自控能力、产品的安全卫生质量等因素的综合分析，将出口茶叶生产加工企业分成A、B、C三类；根据贸易国或地区对茶叶安全卫生要求的高低、敏感程度和关注点的不同，将茶叶的贸易国或地区分敏感和非敏感两类。综合评价企业类别和贸易国或地区的敏感度，对出口茶叶实施一、二、三、四类管理。

目前，厦门检区确定A类企业2家、B类企业6家、C类企业3家。获得A类企业的是厦门茶叶进出口有限公司和厦门健民食品有限公司，这两家的出口量总和约占整个辖区的三分之一。A类企业不仅将降低抽检频率，提高产品的通关速度，还将大大降低企业出口成本。

检验检疫部门将通过检验监管模式的创新，把注重最终产品的批批检验方式转向控制安全卫生为重点，以抓原料控制和生产加工过程管理为主的检验监管模式，提升出口茶叶检验监管工作的针对性、有效性和科学性。

18日 由湖州方路茶业有限公司生产的一批15吨、货值16.38万美元的速溶茶经湖州检验检疫局检验合格后，顺利出口哈萨克斯坦，这是湖州地区首次出口速溶茶产品。

19日 在黑茶之源——湖南黑茶欧洲行的第5站乌克兰首都基辅隆重召开推介会。湖南省委常委、省政府秘书长杨泰波先生出席推介会，向乌克兰各界领导和友人隆重推荐了湖南黑茶悠久历史的文化和优异健康的功效。出席此次会议的还有中国驻乌克兰大使馆商务参赞处秘书赵彦军、乌克兰工商会主席瓦西西礼等中乌两国工商界人士。会议中，与会人员共同见证了白沙溪茶厂有限责任公司董事长周重旺与英尼克斯茶业有限公司签订了湖南黑茶双方合作协议。

6月

3～6日 中国中山春季茶业博览会在中山博览中心举行。本届活动以科学环保无公害，和谐健康茶文化，打造中山本土优质品牌，创建幸福中山，和美茶业家园为主题。本届茶博会有近300多家客商参加，云集了广东、湖南、云南、福建等地的知名茶种。

6～8日 由中国农业科学院茶叶研究所、广元市人民政府联合主办的茶·有机·低碳国际学术研讨会在四川广元举行。来自联合国粮农组织、商品共同基金、国际有机农业运动联合会的专业人士，13个国家的国际著名低碳、有机茶业管理研究专家和国内13个省的190余名专家、企业家云集广元，围绕“有机、低碳茶业发展理念，生产、加工、营销等前沿技术”等内容进行了深层次研讨、交流。

8日 湖南省茶叶研究所茶叶人才培训中心、湖南省茶业协会、湖南省茶叶学会联合主办的国家茶产业技术体系湖南高级管理人才研讨班正式开班，为期两周。在开班仪式上，湖南省茶业协会会长曹文成、湖南省茶叶学会理事长、湖南农业大学教授刘仲华，湖南省农业科学院纪委书记刘文珠等领导出席会议并讲话。湖南省部分茶叶企业负责人等参加了会议。

27 日 四川峨眉山市发布了《旅游服务业标准体系评价准则》、《茶文化旅游景区（点）服务规范》、《佛文化旅游景区（点）服务规范》、《非星级饭店服务质量要求》4 项旅游地方标准。

7 月

17 日 湖北省农业厅组织省内外科研、教学、农业、流通等方面的知名茶叶专家组成评审论证委员会，对武汉市林业局和武汉市黄鹤楼茶叶有限公司申报的黄鹤楼茶打造湖北生态名茶品牌进行了评审和论证。经过专家评审论证委员会认真评审和充分讨论，一致同意推荐认定黄鹤楼茶为湖北生态名茶。根据专家评审论证委员会的意见，经厅长办公会研究，同意认定黄鹤楼茶为湖北生态名茶。

28 日 韩国茶文化协会忠清北道支部长、忠清北道传统文化协会理事长朴淑姬，代表理事（董事长）鲁明国，韩国茶文化协会雅山支部长金泰任等一行 12 人专程莅临益阳茶厂进行茶文化友好交流。益阳茶厂总经理崔胜伏及总经理室成员陪同代表团参观了茯茶清洁化自动控制生产线、金花酵库、陈列室、审评室和实验室。

8 月

26 日 “十二五”期间，湖北省兴山县规划突破性发展白茶，每年新建白茶基地 400 公顷以上，全县白茶种植规模达到 0.2 万公顷以上，形成湖北省最大的百公顷连片白茶种植基地。在国家农业部，湖北省农业厅的大力支持下，兴山县申报的白茶良种繁育及生产示范基地项目被纳入 2012 年国家农业综合开发项目重点支持，8 月 26 日通过了省农业厅专家组评审。

26 日 在益阳市民族团结进步表彰大会上，益阳茶厂荣获益阳市“民族团结进步先进集体”称号。此次评选表彰对象主要是 2003 年以来在民族团结进步事业中作出重要贡献的先进集体和先进个人，其中评选先进集体 20 个，先进个人 32 名。

9 月

9～11 日 华侨茶业发展研究基金会执行理事长、全国总工会原书记处书记李永安，名誉理事长、国家工商总局原副局长韩新民，副理事长、长江三峡工程总公司原副总经理袁国林，副理事长兼秘书长邵曙光等一行 4 人，深入三峡库区兴山县考察茶叶产业发展。

14 日 中国长江三峡集团公司和华侨茶业发展研究基金会牵头成立三峡库区茶叶升级改造专业基金，与兴山县省级农业龙头企业——湖北昭君生态农业有限公司合作开发三峡红高端红茶，大胆探索高端红茶基地改造、加工设备引进、技术培训和推广、市场营销与品牌建设，促进库区移民安稳致富，引领库区茶叶产业蓬勃发展。

28 日 欧盟宣布，从 10 月 1 日起，对我国出口茶叶采取新的进境口岸检验措施，要求所有从中国进口的茶叶必须通过欧盟指定口岸进入；所有货物必须有常规入境文件才被允许进入指定口岸；对 10%的货物进行农药检测，如果该批货物被抽中，则要实施 100%抽样检测。此次欧盟抽样检测的农药残留项目指标也有所提高，噻嗪酮、吡虫啉、三唑磷等主要农药残留限量标准都更加严格。

10 月

10 日 湖北省茶叶产业科技创新工作座谈会在宜昌市举行，萧氏、采花毛尖等龙头企业、部分专业合作社与华中农业大学、湖北省农业科学院等科研院所签订了湖北省茶叶产业技术创新联盟协议，湖北茶叶“联合舰队”正式起航。省科技厅副厅长张震龙、副市长张永红等出席会议。

18 日 《安化黑茶故事绘》由国家一级作家、湖南省文史馆馆员廖静仁编著，刘新安任总监制，中华图书出版社出版。《安化黑茶故事绘》作为安化黑茶文化唯一的民间故事读本，目的是还原安化黑茶的由来、制作及街坊民间与此有关的生动传说，溯源安化悠久的历史文脉，为消费者在品茗论道时提供几许风雅的浪漫元素。

11 月

8 日 由五峰天健植物制品有限公司研发的富硒茶多酚生态胶囊正式投产上市。该项目投资 600 多万元，依托湖南农业大学国家植物功能成分工程技术研究中心的技术力量和五峰丰富的植物资源优势，利用低档茶叶或茶叶加工的碎料来生产高附加值茶多酚。

12 日 福建农林大学安溪茶学院在中国乌龙茶之乡福建省安溪县奠基。福建农林大学安溪茶学院是中国目前投资建设的首家茶学本科院校，总投资 5 亿元人民币，学院选址安溪城区参洋片区，占地 80 公顷，计划建筑面积 20 万平方米。

29 日 国家工商总局商标局向社会公布了新近认定的 2011 年中国驰名商标名单，这是 2011 年公布的第二批中国驰名商标。其中国家工商总局商标局在商标管理案件中认定的驰名商标 350 件，安化黑茶地理标志证明商标名列其中。

29 日 绿色中国·2011 环保成就奖当晚在香港颁奖，白沙溪黑茶荣获杰出绿色健康食品称号，这是湖南省黑茶赢得的最高环保奖项。

29 日 岳阳做实中国黄茶之乡的标志性项目——君山银针黄茶产业园正式启动建设。湖南省人大常委会副主任蔡力峰出席启动仪式。

12 月

2 日 第三届湖南茶叶博览会在湖南省展览馆开幕。

湖南省委常委、省委统战部部长李微微，省人大常委会副主任蒋作斌，老同志刘夫生、唐之享、董志文、罗海藩、阳宝华、黄明开，省佛教协会会长圣辉等参加开幕式。湖南茶业十大杰出人物、十佳诚信企业、十强乡镇在开幕式上受到表彰。本届茶博会展览面积达10 000多平方米，有省内外1 000多家茶业企业、10 000多种产品参展。

8 日 8 日下午，湖北省商务厅、湖北省农业厅和湖北出入境检验检疫局共同为宣恩县农产品质量安全示范区授牌，宣恩县成为首个湖北省出口茶叶质量安全示范区。

15 日 2011 年湖南省茶叶学会学术年会在石门县召开。会议由湖南省茶叶学会副理事长、湖南省茶叶研究所所长包小村主持。湖南省茶叶学会理事长刘仲华致辞。中共石门县委副书记、县长杨琦明致欢迎辞。

17 日 湖南高桥大市场茶叶城正式投入使用，原湖南省人民政府副省长、省人大常委会副主任周时昌，中国食品土畜进出口商会秘书长闫国兴，湖南省茶业协会会长曹文成等领导出席开业庆典。高桥大市场茶叶城投入近 2 亿元，占地面积约 13.33 公顷，营业面积80 000多平方米，是目前中南地区最大的茶产品集散地和茶文化交流中心。

27 日 中华茶祖文化的“一号工程”——投资 20 亿元的中华茶祖文化产业园在茶陵开工建设，力求 5 年内打造一个集茶叶生产、贸易、茶文化、茶旅游于一体的全国最大茶产业综合基地。

第五批农业产业化国家重点龙头企业茶叶企业名单

安徽天方茶业（集团）有限公司
黄山市松萝有机茶叶开发有限公司
漳州天福茶业有限公司
福建八马茶业有限公司
福建春伦茶业集团有限公司
河南信阳五云茶叶（集团）有限公司
湖北龙王垭茶业有限公司
广西凌云浪伏茶业有限公司
峨眉山仙芝竹尖茶业有限责任公司
四川巴山雀舌名茶实业有限公司
四川省花秋茶业有限公司
贵州省湄潭县栗香茶业有限公司
贵州湄潭盛兴茶业有限公司
贵州经典云雾茶业有限责任公司
云南龙润茶业集团有限公司
勐海茶业有限责任公司
陕西苍山茶业有限责任公司

2011年通过中国驰名商标认定的茶叶企业

商　　标	注册人/所有人	类别及使用商品/服务
安化黑茶及图	安化县茶叶协会	第30类：茶叶
湄潭翠芽	贵州省湄潭县茶业协会	第30类：茶叶
三杯香及图	泰顺县茶业协会	第30类：茶叶
万里江及图	青岛万里江茶业有限公司	第30类：茶叶
武夷星 WUYISTAR 及图	武夷星茶业有限公司	第30类：茶叶
崟露及图	福建敖峰闽榕茶业有限公司	第30类：茶叶

评选机构：中华人民共和国国家工商行政管理总局商标局（按评选公布以时间先后顺序排列）。

中国已注册和初步审定地理标志商标名录（截至2011.12.31）（一）

序号	省地	商标名称	注册人	注册号	商品
212	江苏	斗山太湖翠竹	无锡市锡山区锡北镇茶业协会	5558672	茶叶
213	江苏	洞庭山碧螺春	苏州市吴中区洞庭（山）碧螺春茶业协会	1163958	茶叶
217	江苏	金坛雀舌	金坛市茶叶协会	5508967	茶叶
223	江苏	连云港云雾茶	连云港市新浦区茶叶产业协会	7830980	茶
230	浙江	龙井茶	浙江省农业厅经济作物管理局	5612284	茶
231	浙江	径山茶	杭州市余杭区径山茶业管理协会	2016451	茶
234	浙江	桐庐雪水云绿茶	桐庐县雪水云绿茶产业协会	6193691	茶
238	浙江	天目青顶	临安市茶叶产业协会	7254181	茶
241	浙江	千岛玉叶	淳安县茶叶行业协会	7503765	茶
242	浙江	千岛玉叶	淳安县茶叶行业协会	9527432	茶
243	浙江	千岛玉叶	淳安县茶叶行业协会	9527433	茶
244	浙江	建德苞茶	建德市质量计量监测中心	6545284	茶
245	浙江	西湖龙井	杭州市西湖区龙井茶产业协会	9129815	茶叶
246	浙江	余姚瀑布仙茗	余姚市余姚瀑布仙茗协会	1794582	茶
274	浙江	临海蟠毫	临海市特产技术推广总站	1739891	茶
287	浙江	天台山云雾茶	天台县特产技术推广站	8428535	茶
288	浙江	安吉白茶	安吉县农业局茶叶站	1511897	茶
289	浙江	莫干黄芽	德清县莫干山镇农业综合服务中心	6740365	茶
293	浙江	桐乡杭白菊	杭白菊原产地域产品保护办公室	3729657	菊花茶
304	浙江	普陀佛茶	舟山市普陀区茶业协会	4828148	茶
321	浙江	大佛茶	新昌县名茶协会	3293273	茶
325	浙江	嵊州珠茶	嵊州市茶叶产业协会	5604658	茶

中国已注册和初步审定地理标志商标名录（截至 2011. 12. 31）（二）

序号	省地	商标名称	注册人	注册号	商品
339	浙江	磐安云峰	浙江省磐安县茶业协会	5592502	茶
346	浙江	苍南翠龙茶	苍南县农学会	5528372	茶
348	浙江	遂昌菊米	遂昌县菊米产业协会	4428161	菊米（茶叶代用品）
364	浙江	松阳银猴	松阳县茶叶产业协会	9154796	茶
365	浙江	仙都笋峰茶	缙云县茶叶产业协会	9178091	茶
366	浙江	江山绿牡丹茶	江山市经济特产技术推广站	1739896	茶
368	浙江	开化龙顶	开化县特产局（茶叶局）	6626390	茶
379	安徽	六安瓜片	六安市裕安区茶叶产业协会	2016443	茶叶
380	安徽	六安瓜片	六安市裕安区茶叶产业协会	3288308	茶叶
381	安徽	霍山黄芽	霍山县茶叶产业协会	2016488	茶
383	安徽	舒城小兰花	舒城县茶叶产业协会	6087682	茶
387	安徽	岳西翠兰	岳西县茶业协会	5578268	茶叶
389	安徽	太平猴魁	黄山区茶业协会	4908398	茶
390	安徽	祁门红茶	祁门县祁门红茶协会	4292071	茶
392	安徽	休宁松萝	休宁县茶叶行业协会	9865926	茶
395	安徽	滁州贡菊	滁州市南谯区滁菊协会	6752024	茶叶代用品
399	安徽	东至云尖	东至县茶业协会	3246363	茶
402	安徽	九华佛茶	安徽省池州市茶业协会	3437813	茶
404	安徽	泾县兰香茶	泾县茶业协会	9865922	茶
409	福建	福州茉莉花茶	福州市园艺学会	4939090	茶
417	福建	七境茶	罗源县茶叶协会	10226541	茶
418	福建	安溪铁观音	安溪县茶业总公司	1388991	茶叶
419	福建	安溪黄金桂	安溪县茶业总公司	1388992	茶叶
421	福建	永春佛手	永春县茶叶同业公会	6655468	茶
425	福建	永春闽南水仙	永春县茶叶同业公会	6655469	茶
430	福建	武夷山大红袍	武夷山茶叶科学研究所	1687896	茶
431	福建	政和工夫	政和县茶叶技术推广总站	6495869	茶
432	福建	政和白茶	政和县茶叶技术推广总站	6228806	茶
433	福建	松溪绿茶	松溪县茶叶管理总站	6534378	茶
434	福建	正山小种	武夷山市茶叶科学研究所	7430842	茶
435	福建	邵武碎铜茶	邵武市进士茶树良种推广专业合作社	6914478	茶
436	福建	政和工夫	政和县茶叶技术推广总站	7667931	茶
437	福建	政和白茶	政和县茶叶技术推广总站	7667932	茶
439	福建	东峰矮脚乌龙	建瓯市东峰镇科技特派员工作站	9785311	乌龙茶（茶）
441	福建	建阳白茶	建阳市茶业协会	10033173	茶

中国已注册和初步审定地理标志商标名录（截至 2011.12.31）（三）

序号	省地	商标名称	注册人	注册号	商品
450	福建	福鼎大白茶	福鼎市茶业协会	4350700	茶
451	福建	福鼎白毫银针	福鼎市茶业协会	4350696	茶
452	福建	福鼎白琳工夫	福鼎市茶业协会	4350701	茶
453	福建	福鼎白茶	福鼎市茶业协会	6595730	茶
454	福建	坦洋工夫	福安市茶业协会	5379787	茶
455	福建	坦洋工夫	福安市茶业协会	6190797	茶
461	福建	天山绿茶	宁德市蕉城区茶业协会	6888311	茶
465	福建	官司云雾茶	周宁县茶叶协会	8644027	茶
467	福建	寿宁高山乌龙茶	寿宁县茶业协会	9883861	乌龙茶（茶）
470	福建	漳平水仙茶	漳平市茶叶协会	5011405	茶饼
472	福建	武平绿茶	福建省武平县茶叶协会	6524922	茶
486	福建	南靖丹桂	南靖茶商会	5819161	茶
487	福建	南靖铁观音	南靖茶商会	5819162	茶
493	福建	平和白芽奇兰	平和县白芽奇兰茶协会	9813932	茶
503	福建	华安铁观音	华安县茶叶协会	7401817	茶
509	福建	盘陀金萱茶	漳浦县盘陀镇茶叶协会	9642018	茶
531	福建	尤溪绿茶	尤溪县茶叶协会	7741538	茶
540	江西	浮梁茶	浮梁县茶叶协会	4839222	茶
548	江西	资溪白茶	资溪县白茶协会	7212020	茶
554	江西	狗牯脑	遂川县茶业管理办公室	9325857	茶叶
555	江西	永丰茶油	永丰县油茶产业协会	6559961	茶油
556	江西	弋阳多穗石栎	江西省弋阳县农副产品流通协会	5245926	茶
557	江西	婺源绿茶	婺源县茶叶协会	4864293	茶
559	江西	上犹绿茶	上犹县茶叶协会	9026435	茶
561	江西	庐山云雾茶	九江市庐山区茶叶协会	3723943	茶
572	江西	靖安白茶	靖安县白茶协会	6455266	茶
596	山东	崂山茶	青岛崂山茶协会	5143935	茶
598	山东	崂山茶	青岛崂山茶协会	5626863	茶
599	山东	胶南绿茶	胶南市茶叶协会	8075390	茶
647	山东	日照绿茶	日照市东港区茶叶技术协会	2016491	茶
710	山东	博山金银花	博山区金银花产业协会	8249574	金银花
731	山东	诸城绿茶	诸城市茶叶协会	7910252	茶
754	河南	信阳毛尖	信阳市茶叶学会	3047772	茶
756	河南	固始云雾	固始县茶叶协会	5124386	茶
783	湖北	宜都天然富锌茶	宜都市潘家湾土家族乡无公害天然富锌茶叶协会	4686327	茶
791	湖北	五峰绿茶	五峰土家族自治县茶叶专业经济协会	9901302	茶叶

中国已注册和初步审定地理标志商标名录（截至 2011.12.31）（四）

序号	省地	商标名称	注册人	注册号	商品
796	湖北	大悟绿茶	大悟县茶叶产业协会	4237408	茶叶
798	湖北	恩施富硒茶	恩施市茶业协会	4150055	茶
799	湖北	恩施玉露	恩施玉露茶产业协会	6761802	茶
800	湖北	伍家台贡茶	宣恩贡茶产业协会	7892386	茶叶
818	湖北	英山云雾茶	英山云雾茶产业协会	5593543	茶
820	湖北	麻城福白菊	麻城市福白菊产业协会	6256443	菊花茶（茶叶代用品）
830	湖北	襄阳高香茶	襄阳市茶叶协会	9011381	茶
836	湖南	安化茶	安化县茶叶协会	4378207	绿茶
837	湖南	安化黑茶	安化县茶业协会	6006528	茶
838	湖南	安化千两茶	安化县茶业协会	6006529	茶
840	湖南	岳阳银针	岳阳市茶叶协会	4784387	茶
843	湖南	石门银峰	石门县茶叶产业协会	4717767	茶
845	湖南	桃源大叶茶	桃源县茶叶产业协会	6230496	茶叶
847	湖南	古丈毛尖	古丈茶叶发展研究中心	1607997	茶叶
851	湖南	保靖黄金茶	保靖县茶叶产业开发办公室	8532976	茶
866	湖南	隆回金银花	隆回县农业产业化协会	6576019	金银花
902	广东	英德红茶	英德市茶叶发展推广中心	5868390	茶
906	广东	凤凰单丛	潮安县凤凰茶叶专业协会	5365101	茶
922	广西	恭城油茶	恭城瑶族自治县油茶协会	8275158	油茶
936	广西	昭平银杉	昭平县茶叶协会	8051378	茶
977	重庆	秀山金银花	秀山县金银花专业经济协会	7482051	金银花
985	重庆	永川秀芽	永川市茶叶行业协会	5040064	茶
994	重庆	开县龙珠茶	开县龙珠茶叶协会	7761280	茶
1008	重庆	南川大树茶	重庆市南川区经济作物技术推广站	10159900	茶
1038	四川	蒲江雀舌	蒲江雀舌茶业协会	8405589	茶
1061	四川	筠连苦丁茶	筠连县苦丁茶开发办公室	3339332	苦丁茶
1064	四川	屏山炒青	屏山县茶叶协会	4704412	茶
1066	四川	筠连红茶	四川省筠连县农业局茶叶站	7948508	茶
1067	四川	南江金银花	南江县特产协会	3197889	金银花（茶叶代用品）
1069	四川	南江大叶茶	南江县茶叶产业发展中心	7051049	茶
1077	四川	北川茶叶	北川羌族自治县茶叶产业协会	4313676	茶
1078	四川	平武绿茶	平武县农业技术推广中心	6490002	茶
1089	四川	马边绿茶	马边彝族自治县茶叶行业协会	4756250	茶
1102	四川	蒙顶山茶	名山县茶叶协会	3283044	茶

中国已注册和初步审定地理标志商标名录
(截至 2011.12.31)(五)

序号	省地	商标名称	注册人	注册号	商品
1103	四川	蒙顶山茶	名山县茶叶协会	8301975	茶
1104	四川	蒙顶山茶	名山县茶叶协会	8301976	茶
1119	贵州	都匀毛尖	贵州都匀毛尖茶集团有限公司	3214853	茶
1120	贵州	都匀毛尖	贵州都匀毛尖茶集团有限公司	8872040	茶
1121	贵州	湄潭翠芽	贵州省湄潭县茶业协会	4928703	茶
1122	贵州	遵义红	贵州省湄潭县茶业协会	7989698	茶
1125	贵州	正安白茶	贵州省正安县茶业协会	7620458	白茶;茶
1126	贵州	绥阳金银花	绥阳县特色农业发展协会	8758276	金银花(药草)
1128	贵州	凤冈锌硒茶	凤冈县茶叶协会	8585068	茶
1132	贵州	石阡苔茶	石阡县茶业协会	7921997	茶
1143	贵州	晴隆绿茶	晴隆县茶叶产业协会	8685710	茶
1160	云南	普洱茶	云南省普洱茶协会	2016494	茶
1176	云南	云龙绿茶	云龙县农村合作经济经营管理站	7450594	茶
1179	云南	南涧绿茶	南涧彝族自治县茶叶工作站	9351027	茶
1188	云南	凤庆滇红茶	凤庆县茶叶协会	8673556	茶
1199	陕西	紫阳富硒茶	紫阳县茶业协会	2016456	茶
1221	陕西	宁强雀舌	宁强县茶叶产业开发中心	4036404	茶
1222	陕西	午子仙毫	西乡县茶叶协会	5790091	茶

部分茶业企业介绍

泉笙道茶业之“企业之道”

1. 缘起泉笙道，满溪流水香

犹如潺潺溪水环山而绕，带着轻悠的茶香滋润大地。泉笙道茶业始终坚持“中国黑茶文化的发扬者、中国茶器标准的首创者、中国黑茶养生的先行者”之宏愿，经过2006、2007两年的精心筹备，终于在2008年正式成立，并成功孕育出第一片茯砖。同年参加中国国际茶叶博览会，便在会上大放异彩，获得业内人士的一致好评，并一举斩获国际茶业黑茶品质金奖、中国茶业年鉴首选珍藏礼品等殊荣。今日回顾短短5年的发展历程，公司旗下所拥有的禅洱、和藏系列高档茯茶，以及茶器等子品牌早已在业界崭露头角，并有效填补了高档黑茶和中国茶器标准化研究的空白。

2. 5年的高速发展，源自7年的不断积累

泉笙道茶业以“仁智展业、和信惠民、顺是自然”的企业理念，与茶农共建诚信、优质的供销关系，充分配合茶农科学种植、科学加工，并形成一系列安全有效的原料初制保障措施，使得原料供应的品质获得了极大的提升，为公司定位出品高档黑茶打下了坚实的基础；同时，公司大力投资新建厂房，严格把控生产流程，强力打造机械化精制加工设备和创新工艺体系，使得成品茶的综合品质得到进一步提高，从而成功克服了我国黑茶原料生产和成品精加工过程中的两大薄弱环节。随着公司产品线的不断创新、品牌营销体系的不断完善，以及品牌触角的不断延伸，泉笙道茶业现已成为全国黑茶行业的强势品牌。

3. 开启茶器标准化进程，缔造完美煮义

2008年，泉笙道茶业播下了茶器的“种子”，经过一年的精心孕育，就在第二年的春天，泉笙道史上第一款全自动茶饮机的问世，一时间引发了一场黑茶养生，完美煮义的都市茶尚生活风潮，同年也获得了中国茶品牌最具创意茶具设计陆羽奖的殊荣。经过3年精心培育、科技创新，直至2012年秋天，收获的季节让泉笙道品牌充满了力量，拥有两项国家专利的泉笙道茶器研制成功并正式推向市场，这标志着泉笙道茶业从此开启了中国现代茶器制造标准化的进程。茶器精巧、实用、简约、大胆的设计风格极大地填补了我国茶器文化创新性研究上的空白。其巧妙地将置茶、注水、烹煮、调控、虑茶、出汤、保温等一系列繁琐的茶事融为一器，充分实现了全自动化控制煮茶，尤为适宜烹煮湖南黑茶、普洱茶、四川黑茶、湖南青砖等紧压茶；同时，茶器在科学饮茶文化上还做出了卓越的贡献，其巧妙地实现了茶、水分离，并能不间断烹制茶汤，短时间内可满足多人品饮的需求；另外，其自动控制茶汤浓度的功能尤为突出，用户可因个人习惯自行选择浓、中、淡3档，科学烹煮的茶汤口感丝毫不亚于专修茶艺之人所为。茶器的创新是泉笙道茶业将标准化理念用于实践的伟大成功。百姓茶事变得不再简陋，茶道风雅变得不再玄虚，茶器所推崇的以茶养生成为人们的一种生活习惯、文化常识，一种人人都能享有的亦俗亦雅的文化活动。

4. 一品禅茶，水自香

一直以来，泉笙道茶业以专业制黑茶立本，以传统制茶工艺为基，合理创新、加强实践，在施兆鹏、刘仲华、周跃斌等教授的悉心指导下，集结茶学科班出身并拥有20多年实践经验的制茶师们潜心研发精品黑茶，故在行业中也被称为学院派茶品。同时，我们更以“全民黑茶体验与养生分享”为目标，不断致力于百姓养生之福祉，以及中国黑茶文化的传承与发扬。目前，公司拥有五大茯茶品类，即茯茶之泉、茯茶之笙、茯茶之道、原生茯茶和养生茯茶。各大品类均有其各自不同的特色，以适合不同消费人群对口感和功能的多元化需求。从2008年至今，泉笙道茶品曾多次参加全国各地的茶博会和各类评比大赛，并获得第五、六、七届中国国际茶业博览会黑茶类品质金奖，2008年中国茶业年鉴首选珍藏礼品，2009金芽奖中国黑茶杰出品牌，2009年首届中国·湖南（益阳）黑茶文化节暨安化黑茶博览会黑茶品质金奖，2011年和2012年两届泉城茶文化节口碑茶王等多个奖项。知名茶文化作家叶羽晴川老师评价其为史上最好的茯茶。泉笙道品牌已经成为中国黑茶行业茯茶新贵的一张名片和中国高档茯茶品牌的典范。

5. 茯茶之福，修身养生

茯茶是黑茶珍品，在国家产品标准中是唯一具有冠突散囊菌（俗称金花）的茶类。泉笙道茶业通过多年的理论研究和实践总结，科学地改良和完善精制工艺，使得茶砖内的金花生长极为新鲜、茂盛，且菌香持久；而烹煮出的茶汤更是醇厚甘爽、清纯不粗、口感怡人。同时，泉笙道茯茶更是具有丰富的活性物质——茯茶素A和茯茶素B，以及多种微量元素，如富含茶多酚、儿茶素、茶黄素、茶氨酸、茶多糖和复杂类黄酮等，这些微量元素具有抗氧化、延缓衰老、抗癌突变、抑菌消炎、抗病毒、降脂减肥、促进消化、减缓血栓、保护血管等多方面功效。泉笙道茯茶的多重养生功能，适合男女老少全家养生的需求。

6. 坚持不懈地传承和发扬中国黑茶文化

2008年，与公司同时成立的泉笙道黑茶文化研究所，紧密联合湖南省茶叶研究所、湖南师范大学历史文化学院、湖南农业大学、湖南中医研究院等多家单位，聘请多位国内著名黑茶文化研究学者，经过多年坚持不懈地努力研究实践，在黑茶文化、原料种植、毛茶初制、精制加工、培菌发花、口感创新、科学品饮、养生体验等方面均取得了不朽的成绩。同时，公司为培养和提升全体员工的综合文化素养，还设置了一系列培训课程，其内容涉及黑茶文化、企业文化、品牌文化、产品文化、营销技巧、综合管理及财务知识等。整个培训内容统一纳入泉笙道文化研究的体系之中，并分别对应物语层面的水、器、茶，作为层面的知、悟、行，以及文理层面的仁、净、命。三大分支、九大命题、多元文化实务，形成了一个泉笙道所特有的、可持续发展的良性循环体系，使得每一位员工在日常的工作和学习过程中，都能轻松、快乐地感受黑茶文化与品牌市场实践的乐趣。“千里之行，始于足下”，泉笙道人的热情和毅力与日俱增，这一切源于泉笙道人不仅肩负着传承与发扬中国黑茶文化的崇高使命，还肩负着助力国家黑茶千亿工程的一份伟大责任。

广西金花茶业有限公司

广西金花茶业有限公司前身为广西横县茶厂，位于广西横县县城，原为广西壮族自治区供销社直属企业，建于1952年，于2002年完成了股份制改制。公司占地面积4.3万平方米，厂房建筑面积3万平方米；公司以生产经营茉莉花茶、六堡茶和绿茶为主；公司的发展战略是向社会公众提供优质健康的饮品。公司年加工茶叶能力达5 000吨。

公司拥有先进的茶叶加工生产线，严格的原物料、半成品及成品检验制度和完善的内部质量管理体系。产品质量优良，金花牌商标被广西壮族自治区工商行政管理局认定为广西著名商标。在茶叶、茉莉鲜花等原物料的生产加工、贮运、销售等环节中全面推行无公害生产管理，形成一个完整的、无公害的优质茶叶产、供、销系统。生产的茉莉花茶注重内质、突出口感和香气，体现出香气芬芳馥郁、汤色明亮、滋味浓醇鲜爽；六堡茶外形黑褐油润、汤色红浓、滋味醇厚爽滑、香气醇陈，具有槟榔香味、叶底红褐色。产品强调卫生、健康、绿色的理念。公司生产的六堡茶产品先后于1983年和1987年两次荣获商业部优质产品奖，是唯一获此殊荣的广西六堡茶。

2002年和2004年公司被南宁市委市政府授予优秀私营企业称号，2006荣获南宁市农业产业化重点龙头企业称号。2007年5月公司通过了国际标准ISO 9001：2000质量管理体系认证，并顺利通过了ISO 9001：2008质量管理体系换证复查。2007年公司茉莉花茶生产车间获准出口食品生产企业卫生注册登记，2010年顺利通过出口食品生产企业卫生备案；2011年获全国少数民族特需商品边销茶定点生产企业称号；2012年公司通过了ISO 22000：2005食品安全管理体系认证；公司拥有自主出口经营权，为公司拓展出口业务领域提供了可操作基础。

公司在巩固和扩展国内市场的基础上，正积极发展对东南亚、俄罗斯及中国台湾等的出口业务。公司积极实施名牌战略，大力培育企业品牌，“金花”牌被认定为广西名牌产品，提高产品知名度和美誉度。努力培育企业品牌，致力于把横县茉莉花茶和六堡茶打造成中国的知名茶叶品牌。

全国重点产茶地区（地级市）（一）

单位：万吨、万公顷

地区	地级市	茶叶产量	茶园面积
浙江	绍兴市	4.56	3.71
浙江	杭州市	1.86	2.97
浙江	丽水市	2.37	2.70
浙江	宁波市	1.81	1.27
浙江	金华市	2.90	2.42
浙江	湖州市	1.22	1.59
浙江	衢州市	0.78	1.19
浙江	温州市	0.52	1.55
云南	普洱市	6.51	9.68
云南	临沧市	6.62	8.63
云南	保山市	3.15	3.84
云南	西双版纳州	3.09	5.04
云南	德宏州	1.60	2.38
四川	雅安市	6.72	4.34
四川	乐山市	2.79	5.45
四川	宜宾市	3.34	4.82
四川	眉山市	2.19	2.03
四川	成都市	1.49	1.32
四川	达州市	0.67	1.38
四川	广元市	0.49	1.43
四川	绵阳市	0.35	0.06
四川	巴中市	0.20	0.98
陕西	汉中市	2.05	4.81
江西	上饶市	1.12	1.71
江西	九江市	0.56	0.87
江西	景德镇市	0.48	0.73
江西	抚州市	0.23	0.25
江西	赣州市	0.26	0.90
江苏	无锡市	0.65	0.57
江苏	常州市	0.35	0.78

全国重点产茶地区（地级市）（二）

单位：万吨、万公顷

地区	地级市	茶叶产量	茶园面积
江苏	南京市	0.20	0.79
江苏	苏州市	0.03	0.24
江苏	扬州市	0.06	2.38
湖南	岳阳市	1.56	3.66
湖南	益阳市	1.56	5.51
湖南	常德市	1.63	2.26
湖南	长沙市	1.20	1.81
湖南	怀化市	1.06	0.81
湖南	湘西土家族苗族自治州	0.82	0.67
湖南	郴州市	0.69	0.54
湖北	恩施州	5.00	6.13
湖北	宜昌市	4.56	5.33
湖北	黄冈市	3.29	2.34
湖北	咸宁市	1.91	1.29
湖北	十堰市	1.11	3.45
湖北	襄阳市	1.03	2.26
湖北	孝感市	0.71	2.42
贵州	铜仁地区	0.95	5.27
贵州	黔南州	0.74	3.78
贵州	黔东南州	0.61	2.26
贵州	黔西南州	0.34	1.42
广西	百色市	0.69	2.28
广西	柳州市	0.75	1.09
广西	贺州市	0.69	0.96
广西	钦州市	0.61	0.46
广西	梧州市	0.40	0.30
安徽	宣城市	2.65	2.10
安徽	黄山市	2.56	5.06
安徽	六安市	1.64	2.39
安徽	安庆市	0.87	2.53
安徽	池州市	0.58	1.13

全国重点产茶县（县级市）（一）

单位：万吨、万公顷

地区	县（县级市）	茶叶产量	茶园面积
安徽	歙县	0.84	1.67
安徽	休宁县	0.71	1.12
安徽	金寨县	0.51	0.7
安徽	郎溪县	0.62	0.33
安徽	祁门县	0.55	1.05
安徽	霍山县	0.52	0.59
安徽	裕安区	0.39	0.56
广西	三江县	0.76	0.92
广西	昭平县	0.65	0.98
广西	灵山县	0.6	0.41
广西	西林县	0.2	0.65
广西	乐业县	0.2	0.63
广西	凌云县	0.29	0.74
贵州	湄潭县	0.8	2.13
贵州	凤冈县	0.65	1.73
贵州	石阡县	0.34	1.5
贵州	印江县	0.16	1.41
贵州	黎平县	0.45	1.03
河南	浉河区	2.1	3.15
河南	光山县	0.58	1.55
河南	新县	0.47	1.6
河南	商城县	0.42	1.62
河南	罗山县	0.35	1.38
河南	固始县	0.32	0.31
河南	平桥区	0.2	0.68
河南	潢川县	0.18	0.75
湖北	英山县	2.7	1.4
湖北	五峰县	1.68	1.22
湖北	鹤峰县	1.57	1.5
湖北	夷陵区	1.27	1.36
湖北	恩施市	1.28	1.68

全国重点产茶县（县级市）（二）

单位：万吨、万公顷

地区	县（县级市）	茶叶产量	茶园面积
湖北	利川市	1.15	0.95
湖北	大悟县	0.51	1.47
湖北	竹山县	0.46	1.06
湖北	谷城县	0.52	0.88
湖南	安化县	1.20	3.16
湖南	临湘市	0.57	1.25
湖南	长沙县	0.66	1.56
湖南	桃江县	0.43	1.75
湖南	石门县	0.83	1.04
湖南	桃源县	0.58	0.75
湖南	古丈县	0.79	0.59
湖南	沅陵县	0.49	0.56
湖南	平江县	0.45	0.47
湖南	宁乡县	0.38	0.42
江苏	金坛市	0.14	0.28
江苏	宜兴市	0.61	0.50
江苏	溧阳市	0.20	0.48
江苏	江宁区	0.07	0.30
江苏	溧水县	0.05	0.17
江苏	高淳县	0.05	0.13
江苏	句容市	0.04	0.25
江苏	仪征市	0.05	0.23
江苏	丹徒区	0.03	0.08
江苏	吴中区	0.03	0.21
江西	婺源县	0.91	1.12
江西	修水县	0.41	0.68
江西	浮梁县	0.42	0.71
江西	铜鼓县	0.03	0.54
江西	武宁县	0.07	0.11
江西	遂川县	0.08	0.53

全国重点产茶县（县级市）（三）

单位：万吨、万公顷

地区	县（县级市）	茶叶产量	茶园面积
江西	上犹县	0.10	0.42
江西	上饶县	0.04	0.14
江西	庐山区	0.02	0.14
四川	名山县	4.16	2.01
四川	洪雅县	1.31	1.47
四川	雨城区	1.33	1.34
四川	峨眉山市	1.11	1.22
四川	荣县	0.89	0.33
四川	夹江县	0.69	1.35
四川	屏山县	0.78	1.00
四川	蒲江县	0.63	0.65
四川	筠连县	0.62	0.91
四川	邛崃市	0.58	0.49
四川	高县	0.70	1.41
四川	马边县	0.32	1.06
四川	沐川县	0.45	1.17
四川	宜宾县	0.38	0.51
四川	万源市	0.28	0.94
四川	珙县	0.33	0.40
四川	宣汉县	0.27	0.29
四川	纳溪区	0.28	0.60
四川	平武县	0.21	0.78
四川	旺苍县	0.25	0.49
四川	青川县	0.23	0.89
四川	都江堰市	0.21	0.09
四川	南江县	0.12	0.38
四川	古蔺县	0.09	0.06
四川	翠屏区	0.10	0.18
四川	叙永县	0.07	0.16
四川	通江县	0.06	0.48

全国重点产茶县（县级市）（四）

单位：万吨、万公顷

地区	县（县级市）	茶叶产量	茶园面积
四川	北川县	0.07	0.34
四川	犍为县	0.02	0.32
云南	凤庆县	2.17	2.01
云南	景洪市	1.34	1.69
云南	勐海县	1.38	2.57
云南	江城县	0.95	0.89
云南	云县	0.92	1.11
云南	思茅区	1.16	0.89
云南	景东县	0.80	1.44
云南	昌宁县	1.28	1.54
云南	腾冲县	0.91	0.89
浙江	嵊州市	1.21	1.97
浙江	诸暨市	0.68	1.24
浙江	余杭区	0.36	0.99
浙江	松阳县	0.75	0.95
浙江	绍兴县	0.53	0.88
浙江	武义县	0.70	0.83
浙江	淳安县	1.28	0.71
浙江	遂昌县	0.71	0.73
浙江	新昌县	0.65	0.60
浙江	余姚市	0.40	0.55
重庆	南川区	0.30	0.46
重庆	永川区	0.28	0.33
重庆	荣昌县	0.29	0.17
重庆	巴南区	0.26	0.24
重庆	万盛区	0.07	0.10
重庆	开县	0.06	0.11
重庆	万州区	0.05	0.11
重庆	奉节县	0.03	0.11
重庆	城口县	0.03	0.24

部分茶叶之乡介绍

有机茶全国农业标准化示范区——乐业

乐业县位于广西西北部，地处云贵高原边缘，县城海拔 970 米，是广西海拔最高的县城。全县总面积为2 617平方千米，耕地面积 1.13 万公顷，土质肥沃。辖 4 镇 4 乡，88 个行政村1 084个自然屯，石山面积占 30%，土山面积占 70%，总人口 16.9 万，居住着壮族、汉族、瑶族、苗族、布依族、彝族、仫佬族、仡佬族、京族、水族、侗族等 11 个民族，其中壮族占 50%，汉族占 48%，其他少数民族占 2%。

乐业属亚热带湿润气候区，年降水量1 100～1 700毫米，森林覆盖率为 75.6%，相对湿度 83%，极端高温 34℃，极端低温 −5.3℃。无霜期较长，年平均气温为 16.3℃，只能种植玉米和中季水稻，冬无严寒，夏无酷暑，被誉为天然空调圣地，是旅游、休闲、度假的好地方。

自然资源十分丰富，且各具特色，如茶叶、猕猴桃、刺梨、核桃、板栗、八角、甜笋、蕨菜、淮山、木耳、香菇、金银花、七叶一枝花、山豆根、油桐、杉木、松树、竹子等。茶叶是乐业县农业第一大产业，新化镇的那社村、林立村、乐翁村、连篆村、那伟村、皈里村、仁里村，甘田镇的夏福村、板洪村、四合村、达道村、九洞村，逻沙乡的全达村、塘英村和仁龙村，花坪镇的烟棚村，雅长乡的百康村，同乐镇的达存村和常仁村等经济收入的 92%来源于茶叶产业；野生刺梨在广西唯有乐业盛产，是名优特产，名副其实的维生素 C 大王；薄壳核桃堪称一绝，获广西首选优质薄壳核桃称号。

旅游资源独特。被誉为天坑之都、天坑博物馆，是世界第一天坑群旅游景区。获得全国重点产茶县、全国有机农业示范基地、中国兰花之乡、世界地质公园、国际岩溶与洞穴探险科考基地、国家森林公园、中国山地户外运动训练基地等荣誉称号。

茶树优良品种为 100%，茶叶人工栽培历史悠久，凌乐白毛茶品种是国家级茶树良种，原产地就在乐业县的崇山峻岭之中，也产于凌云县（凌云、乐业原为一个县）。2011 年底茶叶种植面积达到6 706.67公顷，投产面积为5 413.33 公顷，名优茶生产面积为 1 740 公顷，占 32.14%，茶叶年总产值 4.42 亿元，名优茶年产值达 3.58 亿元，占总产值的 81.1%，名茶产区平均产值 20.55 万元/公顷，全县茶叶平均产值 8.16 万元/公顷。

全面实施有机茶生产，2008 年制定了《乐业有机茶》地方标准 DB451028/T 1～9—2008，之后该标准得到有效执行。广西乐业县顾式茶有限公司的有机茶获得北京中绿华夏有机食品认证中心（COFCC）的有机认证。有机茶产品销往南宁、北京、上海、新加坡、日本、韩国、美国和德国等。广西乐业县昌伦茶业有限责任公司和广西乐业县草王山茶业有限公司的有机茶均获得北京中绿华夏有机食品认证中心（COFCC）的有机转换产品认证。乐业县金泉茶业有限公司、乐业县乐家家特色农产品开发有限公司和广西乐业县天音茶业有限公司正在进行有机茶转换改造 546.67 公顷，在为申请有机茶产品认证做各项准备工作。

广西乐业县顾式茶有限公司和广西乐业县草王山茶业有限公司两家茶叶生产企业 2011 年获得广西壮族自治区农业产业化重点龙头企业荣誉称号。

2011 年乐业县茶叶产品参加国际、国内评比获奖 22 次（表 1、表 2、表 3）。

乐业县茶叶生产管理办公室（主任：杨昌勤，硕士研究生学历，农艺师职称，有机产品国家注册检查员资质；副主任：张兴思，硕士研究生学历，农艺师职称）负责全县茶叶生产发展规划、技术指导、培训、招商引资、新产品研制与开发、组织与实施茶叶科技项目。

表 1 2011 年乐业县参加第九届中茶杯全国名优茶评比获奖统计表（一）

序号	茶样名称	生产企业	商标	是否获奖	备注
1	雾露金芽	广西乐业县昌伦茶业有限责任公司	布柳河	特等奖	第二阶段
2	昌伦红	广西乐业县昌伦茶业有限责任公司	布柳河	特等奖	第二阶段
3	银毫	广西乐业县昌伦茶业有限责任公司	布柳河	一等奖	第一阶段
4	乐业白	广西乐业县昌伦茶业有限责任公司	布柳河	一等奖	第二阶段
5	草王山红茶	广西乐业县草王山茶业有限公司	班飞	一等奖	第二阶段

表1　2011年乐业县参加第九届中茶杯全国名优茶评比获奖统计表（二）

序号	茶样名称	生产企业	商标	是否获奖	备注
6	金丹茶	广西乐业县顾式茶有限公司	顾式	一等奖	第一阶段
7	金丹茶	广西乐业县顾式茶有限公司	顾式	一等奖	第二阶段
8	玉芽茶	广西乐业县顾式茶有限公司	顾式	一等奖	第一阶段
9	金芽	乐业县金泉茶业有限公司	凌翁	一等奖	第一阶段
10	乐翁红	乐业县金泉茶业有限公司	凌翁	一等奖	第二阶段
11	金针	乐业县乐家家特色农产品开发有限公司	乐叶乐	一等奖	第二阶段
12	甘露	乐业县马浪平茶叶加工厂	马浪平	一等奖	第一阶段
13	银芽茶	广西乐业县顾式茶有限公司	顾式	优质茶	第一阶段
14	金美人	广西乐业县草王山茶业有限公司	班飞	优质茶	第一阶段
15	昌伦红	广西乐业县昌伦茶业有限责任公司	布柳河	优质茶	第一阶段

表2　2011年乐业县参加广西第八届桂茶杯名优茶评比获奖统计表

序号	茶样名称	生产企业	商标	获奖级别
1	西北红	乐业县乐家家特色农产品开发有限公司	乐叶乐	特等奖
2	金　毫	广西乐业县昌伦茶业有限责任公司	布柳河	特等奖
3	昌伦红	广西乐业县昌伦茶业有限责任公司	布柳河	特等奖

表3　2011年乐业县参加中国（广州）国际茶业博览会全国名优茶质量竞赛获奖统计表

序号	茶样名称	生产企业	商标	获奖级别
1	乐业红	广西乐业县草王山茶业有限公司	班飞	银奖
2	绿美人	广西乐业县草王山茶业有限公司	班飞	优质奖

另外：

1. 广西乐业县顾式茶有限公司生产的顾式金丹红茶获得2011年第二届广西名特优农产品交易会产品奖金奖荣誉称号。

2. 广西乐业县草王山茶业有限公司生产的班飞牌绿美人绿茶被评为2011年全国农产品加工业投资贸易洽谈会优质产品奖荣誉称号。

（乐业县茶叶生产管理办公室　张兴思）

中国富硒茶乡——陕西紫阳

陕西省紫阳县，位于汉江中上游，大巴山北麓，属于亚热带湿润季风气候区，年平均气温15.1℃，无霜期为268天，交通便利、通讯便捷，被誉为茶乡、歌乡、板石之乡。2011年全县茶叶总产量3 357吨，其中名优茶占62%，大宗茶占38%，茶叶总产值4.51亿元，占当年全县农业总产值的27.3%。

紫阳县人民政府		紫阳县茶业局	
县　长	梁涛	**局　长**	吴世明
副县长	刘济兵	**副局长**	李尤学
电　话	0915-4420019	**电　话**	0915-4422936
网　址	www.ziyangxian.gov.cn	**传　真**	0915-4422936
地　址	紫阳县政府院内	**地　址**	紫阳县政府院内
邮　编	725300	**邮　编**	725300

发展现状

2011年，全县有茶园1.13万公顷，其中采摘面积0.73万公顷，无性系茶园面积0.16万公顷，有机茶园0.18万公顷。全县21个镇有20个产茶镇，其中茶叶基地镇14个、基地村88个，茶园面积超过667公顷的镇6个，人均茶园面积0.07公顷以上的村55个，人均茶园面积超过0.13公顷的村13个。

2011年全县茶叶总产量3 357吨，其中名优茶占62%，大宗茶占38%，茶叶总产值4.51亿元，占当年全县农业总产值的27.3%。全县累计建成茶叶加工厂233个，其中标准化茶厂14个，初制加工厂70个，名优茶加工厂149个；建成清洁化生产线14条；26个茶叶企业、茶厂获得了QS认证；有市级以上茶叶龙头企业3家。茶叶基本实现机械化加工，机械化加工能力平均每年以15%以上的速度提升。尤其是名优茶加工技术达到了国内先进水平，在国际名茶评比、中茶杯、国饮杯、省茶叶节等国际、国内高规格、重量级茶叶质量评比中，紫阳富硒茶系列产品获50余项大奖。

先进技术的推广运用

紫阳县近年推广运用的先进技术：一是推行专业村建设，首批建设17个茶叶专业村，从园、林、路、厂科学规划，合理布局，集旅游观光与茶叶生产于一体。二是利用夏秋茶，开发红茶生产，全县已有10个厂家生产红茶，3个厂家获得生产许可证（QS）。三是推广清洁化、连续化生产，全县已有12个厂家达到清洁化、连续化生产，2个厂家正在建设自动化茶叶生产线。四是机械采茶，为充分利用夏秋茶原料，采取茶厂与茶农合作，统一修剪，机械采茶，恢复陕青茶生产，增加茶农收入。

茶叶深加工及质量认证

紫阳县目前开发富硒茶产品有：紫阳毛尖茶系列，紫阳烘青茶系列，紫阳炒青茶系列，紫阳陕青茶系列，紫阳红茶系列。通过GB/T 19001—2008、ISO 9001：2008、GB/T22000-2006、ISO22000：2005、CNCA/CTS0027、GB/T 28001-2011、QS认证、生产许可证、无公害认证、有机茶认证、等质量管理体系认证和职业健康安全管理体系认证。

发展经验

1. 打造富硒品牌，走特色之路　一做大品牌：加强品牌使用与管理；修订完善《天然富硒茶》省级地方标准，全力创建《天然富硒茶》国家级标准，在权威认证上占领高地。二做强企业：做大规模企业，抓好技术改造，加快产业化建设，开拓产品市场。三做优基地：加快茶树品种改良，推行有机农业管理模式，加大基地建设扶持。四做精茶文化：通过举办茶文化节、开办茶文化讲座、设立茶文化论坛、开设茶文化课程、举行茶文化知识竞赛、开展茶艺表演等形式，大力弘扬紫阳茶文化；将茶叶产业发展与生态旅游结合起来，与厚重的特色文化结合起来。

2. 以工业化理念做强茶叶产业　(1) 进行科学规划；(2) 推进规模经营；(3) 强化招商引资；(4) 抓好服务生产；(5) 培育经营市场；(6) 打造茶业文化。

3. 提升夏秋茶转化　(1) 改善生产结构，大力开发茶叶新产品；(2) 创新茶园管理模式，推动茶园规范管理；(3) 加大扶持力度，提高夏秋茶利用率。

产业政策

制定《关于扶持和促进茶叶产业跨越发展的若干意见》、《红茶及陕青茶开发扶持办法》，着重从种植、加工、新产品开发入手，扶持范围涉及茶园基地建设、茶园道路、购置设备以及建蓄水池、园内绿化等设施，并要求各相关部门要整合项目资源、捆绑项目资金，扶持茶产业发展。同时，协调金融部门备足资金，为茶叶企业、茶农提供信贷支持，帮助企业和茶农发展茶叶产业。

实施紫阳富硒红茶及陕青茶3年行动计划，按照“分级分等”的原则，每年扶持100个加工点。对购买红茶加工机械、连续加工红茶的企业，根据建厂规模、购置机械数量、加工产量进行分类奖补；对实施技术改造加工陕青茶的茶叶企业或加工厂、新建的陕青茶加工厂予以机械配套扶持；对于发展茶叶积极性较高、茶园规范管理到位的农户予以扶持配套修剪机和采茶机，不断提高夏秋茶的开发利用率。

品牌建设

紫阳富硒茶获国家地理标志产品保护、取得国家证明商标、荣获陕西省名牌产品，并荣膺2011消费者最喜爱的100个中国农产品区域公用品牌和2011最具影响力中国农产品区域公用品牌称号，荣登中国富硒网中国十大富硒品牌榜，品牌价值由2009年的7.04亿元攀升到2012年的11.18亿元。2012年国家工商总局商标局正式认定紫阳富硒茶为中国驰名商标，并获批筹建全国富硒绿茶产业知名品牌创建示范区，标志着紫阳富硒茶在进军国家级品牌的战略上又前进一大步。

Ⅰ. 全国茶业基本情况

1-1　中国茶叶产量在世界茶叶产量中的地位

(2000—2011)　　单位：万吨、%

	2000	2005	2008	2009	2010	2011	2011 年占全球的比重
全　球	298.72	366.06	421.14	424.11	450.22	429.92	
中　国	70.37	95.37	127.5	137.58	147.51	162.32	37.76
印　度	82.6	90.7	98.7	97.27	96.64	98.83	22.99
肯尼亚	23.63	32.85	34.58	31.41	39.9	37.79	8.79
斯里兰卡	30.58	31.72	31.87	29	33.14	32.86	7.64
土耳其	13.88	21.75	19.8	19.86	14.8	14.5	3.37
印度尼西亚	16.26	17.77	15.09	14.64	12.92	11.97	2.78
越　南	6.99	13.25	17.35	18.57	17	17.8	4.14
日　本	8.5	10	9.65	8.6	8.3	7.8	1.81

数据来源：国际茶叶委员会（ITC）。

1-2　中国茶叶出口量在世界茶叶出口量中的地位

(2000—2011)　　单位：万吨、%

	2000	2005	2008	2009	2010	2011	2011 年占全球的比重
全　球	132.19	156.63	165.31	160.51	177.87	174.95	
肯尼亚	21.7	34.83	38 034	34.25	44.1	42.13	24.08
斯里兰卡	28.01	29.88	29.88	27.98	29.64	30.13	17.22
中国(大陆)	22.77	28.66	29.69	30.29	30.25	32.26	18.44
印　度	20.44	19.52	20	19.51	21.97	19	10.86
越　南	5.57	8.79	10.4	12	12.79	14.3	8.17
印度尼西亚	10.56	10.23	9.62	9.23	8.71	7.55	4.32
阿根廷	4.98	6.64	7.72	6.92	8.53	8.62	4.93
乌干达	2.64	3.31	4.24	4.79	5.32	4.62	2.64
马拉维	3.84	4.3	4.01	4.65	4.86	4.49	2.57
坦桑尼亚	2.25	2.25	2.48	2.15	2.61	2.71	1.55

数据来源：ITC。

1-3　中国茶业基本情况（一）

(2000—2011)

项　目	单　位	2000	2005	2008	2009	2010	2011
茶园							
茶园面积	万公顷	108.9	135.19	171.94	184.9	197.02	211.25
其中：采摘面积	万公顷	87.95	104.15	128.32	132.81	142.61	164.46

1-3 中国茶业基本情况（二）

（2000—2011）

项　目	单　位	2000	2005	2008	2009	2010	2011
茶叶产量							
茶叶产量	万吨	68.33	93.49	125.76	135.86	147.51	162.32
其中：红毛茶	万吨	4.73	4.79	6.97	7.1	6.81	11.37
绿毛茶	万吨	49.81	69.1	92.66	100.63	104.64	113.76
乌龙毛茶	万吨	6.76	10.38	14.41	15.91	18	19.97
紧压茶原料	万吨	2.26	2.77	3.88	4.51	4.14	6.35
其他茶原料	万吨	4.78	6.44	7.84	7.62	12.66	9.4
精制茶加工							
加工企业数	个	315	544	1 123	1 334	1 556	1 061
从业人员	万人	4.3	4.35	9.52	11.18	13.38	15.05
销售额	亿元	43.96	110.48	347.39	485.92	716.56	925.14
利润总额	亿元	0.12	5.12	29.33	39.15	70.01	92.99
利税总额	亿元	1.97	9.94	46.97	59.88	101.21	113.29
茶业贸易							
茶叶出口	万吨	22.77	28.66	29.69	30.29	30.25	32.26
其中：绿茶出口	万吨	15.53	20.62	22.33	22.93	23.43	25.74
红茶出口	万吨	2.94	3.58	4.03	4.01	3.66	3.56
乌龙茶出口	万吨	2.12	1.88	2.23	2.41	1.97	1.79
花茶出口	万吨	1.74	1.94	0.67	0.59	0.74	0.73
普洱茶出口	万吨	0.43	0.63	0.43	0.35	0.46	0.43
茶叶进口	万吨	0.24	0.28	0.54	0.41	1.27	1.4

数据来源：国家统计局，海关总署。

Ⅱ. 茶叶产量与茶园面积

2-1 全国茶园面积（一）

（1978—2011）

单位：千公顷

年　度	面　积	其中：采摘面积	年　度	面　积	其中：采摘面积
1978	1 048.00		1995	1 115.00	868.32
1979	1 050.60		1996	1 103.00	871.48
1980	1 041.00		1997	1 076.00	868.95
1981	1 040.80		1998	1 057.00	859.69
1982	1 060.80		1999	1 130.00	909.44
1983	1 096.90		2000	1 088.95	879.5

2-1 全国茶园面积（二）

（1978—2011）

单位：千公顷

年 度	面 积	其中：采摘面积	年 度	面 积	其中：采摘面积
1984	1 104.70		2001	1 140.67	887.76
1985	1 077.40		2002	1 134.24	894.8
1986	1 024.00		2003	1 207.25	925.2
1987	1 044.00		2004	1 262.31	971.8
1988	1 056.00		2005	1 351.94	1 041.50
1989	1 065.00		2006	1 431.27	1 100.30
1990	1 061.00		2007	1 613.31	1 200.90
1991	1 060.00	828.9	2008	1 719.40	1 283.20
1992	1 084.00	840.3	2009	1 849.00	1 328.10
1993	1 171.00		2010	1 970.2	1 426.1
1994	1 135.00	884.04	2011	2 112.51	1 623.21

数据来源：国家统计局，农业部。

2-2 全国各地区茶园面积

（1995—2011）

单位：千公顷

地 区	1995	2000	2005	2008	2010	2011
全国合计	1 115.3	1 089.1	1 352.1	1 719.4	1 970.2	2 112.5
云南	166.2	167.4	218.5	335.7	367.7	380.0
湖北	113.39	121	138.4	184.4	214.6	243.0
四川	100.4	82.8	152	177.7	218.9	239.2
福建	132	129.2	155.2	188.9	201.2	211.3
贵州	47.4	44.8	59.7	105.2	167.2	196.4
浙江	139.3	128.9	154.7	174.1	177.9	182.0
安徽	121.9	108.4	117.6	128.9	133.5	138.0
湖南	90.62	74.1	80.1	86	97	102.5
陕西	31	35.3	59.5	69.1	85.4	90.8
河南	17.9	20.7	33.1	55.1	65.2	78.5
江西	55.2	50.1	38.2	44.2	56.8	59.0
广西	25	26.1	36.9	46.8	50	53.8
广东	45.83	43.2	36	36.8	40.8	41.1
重庆		23.8	25.8	28.5	32.3	34.7
江苏	19.3	19.9	23.9	30.1	32.4	32.3
山东	3.3	8.8	14.5	15.7	18.3	18.8
甘肃	0.8	1.3	6.3	11.3	9.7	10.0
海南	5.8	3.3	1.5	1.1	1.2	1.1
西藏		0	0.2		0.2	0.2

数据来源：国家统计局。

2-3 全国各地区茶叶采摘面积

(1995—2011)

单位：千公顷

地 区	1995	2000	2005	2008	2010	2011
全国合计	868.32	879.50	1041.50	1283.20	1426.10	1644.62
云南	132.10	141.40	164.50	212.40	209.20	290.30
福建	107.10	110.20	132.60	167.80	178.30	186.00
湖北	74.24	90.30	101.60	134.00	155.90	174.70
四川	81.60	64.10	98.00	124.90	148.50	167.17
浙江	124.10	111.80	133.60	154.30	159.90	164.39
安徽	102.00	93.40	105.40	114.40	119.60	122.26
贵州	31.40	32.80	40.10	54.50	73.60	95.82
陕西	21.00	19.70	29.20	41.20	54.30	90.79
湖南	71.10	62.10	67.00	71.00	79.60	83.28
河南	12.60	17.20	28.20	44.20	59.90	71.90
广西	18.20	20.70	31.20	37.50	41.10	45.72
江西	42.60	40.70	31.10	35.70	43.20	45.30
广东	32.48	34.70	28.80	29.40	33.90	37.22
江苏	10.40	15.50	19.50	25.40	27.60	26.68
重庆		18.20	19.00	21.60	23.80	25.40
山东	1.70	3.60	9.70	11.00	12.10	12.68
甘肃	0.30	0.60	1.90	2.80	4.10	3.99
海南	5.40	2.50	0.00	1.00	1.10	0.98
西藏			0.10			0.10

数据来源：国家统计局。

2-4 全国茶叶产量

(1978—2011)

单位：万吨

年 度	产 量	年 度	产 量
1978	26.8	1995	58.9
1979	27.7	1996	59.3
1980	30.4	1997	61.3
1981	34.3	1998	66.5
1982	39.7	1999	67.6
1983	40.1	2000	68.3
1984	41.4	2001	70.2
1985	43.2	2002	74.5
1986	46	2003	76.8
1987	50.8	2004	83.5
1988	54.5	2005	93.5
1989	53.5	2006	102.8
1990	54	2007	116.5
1991	54.2	2008	125.8
1992	56	2009	135.9
1993	60	2010	147.5
1994	58.8	2011	162.3

数据来源：国家统计局。

2-5 各地区茶叶产量

(1995—2011)

单位：吨

地区	1995	2000	2005	2008	2009	2010
全国	588 553	683 324	934 857	1 257 600	1 358 642	1 475 069
安徽	45 881	45 376	59 619	75 869	83 276	87 598
福建	94 532	125 969	184 826	247 268	272 616	295 976
云南	64 066	79 396	115 880	171 535	207 341	238 337
四川	60 995	54 513	97 941	139 305	169 276	186 207
湖北	39 049	63 703	84 976	130 269	165 709	184 165
浙江	102 074	116 352	144 370	162 345	162 746	169 724
湖南	61 438	57 294	71 978	91 885	117 678	132 787
广东	39 601	42 124	44 465	48 388	53 319	59 637
贵州	15 597	18 376	22 915	34 889	52 262	58 381
河南	4 521	9 163	16 902	31 923	42 732	49 447
广西	19 392	17 923	26 181	33 347	39 158	44 410
江西	20 341	15 703	16 691	22 977	29 808	32 734
陕西	5 252	6 126	11 382	16 025	25 052	28 430
重庆	14 526	16 545	24 613	25 237		27 895
江苏	10 647	12 029	12 068	15 487	14 861	14 580
山东	1 089	2 254	6 645	9 866	11 924	10 704
海南	3 769	2 239	950	1 011	1 227	1 241
甘肃	179	257	520	595	836	944
西藏	130	1	3	3	8	8
山西					3	8

数据来源：国家统计局。

2-6 全国红毛茶产量

(1989—2011)

单位：吨

年份	产量	年份	产量
1989	131 255	2000	47 294
1990	109 680	2001	42 949
1991	83 360	2002	43 547
1992	75 501	2003	39 948
1993	74 614	2004	43 689
1994	75 850	2005	47 941
1995	52 003	2006	48 340
1996	49 319	2007	53 165
1997	49 515	2008	69 692
1998	56 827	2009	71 944
1999	48 899	2010	68 134
		2011	113 679

数据来源：国家统计局。

2-7 全国各地区红毛茶产量

(1995—2011)

单位：吨

地 区	1995	2000	2005	2008	2010	2011
全 国	52 003	47 294	47 941	69 692	68 134	113 679
云 南	14 496	13 736	11 422	17 078	——	25 433
福 建	2 323	1 615	1 652	2 765	13 473	22 707
湖 北	1 171	2 208	6 546	10 876	15 413	19 374
湖 南	15 591	12 006	15 399	22 403	16 554	15 401
广 西	1 371	271	440	620	532	5 626
河 南						5 095
江 西	2 669	2 317	2 687	2 778	4 167	4 450
安 徽	2 265	2 587	2 484	4 319	4 127	4 228
重 庆		2 906	3 211	3 234	2 817	2 856
四 川	2 602	634	996	1 231	1 510	2 584
江 苏	1 342	1 771	1 335	2 101	2 348	2 353
浙 江	3 800	4 328	145	163	1 275	1 330
广 东	2 932	1 987	1 562	1 966	1 076	1 279
贵 州	539	167	61	78	862	881
海 南	902	761	1	80	76	83

数据来源：国家统计局。

2-8 全国绿毛茶产量

(1989—2011)

单位：吨

年 份	产 量	年 份	产 量
1989	314 333	2000	498 057
1990	332 502	2001	513 154
1991	357 373	2002	546 124
1992	383 302	2003	569 907
1993	420 880	2004	613 709
1994	402 877	2005	691 020
1995	413 773	2006	763 856
1996	422 252	2007	874 055
1997	443 164	2008	926 587
1998	480 211	2009	1 006 302
1999	496 986	2010	1 046 382
		2011	1 137 646

数据来源：国家统计局。

2-9　全国各地区绿毛茶产量

(1995—2011)　　单位：吨

地　区	1995	2000	2005	2008	2010	2011
全　国	413 773	498 057	691 020	926 587	1 046 382	1 137 646
云　南	48 163	63 517	102 661	152 757	148 632	172 411
浙　江	93 346	106 405	142 926	160 694	157 060	163 794
湖　北	30 509	51 451	67 221	107 088	137 120	148 509
四　川	39 842	39 932	73 817	109 319	134 621	147 168
福　建	52 419	72 431	88 923	108 278	102 438	106 376
安　徽	42 965	40 904	54 890	64 188	76 984	81 412
湖　南	24 925	26 889	35 912	42 831	60 714	67 426
贵　州	8 440	11 384	14 123	20 928	41 009	47 850
河　南	4 521	9 163	16 902	31 923	38 828	44 352
广　西	15 593	15 559	20 695	27 882	32 733	32 830
陕　西	5 252	6 126	11 382	16 025	25 052	28 430
广　东	17 958	20 409	20 686	23 645	23 419	25 300
江　西	16 602	12 306	12 503	18 139	22 867	24 696
重　庆		8 570	10 215	18 389	18 766	22 302
江　苏	9 119	9 058	10 105	13 172	12 272	12 028
山　东	1 089	2 254	6 645	9 866	11 924	10 704
海　南	2 862	1 442	894	865	1 105	1 112
甘　肃	168	257	520	595	836	944
西　藏		0	0	3	2	2

数据来源：国家统计局。

2-10　全国乌龙毛茶产量

(1989—2011)　　单位：吨

年　份	产　量	年　份	产　量
1989	30 512	2000	67 608
1990	33 411	2001	70 062
1991	37 647	2002	76 660
1992	39 510	2003	81 271
1993	41 038	2004	90 168
1994	43 411	2005	103 820
1995	55 372	2006	116 214
1996	54 073	2007	129 663
1997	56 290	2008	144 142
1998	60 598	2009	159 062
1999	63 303	2010	179 951
		2011	199 747

数据来源：国家统计局。

2-11 全国各地区乌龙毛茶产量

(1995—2011)

单位：吨

地区	1995	2000	2005	2008	2010	2011
全国	55 372	67 608	103 820	144 142	179 951	199 747
福建	38 590	50 685	85 924	126 273	147 789	157 450
广东	15 707	15 785	15 493	16 714	23 239	27 252
四川	4	6	134	133	3 334	4 061
湖北						3 948
湖南	340	514	625	706	3 805	3 535
云南	74	24	12	41	211	1 983
江西	272	154		1 501	998	1 040
广西		0	0	69	104	336
安徽		0	0	55	59	70
贵州		0	1	5	60	43
重庆					352	29
浙江	385	440	130	146		

数据来源：国家统计局。

2-12 全国紧压茶原料产量

(1989—2011)

单位：吨

年 份	产 量	年 份	产 量
1989	22 981	2000	22 558
1990	25 026	2001	25 124
1991	20 569	2002	25 073
1992	15 163	2003	25 496
1993	17 370	2004	28 195
1994	16 642	2005	27 653
1995	17 476	2006	28 794
1996	18 764	2007	35 513
1997	18 620	2008	38 791
1998	21 099	2009	45 096
1999	18 903	2010	41 430
		2011	63 459

数据来源：国家统计局。

2-13 各地区紧压茶原料产量

(1995—2011)

单位：吨

地区	1995	2000	2005	2008	2010	2011
全国	17 476	22 558	27 653	38 791	41 430	63 459
湖南	9 314	9 045	9 497	14 792	24 899	37 652
四川	1 741	4 990	8 199	13 215	13 048	13 040
湖北	4 788	7 991	9 432	10 079		8 492
浙江	89	102	307	346	2 941	3 067
广西					492	789
云南	339	228	107	31		369
江西	11	49	0		46	46
贵州	1 118	71	95	280	4	4
广东	73	46	6	38		
福建	3	36	10	9		
重庆		0	0	1		

数据来源：国家统计局。

2-14 全国其他茶原料产量

(1989—2011)

单位：吨

年　份	产　量	年　份	产　量
1989	35 795	2000	47 807
1990	39 451	2001	50 410
1991	42 632	2002	53 970
1992	46 351	2003	51 518
1993	46 046	2004	59 469
1994	49 688	2005	64 423
1995	49 929	2006	70 860
1996	48 979	2007	73 104
1997	45 777	2008	78 388
1998	46 298	2009	76 236
1999	47 780	2010	139 172
		2011	108 682

数据来源：国家统计局。

2-15 全国各地区其他茶产量（一）

(1995—2011)

单位：吨

地　区	1995	2000	2005	2008	2010	2011
全　国	49 929	47 807	64 423	78 388	126 566	108 682
云　南	994	1 891	1 678	1 628	58 499	38 142
四　川	16 806	8 951	14 795	15 407	16 399	19 354
贵　州	5 500	6 754	8 635	13 598	10 259	9 603

2-15　全国各地区其他茶产量（二）

（1995—2011）

单位：吨

地　区	1995	2000	2005	2008	2010	2011
福　建	1 197	1 202	8 317	9 943	2 607	9 443
湖　南	11 268	8 840	10 545	11 153	11 688	8 773
广　东	2 931	3 897	6 718	6 025		5 816
广　西	2 428	2 093	5 046	4 776	5 297	4 829
湖　北	2 581	2 053	1 777	2 226	13 176	3 842
重　庆		3 050	3 119	2 989	3 302	2 708
江　西	787	877	0	2 060	1 669	2 502
安　徽	651	1 885	2 245	7 307	1 905	1 888
浙　江	4 454	5 077	862	996	1 470	1 533
江　苏	186	1 200	628	214	241	199
海　南	5	36	55	66	46	46
山　西					3	8
西　藏	130	1	3			6
甘　肃	11	0	0			

数据来源：国家统计局。

Ⅲ. 茶业生产水平指标

3-1　全国产茶地区茶叶总产量及位次

（2000—2011）

单位：万吨

地区	2000		2005		2008		2010		2011	
	产量	位次	产量	位次	产量	位次	产量	位次	产量	位次
全　国	68.33		93.49		125.76		147.51		162.32	
江　苏	1.2	13	1.21	14	1.55	15	1.49	15	1.46	15
安　徽	4.54	7	5.96	7	7.59	7	8.33	7	8.76	7
福　建	12.6	1	18.48	1	24.73	1	27.26	1	29.6	1
甘　肃	0.03	18	0.05	18	0.06	18	0.08	18	0.09	18
广　东	4.21	8	4.45	8	4.84	8	5.33	8	5.96	8
广　西	1.79	10	2.62	9	3.33	10	3.92	11	4.44	11
贵　州	1.84	9	2.29	10	3.49	9	5.23	9	5.84	9
海　南	0.22	17	0.1	17	0.1	17	0.12	17	0.12	17
河　南	0.92	14	1.69	11	3.19	11	4.27	10	4.94	10
湖　北	6.37	4	8.5	5	13.03	5	16.57	4	18.42	4
湖　南	5.73	5	7.2	6	9.19	6	11.77	6	13.28	6
江　西	1.57	11	1.67	12	2.3	13	2.98	12	3.27	12
山　东	0.23	16	0.66	16	0.99	16	1.19	16	1.07	16
陕　西	0.61	15	1.14	15	1.6	14	2.51	14	2.84	13
四　川	5.45	6	9.79	4	13.93	4	16.93	3	18.62	3
云　南	7.94	3	11.59	3	17.15	2	20.73	2	23.83	2
浙　江	11.64	2	14.44	2	16.23	3	16.27	5	16.97	5
重　庆	1.45	12	1.65	13	2.46	12	2.52	13	2.79	14

数据来源：国家统计局。

3-2 全国产茶地区绿毛茶产量及位次

（2000—2011）　　单位：万吨

地区	2000		2005		2008		2010		2011	
	产量	位次	产量	位次	产量	位次	产量	位次	产量	位次
全　国	49.81		69.10		92.66		104.64		113.76	
江　苏	0.91	13	1.01	15	1.32	15	1.23	15	1.20	15
安　徽	4.09	5	5.49	6	6.42	6	7.70	6	8.14	6
福　建	7.24	2	8.89	3	10.83	4	10.24	5	10.64	5
甘　肃	0.03	18	0.05	18	0.06	18	0.08	18	0.09	18
广　东	2.04	8	2.07	9	2.36	10	2.34	12	2.53	12
广　西	1.56	9	2.07	8	2.79	9	3.27	10	3.28	10
贵　州	1.14	11	1.41	11	2.09	11	4.10	8	4.79	8
海　南	0.14	17	0.09	17	0.09	17	0.11	17	0.11	17
河　南	0.92	12	1.69	10	3.19	8	3.88	9	4.44	9
湖　北	5.15	4	6.72	5	10.71	5	13.71	3	14.85	3
湖　南	2.69	7	3.59	7	4.28	7	6.07	7	6.74	7
江　西	1.23	10	1.25	12	1.81	13	2.29	13	2.47	13
山　东	0.23	16	0.66	16	0.99	16	1.19	16	1.07	16
陕　西	0.61	15	1.14	13	1.60	14	2.51	11	2.84	11
四　川	3.99	6	7.38	4	10.93	3	13.46	4	14.72	4
云　南	6.35	3	10.27	2	15.28	2	14.86	2	17.24	1
浙　江	10.64	1	14.29	1	16.07	1	15.71	1	16.38	2
重　庆	0.86	14	1.02	14	1.84	12	1.88	14	2.23	14

数据来源：国家统计局。

3-3 全国产茶地区红毛茶产量及位次

（2000—2011）　　单位：万吨

地区	2000		2005		2008		2010		2011	
	产量	位次	产量	位次	产量	位次	产量	位次	产量	位次
全　国	4.73		4.79		6.97		6.81		11.37	
安　徽	0.26	5	0.25	6	0.43	4	0.41	5	0.42	8
福　建	0.16	10	0.17	7	0.28	7	1.35	3	2.27	2
广　东	0.20	8	0.16	8	0.20	9	0.11	11	0.13	13
广　西	0.03	13	0.04	11	0.06	11	0.05	13	0.56	5
贵　州	0.02	14	0.01	13	0.01	14	0.09	12	0.09	14
海　南	0.08	11	0.00	14	0.01	13	0.01	14	0.01	15
河　南									0.51	6
湖　北	0.22	7	0.65	3	1.09	3	1.54	2	1.94	3
湖　南	1.20	2	1.54	1	2.24	1	1.66	1	1.54	4
江　苏	0.18	9	0.13	9	0.21	8	0.23	8	0.24	11
江　西	0.23	6	0.27	5	0.28	6	0.42	4	0.45	7
四　川	0.06	12	0.10	10	0.12	10	0.15	9	0.26	10
云　南	1.37	1	1.14	2	1.71	2	0.39	6	2.54	1
浙　江	0.43	3	0.01	12	0.02	12	0.13	10	0.13	12
重　庆	0.29	4	0.32	4	0.32	5	0.28	7	0.29	9

数据来源：国家统计局。

3-4 全国产茶地区乌龙毛茶产量及位次

(2000—2011)

单位：万吨

地区	2000		2005		2008		2010		2011	
	产量	位次	产量	位次	产量	位次	产量	位次	产量	位次
全 国	6.76		10.38		14.41		18.00		19.97	
浙 江	0.04	4	0.01		0.01	4				
安 徽					0.01	7	0.01	10	0.01	9
福 建	5.07	1	8.59	1	12.63	1	14.78	1	15.75	1
江 西	0.02	5	0.15	3			0.10	5	0.10	7
湖 南	0.05	3	0.06	4	0.07	3	0.38	3	0.35	5
广 东	1.58	2	1.55	2	1.67	2	2.32	2	2.73	2
广 西					0.01	6	0.01	8	0.03	8
贵 州							0.01	9	0.0043	10
湖 北									0.39	4
四 川			0.01	5	0.01	5	0.33	4	0.41	3
云 南							0.02	7	0.20	6
重 庆							0.04	6	0.0029	11

数据来源：国家统计局。

3-5 全国产茶地区紧压茶产量及位次

(2000—2011)

单位：万吨

地区	2000		2005		2008		2010		2011	
	产量	位次	产量	位次	产量	位次	产量	位次	产量	位次
全 国	2.26		2.77		3.88		4.14		6.35	
广 西							0.05	4	0.08	5
贵 州	0.01	6	0.01	6	0.03	5	0.0004	6	0.0004	8
湖 北	0.80	2	0.94	2	1.01	3			0.85	3
湖 南	0.90	1	0.95	1	1.48	1	2.49	1	3.77	1
江 西	0.0049	7					0.0046	5	0.0046	7
四 川	0.50	3	0.82	3	1.32	2	1.30	2	1.30	2
云 南	0.02	4	0.01	5	0.0031	7			0.04	6
浙 江	0.01	5	0.03	4	0.03	4	0.29	3	0.31	4

数据来源：国家统计局。

3-6 全国产茶地区其他茶原料产量及位次

（2000—2011）

单位：万吨

地区	2000		2005		2008		2009		2010	
	产量	位次	产量	位次	产量	位次	产量	位次	产量	位次
全　国	4.78		6.44		7.84		13.92		10.87	
江　苏	0.12	12	0.06	12	0.02	13	0.02	13	0.02	13
安　徽	0.19	10	0.22	8	0.73	5	0.21	10	0.19	11
福　建	0.12	11	0.83	4	0.99	4	0.89	6	0.94	4
广　东	0.39	5	0.67	5	0.60	6	0.56	7	0.58	6
广　西	0.21	7	0.50	6	0.48	7	0.53	8	0.48	7
贵　州	0.68	3	0.86	3	1.36	2	1.03	5	0.96	3
湖　北	0.21	8	0.18	9	0.22	9	1.32	3	0.38	8
湖　南	0.88	2	1.05	2	1.12	3	1.17	4	0.88	5
江　西	0.09	13			0.21	10	0.17	11	0.25	10
四　川	0.90	1	1.48	1	1.54	1	1.68	2	1.94	2
云　南	0.19	9	0.17	10	0.16	11	5.85	1	3.81	1
浙　江	0.51	4	0.09	11	0.10	12	0.15	12	0.15	12
重　庆	0.31	6	0.31	7	0.30	8	0.33	9	0.27	9

数据来源：国家统计局。

3-7 全国产茶地区茶叶单产及位次

（1995—2011）

单位：千克/公顷

地区	1995		2000		2005		2008		2010		2011	
	产量	位次	产量	位次	产量	位次	产量	位次	产量	位次	产量	位次
全国合计	527.69		627.42		691.41		731.42		748.69		768.38	
安徽	376.38	10	418.60	13	506.96	12	588.59	11	623.79	12	634.78	10
福建	716.15	4	974.99	2	1190.89	2	1308.99	2	1354.95	1	1400.48	2
甘肃	223.75	16	197.69	17	82.54	18	52.65	18	86.19	18	94.31	18
广东	864.08	1	975.09	1	1235.14	1	1314.89	1	1306.84	2	1450.06	1
广西	775.68	2	686.70	5	709.51	5	712.54	8	783.16	6	825.31	6
贵州	329.05	14	410.18	14	383.84	16	331.64	16	312.57	16	297.30	17
海南	649.83	6	678.48	6	633.33	8	919.09	5	1022.50	4	1161.77	4
河南	252.57	15	442.66	12	510.63	11	579.36	12	655.40	10	629.74	11
湖北	344.38	12	526.47	10	613.99	9	706.45	9	772.18	9	757.94	9
湖南	677.97	5	773.20	4	898.60	4	1068.43	3	1213.18	3	1296.12	3
江苏	551.66	8	604.47	9	504.94	13	514.52	14	458.67	15	452.09	15
江西	368.50	11	313.43	15	436.94	15	519.84	13	524.79	14	554.91	14
山东	330.00	13	256.14	16	458.28	14	628.41	10	651.58	11	568.76	13
陕西	169.42	17	173.54	18	191.29	17	231.91	17	293.35	17	313.16	16
四川	607.52	7	658.37	7	644.35	6	783.93	7	773.30	8	778.46	8
云南	385.48	9	474.29	11	530.34	10	510.98	15	563.89	13	627.19	12
浙江	732.76	3	902.65	3	933.23	3.00	932.48	4	914.82	5	932.75	5
重庆		18	610.34	8	641.28	7	863.61	6	781.33	7	804.75	7

数据来源：国家统计局。

Ⅳ. 精制茶加工业经济指标

4-1 全国精制茶加工业基本情况

(2000—2011)

单位：万吨、亿元

年　份	精制茶产量	销售收入
2000	30.90	43.96
2001	27.97	44.69
2002	33.43	54.44
2003	35.53	61.90
2004	42.57	82.82
2005	52.40	110.48
2006	64.26	155.97
2007	87.33	246.84
2008	98.64	347.39
2009	119.32	485.92
2010	142.93	716.56
2011	176.70	925.14

数据来源：国家统计局。

4-2 全国精制茶加工企业基本情况

(2000—2011)

		2000	2005	2008	2009	2010	2011
企业数	个	315	544	1 123	1 334	1 556	1 061
其中：亏损企业数	个	104	67	94	69	62	27
从业人数	万人	4.30	4.35	9.52	11.18	13.38	15.05
总产值（当年价格）	亿元	46.93	116.96	372.67	512.62	748.77	958.31
销售总额	亿元	43.96	110.48	347.39	485.92	716.56	925.14
利税总额	亿元	1.97	9.94	46.97	59.88	101.21	113.29
其中：利润额	亿元	0.12	5.12	29.33	39.15	70.01	92.99
资产总额	亿元	56.53	97.52	273.40	336.10	431.44	578.53
负债总额	亿元	41.00	55.16	135.14	158.03	202.85	227.42

数据来源：国家统计局。

4-3 全国各地区精制茶产量

(2005—2011) 单位：万吨

地　　区	2005	2008	2009	2010	2011
全　　国	52.40	98.46	119.32	142.93	176.70
浙　　江	21.65	31.91	35.42	39.78	36.99
湖　　南	8.89	18.30	17.40	22.46	33.60
重　　庆	1.24	2.16	12.05	5.02	4.89
安　　徽	5.70	10.74	11.97	17.89	18.70
湖　　北	2.08	8.47	8.98	14.88	27.04
福　　建	3.95	7.23	7.88	10.31	10.54
四　　川	2.68	6.14	6.88	8.05	19.58
云　　南	2.06	4.20	5.10	6.69	6.39
广　　西	0.50	2.75	4.76	5.38	5.77
河　　南	1.56	3.08	3.58	3.89	4.05
江　　西	0.98	1.74	3.13	4.27	4.13
贵　　州	0.07	0.62	0.86	1.86	1.46
广　　东	0.74	0.57	0.77	1.40	1.43
山　　东	0.10	0.32	0.28	0.30	0.36
陕　　西	0.06	0.18	0.20	0.36	1.30
海　　南	0.08	0.03	0.03	0.13	0.05
黑 龙 江	0.01	0.02	0.01	0.03	0.03
河　　北			0.01	0.01	0.02
辽　　宁			0.01	0.03	0.04
上　　海	0.01			0.17	0.34

数据来源：国家统计局，统计口径是全国国有及销售收入500万元以上的非国有企业。

4-4　全国不同规模精制茶加工企业基本情况

（2000—2011）

		2000	2005	2008	2009	2010	2011
全行业							
企业数量	个	315	544	1 123	1 334	1 556	1 061
亏损企业单位数	个	104	67	94	69	62	27
全部从业人员年平均人数	万人	4.30	4.35	9.52	11.18	13.38	15.05
销售收入	亿元	43.96	110.48	347.39	485.92	716.56	925.14
资产总计	亿元	56.53	97.52	273.40	336.10	431.44	578.53
利税总额	亿元	1.97	9.94	46.97	59.88	101.21	113.29
大型							
企业数量	个	2					6
亏损企业单位数	个	2					0
全部从业人员年平均人数	万人						1.07
销售收入	亿元						48.03
资产总计	亿元						97.15
利税总额	亿元						4.92
中型							
企业数量	个	20	15	22	31	49	72
亏损企业单位数	个	8	2	1	2	3	1
全部从业人员年平均人数	万人	0.77	0.69	1.22	1.77	2.98	5.29
销售收入	亿元	6.67	15.13	53.81	82.65	152.55	209.25
资产总计	亿元	14.39	19.21	58.60	73.54	105.51	131.15
利税总额	亿元	0.24	1.79	9.35	14.24	29.10	28.13
小型							
企业数量	个	293	529	1，101	1，303	1，507	911
亏损企业单位数	个	94	65	93	67	59	24
全部从业人员年平均人数	万人	3.11	3.66	8.30	9.42	10.40	8.52
销售收入	亿元	34.15	95.35	293.58	403.27	564.00	642.07
资产总计	亿元	36.35	78.31	214.80	262.56	325.93	339.62
利税总额	亿元	1.83	8.15	37.62	45.63	72.11	77.43

数据来源：国家统计局，统计口径是全国国有及销售收入 500 万元以上的非国有企业。

说明：大、中、小型企业划分主要从企业从业人数、销售额、资产总额划分；

1. 大型企业指从业人员≥2 000，销售额≥3 亿元，资产总额≥4 亿元；
2. 中型企业指 300 人≤从业人员<2 000 人，3 000 万元≤销售额<3 亿元，4 000 万元≤资产总额<4 亿元；
3. 小型企业指从业人员<300 人，销售额<3 000 万元，资产总额<4 000 万元。

4-5 全国不同经济类型精制茶加工企业基本情况

(2000—2011)

	单位	2000	2005	2008	2009	2010	2011
全行业							
企业数量	个	315	544	1 123	1 334	1 556	1 061
亏损企业单位数	个	104	67	94	69	62	27
全部从业人员年平均人数	万人	4.30	4.35	9.52	11.18	13.38	15.05
销售收入	亿元	43.96	110.48	347.39	485.92	716.56	925.14
资产总计	亿元	56.53	97.52	273.40	336.10	431.44	578.53
利税总额	亿元	1.97	9.94	46.97	59.88	101.21	113.29
国有企业							
企业数量	个	127	59	29	28	31	17
亏损企业单位数	个	69	27	5	3	6	0
全部从业人员年平均人数	万人	1.73	0.52	0.39	0.35	0.41	0.34
销售收入	亿元	7.59	3.54	7.35	7.99	11.90	12.28
资产总计	亿元	15.27	6.11	9.60	5.58	7.08	5.98
利税总额	亿元	−0.15	0.12	0.67	0.77	1.22	0.99
集体企业							
企业数量	个	83	35	36	40	41	17
亏损企业单位数	个	14	2	1	1	1	0
全部从业人员年平均人数	万人	0.99	0.30	0.32	0.36	0.30	0.2
销售收入	亿元	14.68	6.32	13.99	17.13	18.07	22.96
资产总计	亿元	10.68	3.34	5.08	6.06	4.79	3.12
利税总额	亿元	1.00	0.54	1.35	1.65	1.88	0.76
股份合作企业							
企业数量	个	6	12	19	21	20	5
亏损企业单位数	个		1	1			0
全部从业人员年平均人数	万人	0.04	0.11	0.15	0.17	0.15	0.06
销售收入	亿元	0.40	2.32	4.01	5.59	8.53	2.22
资产总计	亿元	0.55	1.37	1.97	4.64	3.68	0.68
利税总额	亿元	0.04	0.21	0.59	0.92	1.12	0.35
股份制企业							
企业数量	个	12	10	23	31	33	25
亏损企业单位数	个	5		3	2	3	1
全部从业人员年平均人数	万人	0.33	0.21	0.46	0.49	0.53	0.55
销售收入	亿元	1.93	6.47	9.33	14.15	18.95	26.97
资产总计	亿元	6.11	4.97	19.43	23.55	22.50	30.71
利税总额	亿元	0.09	0.88	1.05	2.41	2.69	6.00
私营企业							
企业数量	个	44	314	770	944	1 087	694
亏损企业单位数	个	1	24	53	45	37	13
全部从业人员年平均人数	万人	0.32	2.18	5.86	7.28	8.46	9.8
销售收入	亿元	7.40	64.24	209.50	311.92	443.82	566.69
资产总计	亿元	5.30	50.17	143.68	188.84	251.41	347.95
利税总额	亿元	0.59	5.33	25.77	35.38	58.53	62.82
外商和港澳台投资企业							
企业数量	个	19	34	67	70	78	47
亏损企业单位数	个	7	5	13	9	6	4
全部从业人员年平均人数	万人	0.56	0.28	0.61	0.61	0.82	0.84
销售收入	亿元	6.70	7.44	25.53	29.80	49.21	63.77
资产总计	亿元	12.68	8.63	25.81	29.22	41.20	60.58
利税总额	亿元	0.09	0.59	6.15	6.95	12.14	20.94
其他企业							
企业数量	个	24	80	175	200	266	252
亏损企业单位数	个	8	8	18	9	9	9
全部从业人员年平均人数	万人	0.33	0.75	1.73	1.92	2.69	3.21
销售收入	亿元	5.26	20.14	77.67	99.33	166.07	230.24
资产总计	亿元	5.94	22.94	67.82	78.22	100.78	129.51
利税总额	亿元	0.30	2.28	11.41	11.81	23.64	21.45

数据来源：国家统计局，统计口径是全国国有及销售收入500万元以上的非国有企业。

4-6 全国各地区茶叶加工企业数

（2000—2011）

单位：个

地区	2000		2005		2008		2009		2010		2011	
	总数	亏损企业数	总数	亏损企业数	总数	亏损企业数	总数	亏损企业数	总数	亏损企业数	总数	亏损企业数
全国	315	104	544	67	1 123	94	1 334	69	1 556	62	1 061	27
北京	2		3	1	4	1	3		4	1	1	
天津	2	2										
河北					1		1		1			
山西									1			
内蒙古												
辽宁					1		1		2			
吉林							1		2			
黑龙江	2	1	1		1		1		1			
上海	2	1	3	1	4	1	3	1	4			
江苏	14	3	16	3	16		11		13	1	8	1
浙江	60	14	123	13	161	25	177	10	181	14	104	7
安徽	12	5	29	3	95	3	120	3	133	5	73	3
福建	48	11	115	10	244	17	299	10	379	5	303	6
江西	19	9	23	3	31	1	31	1	31	1	26	
山东	1		12		40	1	45	1	48		29	
河南	4		11		31		32		38	1	40	
湖北	28	5	44	3	120	1	176	4	227	5	94	
湖南	32	10	48	6	98	1	114	1	124	1	108	2
广东	18	8	16	6	17	1	23	2	27	1	16	2
广西	8	5	12	5	31	2	42	2	52		39	1
海南	3	2	5	3	2	1	2		1			
重庆	4	1	8	2	21		24	1	31		14	
四川	20	8	38	2	106	6	110	3	111	3	91	1
贵州	8	5	9	3	20	3	25	1	45	2	36	
云南	25	13	26	3	69	29	73	28	71	21	40	3
西藏												
陕西	2	1	2		10	1	18	1	27	1	29	
甘肃	1											
青海												
宁夏							1		1			
新疆							1		1			

数据来源：国家统计局，统计口径是全国国有及销售收入500万元以上的非国有企业。

4-7 全国各地区茶叶加工企业产值

（2000—2011）

单位：亿元

地 区	2000	2005	2008	2009	2010	2011
全 国	46.93	116.96	372.67	512.62	748.77	925.14
北 京	0.22	0.95	3.77	6.16	7.62	7.15
河 北			0.08	0.32	0.32	0.62
山 西					0.46	0.61
辽 宁			0.33	0.96	2.22	2.78
吉 林				0.08	0.45	2.66
黑龙江	1.09	0.05	0.32	0.41	0.90	1.32
上 海	0.22	0.37	0.76	0.27	1.93	2.54
江 苏	1.71	1.41	3.58	2.14	3.24	5.48
浙 江	14.82	35.28	54.54	65.85	75.07	76.52
安 徽	0.87	6.93	24.38	29.00	46.48	52.49
福 建	5.47	18.49	71.55	104.03	159.31	230.41
江 西	1.30	2.40	11.47	14.45	19.12	26.44
山 东	0.09	3.40	11.25	19.19	22.84	15.50
河 南	0.62	2.93	15.26	19.43	24.85	36.43
湖 北	3.91	5.24	28.22	49.61	79.00	106.88
湖 南	4.14	15.43	51.95	72.50	109.71	127.54
广 东	3.20	4.94	6.01	8.51	10.30	10.01
广 西	0.73	0.98	8.94	15.21	20.81	29.48
海 南	0.56	0.20	0.30	0.16	0.26	0.25
重 庆	0.49	1.07	5.72	8.59	11.42	12.42
四 川	2.24	8.70	38.19	59.73	100.42	114.38
贵 州	0.51	0.67	4.39	6.54	12.82	17.01
云 南	2.50	6.92	28.49	23.28	28.85	28.88
陕 西	0.42	0.58	3.17	5.86	10.08	17.36
宁 夏				0.12	0.13	
新 疆				0.20	0.12	

数据来源：国家统计局，统计口径是全国国有及销售收入500万元以上的非国有企业。

4-8 全国各地区茶叶加工企业负债总计

（2000—2011）

单位：亿元

地 区	2000	2005	2008	2009	2010	2011
全 国	41.00	55.16	135.14	158.03	202.85	227.42
北 京	0.03	0.52	1.23	1.24	1.96	3.60
山 西					0.15	0.08
辽 宁			0.01	0.15	0.14	0.24
吉 林				0.00	0.04	0.18
黑龙江	0.94	0.10	0.22	0.24	0.37	0.45
上 海	0.38	0.70	0.55	0.20	0.82	1.10
江 苏	0.41	0.65	2.31	1.02	1.23	1.36
浙 江	8.25	14.04	29.25	32.84	40.30	40.08
安 徽	1.93	3.28	8.39	10.45	12.01	13.73
福 建	3.11	5.32	13.94	19.57	29.14	36.02
江 西	3.29	1.05	4.17	4.29	4.57	4.73
山 东	0.01	1.23	2.83	3.64	6.86	3.19
河 南	0.31	0.98	2.73	3.15	5.55	15.26
湖 北	3.97	3.55	8.88	14.83	17.10	18.78
湖 南	4.23	5.78	9.03	12.62	15.02	18.07
广 东	1.43	3.00	2.99	3.71	3.79	3.57
广 西	0.90	0.96	2.23	3.60	4.17	5.04
海 南	0.23	0.42	0.22	0.06	0.12	0.13
重 庆	0.83	0.52	2.64	1.47	1.16	0.76
四 川	2.56	5.54	13.36	15.00	22.46	21.34
贵 州	0.50	0.37	2.50	3.45	5.01	6.81
云 南	4.41	6.86	26.06	23.99	27.39	29.38
陕 西	0.35	0.28	1.59	2.16	3.15	3.48
宁 夏				0.14	0.11	
新 疆				0.20	0.24	

数据来源：国家统计局，统计口径是全国国有及销售收入500万元以上的非国有企业。

4-9 全国各地区茶叶加工企业资产额

（2000—2011）

单位：亿元

地区	2000	2005	2008	2009	2010	2011
全国	56.53	97.52	273.40	336.10	431.44	578.53
北京	0.11	0.58	3.16	5.98	8.43	16.33
河北			0.05	0.07	0.08	0.13
山西					0.78	0.77
辽宁			0.10	0.24	0.25	0.29
吉林				0.04	0.21	0.31
黑龙江	1.40	0.31	0.47	0.56	0.96	0.92
上海	0.47	0.49	1.32	0.43	2.83	3.31
江苏	0.76	1.01	4.16	2.36	2.74	3.24
浙江	11.72	23.47	45.02	51.56	61.40	62.40
安徽	2.16	4.34	14.45	19.63	23.36	26.53
福建	5.97	12.66	36.74	52.34	77.88	103.08
江西	3.28	1.79	8.37	9.54	10.45	11.31
山东	0.02	2.08	6.35	8.31	12.90	8.27
河南	0.62	3.00	7.88	8.67	11.05	30.25
湖北	4.67	7.33	22.06	34.21	40.22	100.93
湖南	5.41	10.09	21.55	27.65	34.66	44.39
广东	2.41	5.15	5.67	6.97	7.58	6.68
广西	1.22	1.53	5.56	8.16	9.66	18.71
海南	0.76	0.55	0.85	0.13	0.25	0.29
重庆	1.20	0.86	4.71	4.17	4.35	3.38
四川	3.80	11.49	28.55	34.60	47.33	53.96
贵州	0.58	0.68	5.54	7.53	11.42	13.45
云南	5.88	9.72	48.06	47.75	54.88	60.30
陕西	1.02	0.38	2.77	4.05	6.75	9.30
宁夏				0.20	0.21	
新疆				0.94	0.84	

数据来源：国家统计局，统计口径是全国国有及销售收入500万元以上的非国有企业。

4-10 全国各地区茶叶加工企业产品销售收入

(2000—2011)

单位：亿元

地区	2000	2005	2008	2009	2010	2011
全国	43.96	110.48	347.39	485.92	716.56	925.14
北京	0.22	0.95	3.88	6.14	7.68	71.47
河北			0.08	0.32	0.32	6.19
山西					0.37	6.05
辽宁			0.33	1.04	2.19	27.75
吉林				0.07	0.42	26.61
黑龙江	0.18	0.05	0.24	0.34	0.64	13.20
上海	0.40	0.36	0.70	0.27	1.83	25.37
江苏	1.24	1.34	3.40	1.98	3.28	54.82
浙江	14.17	33.87	53.41	64.50	73.32	765.17
安徽	0.86	6.44	23.92	28.05	45.13	524.89
福建	5.30	17.60	69.54	101.09	154.43	230.41
江西	0.77	2.31	11.00	13.90	19.08	264.40
山东	0.07	2.64	10.60	19.34	20.50	154.96
河南	0.47	3.01	14.72	18.71	24.34	364.31
湖北	3.61	4.98	27.58	46.88	77.96	1 068.85
湖南	3.97	15.43	51.75	71.11	107.00	1 275.36
广东	3.32	4.70	5.93	8.60	10.12	100.15
广西	0.59	1.13	7.67	13.70	19.39	294.77
海南	0.41	0.22	0.23	0.09	0.22	2.49
重庆	0.51	1.04	5.45	8.54	10.94	124.21
四川	2.07	7.23	32.78	51.38	90.92	1 143.84
贵州	0.08	0.44	3.85	5.62	11.28	170.08
云南	2.70	6.20	17.26	18.32	25.50	288.76
陕西	0.44	0.56	3.06	5.61	9.46	173.62
宁夏				0.08	0.13	
新疆				0.23	0.12	

数据来源：国家统计局，统计口径是全国国有及销售收入 500 万元以上的非国有企业。

4-11 全国各地区茶叶加工企业利润额

(2000—2011)

单位：亿元

地 区	2000	2005	2008	2009	2010	2011
全 国	0.12	5.12	29.33	39.15	70.01	92.99
北 京	0.04	−0.12	1.30	2.16	2.52	1.19
河 北			0.01	0.03	0.08	0.11
山 西					0.08	0.11
辽 宁			0.03	0.14	0.29	0.45
吉 林				0.01	0.02	0.02
黑龙江	−0.05	0.02	0.01	0.04	0.04	0.07
上 海	0.04	0.02	0.15	0.01	0.16	0.29
江 苏	0.04	0.11	0.21	0.09	0.13	0.43
浙 江	0.30	1.08	2.19	3.23	3.96	4.71
安 徽	−0.05	0.15	1.96	2.34	4.19	4.11
福 建	0.00	1.12	8.69	10.52	20.27	29.86
江 西	−0.15	0.09	0.72	0.87	1.37	2.04
山 东	0.00	0.23	1.02	2.01	2.88	1.94
河 南	0.02	0.22	1.44	1.73	2.22	3.08
湖 北	−0.18	0.21	2.95	3.56	7.44	12.61
湖 南	0.10	0.55	2.69	3.47	6.58	7.10
广 东	0.10	0.12	0.28	0.53	1.04	0.79
广 西	−0.02	0.00	0.59	0.97	1.92	2.60
海 南	0.01	−0.01	0.00	0.05	0.07	0.08
重 庆	0.00	0.04	0.49	0.67	1.26	0.90
四 川	0.00	0.49	3.28	3.88	7.36	10.35
贵 州	−0.02	0.00	0.25	0.39	0.73	1.76
云 南	−0.01	0.77	0.81	1.95	4.55	6.03
陕 西	−0.03	0.03	0.29	0.47	0.80	2.37
宁 夏				0.02	0.04	
新 疆				0.02	0.02	

数据来源：国家统计局，统计口径是全国国有及销售收入500万元以上的非国有企业。

4-12 全国各地区茶叶加工企业从业人员

（2000—2011）

单位：个

地 区	2000	2005	2008	2009	2010	2011
全 国	43 040	43 480	95 194	111 837	133 772	150 488
北 京	115	380	440	448	672	628
河 北			31	40	84	80
山 西					60	55
辽 宁			100	329	319	325
吉 林				31	97	135
黑龙江	289	74	131	131	131	185
上 海	714	318	148	219	230	199
江 苏	2 169	1 452	1 434	947	827	443
浙 江	4 407	5 999	7 603	8 365	8 850	7 463
安 徽	1 957	1 642	4 592	5 409	5 816	5 570
福 建	4 683	7 879	21 355	25 728	33 787	43 754
江 西	2 569	1 610	4 624	3 275	3 441	3 682
山 东	50	831	1 994	4 914	2 561	1 879
河 南	313	1 082	3 773	4 527	5 402	6 034
湖 北	7 843	4 375	11 300	14 451	16 394	12 676
湖 南	5 578	6 365	11 802	12 455	15 535	15 430
广 东	2 586	1 865	1 689	2 002	2 175	1 571
广 西	815	767	2 953	4 409	5 117	5 874
海 南	498	339	95	69	92	91
重 庆	626	499	2 888	2 772	2 884	2 426
四 川	2 161	2 833	6 932	10 223	14 623	17 019
贵 州	585	506	1 320	1 221	2 517	2 853
云 南	4 147	4 304	9 022	8 153	9 198	19 334
陕 西	410	360	968	1 501	2 764	2 782
宁 夏				100	80	
新 疆				118	116	

数据来源：国家统计局，统计口径是全国国有及销售收入 500 万元以上的非国有企业。

4-13 全国精制茶加工企业从业人员

(2000—2011)

年 份	从业人数（万人）
2000	4.30
2005	4.35
2006	5.35
2007	7.51
2008	9.52
2009	11.18
2010	13.38
2011	15.05

V. 茶业贸易

5-1 全国茶叶出口

(1995—2011)

单位：万吨、亿美元

年 份	出口数量	出口金额
1995	16.66	2.75
1996	16.97	2.83
1997	20.25	3.32
1998	21.74	3.70
1999	19.96	3.38
2000	22.77	3.47
2001	24.97	3.42
2002	25.23	3.32
2003	25.99	3.67
2004	28.02	4.37
2005	28.66	4.84
2006	28.66	5.47
2007	28.94	6.07
2008	29.69	6.82
2009	30.30	7.05
2010	30.25	7.84
2011	32.26	8.88

数据来源：海关总署。

5-2 全国茶叶出口货源地

(2005—2011)

单位：吨、万美元

年份 地区	2005		2010		2011	
	出口数量	出口金额	出口数量	出口金额	出口数量	出口金额
全国合计	286 562.90	48 430.55	302 525.07	78 411.82	322 579.78	96 509.66
浙江	173 559.35	27 331.06	182 157.75	41 535.94	197 911.86	50 818.18
安徽	20 356.42	2 823.45	26 114.80	6 746.27	32 392.45	9 273.20
湖南	20 423.60	2 943.97	27 322.69	5 762.54	27 240.09	7 429.12
福建	21 726.40	5 881.07	18 345.29	8 228.18	17 450.11	8 623.10
江西	4 629.22	918.95	9 607.51	2 785.81	9 686.58	3 385.82
广东	11 018.70	2 232.09	9 225.82	3 773.36	9 430.97	4 976.71
上海	5 654.50	1 225.69	6 969.50	3 452.48	7 524.11	4 733.49
云南	7 203.36	2 241.68	6 740.71	2 307.19	6 158.68	2 288.38
重庆	10 809.39	679.58	6 385.03	564.00	4 170.84	361.50
湖北	2 843.03	777.07	2 652.76	1 293.45	3 432.59	2 133.29
广西	2 229.45	360.58	1 534.92	453.73	2 117.21	702.09
河南	175.00	7.90	1 998.54	601.75	1 863.53	673.17
江苏	2 325.03	487.79	1 919.65	409.24	1 573.01	413.99
山东	55.45	8.83	303.74	51.69	434.31	112.43
四川	302.72	100.09	336.62	208.67	413.07	331.30
海南	320.15	36.58	638.46	94.29	396.60	59.84
黑龙江			87.71	66.69	153.92	108.08
内蒙古			16.80	0.56	73.82	2.80
天津			0.21	0.80	67.11	30.46
贵州			144.73	43.88	61.30	19.33
陕西					13.72	4.30
北京	2 408.56	278.57	15.26	26.07	10.31	24.15
吉林	0.12	0.04	4.17	1.21	3.06	4.73
河北			1.25	3.05	0.52	0.15
宁夏			0.45	0.41	0.05	0.07
辽宁	464.40	89.01	0.70	0.56		

数据来源：海关总署。

5-3 全国茶叶出口目的地国家或地区（一）

（2005—2011）　　单位：吨、万美元

国家或地区	2005		2010		2011	
	出口数量	出口金额	出口数量	出口金额	出口数量	出口金额
合　　计	286 562.90	48 430.55	302 525.07	78 411.82	322 579.78	96 509.66
摩洛哥	52 644.24	9 847.86	61 308.51	15 667.66	63 587.81	18 953.73
美国	18 216.99	2 933.62	24 820.70	5 565.64	23 861.79	6 604.43
乌兹别克斯坦	19 286.92	1 014.19	18 577.70	2 349.40	18 552.08	3 182.44
日本	34 586.34	7 978.14	19 456.20	5 630.88	18 098.79	5 451.06
俄罗斯	14 896.78	2 054.13	21 271.26	4 668.26	17 874.40	5 386.52
阿尔及利亚	11 364.19	2 106.50	11 881.29	3 069.14	15 913.70	4 657.63
毛里塔尼亚	8 614.91	1 815.19	11 750.13	3 979.55	12 325.81	4 477.82
中国香港	13 867.41	3 465.73	11 466.43	5 255.96	11 474.62	6 704.19
伊朗	1 756.90	148.14	3 449.45	449.17	11 057.96	2 049.55
多哥	1 428.39	269.18	8 764.07	2 466.97	9 985.88	3 336.25
德国	4 702.10	1 112.81	9 056.85	2 632.50	9 802.52	3 203.84
喀麦隆	2 674.79	103.46	3 807.48	353.97	9 281.25	1 189.81
贝宁	2 852.99	275.02	6 315.21	1 537.44	8 659.21	1 940.01
几内亚	956.90	164.67	4 186.37	1 097.89	7 154.88	2 168.51
马里	1 868.92	380.55	7 020.89	2 346.00	7 025.60	2 601.97
尼日尔	1 998.54	430.91	3 111.22	786.08	6 149.14	1 373.55
塞内加尔	8 981.28	1 666.47	6 278.06	2 083.23	5 652.55	2 188.13
冈比亚	2 957.58	506.90	3 397.47	1 194.83	5 384.87	1 943.88
巴基斯坦	8 369.50	585.21	8 463.35	1 254.44	3 802.13	466.46
突尼斯	3 291.32	310.60	2 623.07	254.83	3 680.07	435.97
乌克兰	2 041.23	367.56	3 503.53	908.81	3 049.36	925.15
新加坡	2 654.16	618.59	2 661.75	921.70	2 991.52	1 125.79
法国	2 140.95	531.49	2 580.92	1 272.56	2 933.14	1 396.71
土库曼斯坦	5 209.51	298.90	3 379.88	327.36	2 868.24	403.43
斯里兰卡	3 572.05	578.33	2 911.29	581.43	2 774.11	682.47
加纳	13 113.04	2 503.69	866.44	189.64	2 352.06	703.40
英国	2 594.56	609.80	4 048.37	1 738.50	2 320.94	1 035.32
缅甸	1 607.02	233.67	2 661.25	592.68	2 278.95	620.06
波兰	2 943.60	444.49	1 450.61	279.42	1 820.12	754.25
利比亚	5 915.80	810.23	2 091.08	408.87	1 760.69	344.23
荷兰	2 351.59	352.56	1 672.50	413.95	1 754.97	565.20
蒙古	451.87	19.11	1 675.08	128.51	1 743.83	151.88
塔吉克斯坦	1 289.56	81.93	1 653.13	198.04	1 604.73	364.88
马来西亚	1 586.59	394.50	1 550.36	837.14	1 588.42	942.37
加拿大	904.65	256.75	1 688.88	584.43	1 506.74	829.62
泰国	138.72	32.83	1 344.33	370.22	1 494.74	505.79
阿富汗	5 742.29	468.70	1 153.95	201.58	1 326.67	283.93
澳大利亚	199.71	82.49	613.25	496.11	1 262.57	1 071.74
西班牙	699.25	123.92	870.78	180.63	1 243.07	285.88
沙特阿拉伯	1 108.91	271.50	1 155.56	338.89	1 202.06	404.66

5-3 全国茶叶出口目的地国家或地区（二）

（2005—2011）

单位：吨、万美元

国家或地区	2005		2010		2011	
	出口数量	出口金额	出口数量	出口金额	出口数量	出口金额
埃及	794.03	113.59	1 132.74	174.77	1 096.73	198.14
比利时	198.99	57.95	623.70	240.13	1 082.06	355.09
科特迪瓦	1 062.04	182.24	3 316.48	1 149.28	1 030.62	333.47
哈萨克斯坦	700.53	91.66	650.26	80.20	676.49	101.58
印度尼西亚	1 018.87	50.93	821.29	127.60	655.72	208.06
阿联酋	596.80	118.56	1 387.71	379.49	647.88	223.14
印度	1 224.83	115.35	762.78	167.75	592.02	152.76
吉尔吉斯斯坦	399.22	30.14	484.88	68.74	523.89	93.61
智利	68.21	33.76	375.80	174.52	465.40	201.62
土耳其	82.91	9.35	402.97	55.69	413.40	67.69
中国澳门	321.42	96.09	271.66	238.72	327.16	129.61
韩国	2 128.40	503.72	275.68	105.13	291.73	135.23
意大利	110.53	28.81	284.53	92.10	291.24	101.25
肯尼亚	1 280.52	68.09	38.18	4.03	278.83	25.80
乍得	43.75	1.40	1 009.04	143.32	270.49	34.84
塞拉利昂	136.80	13.91	80.20	8.87	258.40	40.62
叙利亚	148.26	20.79	450.20	90.38	258.19	48.94
中国台湾	272.72	97.90	159.35	94.57	253.34	180.22
利比里亚	163.71	21.00	228.88	28.19	243.86	34.33
尼日利亚	2 136.88	69.49	223.75	15.23	242.92	56.52
布基纳法索	141.76	22.97	232.80	39.34	232.80	50.37
白俄罗斯	45.67	6.38	228.03	64.40	232.47	84.70
也门	103.30	14.17	210.53	23.34	220.00	25.04
几内亚比绍					199.36	72.12
新西兰	26.24	6.20	27.49	9.68	181.08	64.29
巴西	44.88	9.85	88.14	18.99	163.28	30.95
以色列	191.91	29.06	150.36	34.28	161.41	38.34
加蓬	65.64	12.25	98.91	36.80	146.33	63.29
阿根廷	99.35	12.88	113.56	18.59	141.44	30.75
菲律宾	92.67	37.86	109.77	163.76	134.77	285.13
芬兰	119.64	29.62	78.31	32.25	127.33	73.77
瑞士	83.51	22.75	186.36	81.79	117.60	68.45
巴拿马	36.25	12.15	42.61	43.82	103.98	51.77
越南	386.00	65.47	58.66	188.67	95.21	479.14
巴布亚新几内亚			33.00	5.19	93.51	26.90
南非	42.00	14.62	180.48	35.39	92.96	63.44
丹麦	101.41	23.51	129.99	43.49	88.36	32.59
赤道几内亚					79.00	29.72
哥伦比亚	4.75	1.75	98.98	152.47	71.97	101.61
希腊	10.44	3.28	44.17	13.84	65.79	27.28
立陶宛	26.55	3.77	102.10	26.45	64.80	20.21

5-3 全国茶叶出口目的地国家或地区（三）

（2005—2011）

单位：吨、万美元

国家或地区	2005		2010		2011	
	出口数量	出口金额	出口数量	出口金额	出口数量	出口金额
墨西哥	10.34	2.70	105.45	60.50	64.57	90.04
罗马尼亚	32.40	2.43	62.47	10.61	61.81	14.38
捷克	13.01	5.11	38.69	15.13	57.81	31.93
瑞典	17.21	4.34	42.36	17.53	55.46	36.10
委内瑞拉	7.21	2.12	11.56	8.23	54.43	25.63
约旦	4.83	2.50	13.97	4.27	48.53	11.13
苏丹	17.97	3.79	61.04	7.27	41.82	7.30
安哥拉	7.20	7.92	11.24	5.46	34.76	15.83
民主刚果			21.00	5.78	34.30	11.77
塞尔维亚			22.25	2.60	30.41	3.33
秘鲁	7.30	4.41	33.50	27.78	30.06	28.60
黎巴嫩	9.50	1.07	14.00	2.04	26.16	3.89
匈牙利	13.61	3.81	20.21	7.39	20.94	10.73
毛里求斯	4.73	2.24	16.82	4.24	12.51	8.59
厄瓜多尔			20.36	3.68	11.75	3.25
亚美尼亚					11.36	2.15
刚果	106.70	9.42	33.39	11.60	10.21	3.76
伊拉克					10.00	2.45
哥斯达黎加	1.94	1.32	3.98	3.48	9.61	7.81
阿塞拜疆	10.43	2.39	13.56	3.52	8.60	2.09
爱尔兰	18.47	4.20	3.41	3.91	5.19	8.69
柬埔寨	4.28	3.20	4.29	3.82	5.16	4.91
萨摩亚					4.00	0.63
苏里南	0.16	0.16	2.69	2.55	2.86	2.77
乌拉圭			4.59	5.04	2.17	3.12
牙买加					1.86	1.46
塞浦路斯					1.81	2.48
赞比亚			0.38	1.17	1.53	3.26
直布罗陀	8.78	1.70	1.54	1.35	1.28	0.86
斯洛伐克			0.18	0.64	0.98	1.36
科威特			29.82	6.55	0.66	1.51
拉脱维亚	64.93	27.52	66.27	65.04	0.52	0.15
津巴布韦					0.17	0.58
阿曼	0.22	0.88	0.14	0.54	0.17	1.11
马耳他					0.17	0.10
奥地利	0.50	0.81	0.28	0.87	0.16	0.40
爱沙尼亚	0.09	0.13	37.38	3.29	0.11	0.22
文莱	0.02	0.03	0.02	0.07	0.06	0.21
汤加					0.02	0.04
马拉维					0.01	0.10
莫桑比克			0.68	1.60	0.01	0.09

5-3 全国茶叶出口目的地国家或地区（四）

（2005—2011）

单位：吨、万美元

国家或地区	2005		2010		2011	
	出口数量	出口金额	出口数量	出口金额	出口数量	出口金额
巴拉圭			50.40	5.68		
卡塔尔	2.60	0.84	7.00	2.50		
克罗地亚			1.40	2.60		
老挝			25.00	5.53		
孟加拉国						
埃塞俄比亚			0.04	0.13		
巴林	2.61	0.94				
保加利亚	4.82	2.94				
东帝汶			0.03	0.04		
多米尼加共和国	0.96	0.67				
佛得角	64.68	18.01				
格鲁吉亚			0.04	0.18		
吉布提	6.90	0.35				
留尼汪	2.75	1.92				
摩尔多瓦	8.93	3.54				
摩纳哥						
挪威	0.26	0.86	4.90	7.52		
塞尔维亚和黑山	9.00	0.71				
塞舌尔			0.02	0.01		
所罗门群岛			5.04	3.60		
特立尼达和多巴哥	4.21	1.96	0.80	0.93		
瓦努阿图						

数据来源：海关总署。

5-4 全国绿茶出口

（1995—2011）

单位：吨、万美元

年份	出口数量	出口金额
1995	66 882.05	11 052.02
1996	55 866.11	8 962.28
1997	78 773.93	12 441.73
1998	111 684.75	18 065.17
1999	121 631.95	18 942.95
2000	155 325.26	21 786.77
2001	163 163.00	19 952.55
2002	170 355.99	20 292.50
2003	181 728.58	24 112.26
2004	196 205.73	29 438.73
2005	206 170.37	33 078.68
2006	218 737.34	39 020.24
2007	223 665.05	43 139.90
2008	223 327.07	48 692.50
2009	229 316.04	52 453.18
2010	234 272.29	56 678.71
2011	257 441.96	70 638.43

数据来源：海关总署。

5-5　全国绿茶出口货源地

(2005—2011)

单位：吨、万美元

地区	2005		2010		2011	
	出口数量	出口金额	出口数量	出口金额	出口数量	出口金额
全国合计	206 170.37	33 078.68	234 272.29	56 678.71	257 441.96	70 638.43
浙江	155 361.17	24 427.93	170 097.45	38 866.82	187 957.57	48 104.85
安徽	17 083.11	2 293.74	22 649.08	5 962.18	28 414.93	8 324.13
湖南	12 946.59	2 031.37	19 172.73	3 973.63	19 098.57	5 075.61
江西	3 561.48	687.24	8 542.19	2 382.17	8 775.76	2 960.54
上海	3 848.53	752.41	4 274.30	1 781.13	3 618.77	1 745.80
河南	175.00	7.90	1 993.04	599.92	1 863.53	673.17
湖北	2 278.35	561.97	1 461.55	714.53	1 814.69	1 010.38
福建	2 090.61	704.80	1 505.94	979.96	1 585.48	1 127.04
云南	1 417.86	330.65	1 502.08	377.53	1 164.75	451.79
广东	2 221.81	476.24	1 026.35	422.89	1 024.67	448.55
江苏	1 539.89	281.33	942.84	248.03	883.44	265.88
广西	296.12	57.93	140.90	67.64	474.97	164.11
海南	320.15	36.58	587.49	88.28	396.60	59.84
黑龙江			87.71	66.69	153.92	108.08
四川	247.43	95.08	163.08	87.17	103.53	54.08
天津			0.12	0.70	66.65	30.15
山东	2.11	1.00	6.64	2.75	14.52	4.74
陕西					13.63	4.18
贵州			79.20	24.45	8.70	3.41
北京	2 147.61	233.37	13.48	24.23	6.34	20.94
河北			1.25	3.05	0.52	0.15
吉林	0.12	0.04	3.17	0.78	0.40	0.92
宁夏					0.02	0.05
重庆	110.00	3.54	21.00	3.60	0.01	0.06
辽宁	464.40	89.01	0.70	0.56		
青海	44.06	5.57				
新疆	14.00	0.98				

数据来源：海关总署。

5-6 全国绿茶出口目的地国家或地区（一）

（2005—2011）

单位：吨、万美元

国家或地区	2005		2010		2011	
	出口数量	出口金额	出口数量	出口金额	出口数量	出口金额
合计	206 170.37	33 078.68	234 272.29	56 678.71	257 441.96	70 638.43
摩洛哥	52 486.81	9 813.43	60 759.78	15 545.41	62 958.33	18 781.35
乌兹别克斯坦	18 668.05	982.22	18 568.94	2 344.77	18 463.39	3 165.40
阿尔及利亚	11 344.92	2 102.94	11 788.05	3 056.30	15 861.85	4 647.18
俄罗斯	5 777.96	1 005.07	14 305.73	3 073.71	12 554.48	3 345.79
毛里塔尼亚	8 614.91	1 815.19	11 750.13	3 979.55	12 325.41	4 477.52
美国	7 544.50	1 159.80	12 273.24	2 462.65	11 444.06	2 583.11
伊朗	1 756.90	148.14	3 377.85	430.75	11 048.46	2 045.08
多哥	1 428.14	269.02	8 761.67	2 465.72	9 985.88	3 336.25
喀麦隆	2 674.79	103.46	3 806.75	353.39	9 281.25	1 189.81
贝宁	2 852.99	275.02	6 315.21	1 537.44	8 659.21	1 940.01
几内亚	956.90	164.67	4 186.37	1 097.89	7 154.88	2 168.51
马里	1 868.92	380.55	7 020.89	2 346.00	7 025.60	2 601.97
德国	3 324.48	712.36	6 869.68	1 769.28	6 971.81	2 085.16
尼日尔	1 998.54	430.91	3 111.22	786.08	6 149.08	1 373.54
塞内加尔	8 981.28	1 666.47	6 268.37	2 077.14	5 563.72	2 136.79
冈比亚	2 957.58	506.90	3 397.47	1 194.83	5 384.87	1 943.88
突尼斯	2 585.80	242.18	2 455.74	219.39	3 222.38	345.02
日本	11 201.82	2 849.41	3 694.13	771.02	3 157.77	659.60
土库曼斯坦	5 167.51	295.78	3 342.48	314.73	2 854.24	399.14
乌克兰	1 259.30	212.14	3 016.62	758.08	2 649.99	757.08
斯里兰卡	2 563.42	386.90	2 585.40	490.92	2 501.65	572.83
法国	1 785.53	425.86	2 168.52	947.45	2 435.79	1 118.76
加纳	13 108.28	2 499.75	866.44	189.64	2 352.06	703.40
巴基斯坦	5 141.43	395.35	5 553.21	1 000.43	1 927.45	310.13
新加坡	793.43	222.62	1 230.28	344.56	1 831.26	565.93
英国	1 081.98	140.15	2 168.39	1 020.18	1 638.39	691.17
塔吉克斯坦	1 242.86	78.06	1 643.13	185.54	1 580.85	318.80
利比亚	5 915.80	810.23	1 882.12	361.85	1 523.04	290.38
阿富汗	5 742.29	468.70	1 149.73	200.71	1 326.67	283.93
荷兰	816.47	147.30	1 279.80	296.88	1 294.72	353.88
西班牙	616.43	104.71	761.60	148.61	1 103.43	238.17
埃及	785.76	112.76	882.93	124.19	1 096.73	198.14
沙特阿拉伯	1 083.65	255.71	1 045.97	305.58	1 063.15	367.32
科特迪瓦	1 062.04	182.24	3 316.48	1 149.28	1 030.62	333.47
中国香港	1 878.22	497.50	1 093.41	431.96	1 004.24	474.60
泰国	23.06	7.65	925.26	274.85	994.11	308.96
波兰	576.60	80.80	826.79	115.70	990.61	410.17
加拿大	503.15	133.63	1 103.51	299.98	990.22	398.75
比利时	198.89	57.81	619.29	228.96	887.78	315.87
哈萨克斯坦	381.36	44.90	478.80	48.90	614.91	86.51

5-6　全国绿茶出口目的地国家或地区（二）

（2005—2011）

单位：吨、万美元

国家或地区	2005		2010		2011	
	出口数量	出口金额	出口数量	出口金额	出口数量	出口金额
阿联酋	439.18	83.70	1 106.93	305.10	599.51	196.71
吉尔吉斯斯坦	398.22	29.99	481.98	67.69	515.85	90.77
土耳其	82.91	9.35	401.28	55.17	364.66	53.81
印度	257.35	27.51	372.83	79.38	351.75	102.30
智利	45.16	21.29	241.18	79.21	303.22	103.92
澳大利亚	90.44	30.85	201.28	105.06	291.39	168.56
乍得	43.75	1.40	1 009.04	143.32	270.49	34.84
塞拉利昂	136.80	13.91	80.20	8.87	258.40	40.62
叙利亚	146.01	20.15	447.57	88.96	258.19	48.94
利比里亚	163.71	21.00	228.88	28.19	243.86	34.33
意大利	107.73	24.62	217.70	80.95	242.83	93.16
尼日利亚	2 113.36	67.04	223.75	15.23	234.07	47.85
布基纳法索	141.76	22.97	232.80	39.34	232.80	50.37
几内亚比绍					199.36	72.12
印度尼西亚	994.34	36.68	93.04	22.42	164.49	41.88
巴西	21.55	4.62	65.32	9.53	155.71	25.59
以色列	127.03	22.10	127.62	24.88	152.08	32.40
加蓬	65.64	12.25	98.91	36.80	146.33	63.29
马来西亚	121.03	51.03	84.37	30.31	143.09	69.08
芬兰	81.10	22.07	42.00	21.96	125.79	67.88
瑞士	65.07	11.47	166.84	65.29	113.82	61.71
阿根廷	90.00	10.53	81.24	10.60	101.99	17.11
赤道几内亚					79.00	29.72
南非	10.77	3.07	160.57	18.72	63.55	17.80
哥伦比亚	4.15	1.50	83.46	139.34	60.11	87.45
希腊	8.80	2.61	41.93	13.02	60.11	25.09
韩国	751.13	131.39	23.35	4.31	55.25	8.08
立陶宛	25.88	3.10	85.51	19.51	54.82	15.11
罗马尼亚	13.50	1.21	55.95	8.79	54.81	13.51
墨西哥	2.40	1.55	90.25	42.01	48.66	44.51
约旦	2.97	1.46	13.97	4.27	45.99	10.01
菲律宾	47.83	29.20	84.78	42.67	44.37	30.62
苏丹	17.97	3.79	61.04	7.27	41.82	7.30
越南	156.76	31.73	10.25	39.55	39.13	266.29
民主刚果			21.00	5.78	34.30	11.77
安哥拉			10.42	4.66	32.81	14.46
委内瑞拉	7.12	2.07	10.15	7.10	30.49	15.00
塞尔维亚			20.25	2.28	28.37	3.05
白俄罗斯	8.98	1.60	13.75	7.21	26.50	14.95
黎巴嫩	9.50	1.07	14.00	2.04	26.16	3.89
新西兰	5.23	1.96	13.77	4.27	24.48	8.89
瑞典	9.34	1.92	27.46	10.00	24.24	16.90

5-6 全国绿茶出口目的地国家或地区（三）

（2005—2011）

单位：吨、万美元

国家或地区	2005		2010		2011	
	出口数量	出口金额	出口数量	出口金额	出口数量	出口金额
也门	3.30	0.94	10.53	2.34	20.00	4.04
丹麦	21.37	5.61	26.09	11.64	19.23	7.60
匈牙利	10.67	2.95	17.49	5.88	17.93	8.41
巴拿马	9.92	7.05	13.78	36.43	16.88	37.50
秘鲁	2.07	1.35	21.28	17.36	16.69	15.49
中国澳门	11.47	8.80	32.20	23.02	16.15	17.62
中国台湾	1.69	0.50	1.10	0.37	13.26	4.80
刚果	28.70	6.34	33.39	11.60	10.21	3.76
毛里求斯	3.29	1.63	15.06	3.34	9.87	6.43
哥斯达黎加	1.72	1.18	3.02	2.77	7.78	6.30
捷克	1.68	1.91	17.51	8.33	7.42	15.29
亚美尼亚					7.40	0.92
阿塞拜疆	10.43	2.39	13.56	3.52	7.00	1.72
厄瓜多尔					6.25	2.21
肯尼亚	23.00	3.91	11.23	1.50	3.03	0.60
苏里南			2.69	2.55	2.86	2.77
爱尔兰			0.33	0.42	2.34	5.59
牙买加					1.86	1.46
乌拉圭			2.61	2.88	1.64	2.20
直布罗陀	7.83	1.07			1.28	0.86
赞比亚			0.38	1.17	0.83	3.13
斯洛伐克			0.15	0.54	0.78	1.18
塞浦路斯					0.70	0.74
拉脱维亚	19.19	10.09	52.06	49.38	0.52	0.15
科威特			0.72	1.73	0.42	0.41
津巴布韦					0.17	0.58
奥地利	0.50	0.81	0.01	0.06	0.16	0.40
柬埔寨			0.08	0.07	0.16	0.15
阿曼	0.02	0.11			0.07	0.67
文莱			0.02	0.07	0.06	0.21
马耳他					0.04	0.04
汤加					0.02	0.04
马拉维					0.01	0.10
莫桑比克			0.68	1.60	0.01	0.09
埃塞俄比亚			0.04	0.13		
爱沙尼亚			28.33	2.49		
巴拉圭			50.40	5.68		
巴林	1.93	0.68				
保加利亚	1.01	0.53				

5-6 全国绿茶出口目的地国家或地区（四）

（2005—2011）

单位：吨、万美元

国家或地区	2005		2010		2011	
	出口数量	出口金额	出口数量	出口金额	出口数量	出口金额
东帝汶			0.03	0.04		
多米尼加共和国	0.96	0.67				
佛得角	64.68	18.01				
格鲁吉亚			0.04	0.18		
卡塔尔	2.60	0.84	7.00	2.50		
克罗地亚			1.40	2.60		
老挝			25.00	5.53		
留尼汪	0.40	0.13				
孟加拉国						
缅甸	355.63	43.36	380.48	11.16		
摩尔多瓦	7.75	2.64				
挪威	0.16	0.67	4.90	7.52		
塞尔维亚和黑山	7.00	0.49				
塞舌尔			0.02	0.01		
特立尼达和多巴哥	4.21	1.96	0.80	0.93		

数据来源：海关总署。

5-7 全国红茶出口

（1995—2011）

单位：吨、万美元

年　份	出口数量	出口金额
1995	68 004.23	8 933.42
1996	80 978.26	11 257.44
1997	87 144.71	12 314.89
1998	69 591.37	10 263.33
1999	33 594.01	4 657.81
2000	29 449.01	3 608.62
2001	40 926.85	4 127.53
2002	40 828.44	3 880.74
2003	37 771.54	3 631.24
2004	39 370.56	4 117.98
2005	35 847.17	3 994.41
2006	31 538.45	4 245.08
2007	30 266.55	4 319.54
2008	40 277.00	6 234.40
2009	40 105.55	6 437.58
2010	36 590.07	7 984.60
2011	35 576.62	10 872.38

数据来源：海关总署。

5-8 全国红茶出口货源地

（2005—2011）

单位：吨、万美元

地区	2005		2010		2011	
	出口数量	出口金额	出口数量	出口金额	出口数量	出口金额
全国合计	35 847.17	3 994.41	36 590.07	7 984.60	35 576.62	10 872.38
湖南	5 809.34	577.51	6 817.64	1 282.71	6 679.94	1 535.32
浙江	6 453.19	584.08	7 151.84	928.72	5 876.55	948.96
重庆	10 681.64	666.98	6 364.03	560.40	4 170.82	361.44
广东	4 125.68	482.34	4 092.55	1 325.89	3 884.19	1 722.96
安徽	2 953.24	461.15	3 334.36	687.43	3 869.66	851.02
云南	2 625.11	501.44	3 174.64	823.16	3 563.05	1 047.64
上海	1 376.11	329.84	2 348.92	1 356.52	3 538.65	2 658.77
湖北	382.16	107.04	961.07	353.20	1 308.35	779.53
广西	824.62	125.88	1 130.97	274.03	1 292.57	296.90
江苏	179.89	35.08	662.83	62.38	397.39	43.94
福建	361.79	108.37	244.51	237.32	378.24	404.26
四川	50.71	3.37	127.27	42.64	191.84	61.23
山东			64.54	20.11	173.95	69.70
江西	16.92	8.20	62.85	24.41	173.78	83.56
内蒙古			16.80	0.56	73.82	2.80
吉林					2.66	3.81
北京	6.76	3.14	0.21	0.34	0.99	0.41
贵州					0.08	0.09
天津					0.06	0.01
宁夏			0.45	0.41	0.03	0.02
海南			29.06	2.55		
河南			5.50	1.83		

数据来源：海关总署。

5-9 全国红茶出口目的地国家或地区（一）

（2005—2011）

单位：吨、万美元

国家或地区	2005		2010		2011	
	出口数量	出口金额	出口数量	出口金额	出口数量	出口金额
合　　计	35 847.17	3 994.41	36 590.07	7 984.60	35 576.62	10 872.38
美　　国	8 426.90	838.83	10 262.31	1 865.60	11 203.00	2 799.22
中国香港	3 381.77	458.38	4 174.51	1 355.94	4 313.78	1 844.67
俄 罗 斯	7 145.17	605.17	5 439.88	1 032.28	3 894.34	1 252.72
德　　国	960.43	197.17	1 701.53	457.88	2 289.89	694.52
缅　　甸	1 246.39	189.82	2 201.55	545.19	2 275.35	618.43
巴基斯坦	3 213.58	185.82	2 898.89	245.13	1 805.61	142.68
蒙　　古	392.22	17.32	1 675.08	128.51	1 686.43	148.17
澳大利亚	2.83	2.04	210.20	276.77	811.14	786.27
波　　兰	1 825.39	249.03	409.91	87.67	590.90	229.32
马来西亚	164.46	26.04	457.38	120.35	528.28	142.69
英　　国	1 338.31	406.95	1 628.80	497.29	524.86	203.26
日　　本	390.25	121.11	165.78	58.67	470.68	195.80
突 尼 斯	705.52	68.42	146.75	21.95	442.06	73.47
印度尼西亚	0.18	0.11	642.19	67.77	429.64	133.61
新 加 坡	1 218.18	134.98	515.59	128.76	396.98	135.61
荷　　兰	1 080.41	89.51	303.07	41.92	383.95	143.40
泰　　国	0.03	0.00	311.64	44.85	329.14	111.14
法　　国	220.22	41.02	303.50	208.75	328.22	134.35
加 拿 大	190.14	26.12	391.55	120.82	305.77	218.74
肯 尼 亚	1 254.52	63.94	26.95	2.53	275.81	25.20
乌 克 兰	284.01	33.49	290.79	68.09	253.70	101.77
利 比 亚			198.88	41.91	237.65	53.85
也　　门	100.00	13.23	200.00	21.00	200.00	21.00
比 利 时			1.34	7.93	190.71	33.17
中国澳门	58.16	12.34	168.31	43.13	180.62	54.87
新 西 兰	10.26	1.20	10.49	3.10	153.11	52.93
沙特阿拉伯	1.92	1.17	82.90	21.70	129.16	30.70
巴布亚新几内亚			33.00	5.19	93.51	26.90
巴 拿 马	21.95	2.88	27.36	5.80	84.76	12.07
乌兹别克斯坦	618.87	31.98			81.05	12.52
丹　　麦	79.44	17.49	103.90	31.85	69.13	24.99
智　　利	7.95	2.63	44.55	33.89	61.58	36.99
阿尔及利亚	18.16	2.79	93.24	12.83	51.76	10.17
捷　　克	9.11	2.40	19.67	2.29	48.63	8.13
意 大 利			66.00	8.29	48.00	6.82
韩　　国	10.83	4.84	52.44	5.55	40.09	1.71
哈萨克斯坦	285.27	40.16	145.62	26.97	34.85	3.90
斯里兰卡	67.01	4.57	18.69	5.28	34.54	12.59
西 班 牙	0.32	0.24	30.24	10.88	32.76	13.43
阿 联 酋	49.42	3.78	225.04	52.18	31.69	15.36
越　　南			13.20	36.60	28.08	183.45
印　　度	689.96	43.75	147.84	33.92	27.70	9.03
瑞　　典	5.87	1.54	14.69	7.12	27.40	9.79

5-9 全国红茶出口目的地国家或地区（二）

（2005—2011）

单位：吨、万美元

国家或地区	2005		2010		2011	
	出口数量	出口金额	出口数量	出口金额	出口数量	出口金额
白俄罗斯	12.50	0.72	6.91	1.49	23.52	9.33
委内瑞拉	0.05	0.03			20.39	7.75
菲律宾	29.02	5.03	2.00	2.34	13.09	2.54
塔吉克斯坦	46.70	3.87	10.00	12.50	12.00	33.60
哥伦比亚	0.40	0.17	11.16	10.37	11.59	13.49
阿根廷			0.38	0.09	10.16	5.15
伊拉克					10.00	2.45
罗马尼亚	18.90	1.22	4.00	0.40	7.00	0.87
厄瓜多尔					5.50	1.03
摩洛哥	75.19	11.82	286.22	51.48	4.99	4.57
希腊	1.52	0.17	2.24	0.83	4.50	1.02
萨摩亚					4.00	0.63
爱尔兰	0.47	0.54	3.00	2.91	2.85	3.09
巴西			1.62	0.97	2.84	1.50
秘鲁	1.29	0.68	3.26	3.16	2.54	2.37
瑞士	11.40	3.40	1.66	1.40	2.41	1.56
立陶宛			9.42	4.35	2.04	2.76
塞尔维亚					2.04	0.29
约旦					2.00	0.44
安哥拉	7.20	7.92	0.34	0.34	1.95	1.37
哥斯达黎加	0.08	0.05	0.82	0.60	1.48	1.20
墨西哥			3.77	3.17	1.18	2.77
以色列			1.22	0.35	0.72	0.92
芬兰	23.16	3.92	34.67	7.53	0.68	0.63
南非	0.05	0.04	0.20	0.39	0.34	0.66
土耳其					0.30	0.72
爱沙尼亚	0.04	0.03	4.05	0.36	0.11	0.22
尼日尔					0.06	0.01
柬埔寨					0.04	0.04
喀麦隆			0.73	0.58		
拉脱维亚	6.16	1.98	12.74	14.94		
中国台湾	0.50	0.41				
阿富汗			4.22	0.87		
埃及	6.24	0.57	249.81	50.58		
保加利亚	1.37	0.67				
刚果	78.00	3.08				
吉布提	6.90	0.35				
加纳	0.66	2.09				
科威特			28.92	3.93		
挪威	0.03	0.06				
塞尔维亚和黑山	2.00	0.22				
所罗门群岛			5.04	3.60		
土库曼斯坦	42.00	3.12	10.00	1.00		
乌拉圭			0.39	0.43		
伊朗			36.00	9.50		

数据来源：海关总署。

5-10 全国乌龙茶出口

(1995—2011)

单位：吨、万美元

年 份	出口数量	出口金额
1995	18 724.18	4 740.14
1996	17 919.24	4 781.89
1997	18 156.31	4 707.60
1998	17 134.24	4 277.45
1999	20 130.40	4 744.13
2000	21 157.64	4 855.91
2001	21 671.10	5 041.12
2002	21 200.43	4 843.31
2003	18 971.83	4 338.42
2004	19 459.20	4 499.26
2005	18 814.03	4 516.37
2006	21 026.94	5 188.01
2007	21 683.66	5 609.84
2008	22 274.80	6 185.44
2009	24 132.57	6 686.49
2010	19 730.63	7 139.70
2011	17 946.78	7 412.25

数据来源：海关总署。

5-11 全国乌龙茶出口货源地

(2005—2011)

单位：吨、万美元

地 区	2005		2010		2011	
	出口数量	出口金额	出口数量	出口金额	出口数量	出口金额
全国合计	18 814.03	4 516.37	19 730.63	7 139.70	17 946.78	7 412.25
福 建	16 363.35	3 929.53	13 858.07	5 452.65	12 930.62	5 458.03
广 东	1 352.15	366.42	2 043.18	714.83	2 038.58	752.29
浙 江	111.93	16.70	2 777.43	538.48	1 773.39	470.94
湖 南	80.52	11.50	141.81	70.89	314.53	304.29
江 苏	454.87	111.24	292.21	89.61	268.64	95.54
山 东	52.85	7.32	232.56	28.83	245.44	37.84
湖 北	27.70	3.98	106.40	97.43	132.37	124.83
上 海	217.01	42.81	113.22	64.59	80.91	68.04
贵 州			46.32	11.54	52.40	15.68
安 徽	112.90	15.19	26.23	21.24	31.46	27.39
江 西	32.82	6.07	69.49	18.94	49.32	27.17
广 西	0.38	0.37	16.72	11.83	27.04	26.19
云 南	4.75	4.46	3.40	4.09	1.35	1.35
四 川	2.37	0.21	3.55	14.58	0.69	2.58
北 京	0.43	0.56	0.05	0.17	0.03	0.11
海 南						
天 津						

数据来源：海关总署。

5-12 全国乌龙茶出口目的地国家或地区（一）

（2005—2011）

单位：吨、万美元

国家或地区	2005		2010		2011	
	出口数量	出口金额	出口数量	出口金额	出口数量	出口金额
合　计	18 814.03	4 516.37	19 730.63	7 139.70	17 946.78	7 412.25
日　本	13 644.40	3 235.16	13 227.99	3 771.47	12 221.51	3 523.62
中国香港	3 818.08	834.29	3 752.32	1 887.50	3 663.70	2 300.26
美　国	195.81	63.29	1 335.11	339.10	347.07	236.82
俄罗斯	57.75	56.47	120.48	84.46	313.90	274.85
马来西亚	460.30	143.29	337.68	214.69	298.61	163.67
印　度	189.75	24.74	212.06	38.44	199.01	34.52
新加坡	148.70	42.05	213.46	147.05	198.37	142.06
德　国	17.43	8.06	89.38	75.29	135.93	95.01
泰　国	45.46	15.56	75.24	33.66	127.77	62.64
加拿大	45.54	18.74	38.64	30.87	68.44	92.48
韩　国	13.72	3.57	65.04	17.07	61.34	19.81
斯里兰卡	1.35	0.24	29.93	13.22	56.22	31.59
中国澳门	62.52	20.59	48.52	162.73	53.75	21.25
菲律宾	8.67	1.57	20.50	117.03	48.53	244.49
越　南	15.74	3.61	35.21	112.50	28.00	29.4
澳大利亚	13.76	7.40	25.27	17.44	19.78	13.59
印度尼西亚	16.36	10.35	12.36	11.55	17.89	17.73
塔吉克斯坦					11.88	12.47
法　国	2.46	1.17	5.99	5.53	11.05	11.51
突尼斯					10.46	8.64
白俄罗斯			2.53	1.37	9.37	5.47
英　国	1.43	0.94	15.01	10.83	9.07	6.53
南　非	3.42	0.87	5.97	7.61	8.37	31.61
智　利	0.86	0.50	14.52	12.52	7.69	4.94
荷　兰	10.32	1.78	7.93	5.93	2.84	2.9
哈萨克斯坦					2.67	6.27
新西兰	2.97	0.78	2.18	1.20	1.84	1.46
秘　鲁	0.59	0.33	2.74	2.68	1.81	1.83
巴拿马	1.16	0.63	0.54	0.78	1.65	1.67
巴　西	0.77	0.22	7.73	1.77	1.57	0.83
瑞　典					1.31	2.06
墨西哥	7.14	0.73	6.29	2.53	0.81	1.62
阿联酋	0.86	1.67	0.20	0.40	0.70	1.87

5-12 全国乌龙茶出口目的地国家或地区（二）

（2005—2011）

单位：吨、万美元

国家或地区	2005		2010		2011	
	出口数量	出口金额	出口数量	出口金额	出口数量	出口金额
摩 洛 哥			0.46	0.64	0.70	1.63
乌 克 兰	7.84	8.21	11.20	4.77	0.57	1.83
匈 牙 利			0.60	0.11	0.42	0.08
土 耳 其			0.02	0.16	0.30	0.26
立 陶 宛			0.16	0.17	0.30	0.1
哥伦比亚					0.27	0.68
乌 拉 圭			0.20	0.22	0.25	0.49
约 旦					0.24	0.23
捷 克	0.05	0.06			0.19	0.41
阿 根 廷					0.16	0.14
西 班 牙			0.24	0.42	0.13	0.26
瑞 士	0.41	0.48	0.70	0.88	0.12	0.45
意 大 利	1.07	0.34			0.10	0.02
柬 埔 寨	0.08	0.13	0.08	0.17	0.08	0.12
以 色 列			0.03	0.05	0.06	0.13
中国台湾	7.47	2.39				
爱沙尼亚	0.02	0.02				
安 哥 拉			0.16	0.16		
奥 地 利			0.27	0.81		
保加利亚	1.10	1.11				
波 兰	4.55	0.83				
丹 麦	0.13	0.10				
多 哥			2.40	1.25		
芬 兰	0.05	0.18	0.46	1.20		
加 纳	0.50	0.23				
拉脱维亚	0.40	1.02	1.47	0.72		
肯 尼 亚						
毛里求斯	0.68	0.22	1.27	0.55		
缅 甸						
摩尔多瓦	0.62	0.52				
尼日利亚	1.65	1.68				
沙特阿拉伯	0.12	0.29	0.08	0.06		
斯洛伐克			0.03	0.10		

数据来源：海关总署。

5-13 全国花茶出口

(1995—2011)

单位：吨、万美元

年 份	出口数量	出口金额
1995	12 961.97	2 749.22
1996	14 905.99	3 248.43
1997	15 285.45	3 197.08
1998	15 645.35	3 712.00
1999	18 664.67	4 098.25
2000	17 414.20	3 587.88
2001	18 338.76	3 978.66
2002	14 697.27	3 182.41
2003	16 279.29	3 549.66
2004	19 850.29	4 488.91
2005	19 383.68	4 775.31
2006	8 133.35	2 946.80
2007	7 690.15	3 335.72
2008	6 719.98	3 439.37
2009	5 910.61	2 960.84
2010	7 355.66	3 988.07
2011	7 340.84	4 631.89

数据来源：海关总署。

5-14 全国花茶出口货源地

(2005—2011)

单位：吨、万美元

地 区	2005		2010		2011	
	出口数量	出口金额	出口数量	出口金额	出口数量	出口金额
全国合计	19 383.68	4 775.31	7 355.66	3 988.07	7 340.84	4 631.89
福 建	2 732.09	1 094.93	2 517.46	1 465.36	2 414.20	1 550.10
浙 江	11 630.99	2 299.49	1 481.27	865.54	1 972.25	1 153.26
湖 南	1 204.81	258.97	1 052.73	388.31	771.28	372.23
江 西	950.97	205.32	932.98	360.29	687.21	314.28
广 东	1 326.79	400.76	624.17	323.45	656.27	369.89
广 西	467.21	79.74	245.13	99.41	319.96	213.94
上 海	212.85	100.62	225.45	242.88	198.69	229.95
四 川	1.58	1.37	39.82	59.15	110.65	198.49
湖 北	152.57	101.56	73.09	82.34	108.81	141.09
安 徽	206.29	52.81	74.97	58.11	70.45	66.19
江 苏	150.38	60.15	16.61	5.99	20.19	7.30
云 南	151.98	80.95	46.08	29.28	8.71	13.57
北 京	176.93	29.07	1.51	1.34	1.24	0.99
山 东	0.49	0.52			0.40	0.16
天 津					0.40	0.30
陕 西					0.10	0.12
贵 州			2.49	3.15	0.05	0.06
海 南			21.92	3.46		
河 南						
重 庆	17.75	9.06				

数据来源：海关总署。

5-15 全国花茶出口目的地国家或地区（一）

（2005—2011）

单位：吨、万美元

国家或地区	2005		2010		2011	
	出口数量	出口金额	出口数量	出口金额	出口数量	出口金额
合　计	19 383.68	4 775.31	7 355.66	3 988.07	7 340.84	4 631.89
日　本	8 451.47	1 572.10	1.38	1.52	1 549.17	838.79
俄罗斯	1 899.40	382.74	22.20	10.73	1 027.47	442.48
中国香港	1 581.46	552.78			908.01	722.21
美　国	2 014.39	856.22	2.63	1.43	818.58	931.73
摩洛哥	82.23	22.61	1.95	0.75	623.51	165.58
新加坡	341.26	94.76			328.74	141.35
德　国	360.17	185.60	31.05	14.42	239.71	257.19
斯里兰卡	939.46	186.53	0.47	0.30	171.97	63.15
白俄罗斯	24.18	4.06	73.43	55.33	171.49	53.73
马来西亚	175.32	55.42	3.07	3.24	158.13	95.27
乌克兰	435.12	103.87			131.93	56.39
澳大利亚	87.96	40.82	184.24	76.96	130.49	97.31
英　国	172.49	61.40			127.81	115.2
加拿大	153.53	74.92	10.08	5.10	127.37	110.69
法　国	129.55	60.34	20.73	8.39	105.92	78.38
塞内加尔			0.76	0.97	88.83	51.34
巴基斯坦	14.50	4.03	179.34	160.91	69.07	13.65
荷　兰	422.89	109.48	11.81	6.34	64.22	52.96
韩　国	1 102.67	173.22	13.73	8.67	51.20	30.46
土耳其			0.14	0.54	48.14	12.9
印度尼西亚	7.84	3.70			43.59	14.75
泰　国	70.07	9.60	0.20	0.41	43.11	22.34
波　兰	37.81	6.56	43.59	29.14	42.33	48.01
哈萨克斯坦	33.91	6.60	14.95	10.54	24.06	4.91
菲律宾	5.86	1.89	20.36	3.68	23.78	6.13
中国澳门	50.63	16.09			21.69	9.36
南　非	27.76	10.64	1.54	1.35	20.71	13.37
土库曼斯坦			0.14	0.12	14.00	4.3
墨西哥	0.80	0.42	1.64	0.28	13.92	41.13
印　度	85.73	19.03			13.57	6.92

5-15 全国花茶出口目的地国家或地区（二）

（2005—2011）

单位：吨、万美元

国家或地区	2005		2010		2011	
	出口数量	出口金额	出口数量	出口金额	出口数量	出口金额
西班牙	16.22	7.00			11.84	9.7
沙特阿拉伯	23.22	14.33	0.49	0.35	9.75	6.63
伊朗					9.50	4.47
阿联酋	107.35	29.41	943.97	515.49	8.90	6.89
尼日利亚	21.88	0.77	1.40	1.13	8.86	8.66
秘鲁	3.36	2.06	2.49	1.72	8.55	8.68
以色列	64.88	6.96			8.55	4.9
吉尔吉斯斯坦	1.00	0.15	11.26	8.88	8.04	2.84
乌兹别克斯坦					7.64	4.52
智利	13.15	8.76			7.31	4.6
柬埔寨	4.21	3.07	8.95	6.57	4.88	4.61
突尼斯			0.18	0.89	4.18	8.33
阿根廷	4.30	1.51	1 375.42	458.28	4.13	2.7
亚美尼亚					3.96	1.23
比利时	0.10	0.14	46.04	27.74	3.58	6.05
委内瑞拉	0.05	0.03	0.01	0.01	3.55	2.89
立陶宛	0.16	0.56	4.36	2.77	3.09	0.82
巴西	22.55	5.01	126.43	119.16	2.91	2.97
毛里求斯	0.76	0.39	2.90	1.04	2.64	2.15
匈牙利	2.94	0.86			2.59	2.25
瑞典	2.01	0.88	1.18	1.56	2.52	7.35
阿塞拜疆					1.60	0.37
捷克	2.03	0.70	8.76	4.63	1.57	8.11
新西兰	5.04	1.58			1.40	0.79
瑞士	5.74	6.48	0.94	0.81	1.26	4.73
塞浦路斯					1.10	1.74
芬兰	15.32	3.44	20.19	13.31	0.86	5.26
赞比亚					0.71	0.13
巴拿马	2.77	1.41	151.09	77.04	0.69	0.54
毛里塔尼亚					0.40	0.3
哥斯达黎加	0.14	0.10	16.77	10.92	0.36	0.31
意大利	1.73	3.85			0.31	1.25

5-15　全国花茶出口目的地国家或地区（三）

（2005—2011）　　单位：吨、万美元

国家或地区	2005		2010		2011	
	出口数量	出口金额	出口数量	出口金额	出口数量	出口金额
乌拉圭					0.29	0.43
科威特			5.82	4.14	0.24	1.1
斯洛伐克					0.20	0.19
希腊	0.12	0.50			0.19	0.73
阿曼	0.21	0.77	796.70	803.29	0.10	0.44
阿尔及利亚	1.11	0.77	1 514.12	720.06	0.09	0.28
埃及	2.03	0.26	289.02	131.61		
巴林	0.68	0.26	153.35	84.43		
肯尼亚	3.00	0.24	5.00	0.44		
罗马尼亚			3.27	6.80		
越南	213.50	30.13				
中国台湾	0.22	1.08				
爱尔兰	18.00	3.66	270.68	70.54		
爱沙尼亚	0.03	0.08	261.92	69.85		
安哥拉			256.25	277.63		
奥地利			204.47	54.07		
保加利亚	1.35	0.64	69.00	22.64		
丹麦	0.47	0.31	35.60	8.92		
多哥	0.25	0.17	27.40	11.63		
多米尼加共和国			25.84	4.33		
厄瓜多尔			21.49	9.01		
哥伦比亚	0.20	0.07	17.16	14.22		
加纳	3.60	1.62	9.69	6.09		
卡塔尔			5.82	4.28		
拉脱维亚	36.79	12.89	4.42	12.31		
利比亚			4.14	3.58		
留尼汪	2.35	1.80	3.57	4.37		
蒙古	59.65	1.79	2.52	1.42		
缅甸	5.00	0.48	2.12	1.40		
摩尔多瓦	0.57	0.38	2.00	0.32		
萨摩亚			0.83	2.85		
塞尔维亚			0.79	3.52		
苏里南	0.16	0.16	0.33	0.29		
瓦努阿图			0.08	0.58		
文莱	0.02	0.03				
叙利亚	2.25	0.64				
约旦	1.86	1.04				
直布罗陀	0.95	0.63				

数据来源：海关总署。

5-16 全国普洱茶出口

(1997—2011)

单位：吨、万美元

年 份	出口数量	出口金额
1997	3 102.99	586.32
1998	3 381.15	709.63
1999	5 586.87	1 390.66
2000	4 315.50	874.96
2001	5 554.78	1 103.87
2002	5 190.31	990.40
2003	5 166.05	1 102.16
2004	5 307.07	1 139.59
2005	6 347.65	2 065.79
2006	7 158.09	3 291.33
2007	6 130.83	4 308.58
2008	4 341.23	3 677.19
2009	3 486.83	1 956.64
2010	4 576.43	2 620.74
2011	4 273.59	2 954.71

数据来源：海关总署。

5-17 全国普洱茶出口货源地

(2005—2011)

单位：吨、万美元

地 区	2005		2010		2011	
	出口数量	出口金额	出口数量	出口金额	出口数量	出口金额
全国合计	6 347.65	2 065.79	4 576.43	2 620.74	4 273.59	2 954.71
广 东	1 992.27	506.33	1 439.57	986.29	1 827.26	1 683.03
云 南	3 003.66	1 324.18	2 014.51	1 073.13	1 420.82	774.02
湖 南	382.34	64.62	137.79	46.99	375.77	141.68
浙 江	2.07	2.85	649.76	336.38	332.10	140.17
福 建	178.57	43.45	219.30	92.88	141.57	83.66
上 海			7.62	7.36	87.09	30.93
湖 北	2.24	2.52	50.64	45.95	68.37	77.47
四 川	0.63	0.06	2.91	5.12	6.36	14.92
安 徽	0.88	0.56	30.16	17.31	5.95	4.46
江 苏			5.16	3.23	3.34	1.32
广 西	641.13	96.66	1.20	0.83	2.67	0.96
北 京	76.83	12.42			1.71	1.71
江 西	67.04	12.13			0.51	0.28
贵 州			16.72	4.74	0.08	0.10
吉 林			1.00	0.43		
天 津			0.10	0.10		

数据来源：海关总署。

5-18 全国普洱茶出口目的地国家或地区（一）

（2005—2011） 单位：吨、万美元

国家或地区	2005		2010		2011	
	出口数量	出口金额	出口数量	出口金额	出口数量	出口金额
合　计	6 347.65	2 065.79	4 576.43	2 620.74	4 273.59	2 954.71
中国香港	3 207.89	1 122.78	1 502.21	1 065.08	1 584.88	1 362.45
日　本	898.41	200.36	854.19	309.66	699.66	233.24
马来西亚	665.48	118.72	519.85	394.75	460.31	471.66
中国台湾	262.84	93.52	154.68	89.82	240.07	175.42
新加坡	152.60	124.18	413.40	169.72	236.16	140.85
波　兰	499.25	107.26	197.15	65.14	196.28	66.75
德　国	39.60	9.63	140.02	52.42	165.18	71.96
西班牙	66.29	11.98	69.75	14.15	94.92	24.31
智　利	1.09	0.58	63.73	42.55	85.61	51.16
俄罗斯	16.51	4.68	29.74	19.52	84.19	70.68
韩　国	250.06	190.69	88.81	50.45	83.85	75.18
蒙　古					57.40	3.71
中国澳门	138.64	38.27	1.90	1.44	54.95	26.51
法　国	3.18	3.10	29.47	55.50	52.16	53.71
美　国	35.39	15.48	153.34	94.99	49.07	53.55
阿根廷	5.05	0.84	30.00	7.15	25.00	5.64
英　国	0.35	0.36	56.83	49.29	20.81	19.16
加拿大	12.29	3.32	28.74	13.60	14.95	8.96
乌克兰	54.96	9.85	0.68	0.91	13.18	8.08
澳大利亚	4.72	1.38	23.15	12.41	9.77	6.01
斯里兰卡	0.80	0.10	6.60	1.46	9.75	2.32
荷　兰	21.50	4.49	38.10	40.07	9.25	12.06
阿联酋			40.59	11.26	7.08	2.31
菲律宾	1.29	0.17			5.00	1.35
立陶宛	0.50	0.12	6.54	2.13	4.56	1.43
缅　甸			79.22	36.33	3.60	1.63
白俄罗斯			0.36	0.26	1.58	1.22
突尼斯			0.40	0.19	1.00	0.51
希　腊					0.99	0.43
泰　国	0.09	0.01	1.14	2.43	0.61	0.7
秘　鲁			0.40	0.43	0.47	0.24
约　旦					0.30	0.45
摩洛哥			0.14	0.27	0.28	0.61
新西兰	2.74	0.68	0.29	0.15	0.25	0.21
巴　西			7.65	2.43	0.24	0.07

5-18 全国普洱茶出口目的地国家或地区（二）

（2005—2011）

单位：吨、万美元

国家或地区	2005		2010		2011	
	出口数量	出口金额	出口数量	出口金额	出口数量	出口金额
马　耳　他					0.13	0.06
印度尼西亚	0.15	0.09	4.70	3.22	0.12	0.09
越　　　南			0.01	0.01		
爱 沙 尼 亚	0.01	0.00				
巴　拿　马	0.45	0.19				
捷　　　克	0.15	0.04	0.72	1.00		
拉 脱 维 亚	2.39	1.54				
墨　西　哥			0.72	0.47		
挪　　　威	0.06	0.14				
瑞　　　士	0.88	0.92				
沙特阿拉伯			23.35	4.74		
土　耳　其			0.02	0.08		
印　　　度	2.04	0.31	7.85	5.27		

数据来源：海关总署。

5-19 全国茶叶进口

（1995—2011）

单位：吨、万美元

年　份	进口数量	进口金额
1995	2 295.14	180.86
1996	1 615.22	137.15
1997	910.96	110.20
1998	1 185.22	245.54
1999	1 871.60	348.73
2000	2 449.25	416.21
2001	1 688.24	293.65
2002	1 700.57	270.14
2003	2 885.65	448.46
2004	2 337.41	604.04
2005	2 786.22	742.66
2006	3 242.49	808.17
2007	5 273.81	1 262.09
2008	5 373.06	1 766.80
2009	4 133.82	1 709.37
2010	12 665.47	4 759.25
2011	13 961.18	5 923.88

数据来源：海关总署。

5-20 全国茶叶进口来源地（一）

（2005—2011）

单位：吨、万美元

国家或地区	2005		2010		2011	
	进口数量	进口金额	进口数量	进口金额	进口数量	进口金额
合计	2 786.22	742.66	12 665.47	4 759.25	13 961.18	5 923.88
斯里兰卡	677.57	200.89	2 396.56	1 322.68	3 037.02	1 598.55
印度	239.14	118.45	1 176.48	723.73	2 951.43	1 403.36
肯尼亚	412.88	72.12	1 143.83	296.68	1 938.84	640.45
印度尼西亚	115.09	13.99	4 740.45	847.83	1 711.62	325.29
越南	320.98	30.18	880.86	110.71	1 519.28	182.09
阿根廷	23.22	1.16	238.81	26.02	1 087.42	117.96
中国台湾	312.14	100.26	506.15	604.79	520.28	913.84
南非	8.44	2.88	345.30	112.40	268.24	84.35
马拉维	66.44	9.86	136.72	24.84	218.50	44.78
英国	24.53	28.80	167.17	134.61	209.54	174.46
中国(大陆)	30.39	10.05	72.10	44.33	162.06	49.17
德国	33.44	18.73	81.83	59.24	89.30	106.89
泰国			115.76	14.26	50.04	6.04
美国	77.67	83.15	54.89	89.62	42.79	83.06
老挝			88.90	28.04	36.00	14.00
波兰	0.55	1.37	0.01	0.01	29.54	31.60
土耳其			0.02	0.02	21.58	12.28
日本	29.63	17.41	116.84	142.13	16.26	30.72
马来西亚			9.97	24.42	11.69	29.01
缅甸	371.96	18.77	25.24	28.85	10.00	20.52
新加坡	1.20	0.15	2.96	3.31	6.05	9.41
丹麦			3.18	3.67	4.82	6.89
法国	0.05	0.13	7.06	11.66	4.76	9.10
澳大利亚	0.52	2.17	2.47	7.33	2.79	10.13
孟加拉国			99.00	13.41	2.20	0.56
尼泊尔					1.59	2.07
意大利			0.77	0.80	1.47	5.69
埃及			0.53	0.35	1.16	1.05
沙特阿拉伯			0.24	0.07	0.96	0.47
智利					0.49	0.68
中国香港	1.72	1.77	15.37	9.15	0.49	0.66
匈牙利			0.10	0.15	0.46	1.96

5-20　全国茶叶进口来源地（二）

（2005—2011）

单位：吨、万美元

国家或地区	2005		2010		2011	
	进口数量	进口金额	进口数量	进口金额	进口数量	进口金额
加拿大	0.09	0.08	1.59	3.64	0.40	1.77
巴基斯坦				0.00	0.31	0.25
伊朗			0.05	0.07	0.26	0.13
韩国	18.32	6.85	2.00	1.27	0.26	0.40
荷兰			0.03	0.04	0.21	1.11
阿曼					0.18	0.20
也门					0.17	0.17
瑞士					0.16	0.69
希腊			0.02	0.01	0.10	0.10
比利时			4.69	22.05	0.09	0.96
卡塔尔			0.02	0.05	0.08	0.04
以色列			0.15	0.01	0.06	0.03
阿塞拜疆					0.04	0.50
新西兰			0.08	1.58	0.04	0.10
克罗地亚	0.07	0.03	0.07	0.51	0.04	0.12
尼日利亚					0.03	0.02
西班牙			0.00	0.00	0.03	0.02
罗马尼亚					0.02	0.04
巴拉圭					0.02	0.07
捷克			0.02	0.05	0.02	0.08
巴西			112.03	13.86		
多米尼亚			0.01	0.01		
俄罗斯			0.00	0.00		
厄瓜多尔			0.09	0.04		
马其顿			0.01	0.00		
毛里求斯			0.05	0.09		
摩洛哥			0.01	0.03		
瑞典			1.65	2.17		
塞尔维亚			0.01	0.01		
亚美尼亚			0.06	0.39		
埃塞俄比亚			0.15	0.07		
朝鲜			0.10	0.03		
坦桑尼亚	13.20	1.95	113.08	28.17		

数据来源：海关总署。

5-21 全国茶叶进口收货地

(2005—2011)

单位：吨、万美元

地 区	2005		2009		2010		2011	
	进口数量	进口金额	进口数量	进口金额	进口数量	进口金额	进口数量	进口金额
全国合计	2 786.22	742.66	4 133.82	1 709.37	12 665.47	4 759.25	13 961.18	5 923.88
福 建	321.72	64.09	1 008.83	342.83	6 295.38	1 356.51	3 904.29	1 031.45
广 东	582.49	190.53	780.55	405.39	2 335.76	1 464.72	3 310.26	1 926.27
上 海	659.39	235.38	940.19	495.00	1 523.58	984.25	2 522.25	1 413.80
安 徽	174.17	43.27	683.44	200.98	1 255.20	389.66	1 926.12	680.71
浙 江	278.86	47.03	159.71	73.24	357.80	139.47	246.44	122.62
北 京	17.68	14.58	62.24	46.24	220.18	145.64	177.73	102.93
江 西	0.01	0.07	18.06	6.00	204.60	59.34	854.08	218.65
广 西	82.34	8.03	200.78	29.42	170.89	22.63	628.67	105.31
云 南	503.29	27.95	119.81	34.57	114.14	56.89	49.46	39.54
江 苏	74.29	25.62	42.68	16.39	90.32	51.87	191.07	138.38
新 疆			43.04	10.07	29.39	6.56	5.26	19.96
天 津	17.51	8.69	17.84	10.53	20.08	22.77	45.92	65.11
海 南	2.04	0.44	13.14	5.24	19.63	8.45	19.76	8.07
山 东	61.59	68.47	29.73	17.74	19.46	26.29	11.98	10.86
辽 宁	10.65	8.10	3.42	2.40	4.48	9.12	4.91	6.43
湖 南			0.16	0.09	1.54	0.28	2.24	8.07
河 南	0.05	0.21			0.69	1.97	0.08	0.21
吉 林			0.05	0.25	0.69	0.42	0.90	0.39
黑龙江					0.51	0.90	1.22	0.62
四 川			0.49	4.90	0.48	9.25	0.78	11.62
重 庆			0.33	0.67	0.37	0.67	0.41	0.78
内蒙古			0.23	0.77	0.20	1.24	0.17	0.91
陕 西	0.17	0.19	8.61	4.90	0.03	0.13	0.67	6.72
河 北			0.18	0.09			0.05	0.25

数据来源：海关总署。

茶业社会团体、商会和基金会专栏

全国性茶业社会团体

中国茶叶学会

中国茶叶学会
China Tea Science Society

名誉理事长 陈宗懋院士
理事长 杨亚军
副理事长 宛晓春 冯廷佺 封槐松 毛祖法 朱福堂 黄汉庆 刘仲华 王 云
秘书长 江用文
常务副秘书长 周智修
电 话 0571-86653176/86653170
传 真 0571-86650477
网 址 www.chinatss.cn
E-mail chinatss@mail.tricaas.com
地 址 杭州市梅灵南路9号中国农业科学院茶叶研究所内
邮 编 310008
会 刊 《茶叶科学》

中国国际茶文化研究会

中国国际茶文化研究会
China International Tea Cultural Institute

会 长 周国富
常务副会长 徐鸿道
副会长 王宗廉 张 伟 张学平 庹文升 黄炳生 沈才土 梁朝清 王 庆 黄汉庆 陈光普 陈 直 释增勤 夏 涛 孙 前 释光泉 姬霞敏（女）
秘书长 詹泰安
电 话 0571-87962932
传 真 0571-87967554
E-mail citci@126.com
地 址 杭州市龙井路88号中国茶叶博物馆内
邮 编 310013
会 刊 《茶博览》

中国茶叶流通协会

中国茶叶流通协会
China Tea Marketing Association

会 长 刘环祥
常务副会长 王 庆
秘书长 吴锡端
电 话 010-66094158
传 真 010-66018165
地 址 北京市复兴门内大街45号
邮 编 100801
会 刊 《茶世界》

中华茶人联谊会

中华茶人联谊会
Chinese Teaman friendship association

理　事　长　刘永福
常务副理事长　朱福堂
副 理 事 长
于孔燕　马元祝　王　庆　王　彤　邓九刚　任剑峥
刘福成　刘仲华　刘浩元　闫希军　闫战利　吴远之
李念华　李稳石　杨亚军　沈培平　周重旺　宛晓春
罗　斌　施建强　胡向东　徐文新　徐尚风　贾　鹏
曹文成　黄汉庆　龚淑英　穆有为

秘书长　孙　蔚
电　话　010-85120009
传　真　010-85625510
网　址　www.ctfa.net.cn
E-mail　ctfa@cofco.com
地　址　北京市朝阳区朝阳门南大街8号中粮福临门大厦
邮　编　100020
会　刊　《中华茶人》

中 国 茶 禅 学 会

中国茶禅学会

理 事 长　吴立民
副理事长　张　琳
秘 书 长　张　琳
电　话　010-66077759
地　址　北京市西城区北长街84号
邮　编　100031

中国食品土畜进出口商会茶叶分会

中国食品土畜进出口商会茶叶分会
Tea Sub-Chamber, CFNA

理事长　徐尚风
监事长　黄汉庆
秘书长　蔡　军
副秘书长　孙　宇
电　话　010-87109862/63
传　真　010-87109864
网　址　www.agriffchina.com
E-mail　chinatea@cccfna.org.cn
地　址　北京市崇文区广渠门内大街80号通正国际大厦4层
邮　编　100062
会　刊　《国际茶讯》

华侨茶业发展研究基金会

华侨茶业发展研究基金会
China HuaTea Foundation

理事长　王宪章
执行理事长　李永安
副理事长　邵曙光、郑德成
秘书长　邵曙光（兼）
电　话（传真）　010-63344596　58441166
传　真　010-63344576
网　址　www.chinateafund.cn
E-mail　teafund@126.com
地　址　北京市西城区赵登禹路富国街2号院3号楼4层
邮　编　100034
会　刊　《世界茶之窗》

地方性茶业社会团体

北京市

北京市茶业协会

会　长　白文祥
秘书长　付光丽
电　话　010-68337903

天津国际茶文化研究会

会　长　李锦坤
秘书长　田　兰
电　话　022-83710332

山西省

山西茶叶展评组委会

主　任　杨　力
秘书长　张晓鸿
电　话　0351-3335370

上海市茶叶行业协会

会　长　黄　政
秘书长　陈子法
电　话　021-51379848

江苏省茶业协会

会　长　徐德良
秘书长　唐锁海
电　话　0510-85528660

天津市

天津市茶业协会

会　长　贾　凯
秘书长　谭肇荣
电　话　022-27116319

河北省

河北省茶文化学会

会　长　杨思远
秘书长　舒　曼
电　话　0311-85894588

上海市

上海市茶叶学会

会　长　黄汉庆
秘书长　周星娣
电　话　021-65166505

江苏省

江苏省茶叶学会

理事长　蔡　恒
常务副理事长　张　定
秘书长　唐锁海
电　话　025-86263602

浙江省

浙江省茶叶学会

理事长　梁月荣
秘书长　王岳飞
电　话　0571-86971256

浙江省茶叶产业协会

会　长　施建强
秘书长　胡迪均
电　话　0571-85813017

安徽省

安徽省茶业学会

理事长　夏　涛
秘书长　江昌俊
电　话　0551-5786422

安徽省茶业行业协会

理事长　李念华
秘书长　陈文友
电　话　0551-2652408

福建省

海峡茶业交流协会

会　长　张家坤
秘书长　赵觉荣
电　话　0591-87666263

江西省

江西茶业联合会

会　长　胡向东
秘书长　程　锦
电　话　0791-8117771

江西省茶叶协会

常务副会长　罗旭东
常务副秘书长　熊柏林
电　话　0791-6208057

山东省

山东省茶文化协会

会　长　王裕晏
秘书长　侯国云
电　话　0531-82952075

河南省

河南省茶文化研究会

会　长　亢崇仁
秘书长　李　伟
电　话　0371-65918829

河南省茶叶商会

会　长　姬霞敏
秘书长　于秀兰
电　话　0371-66822966

河南省茶叶协会

会　长　李光寅
秘书长　王运梅
电　话　13603985660

湖北省

湖北省茶叶学会

理事长 李传友
秘书长 宗庆波
电　话 027-87668785

湖北省茶业协会

会　长 乐清典
秘书长 孙　冰
电　话 027-82833305

湖北省陆羽茶文化研究会

会　长 周年丰
秘书长 石爱发
电　话 027-88866622

湖南省

湖南省茶叶学会

理事长 刘仲华
秘书长 肖力争
电　话 0731-84618080

湖南省茶业协会

会　长 曹文成
秘书长 伍崇岳
电　话 0731-4422939

广东省

广东省茶叶学会

理事长 穆有为
秘书长 张黎明
电　话 020-34160624

广东省茶业行业协会

会　长 穆有为
秘书长 张黎明
电　话 020-34160624

广西壮族自治区

广西壮族自治区茶叶学会

理事长 麦楚均
秘书长 李良活
电　话 0771-2182572

广西壮族自治区茶业协会

会　长 郭　异
秘书长 刘汉群
电　话 0771-4861710

重庆市

重庆国际茶文化研究会

会　长 陈　澍
秘书长 王　敏
电　话 023-89117120

重庆茶叶商会

会　长　司辉清
秘书长　王　敏
电　话　023-68250239

四川省

四川省茶文化协会

会　长　王　云
秘书长　刘贵民
电　话　028-84504175

四川省茶叶学会

会　长　周　文
秘书长　刘以煌
电　话　028-86615941

贵州省

贵州省茶叶学会

理事长　龙明树
秘书长　高登祥
电　话　0851-3762783

贵州省茶叶协会

理事长　张达伟
秘书长　张文君
电　话　0851-6570898

贵州省茶文化研究会

会　长　庹文升
副会长　梁　正
电　话　13885091169

云南省

云南省茶业协会

会　长　黄炳生
秘书长　施天俊
电　话　0871-7187675

云南省普洱茶协会

会　长　张宝三
秘书长　杨善禧
电　话　0871-4329311

云南省茶叶商会

会　长　马顺友
秘书长　胡跃奇
电　话　0871-8886398

陕西省

陕西省茶业协会

会　长　李三原
秘书长　党春光
电　话　029-87927158

中华（陕西）茶人联谊会

会　长　韩星海
秘书长　韩星海
电　话　029-87315608

广州茶文化促进会

广州茶文化促进会
Guangzhou Society for Promotion of Tea Culture

会　长　邬梦兆
副会长　陈月明　吴操文　张可群　王智军　王登良　张黎明　苏荣新　徐继传　黄　波　王　娟
秘书长　黄　波
副秘书长　李爱萍　李淑怡
电　话　022-81544360
传　真　022-81544358
网　址　www. sxs. org. cn
地　址　广州市荔湾区芳村大道中 311 号启秀茶城四楼
邮　编　510360
会　刊　《茶文化》双月刊

吴觉农茶学思想研究会

吴觉农茶学思想研究会
Research Association of Wu Juenong's Theory on Tea

会　长　梅　峰
常务副会长　陈泉标　刘启贵　吴甲选　施云清
副会长　徐光华　余云才　毛祖法　刘祖生　徐光仁　于观亭　王　庆　王广智　王润生　孙月华　黄继仁　沈才土　封槐松
秘书长　龚开洋
联系人　朱大名
电　话　010-63077244
传　真　010-63074227
网　址　www. juenong. cn
E-mail　juenong@sohu. com
地　址　北京市西城区宣武门西大街甲 97 号（新华社发行楼 10 层）
邮　编　100031

专家学者

黄友谊

副教授，男，1973 年 5 月出生于江西省，毕业于西南农业大学，研究生学历。现从事华中农业大学农业微生物学国家重点实验，开展茶叶生物技术研究工作。

主要工作经历：1999 年 2 月至今，在华中农业大学园艺林学学院茶学专业工作。2007 年 3 月至今从事农业微生物学国家重点实验，开展茶叶生物技术研究工作。

在茶业领域做出的主要贡献：研究方向为茶叶加工和茶叶生物技术，长期在名优茶加工、茶用植物加工与利用等方面进行技术推广与新产品开发工作。主持了国家自然科学基金 2 项、校人才基金 1 项、高等院校科研业务专项基金 2 项、横向课题 5 项；参加 973 课题 1 项、卫生部重大专项 2 项，以及湖北省基金、湖北省攻关、国家移民局等来源的课题多项；发表专业论文多篇，其中 NAR 1 篇（2006 年 IF 7.54）；出版著作 2 本，参编著作 3 本，授权发明专利 4 项，申请国家发明专利 8 项，鉴定成果 3 项。

在多年的工作当中，黄友谊在以下方面取得一定进展：

（1）建立了茶树重要功能酶的蛋白质工程研究技术平台。茶树中具有许多重要功能酶，其中多酚氧化酶（Polyphenol Oxidase，PPO，EC. 1. 10. 3. 1）对茶产品的品质形成和有效成分转化具有重要作用。为此，其开展了茶树多酚氧化酶（以下称 PPO）的基因克隆与体外表达，在 GenBank 上登录了宜红早、安徽一号的 PPO 基因共 4 个。在国内外首次纯化获得具有催化活性的茶树 PPO 工程蛋白酶，而且证实转移肽的存在对茶树 PPO 酶活性具有抑制作用，为 PPO 应用于茶树育种、茶叶加工、茶黄素生产等提供了基础。综合长期的工作积累与已有的实验技术设备条件，建立了茶树重要功能酶的蛋白质工程研究技术平台，可以实现功能酶的基因克隆、体外表达、蛋白纯化、蛋白性质分析、蛋白结构测定等一系列研究工作。

（2）建立了茶叶微生物产品发酵技术平台。微生物在许多传统茶产品的品质形成过程中具有重要作用，如各种黑茶产品，还有很多特色的微生物茶产品如红茶菌、酸茶、腌茶等。针对占我国全年鲜叶量达 60%的夏秋茶树鲜叶浪费严重的现状，利用微生物发酵技术进行高效开发夏秋茶树鲜叶资源，同时进行了系列茶源微生物菌株的筛选与利用。目前其利用夏秋茶树鲜叶为原料，已完成了酸茶、茶醋、茶酒、茶乳酸饮料、金花菌茶等系列产品的开发研究，申请了 7 项发明专利，已授权 3 项，鉴定科技成果 1 项。利用该技术平台，可以从茶源筛选和鉴定系列功能微生物，开发微生物发酵茶产品，并进行发酵工艺技术优化，还可以开展茶叶微生物产品中发酵功能产物的分离鉴定等工作。

（3）建立了茶用植物加工利用技术平台。在我国有很多非茶之“茶”，这些“茶”在民间一般均具有悠久的饮用历史和特殊的保健功效，如苦丁茶、老鹰茶、绞股蓝茶等。我们长期开展这类特种茶的加工技术研究与新产品开发，并结合自身的工作经验编著出版了《中国特种茶加工》（中国农业出版社，2004 年）一书，这是国内第一本系统介绍特种茶开发生产的书籍。目前其在荷叶茶、杜仲茶、竹叶茶、枣叶茶、连翘叶茶、丹参叶茶等方面具有较深的研究，已鉴定科技成果 2 项，申请发明专利 6 项，已授权 1 项。利用该技术平台，可以开展茶用植物加工技术研究、新产品开发、袋泡茶加工、调配茶配方优化等工作。

蔡建明

高级农艺师，经济师，国家一级（高级）评茶师，男，1958 年出生于福建安溪，1982 年毕业于福建农学院茶叶专业，现任福建省安溪县农业与茶果局局长。

主要工作经历：1982 年 8 月至 1985 年 1 月，安溪县茶叶局技术干部；1985 年 1 月至 1997 年 9 月，历任安溪县茶叶（支）公司副经理、福建省安溪茶厂副厂长、安溪县经济作物局副局长、茶业委员会副主任、茶果局副局长；1997 年 9 月至今，任安溪县茶果局局长、农业与茶果局局长。社会兼职主要有中国茶叶学会、中国国际茶文化研究会理事，中国茶叶流通协会、福建省茶叶学会常务理事，泉州市茶叶学会、泉州市茶文化研究会副理事长，安溪县茶叶学会理事长。是安溪县第三批、第四批优秀拔尖人才。

在茶业领域作出的主要贡献：1982 年至 1985 年，组织和参与全县低产茶园改造技术的总结和推广工作，为安溪县大面积低产茶园改造，提高单产、品质、效益等做出了较大的贡献，并作为成功经验向全省推广，在全国会议上进行交流，该项目于 1986 年获得县科技进步奖二等奖；

1985年6月，组织选送参评的安溪黄金桂入选全国名茶（由农牧渔业部、中国茶叶学会组织评比）；1986年6月，组织选送参评的安溪铁观音、安溪黄金桂再次被评为全国名茶（由商业部组织评比）；1988年，组织和实施国家科学技术委员会综合标准化引导性项目、省地方标准《乌龙茶标准综合体》的起草、制订、验证和宣传贯彻工作，该项目于1991年获泉州市科技进步奖一等奖；1994—1995年，作为福建产茶区主要参加者参与全国农业技术推广服务中心主持开展的名优茶开发项目的实施工作，该项目获得农业部1996年科技进步奖三等奖；1995—1997年，作为主要完成人参加福建省“八五”期间重点科技攻关项目——茶叶农药残留量降解技术研究课题的攻关，其成果达到国内领先水平，对全省乃至全国茶叶农残降解工作起到了很好的示范、指导作用，1998年该项目获省科技进步奖三等奖；作为第三完成者实施的“福建省无公害茶园建设”项目，于2000年获得农业部农牧渔业丰收奖二等奖；2004—2005年，作为主持人完成的福建省重点科技计划项目——安溪乌龙茶加工新工艺与配套设备研究，提出了安溪乌龙茶加工新工艺的模式和配套的机械设备，该项目成果达到国内同类研究领先水平，被评为2006年度泉州市科技进步奖三等奖、安溪县科技进步奖一等奖。

在前人认为乌龙茶品质形成的关键是“天地人”有机结合的基础上，提出“种”（品种）在乌龙茶品质形成中的重要性，为铁观音品种在县内外、省内外产茶区的大力推广种植做出了突出贡献；总结提出的“5＋1”即“树、草、肥、水、路＋无公害茶园管理技术”的生态茶园建设模式，得到了省内外专家学者的充分肯定，并作为先进经验列入现代茶业发展项目在全省产茶区推广应用，取得了很好成效；1989年建议成立安溪县茶业（管理）委员会、21世纪初首次提出的“茶产业是安溪县的民生产业”等建议和观点，得到当地党委、政府的认可，为当地党委、政府制定茶产业发展战略、为安溪茶业的迅速发展并跃升为全国1 000多个产茶县前列做出了巨大的贡献；1994年10月，与安溪文化界的有关同志合作，从无到有，创编《安溪茶艺》，为弘扬茶文化做出了突出的贡献。

1994年5月，参与中国农业出版社出版的《中国名优茶选集》中“安溪铁观音”、“安溪黄金桂”的编写；2005年3月，与林治合作出版了《铁观音》一书；2009年4月，由陈宗懋院士题写书名的《茶苑添翠——蔡建明论文集》（23万字）出版发行，受到广泛好评。

1999年9月、2001年10月和2004年10月，三次被中国特产之乡推荐暨宣传活动组委会等单位联合评为特产之乡开发、建设、宣传工作先进工作者。1995年以来，连续多次被评为福建省农业工作先进个人；事迹被收入《世界优秀专家人才辞典》、《中国专家大辞典》、《中华茶人诗描》、《八闽人才荟萃》等书。

陈　亮

研究员，男，1967年8月出生于浙江省缙云，1990毕业于浙江大学，博士研究生学历，现任中国农业科学院茶叶研究所副主任。

在茶业领域做出的主要贡献：长期从事茶树种质资源、遗传育种与分子生物学研究，所领导的研究小组在以下研究领域取得进展。(1) 长期负责茶树种质资源研究收集保存、鉴定评价与共享利用工作。(2) 率先在国内开展茶树资源育种的RAPD/ISSR/EST-SSR等分子标记研究。对茶树种质资源（种间和种内水平）的遗传多样性进行RAPD分析，表明我国茶树资源在世界上具有最丰富的遗传多样性和最大的遗传距离，研究思路、策略都被他人广泛引用（单篇论文的引用已超过100次）；建立了基于RAPD的茶组植物分子分类系统；提出4种方法进行茶树品种资源的分子鉴别；对茶树优质资源遗传稳定性进行分析，为优质资源的长期利用提供了分子水平的遗传依据。利用ISSR分析了中国茶树主要栽培品种的遗传多样性水平和亲缘关系。自主开发了大量的EST-SSR标记，利用SSR标记构建确定了中国茶树资源的核心种质；进行我国茶树资源遗传多样性、遗传结构分析；进行分子标记与表型性状的连锁不平衡和关联分析以及分子辅助育种。(3) 构建了我国第一批茶树cDNA文库，通过对龙井43新梢、幼根文库高通量ESTs序列测定、比对分析，初步明确了茶树新梢/根部基因丰度特征和表达谱特征，建立了第一张广谱型茶树基因芯片。(4) 作为首席科学家，承担完成我国为国际植物新品种保护联盟（UPOV）制定的第一个茶树DUS测试指南（TG/238/1）的研制，“该标准是中国自主研制、国际首创，并被UPOV所采纳的国际标准，成为UPOV成员国共同遵循的国际规则”。“该标准科学、先进、实用，居于国际领先水平”。(5) 主持制定茶树资源与育种相关重要标准5个，正在逐步构建一个茶树资源鉴定评价——育种（区域试验）——新品种保护——良种繁育——苗木质量的全程标准体系。

获浙江省科学技术奖二等奖3项（第5，6，7名），中国农业科学院科技成果奖二等奖1项（第1名）。主编学术著作3部，发表SCI收录论文13篇，得到国际同行关注被多次引用。

兼任国家种质杭州茶树圃，农业部和中国农业科学院杭州茶树资源重点野外观测试验站负责人；全国茶树品种鉴定委员会委员；华中农业大学、浙江农林大学兼职教授；*Journal of Applied Horticulture*、*The Open Horticulture Journal* 和《茶叶科学》编委。1997年入选浙江省“151”人才工程第二层次人员，全国优秀茶叶科技工作者。韩国农村振兴厅（RDA）荣誉科学家。

吴 洵

研究员，男，1938 年 7 月出生于浙江瑞安，1961 年毕业于中国农业大学，分配到中国农业科学院茶叶研究所工作。一生以茶为业。

在茶业领域做出的主要贡献：该专家主要从事茶园土壤农化方面的工作，是红壤地区农业持续发展研究会顾问。

30 多年来主要研究项目有山东南茶北移土壤研究，茶树氮素营养规律研究，茶园碳铵农化性质研究，红壤茶园土壤磷素固定及转化规律研究，茶树硝酸还原酶活性及调控机理研究，茶树系列专用肥研制及施用技术研究，低丘红壤茶园低产低质土壤成因及改良技术研究，茶园钾、镁营养及平衡施肥技术研究等。先后获得化工部重大科技进步三等奖 1 项；农业部科技进步三等奖 2 项；浙江省科技成果二等奖 1 项，三等奖 1 项；中国农业科学院技术成果一等奖 1 项，二等奖 1 项；国家科学技术委员会四新成果扶贫兴农奖 1 项；中国农业科学院丰收奖 1 项；浙江省计划经济委员会金鹰奖 1 项等。1990 年被农业部评为科技活动先进个人。1994 年被派赴斯里兰卡参加茶叶国际会议，1996 年被国家派赴非洲援外工作，帮助几内亚发展茶叶生产。除科研工作外还指导研究生和写作。先后在国内外各种杂志上发表 100 多篇文章，其中 3 篇被 SCI-Expanded 收录，5 篇被浙江省科委评为优秀论文二等奖，3 篇被评为三等奖。专著 4 本，发表翻译文章 30 多万字。参加《中国茶经》、《茶叶大辞典》、《中国绿肥》、《中国土地利用》等大型书籍的撰写，合作著作 10 多部。一生以茶为业。

1990 年被农业部评为科技活动先进个人，1997 年被评为浙江省土壤肥料学会先进工作者。

段家祥

研究员，男，1952 年 10 月出生于安徽省凤阳县，1987 年毕业于安徽农业大学（原安徽农业学院）茶业系，在山东省农业厅果茶技术指导站工作 30 多年，曾任副站长、研究员、中国茶叶学会常务理事、山东省茶文化协会秘书长等。从事茶叶技术推广、茶叶加工、茶学科研、行业管理 30 多年来，跑遍了全省各茶区、重要产茶镇村，为山东茶业乃至北方茶业发展作出了突出贡献。他一生中最美好的年华都奉献给了山东茶业，他为山东农民增加了一个脱贫致富的好路子，也为地方政府增加了一个可以传扬下去的特色产业，他集茶叶加工技艺、茶文化研讨与茶叶审评于一身，曾多次担任中茶杯全国名优茶评比活动评委，在茶叶加工、茶叶审评、茶树栽培、茶树越冬防护等方面做了大量工作，他对山东茶叶执著的研究、无私的奉献精神和突出的工作业绩，获得了社会各界的好评，赢得了群众的赞誉，成为茶农的贴心人。

主要业绩：制定了山东省《茶叶生产规划》、《茶叶生产技术规程》和《茶叶加工标准》，主持研究茶业科研课题 10 余项，取得了一批重要科技成果，获省科技进步奖 2 项，发表科技论文数十篇，参加编写了《现代山东农业》、《山东省志》（农业志）、《中国名茶志——山东篇》、《中国名优茶选集》、《茶桑施肥技术》等书籍；科技成果的转化率达 90%以上，促使全省茶叶快速发展，茶园面积从几千亩增加到了 30 多万亩，茶园亩产值也由原来的 1 500元增至现在的6 000多元，有的亩产值超万元，累计增加社会效益 3 亿多元，茶叶已成为山东省农业特色产业。

徐 泽

研究员，女，1966 年 5 月出生于四川达县，1985 年毕业于四川农学院，现任重庆市农业科学院茶叶研究所副所长。

主要工作经历：1985 年 7 月至 1996 年 12 月在四川省农业科学院茶叶所茶树栽培研究室工作；1997 年 1 月至 2000 年 12 月任重庆市茶叶研究所茶树综合利用研究室、茶树育种栽培研究室副主任；2001 年 1 月至 2006 年 6 月任重庆市茶叶研究所茶树育种栽培研究室主任；2006 年 6 月至 2007 年 9 月任重庆市农业科学院茶叶研究所茶树育种栽培研究室主任；2007 年 8 月至 2010 年 11 月任重庆市农业科学院茶叶研究所茶园生态栽培研究室主任；2010 年 12 月至今任重庆市农业科学院茶叶研究所副所长。

在茶业领域做出的主要贡献：自 1985 年 7 月参加工作以来，一直致力于茶园生态栽培技术研究、茶树病虫防治及茶叶技术推广工作，先后主持或主研了名优绿茶高效栽培及加工关键技术研究，云岭永川秀芽现代科技产业体系构建与示范，茶树病虫和天敌资源调查、鉴定、保存与编目等 40 多个科研项目的研究，其中省部级项目 27 项；获奖成果 22 项，其中茶园生态环境安全及调控关键技术研究与示范，山地茶园保土培肥及针形名茶加工技术研究与示范等获部省级奖 11 项；获发明专利 2 项，合作育成重庆市茶树良种渝茶一号、渝茶二号，创制名茶渝都毫茶、福芽碧毫等 7 只；发表《重庆市永川茶园土壤肥力考评》、《跗线螨为害致茶树新梢挥发物组成的改变》、《不同施 N 量茶园枯枝落叶的数量变化初报》、《干旱胁迫对茶树的几种抗旱性生理指标的影响》等学术论文 80 多篇。现为重庆市科技特派员、茶产业技术创新战略联盟理事、重庆市植物保护学会理事、重庆市科技咨询专家等。20 多年来将茶叶技术推广到四川、贵州、陕西、重庆的 30 多个区（市）县，长年开展技术培训、技术咨询和技术服务，曾荣获 UNDP 项目优秀科技特派员，2001 年入编《共和国农业专家名人录》。

伍崇岳

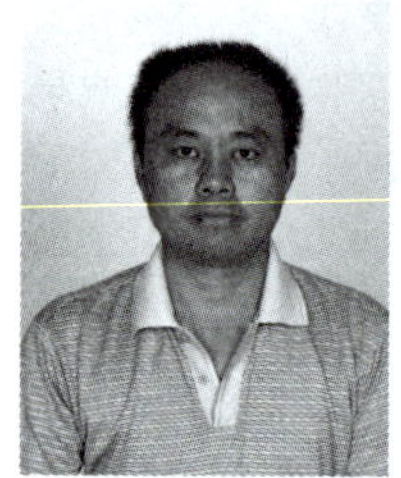

湖南省茶业协会秘书长，男，1967 年 7 月出生于湖南永州，1990 年毕业于安徽农业大学茶业系。

主要工作经历：1990—1992 年在湖南茶厂车间、生产技术科和花茶生产经营一线工作。1993—1996 年在总公司特种茶部、花绿茶部从事购销业务。1996—1999 年任湖南茶叶总公司党委秘书。1999—2003 年任湖南省茶叶总公司驻广州办事处主任。2003—2004 年回公司负责茶叶质量管理和检验工作。2005 年以来任湖南省茶业协会专职秘书长、《魅力湘茶》杂志副主编、茶祖神农基金会秘书长；兼任美国国际茶业科学文化研究会常务理事、中华茶人联谊会常务理事、吴觉农茶学思想研究会理事、湖南太平洋委员会常务理事、湖南省茶叶学会常务理事。2011 年底被中共湖南省委组织部确立派往沅陵县挂职，负责沅陵县科技与茶叶开发工作。

在茶业领域做出的主要贡献：在湖南省茶业有限公司工作期间，从事茶叶生产、加工、质检和贸易等专业方面工作，能很好地创造性完成任务；2005 年参与创建湖南省茶业协会，先后任专干、副秘书长、专职副秘书长，2009 年参与创建茶祖神农基金会，兼任基金会秘书长，创办了《魅力湘茶》会刊、创建了湖南茶叶门户网《湖南茶网》；在从事社会公共服务性工作中，在服务方式、服务手段、服务内容和服务层次等方面进行了多项创新，同时能全面了解和把握行业实质，分析问题、解决问题的思路和办法实际、到位，并被业界普遍赞誉；在协会内部，主持的秘书处工作做到分工合作、团结和谐，与会员沟通亲和力强，解决会员需求及时、到位，增进了全省茶行业的凝聚力和协会号召力，为协会成为全国先进协会做了积极贡献；同时，作为副主编为《魅力湘茶》杂志定期出版、《魅力湘茶》著作的编撰出版做出了积极贡献；还发表论文与茶文化作品近 100 篇，《试论中国茶业全球化》论文被中国领导干部理论参考丛书编委会评为特等奖，并被人民日报出版社《中国当代思想宝库》等收录。

该同志为协会、基金会工作的全面开展和全省茶产业的发展做出了一定贡献，被评为全国茶叶协会先进工作者、选任为协会党支部书记并被组织部门选派挂职副县长。

唐永宁

高级农艺师，男，1963 年 6 月出生于广西北流，毕业于亚洲（澳门）国际公开大学，现任广西农垦茶业集团有限公司董事长。

主要工作经历：1981 年 7 月至 1997 年 1 月在先锋农场先后任茶工、茶叶技术员、分场主任、科长、办公室主任、副场长。1983 年 9 月至 1986 年 7 月在广西农垦职工大学（现广西职业技术学院）就读茶叶专业。1997 年 2 月至 2000 年 1 月在广西农垦国有大明山茶场任场长。2000 年 2 月至 2001 年 1 月在广西南宁绿垦现代农业有限责任公司（以下简称绿垦公司）任副总经理。2001 年 2 月至 2004 年 7 月在广西南宁绿垦现代农业有限责任公司（以下简称绿恳公司）任总经理。2004 年 8 月至 2011 年 12 月在广西农垦茶业集团有限公司任总经理。2012 年 1 月至今在广西农垦茶业集团有限公司（以下简称茶业集团）任董事长。2008 年被聘为广西职业技术学院茶叶专业兼职教师。2010 年 3 月被农业部聘请为农垦农产品质量追溯系统建设项目专家（聘期 3 年）。

在茶业领域做出的主要贡献：唐永宁同志累计从事茶业工作 31 年，积累了丰富的茶叶专业知识和技术工作经验，解决茶叶技术难题能力强，引进、推广新技术、新品种，组织实施科学研究工作，开发新产品，使企业的生产经营和技术工作得到顺利、良性发展，业绩显著。促进企业增盈增效，职工增收。其主要贡献有：

（1）带领所在企业应用茶叶新技术成果，取得明显的经济效益和社会效益。在农垦先锋农场、大明山茶场、农垦茶业集团等以茶叶生产为主的企业中担任主要或重要领导职务，具有较强组织领导能力。在大明山农场任场长期间，企业比任职前累计减少亏损 250 万元，职工逐年增收 10%；在绿垦公司任职期间，使企业扭亏为盈，利润分别增长 303%、346%和 386%，经营规模和范围明显扩大和拓宽。在茶业集团任职以来，积极开展经营和技术管理工作，使企业扭亏为盈，累计增盈 645 万元，2011 年经营总收入达 2.4 亿，比任职前增长了 7 倍，企业进入良性发展，企业连续 9 年保持自治区重点龙头企业称号。

（2）科研成果显著。在茶业集团任职以来先后主持、主要参加 9 项科研项目，具有较高的科研和学术水平。其中广西乌龙茶加工技术研究、“广西绿乌龙”茶产品研究与开发、金萱茶树品种开发多茶类研究获自治区科技进步三等奖，地域性农产品生产企业品牌战略建设与实施获广西企业管理现代化成果三等奖。广西农垦有机茶综合技术开发、广西大叶种饼茶（后发酵茶）加工技术研究、6CCR-75型连续式热风杀青机、高职院校“结对子”帮扶发展模式的实践研究和功夫乌龙（黄金龙）茶新产品的研制与开发等科学技术研究成果，获奖或取得成果的项目均选题正确，针对性强，具有先进性、创新性和适用性，达到国内同行先进水平。为广西茶叶产业在新产品开发、加工工艺创新等方面作出较大贡献。同时，作为主要起草人完成《有机产品　绿乌龙茶生产技术规程》（DB45/T833-2012）和《有机产品　绿乌龙茶加工技术规程》（DB45/T834-2012）两项地方标准的制定。这些标准具有科学性、实用性和可操作性，对指导茶农规模化、标准化生产高品质有机茶产品，推动广西茶产品加工实现工艺过程的标准化、规范化，提升加工技术和产品质量水平及广西发展名特优茶产品、促进茶产业增效、茶农增收具有明显的推动作用。2011年其个人设计的大明山八桂红包装盒和大明山红金龙包装盒获得外观设计专利，有利于保护所在企业的知识产权和专利。

（3）应用丰富专业技术知识解决技术难题，创新发展，为企业争得多项荣誉。所带领的广西农垦茶业集团有限公司被评为2008、2010年度广西优秀企业，获得2008年度企业管理工作进步单位、广西农垦2008年度品牌建设工作先进单位等称号。组织和带领专业技术人员，总结和优化加工工艺，精心生产产品，绿茶产品连续3届（9年）获广西名牌产品称号，“大明山”牌绿茶获2008—2012年中国名牌农产品称号、2010年获新中国成立以来广西60最具影响力品牌称号等。开发新产品12个，在历届桂茶杯评比中获30多个奖项，产品在第七、八、九届中茶杯全国名优茶评比中获多个奖项。八桂红市场价格达到8.8万元/千克，黄金龙、红金龙、盘龙王等产品在市场上深受消费者喜爱。

（4）坚持理论学习，加强学术交流，提升专业理论水平和技术水平，并服务于生产实际和社会。近10年来，先后在各类科技刊物发表学术论文10多篇。2005年获中华研修大学研究生学历和亚洲（澳门）国际公开大学硕士学位；2006年取得高级评茶员职业资格。2006年当选为广西茶业协会首届理事会副理事长。先后当选为广西茶叶学会第七、八届理事会副理事长。2008年被聘为广西职业技术学院教师，讲授“茶叶审评与检验”和“茶叶生产技术与市场营销”课程。2010年被农业部聘请为农垦农产品质量追溯系统建设项目专家。在各技术领域充分发挥自己的技术技能。

（5）服务“三农”，积极开展新技术推广工作。据不完全统计，近5年来共组织各类经济作物、茶叶生产与加工、科技项目实施技术等各项技术培训班20多场（次），服务家庭农场人员、职工、管理技术人员近5 000人次，为企业、职工服务作出了较大贡献。

（6）个人荣誉：获1996年度、1998年度自治区在农业生产第一线从事技术推广工作有显著成绩的科技人员称号；2001—2002年荣获中共广西农垦直属机关委员会优秀党务工作者称号；2007年参加的广西乌龙茶加工技术研究获广西科技进步三等奖（第1名）；2008年参加的“广西绿乌龙”茶产品研究与开发获广西科技进步三等奖（第3名）；2008年获自治区2006—2008年度实施全民科学素质工作先进个人奖；2010年参加的金萱茶树品种开发多茶类研究获广西科技进步三等奖（第3名）；2010年度荣获广西优秀企业家称号。2011年参加的地域性农产品生产企业品牌战略建设与实施获广西企业管理现代化成果三等奖。

吴浩人

总工程师，男，1965年9月出生于湖南岳阳，1988年毕业于湖南农业大学，现任湖南省茶业有限公司副总经理。

主要工作经历：1988年8月参加工作进入湖南省茶叶总公司，1989年任湖南省茶叶总公司邵阳收购站站长，1991—1994年任湖南省茶叶总公司红茶二部副经理，1995—1999年任湖南省茶叶总公司茶叶二部经理，2000—2004年任湖南省茶叶总公司副总经理兼茶叶二部经理，2005—2011年任湖南省茶业有限公司总工程师、副总经理兼任古丈有机茶有限公司董事长，2012年至今任湖南省茶业有限公司副董事长、总工程师，兼任湖南湘茶高科技有限公司董事长、湖南古丈有机茶有限公司董事长等。

在茶业领域做出的主要贡献：自1988年起工作20余年来，他一直从事茶叶科研、栽培、加工与贸易和质量保证体系管理与研究。作为全国茶界国家级龙头企业的总工程师与副总经理，他创新了茶叶外贸出口营销模式，在促进湖南茶叶出口方面取得了卓著成绩。他主导的出口优质高效低农残与有机茶产业化关键技术研究与示范项目获湖南省科技进步三等奖；2003年，外向型优质低农残茶（有机茶）综合技术开发项目，列入国家级星火计划项目；先后参与“三低一高”花卷茶系列新产品开发研究，茶食品系列产品的开发，茯茶饮料加工技术研究与产业化开发，低氟砖茶生产关键技术研究与示范项目，开发了“臻溪”牌高科技创新产品全国首个健字号茶产品臻溪黑茶活力饮以及入选白宫的金毛猴湘茶红产品；参与研制了全国领先的湘茶高科技产业园现代化茶叶精深加工生产线等。

该同志将茶叶事业视如生命，因突出的工作表现，2001年入选中国科学技术协会学会部科技业务骨干人才库，2002年入选湖南省企业技术创新专家库。为湖南省茶业有限公司乃至整个湖南茶产业的发展，三湘茶农增收致富做出了突出贡献。

傅尚文

研究员，男，1968 年 1 月出生于四川遂宁，1990 年毕业于西南农业大学，现任中国农业科学院茶叶研究所茶叶质量认证发展研究中心主任。

主要工作经历：1990 年毕业后一直在中国农业科学院茶叶研究所工作至今；2003 年 6 月在浙江大学环境与资源学院环境工程专业研究生课程进修结业。兼任中国茶叶学会有机茶专业委员会秘书长、浙江省茶叶标准化技术委员会第五届委员、浙江省茶叶学会第十一届理事。

在茶业领域做出的主要贡献：主要从事茶叶加工、茶叶生产技术推广、茶叶质量安全控制和有机茶认证工作。积极推广有机茶生产技术，开展有机茶认证工作，参加《有机茶》系列农业行业标准的制订，参加中国有机产品认证认可体系建立工作，是中国有机茶开拓者之一。主持完成了《绿色食品—茶叶》（NY/T288—2002）修订、《有机茶》（NY5196—2002）制订、国际商品共同基金（CFC）Development，production and trade of organic tea 项目子课题、科技部支撑计划子课题低碳茶园的评价指标研究与茶园认证管理体系示范、浙江省公益性应用研究项目沼液在茶园酸化土壤改良和提升氮肥利用技术研究、农业部专项农产品地理标志资源现状调研——茶叶类、茶叶类农产品地理标志区域品质限值标准、茶叶类农产品地理标志登记申报和审查规范性导则、农业行业标准农产品地理标志茶叶类质量控制技术规范、浙江省“三农五方”项目复合生态模式有机茶园区关键技术研究及关联技术集成示范等 15 项科研项目。主要完成了国家农业综合开发项目石阡县高效益茶园综合技术的开发与推广，院长省长基金电脑控制龙井茶炒茶机，国际合作提高绿茶品质的研究、改进花茶加工技术的研究及荷兰发酵茶项目，科技部降低砖茶氟含量技术的研究，云南省科技厅潞西市茶叶产业化建设万亩有机（生态）茶开发等近 20 多项研究项目，浙江省上虞市“觉农舜毫”名茶生产示范基地规划方案、安吉县白茶生态基地建设、桐乡市外贸公司提高杭白菊品质等近 20 项技术推广服务项目。

带领有机茶中心（以下简称中心）将风险分析和控制运用在认证全过程，优化检查策划、过程跟踪、产品抽检等环节，规范了认证申请、受理、检查、审核、评价与证后监督等操作程序，通过申请对象筛选、检查员业务能力与职业素养强化、认证标志使用、及时沟通主管部门等措施，不断完善有机茶认证体系，提高了认证质量和有效性。中心持续获国家认证认可监督管理委员会认可，数次通过政府监督检查；2008—2010 年国家抽查中心认证产品 270 批次全部合格，居全国有机产品认证机构首位。获浙江省首批良好认证行为机构和百家认证机构自律、万家认证企业帮扶先进单位。组织召开 7 次有机茶生产与贸易者合作会议，组织有机茶企业到中国香港、韩国、日本、德国推广，促进了有机茶生产、消费和市场健康发展。中心一直占居全国有机茶认证 70%以上份额，有机茶认证始终保持全国领先。

带领科技服务团队深入基层，在武陵山区、乌蒙山区、大别山区、秦巴山区等农业部、科技部重点帮扶地区实施区域性茶叶科技服务，通过建立农民培训学校等有针对性地系统推广最新实用技术，探索茶叶技术推广应用途径，取得了较好的社会效益和经济效益，受到茶农和当地政府高度认可。

共同主编《有机茶无公害茶生产技术》、《有机茶生产与管理技术问答》、《有机茶生产与管理技术问答（修订版）》、《名优茶加工机械》等 4 部专著，参编《有机农业与有机食品生产技术》、《茶叶标准园生产技术》、《中国茶产品加工》、《中国茶经（2011 修订版）》，发表论文 50 多篇。获浙江省政府星火奖三等奖和农业部科学技术进步奖三等奖各 1 次，浙江省人民政府政府授予 2006 年浙江省农业科技成果转化推广奖和 2011 年浙江省农业科技先进工作者。

李稳石

益阳市茶业协会会长，男，1951 年 7 月出生于湖南益阳，毕业于湖南省委党校。

主要工作经历：1971 年 10 月参加工作，先后在安化县贸易站、县商业局、县供销社、县革命委员会财贸办公室工作；1981—1996 年任安化县政府办公室秘书、副主任、县长助理、副县长、县委常委、县委副书记、代县长、县长；1996 年 12 月任益阳市国土局局长、党组书记；1997 年 1 月任益阳市赫山区委副书记、区人民政府区长；1999—2002 先后任益阳市赫山区委书记、益阳市委常委兼赫山区委书记；2002 年 9 月至 2007 年先后任益阳市委常委、组织部长、常务副市长；2008 年 1 月至 2011 年任益阳市人大常委会主任、党组书记；2009 年至今任益阳市茶业协会会长，兼任中华茶人联谊会副会长、湖南省茶业协会副会长。

在茶业领域做出的主要贡献：该同志在湖南安化县从事过 8 年茶业工作，担任过茶叶收购员、培植员、收购站站长，具有丰富的茶叶生产、收购、加工、经营管理经验，对茶叶有一份特殊的感情。之后他在各个领导岗位上，都十分关注、支持益阳茶业特别是安化茶产业的发展，在他的倡导和支持下，益阳市茶业协会、安化县茶业协会、桃江县茶业协会先后成立，他还出任了益阳市茶叶领导小组组长，现任益阳市茶业协会会长。他对推进益阳茶业体制改革与茶文化建设、促进益阳茶产业发展和行业协会工作做出了突出贡献，特别是对安化黑茶产业的健康、持续与快速发展做出了特殊贡献，得到了湖南乃至全国茶界同仁的高度评价与赞誉，因此被推兼任中华茶人联谊会副会长、湖南省茶业协会副会长。

朱永兴

编审，男，1958 年 4 月出生于浙江省余姚，1982 年毕业于浙江农业大学，现任中国农业科学院茶叶研究所编辑部主任。

在茶业领域做出的主要贡献：在茶业技术经济研究方面，率先进行了毛茶生产的技术经济研究，尤其对茶树栽培的技术经济规律进行了探索。在茶树栽培、生理生化研究领域也有所涉及，共获得研究成果 3 项。

长期搜集整理茶文献资料，并进行茶文献的计量学研究，发表了一系列研究论文。在茶医学方面进行了系统的资料搜集整理，并撰写了一系列论文和著作。

在主持《茶叶科学》的 15 年中，任编辑部主任和常务副主编，期间对期刊进行现代化改造，使《茶叶科学》从小 16 开的半年刊，发展到目前的大开本双月刊，从普通科技期刊发展成目前的中文核心期刊和精品期刊，影响因子等期刊评价指标大幅提高至全国农作物类期刊前列；创办了编辑部网站，创建了在线采编系统。最近 10 年共获各类期刊奖 11 项。期间完成了《茶叶科学》英文版工作，起到了国际推广和合作的作用。

最近 10 年共出版专著 12 部，发表论文 46 篇。

刘　新

研究员，男，1961 年 10 月出生于湖北英山，1982 年毕业于华中农业大学，现任中国农业科学院茶叶研究所主任。

主要工作经历：1982 至今在中国农业科学院茶叶研究所工作，从事茶叶加工、质量安全领域工作。曾任茶叶机械研究室副主任，有机茶发展中心副主任，现任茶叶质量标准与检测技术研究中心主任，兼任农业部茶叶质量监督检验测试中心常务副主任，农业部茶叶质量安全风险评估实验室（杭州）主任。

在茶业领域做出的主要贡献：将新技术和新方法引入到茶叶加工机械中。在从事茶加工研究期间，将电脑控制和微波技术引入到茶叶加工机械中。先后主持了电脑控制型龙井茶炒制机、微波茶叶加工设备等研究项目，将这些新技术成功地应用于茶叶加工中。参加了中型成套红碎茶加工设备的研究，实现了 CTC 红碎茶加工设备的国产化，随后研究了红碎茶实验加工设备。将无压蒸汽应用于中国绿茶加工中，开发了汽热型杀青设备。在茶叶加工领域取得多项研究成果，部分项目获得中国农业科学院科学技术奖和浙江省星火奖。

2000—2004 年从事有机茶认证和开发工作。参照国外有机农业认证模式，率先在中国建立了有机茶认证体系，完成了有机茶系列标准的制订，建立了具有法律地位的有机产品认证机构。在国内推广有机生产方式，提升了我国茶叶质量安全的理念，并将有机茶认证扩展到有机饮料方面，在韩国进行了有机认证。

2005 年至今从事茶叶质量安全工作。担任农业部茶叶质量监督检验测试中心常务副主任，国家茶叶产业技术体系加工岗位专家，农业部农产品质量安全专家组专家。主持了农业部茶叶质量安全普查、例行监测、监督抽查和和风险评估工作。掌握我国茶叶质量安全的动态，应对了我国茶叶质量安全的突发问题，积极解释消费者关心的话题。先后主持制修订了《绿色食品　茶叶》、《绿色食品　代用茶》、《无公害农产品茶叶检测目录》、《无公害茶叶加工技术规程》、《有机茶加工技术规程》、《茶叶中磁性物质的检测方法》等行业标准，为保障我国茶叶产品的质量安全，维护茶产业的持续发展作出了一定的贡献。

工作期间还主编了《有机茶生产技术与管理问答》、《无公害茶叶采制技术》、《名优茶加工机械》、《茶厂制茶工培训教材》等著作，参加编写了 9 部著作，发表论文 40 多篇。

农艳芳

教授，女，1957 年 6 月出生于广西平果，毕业于广西农学院，现任广西职业技术学院教授。

主要工作经历：参加工作 30 多年来，一直从事茶叶教学、茶叶研究与科技推广工作，得到了业界的肯定。先后担任“茶叶审评与检验”、“中国茶艺”等 5 门课程的教学任务，每年完成 380 学时以上。

2001 年被评为茶叶专业带头人，2006 年其所在茶叶教研室获广西五一巾帼标兵岗。获得 2 次广西农垦优秀教师、2 次学院优秀教师、2 次学院优秀科技工作者，以及学院十佳教师、学院教书育人先进个人、学院教学改革先进分子等荣誉称号。被中国茶叶学会评为全国优秀学会工作者。2009 年获全国农业职业教育名师称号。

1998 年后任广西茶叶学会第六届、第七届理事、常务理事、副理事长。2000 年，被推荐为广西名特优产品审评专家库专家。2002 年，推荐为中国茶叶学会全国名优茶评审专家库专家。多次担任广西科技进步奖、广西科学基金项目、广西科技项目等评委。担任第三届、第四届、第五届、第六届广西“桂茶杯”评委，全国茶道茶艺表演大奖赛评委，全国民族茶艺大奖赛评委，柳州市茶艺技能大赛评委，广西南宁市首届茶王赛评委，广西桂平市西山茶王赛评委，广西来宾市茶王赛评委，广西凌云县茶王赛评委等等。

在茶业领域做出的主要贡献：

1. 学术业绩　2008 年主持的“中国茶艺”课程获广西精品课程、2009 年全国植物生产教学指导委员会精品课程和区教育技术应用大赛 3 等奖。开展多项教学改革研究工作，在省级以上的学术期刊上发表专业学术论文 61 篇。撰写教改文章 4 篇，3 篇获学校优秀论文，1 篇获广西高等教育优秀论文。参与编写多部教材，累计 200 多万字，其中，《茶艺师考证教程》、《茶叶审评与检验》、《中国茶叶博览》3 本正式出版。

2. 业务成就　不断开拓进取，主动适应茶叶生产和高职高专教学形势的发展，积极开展应用性科研工作，提高自身素质。先后主持 3 项校级、2 项区级、1 项国家级科研课题工作。主持课题 6 项，参与课题 7 项，研发产品 4 次获得区级、国家级奖项。主持广西地方茶叶标准 1 项。主持名优茶研发，研发产品曲毫茶、毛尖茶、翠毫茶、银针绿茶等，分别获广西农垦系统广西农垦名优茶评比第一名和第二名、广西第四届桂茶杯名优茶评比特等奖、全国第三届中茶杯、名优茶优质奖。

3. 科技推广与培训　积极深入广西茶叶生产第一线，开展科研成果转化工作，指导广西南宁华侨投资区工商联合公司研制名优绿茶，产品明山春、明山翠螺获第五届中茶杯名优茶评比特等奖和一等奖。为广西各地 30 多家茶艺馆、茶叶公司进行茶艺、茶文化指导与培训，培训近 1 000人次。为广西地方茶叶界进行各种技术培训、茶叶职业技能工种考证培训，举办 30 多期培训班，培训人员 3 000多人，为地方茶叶经济的发展作出了应有的贡献。

许允文

研究员，男，1939 年 11 月出生于安徽天长，1963 年毕业于安徽农学院茶业系，分配到中国农业科学院茶叶研究所。曾任中国农业科学院茶叶研究所栽培室主任。

在茶业领域做出的主要贡献：从事茶树栽培生理研究工作。曾兼任浙江省高级技术职称农业（茶叶）评审会委员，杭州中农质量认证中心（OTRDC）中国农业科学院茶叶研究所有机茶研究与发展中心认证委员等。1978—2000 年先后参加主持国家“七五”、“八五”攻关项目及省部级重点研究课题 6 项，如茶树高产规律及技术指标、南方红黄壤综合改良及粮经果持续增产配套技术、低丘红壤区农业持续发展配套技术、有机茶生产技术体系建设与示范应用等研究项目。先后获省部级科技进步奖三等奖 5 个，中国农业科学院科技进步奖一等奖、二等奖各 1 个。1986—1987 年赴巴基斯坦参加援建国家试验研究中心与试验茶场工作。1995 年在浙江首倡研究开发我国有机（天然）食品有机茶，制定有机茶生产加工技术规范，并筹建有机茶颁证机构，主持举办首届全国有机（天然）食品有机茶开发技术讲习班，引进国外有机食品、有机农业理念与实践开发有机茶，宣传推广到全国。

退休后，在浙江、江西、云南、贵州等省先后被聘为 5 个县人民政府的农业经济（茶叶）技术顾问；应农业部中国农学会邀请参加“西部开发”科技智力扶贫工作，被聘为民革中央农业经济专家组成员，在贵州纳雍县驻点，利用各种科普形式，将本所科研成果和无公害、有机茶开发与生产加工技术，推广应用到茶区基层生产实践，致富“三农”。2004 年荣获贵州省纳雍县人民政府优秀人才特殊贡献奖。2000—2003 年先后六次应邀参加农业部在云南昆明、福建武夷山、山东日照、湖南长沙、湖北宜昌等地举办的全国无公害农业（茶叶）生产技术丰收计划培训班，讲授无公害、有机茶生产加工技术，为全国茶叶主产区培训技术骨干，科普推广无公害有机茶生产技术，对全国茶叶生产降低农药残留和提高出口茶叶农残合格率起了积极作用。

主要著作：主编《有机茶开发技术指南》、《茶树栽培》，参加编著《中国茶树栽培学》、《中国茶经》、《中国茶叶大辞典》、《20 世纪中国农业科学进展》等专著和《有机茶、无公害茶叶生产技术》等科普著作、论文汇编、培训教材共计 20 余本，在省级以上刊物发表专业科技论文与科普文章 60 余篇。

1995 年被中国农学会编入《中国当代农业科技专家名录》，2006 年入选中国当代农业高级专家库。

虞富莲

研究员，男，1939 年 1 月出生于江苏昆山，1961 年毕业于浙江农业大学，1961—1999 年供职于中国农业科学院茶叶研究所，1984—1994 任育种研究室主任。

在茶业领域做出的主要贡献：20 世纪 60 年代参与本所龙井 43、龙井长叶、碧云、寒绿等多个国家认定品种的选育。1972—1978 年常年在山东进行南茶北引工作，对北方种茶的品种选择、栽培管理、冻害成因、防寒措施等进行试验、调查、总结和推广，于 1977 年在日照首次创制出山东第一个名茶雪青，为以后山东茶产业的发展奠定了基础。1984—1994 年任育种研究室主任、全国茶树品种审定委员会委员。致力于茶树种质资源研究：相继考察了滇、黔、桂、川、渝、鄂等茶树原产地及周边地区近200个县（市）以及越南的野生茶树和近缘植物，搜集了大批种质资源，发现和论证了一些新种和变种；主持建立和完善国家茶树种质资源圃，保存资源近3 000份，数量和种类居世界前列；同时建立了国内最大的茶组植物标本室。在此基础上率先较全面地总结了野生大茶树的形态特征和分布，提出了茶树的地理起源和栽培起源、茶树演化分类的理论以及茶树原产地的依据，在学术界具有较大影响。“七五”、“八五”期间主持多个国家和农业部重点科技项目，筛选出一批优质资源供生产、深加工和科研之用。自1987年，先后在浙江富阳县的春建、高桥、新登等乡（镇）和安吉县的溪龙乡与农户共建茶树种苗繁育基地，繁育良种种苗数亿株，对加快良种推广和茶农致富起到了推动作用。肩负第一轮、第二轮全国茶树品种区域试验管理，为区域试验的顺利进行和1985、1987、1994年三批国家茶树品种的认定、审定做了大量具体工作。先后主持和参与制定《茶树种子和苗木》、《茶树新品种特异性、一致性和稳定性测试指南》、《茶树种质资源描述规范和数据标准》等多个国家标准。发表《论茶树原产地和起源中心》、《中国的野生大茶树》等论文50多篇。担纲主编《中国茶树品种志》、《走进茶树王国》，参编《茶树良种》、《中国农作物遗传资源》、《中国古茶树》、《中国茶经》、《中国茶叶大词典》、《中国作物及其野生近缘植物》、《主要农作物起源与发展》、《茶树种质资源与遗传改良》等20余部著作。

获国家科技进步二等奖1项（第2名）、农业部科技进步进步二等奖1项和三等奖2项。先后被评为中国农业科学院先进工作者、“七五”期间院先进工作者、1993年度院级中青年专家、1991年浙江省级机关工委优秀共产党员。1997年享受国务院政府特殊津贴。

茶业生产

世界茶叶产量八强国家生产情况

（2000—2011）

单位：万吨

	2000	2005	2008	2009	2010	2011
中　　国	70.37	95.37	125.76	135.86	147.51	162.32
印　　度	82.60	89.30	98.08	97.90	96.64	98.83
肯 尼 亚	23.63	32.85	34.58	31.41	39.90	37.79
斯里兰卡	30.58	31.72	31.87	29.00	33.14	32.86
土 耳 其	13.88	13.50	15.50	15.30	14.80	14.50
印度尼西亚	16.26	15.63	13.75	13.65	12.92	11.97
越　　南	6.99	13.34	16.64	17.50	17.00	17.80
日　　本	8.50	10.00	9.30	8.60	8.30	7.80

数据来源：ITC，2008、2009、2010 年数据有调整。

世界茶叶种植八强国家种植情况

（2000—2011）

单位：万公顷

	2000	2005	2008	2009	2010	2011
中　　国	89.80	135.19	171.94	184.85	197.02	211.25
印　　度	49.00	55.56	57.85	57.90	57.94	57.80
斯里兰卡	18.90	13.87	12.77	12.54	12.44	12.35
肯 尼 亚	12.04	14.13	15.77	15.84	17.19	18.78
越　　南	7.03	12.37	13.15	13.01	13.00	12.80
印度尼西亚	12.12	13.87	12.77	12.54	12.44	12.35
土 耳 其	7.68	7.80	7.80	7.70	7.75	7.77
缅　　甸	6.69	7.77	7.75	7.80	7.84	7.85

数据来源：ITC，2005、2008、2009 年数据有调整。

世界茶叶产量

（2000—2011）　　单位：万吨

	2000	2005	2008	2009	20010	2011
全球	296.04	345.72	386.35	394.44	417.02	429.92
非洲	41.13	48.85	52.05	51.40	60.95	58.30
美洲（包括南美洲）	9.16	8.97	8.21	10.02	10.54	10.36
亚洲	244.97	286.42	324.47	331.39	343.89	359.64
欧洲	0.16	0.66	0.78	0.79	0.79	0.81
大洋洲	0.62	0.82	0.84	0.84	0.85	0.81

数据来源：ITC，2005、2008、2009 年数据有调整。

世界主要国家或地区茶叶产量

（2000—2011）　　单位：万吨

	2000	2005	2008	2009	2010	2011
中　　国	70.37	95.37	125.76	135.86	147.51	162.32
印　　度	82.60	89.30	98.08	97.90	96.64	98.83
肯 尼 亚	23.63	32.85	34.58	31.41	39.90	37.79
斯里兰卡	30.58	31.72	31.87	29.00	33.14	32.86
土 耳 其	13.88	13.50	15.50	15.30	14.80	14.50
印度尼西亚	16.26	15.63	13.75	13.65	12.92	11.97
越　　南	6.99	13.34	16.64	17.50	17.00	17.80
日　　本	8.50	10.00	9.30	8.60	8.30	7.80
阿 根 廷	7.43	8.00	7.20	9.00	9.50	9.30
伊　　朗	4.99	2.50	1.80	1.75	1.68	1.60
孟加拉国	4.60	6.06	5.87	6.00	5.93	5.93
马 拉 维	4.24	3.80	4.16	5.26	5.16	4.71
乌 干 达	2.92	3.77	4.28	5.10	5.91	5.42
坦桑尼亚	2.36	3.04	3.17	3.21	3.16	3.28
缅　　甸	1.90	1.80	1.86	1.87	1.90	1.94
津巴布韦	2.20	1.49	0.83	1.21	1.43	1.46
卢 旺 达	1.45	1.65	2.00	2.05	2.22	2.40
莫桑比克	1.05	0.36	0.64	0.65	0.65	0.66
尼 泊 尔	0.51	1.33	1.61	1.62	1.66	1.69

数据来源：ITC，2005、2008、2009、2010 年数据有调整。

世界茶叶采摘面积

（2000—2010）

单位：万公顷

	2000	2005	2008	2009	2010
全球	238.10	268.95	299.19	300.82	313.06
非洲	22.39	25.81	27.76	28.12	29.77
美洲（包括南美洲）	4.70	4.31	4.59	4.40	4.37
亚洲	210.46	238.31	266.17	267.22	278.32
欧洲	0.15	0.14	0.14	0.13	0.14
大洋洲	0.40	0.38	0.45	0.45	0.45

数据来源：FAO，2008、2009 年数据有调整。

主要国家或地区茶叶采摘面积

（2000—2010）

单位：万公顷

	2000	2005	2008	2009	2010
中　　国	89.80	105.86	129.84	132.09	141.95
印　　度	49.00	52.10	57.85	57.20	58.30
斯里兰卡	18.90	21.27	22. 20	22.20	21.83
肯 尼 亚	12.04	14.13	15.77	15.84	17.19
越　　南	7.03	9.77	10.88	11.14	11.32
印度尼西亚	12.12	14.28	12.77	12.35	12.46
土 耳 其	7.68	7.66	7.58	7.59	7.59
缅　　甸	6.69	7.24	7.69	7.81	7.68
孟加拉国	4.86	5.32	5.80	5.90	5.95
日　　本	5.04	4.87	4.80	4.73	4.68
阿 根 廷	3.86	3.63	3.90	3.72	3.72
伊　　朗	3.21	3.41	1.95	1.95	1.95
泰　　国	1.85	1.80	1.81	1.86	1.95
乌 干 达	1.57	2.01	2.10	2.50	2.71
马 拉 维	1.82	1.80	2.06	2.07	2.25
坦桑尼亚	1.91	2.12	2.36	2.38	1.80
尼 泊 尔	0.87	1.60	1.75	1.67	1.71
卢 旺 达	1.23	1.33	1.19	1.25	1.35
布 隆 迪	0.85	0.94	0.82	0.80	0.87

数据来源：FAO，2008.2009 年数据有调整。

世界主要国家或地区茶叶单位面积产量

（2000—2010）

单位：千克/公顷

	2000	2005	2008	2009	2010
中　　国	783.60	900.90	981.99	1 041.57	1 033.77
印　　度	1 685.70	1 714.00	1 706.26	1 700.52	1 700.14
斯里兰卡	1 618.50	1 491.20	1 435.79	1 306.49	1 293.18
肯 尼 亚	1 962.70	2 324.80	2 192.78	1 982.96	2 321.12
越　　南	994.30	1 356.40	1 594.70	1 666.97	1 753.23
印度尼西亚	1 341.50	1 171.02	1 205.61	1 270.39	1 206.86
土 耳 其	1 808.10	2 839.00	2 611.85	2 618.30	3 098.18
缅　　甸	284.00	345.30	377.11	385.40	421.88
孟 加 拉	946.50	1 081.50	1 017.15	1 008.48	1 008.40
日　　本	1 686.50	2 053.40	2010.40	1 818.18	1 816.24
阿 根 廷	1 922.70	1 867.90	2 054.92	1 927.77	2 379.68
伊　　朗	1 553.40	1 736.50	1 756.50	1 818.20	
乌 干 达	1 862.00	1 877.30	2 038.50	1 946.52	1 505.54
马 拉 维	2 334.50	2 111.10	2 025.90	2 537.42	2 292.84
坦桑尼亚	1 233.10	1 446.10	1 475.20	1 346.12	1 777.78
尼 泊 尔	584.50	781.30	923.40	969.50	969.64
卢 旺 达	1 177.30	1 239.30	1 678.44	1 642.80	1 642.11

数据来源：FAO，2008、2009 年数据有调整。

茶业贸易

世界茶叶出口十大国家或地区

（2000—2011）

单位：万吨

	2000	2005	2008	2009	2010	2011
肯 尼 亚	21.70	34.83	38.34	34.25	44.10	42.13
中国(大陆)	22.77	28.66	29.69	30.29	30.25	32.26
斯里兰卡	28.01	29.88	29.88	27.98	29.64	30.13
印　　度	20.44	19.52	20.00	19.51	21.97	19.00
越　　南	5.57	8.79	10.40	12.00	12.79	14.30
印度尼西亚	10.56	10.23	9.62	9.23	8.71	7.55
阿 根 廷	4.98	6.64	7.72	6.92	8.53	8.62
乌 干 达	2.64	3.31	4.24	4.79	5.32	4.62
马 拉 维	3.84	4.30	4.01	4.65	4.86	4.49
坦桑尼亚	2.25	2.25	2.48	2.15	2.61	2.71

数据来源：ITC，部分国家 2008、2009、2010 年数据有调整。

世界茶叶进口十大国家或地区

(2000—2011)

单位：万吨

	2000	2005	2008	2009	2010	2011
俄罗斯	15.83	17.30	17.50	17.52	17.46	18.07
英国	15.59	12.82	12.98	12.01	11.92	12.81
美国	8.83	10.01	11.67	11.09	12.68	12.75
巴基斯坦	11.14	13.93	9.91	8.57	12.03	12.62
埃及	6.34	7.35	10.70	7.76	9.30	8.40
阿联酋迪拜	6.02	5.30	6.00	5.40	5.80	5.10
摩洛哥	4.23	5.01	4.82	5.37	5.63	5.85
伊朗	4.72	4.30	6.16	5.05	5.30	6.60
阿富汗	2.55	3.40	4.03	4.69	5.76	4.66
日本	5.78	5.15	4.31	4.02	4.33	4.20

数据来源：ITC，部分国家 2005、2008、2009 年数据有调整。

主要国家或地区茶叶进口量

(2000—2011)

单位：万吨

	2000	2005	2008	2009	2010	2011
俄罗斯	15.83	17.30	17.50	17.52	17.46	18.07
英国	15.59	12.82	12.98	12.01	11.92	12.81
美国	8.83	10.01	11.67	11.09	12.68	12.75
巴基斯坦	11.14	13.93	9.91	8.57	12.03	12.62
埃及	6.34	7.35	10.70	7.76	9.30	8.40
迪拜	6.02	5.30	6.00	5.40	5.80	5.10
摩洛哥	4.23	5.01	4.82	5.37	5.63	5.85
伊朗	4.72	4.30	6.16	5.05	5.30	6.60
阿富汗	2.55	3.40	4.03	4.69	5.76	4.66
德国	3.50	1.96	2.38	1.90	2.49	2.59
日本	5.78	5.15	4.31	4.02	4.33	4.20
伊拉克	5.26	5.80	3.95	4.38	4.14	4.08
波兰	3.05	3.11	3.10	2.87	2.94	3.40
叙利亚	1.97	2.92	3.22	3.03	2.73	2.80
中国台湾	1.22	2.08	2.57	2.65	3.10	2.93
荷兰	2.42	0.75	0.84	0.80	0.77	0.78
智利	1.13	1.79	2.24	1.80	2.14	2.19
苏丹	1.56	2.00	2.14	2.32	2.91	2.50
法国	1.72	1.41	1.51	1.39	1.53	1.49
加拿大	1.84	1.81	1.52	1.57	1.59	1.75
马来西亚	0.97	1.50	1.36	1.64	1.84	1.93
沙特阿拉伯	1.38	1.52	1.54	1.35	1.48	1.56
爱尔兰	1.10	0.99	0.99	1.07	1.02	0.86
利比亚	1.35	1.75	0.90	0.95	1.23	0.89
意大利	0.53	0.60	0.69	0.62	0.62	0.58
科威特	0.48	0.50	0.65	0.74	0.85	0.75
瑞士	0.33	0.22	0.17	0.17	0.17	0.16
捷克	0.21	0.24	0.31	0.29	0.29	0.30
奥地利	0.27	0.14	0.24	0.23	0.24	0.24
丹麦	0.20	0.14	0.14	0.13	0.13	0.14
芬兰	0.11	0.13	0.12	0.12	0.13	0.16
挪威	0.11	0.11	0.11	0.11	0.11	0.11

数据来源：ITC，2005、2009、2010 年数据有调整。

主要国家或地区茶叶进口额

（2000—2011）

单位：万美元

	2000	2005	2009	2010	2011
英　　国	31 374.9	27 323.3	36 733.2	42 061.4	46 128.5
奥 地 利	735.6	1 223.6	2 002.0	2 255.5	2 557.4
丹　　麦	1 139.3	1 326.1	1 599.9	1 540.8	1 934.1
芬　　兰	1 045.5	1 395.8	1 992.8	1 964.0	2 045.2
法　　国	7 121.8	10 886.7	13 367.5	15 440.8	16 510.6
德　　国	9 665.4	12 016.0	15 006.7	16 866.2	20 977.1
爱 尔 兰	2 397.6	2 598.5	4 688.9	4 700.2	4 925.3
意 大 利	3 191.9	4 531.8	5 941.7	6 616.9	6 822.2
荷　　兰	4 629.8	5 437.6	2 201.0	2 385.9	2 827.6
挪　　威	1 143.7	1 423.3	1 448.2	1 571.0	
瑞　　士	1 445.9	1 972.8	2 201.0	2 385.9	
加 拿 大	7 363.6	11 143.9	14 445.3	14 486.6	17 159.8
美　　国	14 899.5	22 372.3	30 834.6	37 864.5	42 835.2
日　　本	20 783.5	18 155.8	16 461.3	19 455.5	20 679.8
巴基斯坦	22 180.1	22 980.4	19 590.9	28 649.8	31 477.4

数据来源：ITC。

主要国家或地区茶叶出口量

(2000—2011)

单位：万吨

	2000	2005	2008	2009	2010	2011
印度	20.44	19.52	20.01	19.51	18.37	19.00
孟加拉国	1.81	0.90	0.84	0.32	0.09	0.15
斯里兰卡	28.01	29.88	29.88	27.98	29.64	30.13
印度尼西亚	10.56	10.23	9.62	9.23	8.71	7.55
中国（大陆）	22.77	28.66	29.69	30.29	30.25	32.26
中国台湾	0.30	0.22	0.23	0.24	0.26	0.28
伊朗	0.35	0.65	0.53	0.54	0.47	0.40
韩国	0.02	0.03	0.03	0.03	0.03	0.03
日本	0.07	0.11	0.18	0.20	0.23	0.24
马来西亚	0.05	0.03	0.03	0.03	0.03	0.03
尼泊尔	0.00	0.36	0.86	0.89	0.86	0.88
土耳其	0.64	0.70	0.45	0.40	0.40	0.37
越南	5.57	8.79	10.40	12.00	12.80	14.30
亚洲合计	**90.57**	**100.07**	**102.75**	**101.66**	**105.73**	**105.61**
布隆迪	0.64	0.76	0.53	0.50	0.60	0.640
喀麦隆	0.43	0.46	0.41	0.44	0.41	0.42
刚果（金）	0.20	0.23	0.25	0.26	0.27	0.27
埃塞俄比亚	0.09	0.13	0.17	0.28	0.28	0.28
肯尼亚	21.70	34.83	38.34	34.25	44.10	42.13
马拉维	3.84	4.30	4.01	4.65	4.86	4.49
莫桑比克	0.09	0.12	0.20	0.23	0.22	0.23
卢旺达	1.02	1.17	2.00	2.03	2.53	2.64
南非	0.60	0.23	0.25	0.19	0.18	0.18
坦桑尼亚	2.25	2.25	2.48	2.15	2.61	2.71
乌干达	2.64	3.31	4.24	4.79	5.32	4.62
津巴布韦	1.69	0.85	0.57	0.75	0.85	0.86
非洲合计	**35.17**	**48.56**	**53.45**	**50.54**	**62.23**	**59.47**
阿根廷	4.98	6.64	7.72	6.92	8.53	8.62
巴西	0.37	0.34	0.30	0.23	0.25	0.20
厄瓜多尔	0.12	0.11	0.11	0.11	0.12	0.12
秘鲁	0.01	0.01	0.01	0.01	0.01	0.01
南美洲合计	**5.48**	**7.09**	**8.15**	**7.28**	**8.92**	**8.95**
巴布亚新几内亚	0.68	0.55	0.60	0.66	0.58	0.51
其他国家	0.20	0.23	0.28	0.29	0.30	0.31
全球	**132.19**	**156.63**	**165.31**	**160.51**	**177.87**	**174.95**

数据来源：ITC，部分国家2009、2010年数据有调整。

主要国家或地区茶叶出口额

（2000—2011）

单位：万美元

	2000	2005	2008	2009	2010	2011
印度	40 653.1	39 240.6	52 778.6	55 259.2	66 122.0	59 910.0
孟加拉国	2 311.4	1 154.6	1 429.1	634.1	210.0	287.4
斯里兰卡	66 226.2	76 943.3	119 509.2	114 506.2	129 951.7	135 799.4
印度尼西亚	11 210.6	12 149.6	15 895.9	17 162.8	17 854.9	16 671.7
中国（大陆）	34 711.4	59 102.7	62 839.6	70 495.4	78 416.9	88 768.6
日本	1 117.3	2 010.3	3 338.8	3 721.8	5 016.1	6 021.6
中国台湾	1 714.8	1 550.0	1 570.0	1 600.0	1 770.0	1 830.0
土耳其	578.2	800.0	610.0	560.0	590.0	570.0
越南	6 960.5	9 693.4	14 600.0	17 800.0	18 559.0	20 800.0
肯尼亚	46 071.3	55 545.6	89 916.0	89 984.8	123 357.6	1 321.935
马拉维	3 254.2	4 741.7	5 006.9	6 810.1	7 661.2	6 882.7
毛里求斯	17.9	38.6	25.0	10.1	32.2	33.8
卢旺达	1 804.1	1 847.7	4 539.3	4 871.5	6 000.0	6 600.0
坦桑尼亚	3 258.2	2 592.1	3 948.2	4 039.5	4 799.3	4 716.9
乌干达	3 641.7	3 307.1	7 610.0	9 200.0	9 550.0	9 240.0
阿根廷	3 796.3	4 362.4	6 242.0	7 108.2	9 271.8	10 387.5
巴西	648.6	581.0	670.8	653.1	856.3	858.5
巴布亚新几内亚	770.0	640.0	730.0	740.0	700.0	720.0

数据来源：ITC，部分国家2010年数据有调整。

世界茶叶出口五强——肯尼亚出口目的地国家或地区

（2003—2011）

单位：万吨

	2003	2005	2009	2010	2011
合计	26.78	34.83	34.25	44.10	42.13
英国	5.18	5.32	6.42	7.30	6.83
独联体	0.72	1.75	2.33	2.67	3.05
波兰	0.37	0.55	0.46	0.56	0.57
爱尔兰	0.49	0.67	0.32	0.43	0.38
荷兰	0.14	0.16	0.07	0.08	0.12
德国	0.06	0.07	0.08	0.08	0.12
欧洲其他国家或地区	0.06	0.01	0.00	0.00	0.04
巴基斯坦	7.20	9.83	5.46	7.62	8.08
阿富汗	3.50	2.13	3.34	4.93	4.44
阿联酋	0.66	1.06	1.28	2.22	2.26
也门	0.88	0.91	1.33	1.63	1.48
印度	0.18	0.37	0.37	0.54	0.45
斯里兰卡	0.11	0.18	0.29	0.35	0.34
日本	0.08	0.08	0.21	0.25	0.21
伊朗	0.05	0.16	0.19	0.32	0.54
土耳其	0.04	0.05	0.09	0.18	0.09
沙特阿拉伯	0.07	0.09	0.11	0.20	0.23
亚洲其他国家或地区	0.21	0.31	0.40	0.49	0.59
埃及	4.78	7.79	7.54	9.32	8.00
苏丹	1.10	2.12	2.55	3.12	2.61
索马里	0.17	0.18	0.27	0.29	0.37
尼日利亚	0.30	0.35	0.38	0.34	0.45
吉布提	0.02	0.01	0.15	0.31	0.19
南非	0.00	0.05	0.09	0.07	0.06
非洲其他国家或地区	0.09	0.10	0.03	0.00	0.01
加拿大	0.11	0.14	0.12	0.16	0.16
美国	0.19	0.34	0.30	0.36	0.21
其他国家或地区	0.03	0.04	0.06	0.09	0.04

数据来源：ITC。

世界茶叶出口五强——斯里兰卡出口目的地国家或地区

（2004—2011）

单位：万吨

	2004	2005	2008	2009	2010	2011
合计	29.06	29.88	29.75	27.99	29.64	30.13
俄罗斯	5.57	5.28	4.54	4.24	4.49	4.92
乌克兰	0.80	0.76	0.72	0.64	0.71	0.79
德国	0.59	0.52	0.59	0.49	0.55	0.62
荷兰	0.36	0.36	0.20	0.38	0.27	0.26
波兰	0.28	0.24	0.21	0.25	0.24	0.25
英国	0.53	0.38	0.24	0.22	0.17	0.13
希腊	0.24	0.29	0.22	0.20	0.19	0.26
芬兰	0.60	0.64	0.21	0.19	0.06	0.03
意大利	0.20	0.14	0.14	0.16	0.14	0.16
爱尔兰	0.05	0.10	0.02	0.13	0.13	0.00
法国	0.11	0.10	0.11	0.09	0.08	0.09
欧洲其他国家或地区	0.75	0.62	0.81	0.83	0.35	0.39
加拿大	0.14	0.13	0.11	0.08	0.08	0.07
美国	0.35	0.31	0.27	0.28	0.31	0.32
智利	0.62	0.68	0.72	0.61	0.62	0.66
美洲其他国家或地区	0.03	0.02	0.02	0.02	0.04	0.03
科威特	0.21	0.27	0.75	1.01	1.08	0.91
沙特阿拉伯	0.92	0.98	0.72	0.46	0.44	0.46
阿联酋	2.94	3.73	4.49	3.05	2.92	2.12
中国	0.05	0.05	0.09	0.08	0.14	0.24
中国香港	0.41	0.45	0.48	0.51	0.43	0.51
印度	0.07	0.04	0.03	0.14	0.03	0.02
伊朗	2.04	2.49	3.10	2.77	2.75	3.09
伊拉克	0.66	1.08	1.16	0.98	1.36	2.26
以色列	0.21	0.20	0.20	0.16	0.16	0.15
日本	0.90	0.85	1.02	0.95	1.03	1.15
约旦	1.43	1.20	1.43	1.34	1.69	0.73
黎巴嫩	0.21	0.16	0.18	0.22	0.21	0.21
巴基斯坦	0.30	0.29	0.14	0.16	0.10	0.15
叙利亚	2.88	2.76	2.61	2.95	2.61	2.88
中国台湾	0.15	0.14	0.14	0.14	0.17	0.20
土耳其	2.51	1.68	1.59	1.57	1.85	1.92
亚洲其他国家或地区	0.34	0.35	0.23	0.31	0.13	0.10
埃及	0.09	0.12	0.10	0.13	0.13	0.24
利比亚	0.16	1.08	0.69	0.80	1.08	0.74
南非	0.11	0.10	0.06	0.09	0.10	0.15
突尼斯	0.62	0.59	0.49	0.35	0.08	0.20
非洲其他国家或地区	0.13	0.17	0.25	0.28	0.40	0.40
澳大利亚	0.28	0.29	0.30	0.28	0.29	0.27
新西兰	0.10	0.09	0.09	0.09	0.10	0.08
其他国家或地区	0.15	0.18	0.24	0.32	0.19	0.16

数据来源：ITC。

世界茶叶出口五强——中国出口目的地国家或地区

(2005—2011)

单位：万吨

	2005	2008	2009	2010	2011
合计	28.66	29.69	30.29	30.25	32.26
英国	0.26	0.33	0.37	0.40	0.23
法国	0.21	0.32	0.30	0.30	0.28
德国	0.47	0.78	0.59	0.91	0.98
荷兰	0.24	0.22	0.19	0.17	0.18
波兰	0.24	0.16	0.12	0.12	0.16
俄罗斯	1.29	1.46	1.93	2.13	1.79
乌兹别克斯坦	1.87	2.25	2.18	1.86	1.85
独联体其他国家或地区	1.23	1.05	1.14	0.95	0.87
欧洲其他国家或地区	0.13	0.18	0.24	0.25	0.11
加拿大	0.09	0.11	0.09	0.17	0.15
美国	1.82	2.22	1.93	2.48	2.39
阿富汗	0.57	0.22	0.22	0.12	0.13
中国香港	1.39	1.13	0.99	1.15	1.15
伊朗	0.18	0.33	0.29	0.34	1.10
日本	3.46	2.12	1.90	1.95	1.81
马来西亚	0.15	0.15	0.13	0.15	0.14
蒙古	0.04	0.16	0.17	0.17	0.17
缅甸	0.12	0.10	0.19	0.22	0.42
巴基斯坦	0.84	1.55	1.48	0.85	0.29
新加坡	0.27	0.26	0.25	0.27	0.12
沙特阿拉伯	0.11	0.10	0.12	0.10	0.18
斯里兰卡	0.26	0.36	0.17	0.26	0.25
亚洲其他国家或地区	0.48	0.43	0.48	0.46	0.26
阿尔及利亚	1.14	1.21	1.27	1.19	1.59
贝宁	0.29	0.71	1.08	0.63	0.87
喀麦隆	0.27	0.52	0.51	0.38	0.03
冈比亚	0.30	0.28	0.25	0.34	0.54
加纳	1.31	1.02	0.57	0.09	0.24
几内亚	0.10	0.30	0.27	0.42	0.72
科特迪瓦	0.11	0.11	0.22	0.33	0.10
利比亚	0.59	0.21	0.23	0.21	0.18
马里	0.19	0.58	0.70	0.70	0.70
毛里塔尼亚	0.86	1.03	1.03	1.18	1.23
摩洛哥	5.26	5.02	5.84	6.10	6.30
尼日尔	0.20	0.21	0.33	0.31	0.61
塞内加尔	0.90	0.78	0.84	0.63	0.56
多哥	0.14	0.53	0.81	0.88	1.00
突尼斯	0.33	0.35	0.20	0.26	0.37
非洲其他国家或地区	0.49	0.30	0.26	0.31	0.14
其他国家或地区	0.50	0.53	0.40	0.51	0.46

数据来源：ITC。

世界茶叶出口五强——印度出口目的地国家或地区

（2004—2011）

单位：万吨

	2004	2005	2008	2009	2010	2011
合计	19.39	19.50	20.01	19.510	22.20	19.29
英国	1.96	2.12	1.91	1.66	1.81	1.66
德国	0.52	0.48	0.43	0.40	0.56	0.59
波兰	0.52	0.41	0.34	0.33	0.43	0.34
荷兰	0.31	0.29	0.26	0.25	0.32	0.30
爱尔兰	0.23	0.17	0.10	0.10	0.18	0.17
独联体	5.34	4.81	5.40	5.78	5.67	5.32
欧洲其他国家或地区	0.07	0.07	0.04	0.14	0.11	
加拿大	0.12	0.16	0.15	0.24	0.24	0.20
美国	0.63	0.73	0.78	0.77	1.16	1.35
美洲其他国家或地区	0.00	0.00	0.02	0.00	0.01	
阿联酋	2.56	2.65	2.48	1.94	2.22	1.86
伊朗	0.53	0.66	1.59	1.15	1.52	1.30
阿富汗	0.21	0.31	1.07	1.34	0.88	0.06
巴基斯坦	0.35	1.10	0.77	0.75	2.04	2.36
斯里兰卡	0.34	0.20	0.56	0.40	0.47	0.35
伊拉克	2.58	3.58	0.51	1.66	0.60	0.02
日本	0.29	0.27	0.25	0.27	0.34	0.27
沙特	0.08	0.12	0.34	0.29	0.29	0.24
亚洲其他国家或地区	1.03	0.45	0.14	0.14	0.63	
埃及	0.01	0.04	1.50	0.56	0.58	0.54
肯尼亚	1.01	0.15	0.21	0.18	0.51	0.30
非洲其他国家或地区	0.21	0.23	0.02	0.03	0.06	
澳大利亚	0.49	0.49	0.49	0.46	0.47	0.36
其他国家或地区					1.08	1.75

数据来源：ITC。

世界茶叶出口五强——越南出口目的地国家或地区

（2004—2011）

单位：万吨

	2004	2005	2008	2009	2010	2011
合计	9.94	8.79	10.40	12.00	12.80	14.30
俄罗斯	0.75	0.98	1.11	2.23	2.00	2.30
德国	0.32	0.35	0.32	0.18	0.22	0.22
波兰	0.31	0.32	0.25	0.25	0.24	0.28
荷兰	0.17	0.19	0.13	0.18	0.10	0.13
英国	0.23	0.22	0.09	0.04	0.09	0.10
乌克兰	0.04	0.09	0.08	0.20	0.19	0.24
美国	0.25	0.13	0.36	0.57	0.53	0.47
巴基斯坦	1.51	1.55	2.06	0.35	0.43	0.76
中国台湾	1.59	1.53	1.67	2.20	2.56	2.15
中国	0.33	0.58	0.56	0.60	0.60	0.90
阿联酋	0.06	0.17	0.44	0.39	0.44	0.41
阿富汗	0.06	0.07	0.33	0.27	0.30	0.36
印度尼西亚	0.15	0.10	0.32	0.30	0.46	1.20
印度	1.81	0.28	0.32	0.15	0.20	0.30
马来西亚	0.11	0.20	0.25	0.39	0.40	0.32
土耳其	0.08	0.13	0.10	0.11	0.07	0.08
伊拉克	1.30	1.40	0.04	0.15	0.30	1.00
伊朗	0.04	0.02	0.03	0.04	0.04	0.06
亚洲其他国家或地区	0.07	0.13	0.75	0.40	0.36	0.47
其他国家或地区			0.36	0.46	0.27	0.35
国别不明的	0.77	0.35	0.86	2.50	3.00	2.20

数据来源：ITC。

世界茶叶五大进口国——俄罗斯进口来源国家或地区

（2004—2011）

单位：万吨

	2004	2005	2008	2009	2010	2011
合计	17.20	17.96	18.19	18.22	18.16	18.67
斯里兰卡	7.15	7.07	6.51	5.43	5.44	
印度	4.30	3.62	4.58	4.58	4.60	
中国	1.32	1.49	1.59	1.86	1.97	
印度尼西亚	1.69	2.04	1.59	1.85	1.35	
越南	0.76	1.02	1.36	2.01	1.92	
亚洲其他国家或地区	0.12	0.37	0.17	0.16	0.13	
德国	0.09	0.14	0.20	0.15	0.21	
波兰	0.15	0.11	0.01	0.02	0.04	
英国	0.06	0.06	0.04	0.02	0.03	
欧洲其他国家或地区	0.08	0.16	0.06	0.02	0.03	
肯尼亚	0.96	1.33	1.56	1.50	1.48	
巴布亚新几内亚	0.14	0.17	0.21	0.20	0.17	
独联体	0.03	0.04	0.21	0.26	0.41	
其他国家或地区	0.36	0.34	0.09	0.16	0.38	

数据来源：ITC，2011年数据未刊登。

世界茶叶五大进口国——英国进口来源国家或地区

（2004—2011）

单位：万吨

	2004	2005	2008	2009	2010	2011
合计	15.62	15.34	15.72	14.79	14.98	15.45
印度	2.21	2.18	2.13	1.92	2.10	2.41
印度尼西亚	1.39	1.24	0.98	1.05	1.00	1.13
中国	0.66	0.67	0.77	0.69	0.80	0.61
斯里兰卡	0.59	0.40	0.24	0.21	0.23	0.18
越南	0.10	0.06	0.08	0.04	0.08	0.10
新加坡	0.01	0.01	0.04	0.00	0.00	0.00
亚洲其他国家或地区	0.10	0.17	0.19	0.17	0.18	0.15
肯尼亚	7.19	7.39	7.81	8.19	7.87	7.11
坦桑尼亚	0.19	0.81	0.61	0.35	0.44	0.50
南非	0.31	0.14	0.61	0.39	0.29	0.30
马拉维	1.03	0.82	0.60	0.31	0.49	1.35
卢旺达	0.06	0.06	0.07	0.19	0.19	0.07
津巴布韦	0.35	0.29	0.05	0.09	0.16	0.19
非洲其他国家或地区	0.13	0.04	0.00	0.00	0.00	0.00
阿根廷	0.45	0.28	0.49	0.36	0.29	0.31
巴西	0.09	0.07	0.07	0.00	0.00	0.00
美洲其他国家	0.13	0.09	0.08	0.06	0.05	0.06
德国	0.30	0.30	0.52	0.28	0.13	0.13
荷兰	0.02	0.02	0.02	0.01	0.04	0.05
欧洲其他国家或地区	0.17	0.16	0.26	0.35	0.51	0.20
其他国家或地区	0.15	0.11	0.02	0.01	0.00	0.00

数据来源：ITC。

世界茶叶五大进口国——美国进口来源国家或地区

（2005—2011）

单位：万吨

	2005	2008	2009	2010	2011
合计	10.01	11.67	11.09	12.68	12.75
阿根廷	3.75	4.58	4.03	4.85	5.00
中国	1.97	2.37	2.15	2.71	2.64
印度	0.79	0.95	1.04	1.21	1.26
印度尼西亚	0.61	0.68	0.69	0.64	0.57
德国	0.56	0.77	0.59	0.62	0.63
越南	0.15	0.36	0.51	0.46	0.42
斯里兰卡	0.36	0.33	0.32	0.39	0.39
马拉维	0.33	0.23	0.28	0.29	0.43
肯尼亚	0.30	0.25	0.21	0.23	0.16
加拿大	0.14	0.18	0.17	0.16	0.13
英国	0.14	0.15	0.15	0.17	0.17
日本	0.06	0.11	0.14	0.14	0.15
巴布亚新几内亚	0.03	0.13	0.13	0.13	0.09
其他国家或地区	0.82	0.59	0.67	0.68	0.32

数据来源：ITC。

世界茶叶五大进口国——埃及进口来源国家或地区

（2004—2011）

单位：万吨

	2004	2005	2008	2009	2010	2011
合计	7.18	7.35	10.70	7.76	9.35	8.40
肯尼亚	6.18	6.90	9.03	6.90	8.40	7.34
印度	0.00	0.03	0.97	0.50	0.48	0.50
印度尼西亚	0.12	0.09	0.12	0.09	0.11	0.08
中国	0.05	0.07	0.10	0.06	0.10	0.10
斯里兰卡	0.10	0.10	0.09	0.12	0.12	0.22
其他国家或地区	0.72	0.16	0.06	0.09	0.14	0.16

数据来源：ITC，2008 年数据有调整。

世界茶叶五大进口国——巴基斯坦进口来源国家或地区

（2004—2011）

单位：万吨

	2004	2005	2008	2009	2010	2011
合计	12.00	13.93	9.91	8.57	12.03	12.62
中国	0.08	0.41	0.70	0.58	0.36	0.24
印度	0.41	0.85	0.64	0.34	1.96	2.40
印度尼西亚	0.96	0.93	0.61	0.40	0.40	0.35
孟加拉国	0.95	0.69	0.60	0.15	0.07	0.10
越南	0.31	0.16	0.35	0.29	0.53	0.79
斯里兰卡	0.28	0.33	0.13	0.16	0.05	0.11
亚洲其他国家或地区	0.12	0.16	0.35	0.29	0.53	0.79
肯尼亚	7.59	9.15	5.44	4.83	6.90	0.64
卢旺达	0.27	0.35	0.37	0.53	0.64	0.69
马拉维	0.10	0.11	0.37	0.45	0.28	0.18
坦桑尼亚	0.31	0.19	0.23	0.23	0.18	0.37
布隆迪	0.22	0.17	0.16	0.22	0.22	0.29
乌干达	0.08	0.21	0.15	0.29	0.39	0.49
非洲其他国家或地区	0.14	0.18	0.15	0.09	0.03	0.05
其他国家或地区	0.20	0.03	0.02	0.00	0.02	0.11

数据来源：ITC。

茶叶市场与消费

主要产茶国茶叶年度平均拍卖价

(2000—2011)

	单　位	2000	2005	2009	2010	2011
印度加尔各答	印度卢比/千克	81.09	69.77	122.90	130.39	129.44
印度古瓦哈蒂	印度卢比/千克	68.82	59.21	108.14	111.22	108.50
印度斯里古里	印度卢比/千克	60.75	64.13	104.77	104.74	103.46
印度科钦	印度卢比/千克	51.93	50.58	88.69	78.20	80.53
印度科印拜陀	印度卢比/千克	43.33	46.50	79.23	63.49	65.94
印度科纳尔	印度卢比/千克	38.95	43.29	75.38	61.11	63.38
孟加拉吉大港	塔卡/千克	58.12	76.02	144.08	183.55	156.23
斯里兰卡科伦坡	斯里兰卡卢比/千克	135.06	184.42	362.70	370.48	359.68
印尼雅加达	美元/千克	119.53	103.73	182.49	181.69	160.75
肯尼亚蒙巴萨	美元/千克	202.00	147.00	229.00	254.00	272.00
喀麦隆林贝	美元/千克	102.01	91.68	158.32	158.45	160.75

数据来源：ITC。

茶叶消费总量五强国家

(2005—2011)

单位：万吨

	2005	2007	2008	2009	2010	2011
中国	65.20	81.40	91.00	101.60	113.50	123.30
印度	75.70	78.60	80.20	81.90	83.70	85.60
俄罗斯	16.95	17.60	17.59	17.62		
土耳其	13.33	14.45	13.40	14.74	15.27	15.02
日本	15.03	13.76	13.43	12.43	12.40	11.75

数据来源：ITC。

茶叶人均消费五强国家

(2002—2011)

单位：千克

	2002—2004	2003—2005	2005—2007	2006—2008	2007—2009	2008—2010	2009—2011
科威特	2.32	2.11	2.04	2.21	2.46	2.86	2.92
爱尔兰	2.96	2.79	2.16	2.17	2.23	2.31	2.18
英　国	2.21	2.12	2.17	2.11	2.07	1.97	1.92
卡塔尔	2.13	2.06	2.45	1.78	2.04	1.51	1.42
土耳其	2.17	2.11	1.87	1.85	2.00	2.02	1.99

数据来源：ITC。

主要国家或地区茶叶消费总量

（2002—2011）

单位：万吨

	2002—2004	2003—2005	2005—2007	2006—2008	2007—2009	2008—2010	2009—2011
英国	13.02	12.74	13.16	13.21	12.70	12.30	12.25
奥地利	0.16	0.15	0.18	0.20	0.23	0.23	0.24
比利时	0.21	0.21	0.22	0.23	0.23	0.23	0.24
捷克	0.23	0.24	0.27	0.29	0.30	0.30	0.30
丹麦	0.16	0.15	0.14	0.14	0.14	0.13	0.14
芬兰	0.09	0.11	0.12	0.11	0.12	0.12	0.14
法国	1.36	1.37	1.43	1.46	1.48	1.48	1.47
德国	2.37	2.28	2.18	2.31	2.24	2.26	2.33
爱尔兰	1.18	1.13	0.92	0.92	0.98	1.03	0.85
意大利	0.57	0.59	0.63	0.66	0.64	0.64	0.61
荷兰	0.72	0.74	0.77	0.80	0.80	0.80	0.78
挪威	0.11	0.11	0.11	0.11	0.11	0.11	0.11
波兰	3.13	3.13	2.88	2.87	2.92	2.97	3.07
瑞典	0.28	0.28	0.27	0.31	0.37	0.37	0.35
瑞士	0.24	0.24	0.22	0.20	0.17	0.17	0.17
独联体	22.18	22.72	2.39	24.53	25.44	2.60	2.64
加拿大	1.91	1.89	1.78	1.66	1.61	1.56	1.63
美国	9.57	9.79	10.57	11.12	11.23	11.82	12.17
智利	1.72	1.80	1.89	2.04	1.68	0.21	0.20
阿富汗	4.13	4.10	3.73	3.90	4.37	4.83	5.04
孟加拉国	4.04	4.13	4.45	4.27	5.03	5.37	5.67
巴林	0.09	0.09	0.09	0.09	0.09	0.10	0.10
中国	52.10	57.33	73.67	82.27	93.00	103.00	112.80
中国香港	0.93	0.95	1.02	1.01	0.98	0.97	0.96
印度	71.40	73.53	77.13	78.63	79.90	80.93	82.07
印度尼西亚	6.67	6.87	6.20	5.73	5.80	5.80	6.13
伊朗	7.77	7.17	6.42	6.72	6.83	6.73	6.86
伊拉克	5.69	4.83	5.23	4.62	3.84	4.16	4.20
日本	14.14	14.62	14.46	13.93	13.44	13.32	12.20
科威特	0.53	0.50	0.50	0.53	0.60	0.74	0.78
马来西亚	1.60	1.67	1.75	1.73	1.76	1.84	2.02
巴基斯坦	11.21	12.59	12.08	10.74	9.71	10.17	11.07
卡塔尔	0.15	0.16	0.21	0.22	0.25	0.25	0.24
沙特阿拉伯	1.37	1.42	1.35	1.28	1.45	1.45	1.46
斯里兰卡	2.72	2.70	2.73	2.76	2.78	2.79	2.80
叙利亚	3.01	2.96	2.89	2.86	2.78	3.00	2.85
中国台湾	3.63	3.70	3.99	4.10	4.07	4.30	4.42
土耳其	15.32	15.03	13.68	13.70	14.20	14.47	14.47
阿尔及利亚	0.78	0.85	0.96	0.95	1.03	1.07	1.17
埃及	6.69	6.51	7.37	8.38	8.45	9.27	8.50
肯尼亚	1.30	1.34	1.61	1.72	1.77	1.81	1.81
利比亚	1.21	1.45	1.38	1.10	0.93	1.03	1.02
摩洛哥	4.48	4.69	5.11	5.04	5.15	5.27	5.62
南非	2.08	2.08	1.85	1.88	1.90	1.95	1.96
苏丹	1.47	1.68	2.02	2.06	2.32	2.91	2.50
坦桑尼亚	0.32	0.36	0.43	0.44	0.44	0.47	0.51
突尼斯	1.05	1.01	0.99	0.98	0.98	0.95	0.84
澳大利亚	1.38	1.36	1.35	1.31	1.27	1.25	1.22
新西兰	0.38	0.39	0.42	0.42	0.42	0.43	0.44

数据来源：ITC。

主要国家或地区茶叶人均消费量

(2002—2011)

单位：千克

	2002—2004	2003—2005	2005—2007	2006—2008	2007—2009	2008—2010	2009—2011
英国	2.21	2.12	2.17	2.11	2.07	1.97	1.92
奥地利	0.20	0.18	0.21	0.25	0.27	0.28	0.29
比利时	0.20	0.19	0.20	0.21	0.21	0.21	0.21
捷克	0.22	0.23	0.26	0.28	0.29	0.28	0.28
丹麦	0.29	0.27	0.25	0.25	0.25	0.24	0.24
芬兰	0.18	0.21	0.22	0.21	0.22	0.23	0.25
法国	0.23	0.23	0.23	0.24	0.24	0.23	0.23
德国	0.29	0.28	0.26	0.28	0.27	0.28	0.28
爱尔兰	2.96	2.79	2.06	2.17	2.23	2.31	2.18
意大利	0.10	0.10	0.11	0.11	0.11	0.11	0.10
荷兰	0.44	0.45	0.47	0.49	0.49	0.49	0.47
挪威	0.24	0.25	0.23	0.23	0.23	0.22	0.22
波兰	0.82	0.82	0.75	0.75	0.77	0.78	0.80
瑞典	0.31	0.31	0.30	0.41	0.40	0.39	0.37
瑞士	0.33	0.32	0.29	0.27	0.22	0.22	0.22
独联体	0.80	0.81	0.87	0.90	0.94	0.64	0.96
加拿大	0.60	0.59	0.54	0.50	0.48	0.46	0.48
美国	0.33	0.33	0.35	0.37	0.37	0.38	0.39
智利	1.09	1.12	1.15	1.23	1.19	1.22	1.20
阿富汗	2.07	1.75	1.65	1.73	1.94	2.01	2.06
孟加拉国	0.30	0.30	0.31	0.30	0.35	0.37	0.39
巴林	1.31	1.25	1.24	1.22	1.22	1.22	0.81
中国	0.40	0.44	0.57	0.61	0.66	0.76	0.84
中国香港	1.36	1.38	1.46	1.46	1.41	1.38	1.36
印度	0.67	0.68	0.69	0.69	0.69	0.69	0.69
印度尼西亚	0.31	0.32	0.28	0.24	0.21	0.18	0.26
伊朗	1.17	1.06	0.91	0.94	0.94	0.92	0.92
伊拉克	2.26	2.03	1.82	1.52	1.20	1.29	1.31
日本	1.11	1.15	1.13	1.10	1.05	1.04	0.95
科威特	2.32	2.11	2.04	2.21	2.46	2.86	2.92
马来西亚	0.64	0.66	0.66	0.62	0.63	0.66	0.71
巴基斯坦	0.76	0.84	0.78	0.67	0.60	0.62	0.67
卡塔尔	2.13	2.06	2.45	1.78	2.04	1.51	1.42
沙特阿拉伯	0.71	0.63	0.57	0.54	0.59	0.58	0.54
斯里兰卡	1.42	1.40	1.39	1.39	1.37	1.37	1.36
叙利亚	1.74	1.65	1.59	1.49	1.41	1.49	1.42
中国台湾	1.45	1.47	1.53	1.56	1.54	1.61	1.65
土耳其	2.17	2.11	1.87	1.85	2.00	2.02	1.99
阿尔及利亚	0.25	0.26	0.29	0.28	0.30	0.31	0.33
埃及	0.96	0.94	1.02	1.15	1.12	1.20	1.08
肯尼亚	0.40	0.40	0.44	0.46	0.47	0.47	0.45
利比亚	2.15	2.54	2.37	1.87	1.58	1.81	1.72
摩洛哥	1.49	1.54	1.67	1.64	1.65	1.67	1.76
南非	0.45	0.45	0.39	0.39	0.39	0.40	0.39
苏丹	0.44	0.49	0.56	0.57	0.59	0.63	
坦桑尼亚	0.09	0.10	0.11	0.11	0.11	0.12	0.12
突尼斯	1.07	1.01	0.98	0.96	0.95	0.91	0.80
澳大利亚	0.69	0.68	0.65	0.63	0.60	0.58	0.55
新西兰	0.96	0.97	0.98	0.99	0.99	1.00	1.00

数据来源：ITC。

中国与世界主要指标比较

(2011)

	单位	中国	世界	中国占（是）世界%
产量	万吨	162.32	429.92	37.76
采摘面积	万公顷	141.95	313.06	45.34
单位面积产量	千克/公顷	1 033.77	1 432.31	72.18
出口量	万吨	32.26	174.95	18.44
消费量	万吨	123.30	410.60	30.03

数据来源：FAO，ITC。采摘面积、单位面积产量为2010年数据。

图书在版编目（CIP）数据

中国茶业年鉴. 2012/《中国茶业年鉴》编辑委员会编. —北京：中国农业出版社，2013.5
ISBN 978-7-109-17890-8

Ⅰ. ①中…　Ⅱ. ①中…Ⅲ. ①茶业—农业产业—中国—2012—年鉴　Ⅳ. ①F326.12-54

中国版本图书馆 CIP 数据核字（2013）第 099695 号

中国农业出版社出版
（北京市朝阳区农展馆北路 2 号）
（邮政编码 100125）
责任编辑：徐　晖　豆　明　贾　彬

北京通州皇家印刷厂印刷　　新华书店北京发行所发行
2013 年 5 月第 1 版　　2013 年 5 月北京第 1 次印刷

开本：889mm×1194mm 1/16　　印张：20.25　　插页：8
字数：1000 千字　　定价：300.00 元

China Tea

The World Largest Tea Producing Country